住院医师规范化培训丛书

U0658785

头颈部影像诊断基础
咽喉卷

○ **总主编** 陶晓峰　鲜军舫　程敬亮　王振常

○ **主　编** 韩　丹　杨智云　夏　爽

○ **副主编** 邢　伟　陈　涓　潘国庆

人民卫生出版社
·北　京·

图书在版编目(CIP)数据

头颈部影像诊断基础. 咽喉卷/韩丹,杨智云,夏爽主编. —北京:人民卫生出版社,2022.6
(住院医师规范化培训丛书)
ISBN 978-7-117-32730-5

Ⅰ.①头… Ⅱ.①韩…②杨…③夏… Ⅲ.①头部-疾病-影象诊断-技术培训-教材②颈-疾病-影象诊断-技术培训-教材③耳鼻咽喉病-影象诊断-技术培训-教材 Ⅳ.①R651.04②R653.04③R760.4

中国版本图书馆 CIP 数据核字(2021)第 277348 号

| 人卫智网 | www.ipmph.com | 医学教育、学术、考试、健康,购书智慧智能综合服务平台 |
| 人卫官网 | www.pmph.com | 人卫官方资讯发布平台 |

头颈部影像诊断基础　咽喉卷
Toujingbu Yingxiang Zhenduan Jichu Yanhou Juan

主　　编：韩　丹　杨智云　夏　爽
出版发行：人民卫生出版社(中继线 010-59780011)
地　　址：北京市朝阳区潘家园南里 19 号
邮　　编：100021
E - mail：pmph @ pmph.com
购书热线：010-59787592　010-59787584　010-65264830
印　　刷：人卫印务(北京)有限公司
经　　销：新华书店
开　　本：787×1092　1/16　印张：14.5
字　　数：371 千字
版　　次：2022 年 6 月第 1 版
印　　次：2022 年 7 月第 1 次印刷
标准书号：ISBN 978-7-117-32730-5
定　　价：78.00 元

打击盗版举报电话：010-59787491　E-mail：WQ @ pmph.com
质量问题联系电话：010-59787234　E-mail：zhiliang @ pmph.com

编 者 （按姓氏笔画排序）

丁玖乐　苏州大学附属第三医院
王　蕊　北京医院
邢　伟　苏州大学附属第三医院
刘　刚　中国人民解放军总医院
刘立志　中山大学肿瘤防治中心
杨智云　中山大学附属第一医院
吴　莉　昆明医科大学第一附属医院
张竹花　北京协和医院
陈　涓　北京医院
夏　爽　天津市第一中心医院
韩　丹　昆明医科大学第一附属医院
雷　梓　昆明医科大学第一附属医院
蔡剑鸣　中国人民解放军总医院
潘国庆　昆明医科大学第一附属医院

序

随着科学技术的飞速发展,各种新的影像检查设备和技术不断涌现,医学影像学成为医学领域发展最快的学科之一,在临床诊断和治疗过程中扮演着越来越重要的角色,发挥越来越重要的功能。特别是 2020 年初突然暴发的新型冠状病毒肺炎疫情,更是把影像医学推上了抗击疫情的最前沿,成为抗击疫情、救治病患、确定疗效必不可少的环节,使更多的人看到医学影像学在未来医疗过程中不可或缺的作用和价值。

头颈部影像学是医学影像学非常重要的组成部分,涵盖了眼科、耳鼻咽喉科、神经外科、口腔科、普外科、血管外科等多个学科。近年来也越来越受到重视和关注。头颈部解剖复杂、精细,病变多样,影像诊断和检查一直是临床诊断和教学的难点,特别是对于住院医师和初、中级医师,普遍感觉缺乏一套针对头颈部影像学的基本理论、基本解剖、基本病理基础、基本病变诊断思路为主的工具书。因此,以中国医师协会放射医师分会头颈影像专业委员会和中华医学会放射学分会头颈放射学学组为核心,汇集百余位头颈部影像学和病理学顶级专家,共同撰写了主要针对初、中级医师及住院医师的专业影像学丛书——《头颈部影像诊断基础》,共 7 册,分别为鼻部卷、耳部卷、颈部卷、颅底卷、口腔颌面卷、咽喉卷及眼部和神经视路卷。

在传统经典影像学内容的基础上,本丛书更侧重头颈部影像学诊断基础的培训,基本影像学表现与病理基础的对应分析,以及头颈部常见病的诊断思路引导,并附加部分练习加深理解。本丛书各分册收录的疾病种类齐全、分类清晰。影像学表现按检查方法、解剖基础和疾病的影像学特点,并适当结合新的磁共振功能成像,进行了深入浅出的介绍。每种疾病都配有高质量的病理图片和说明,以及大量的典型病例图像,并提出临床诊断思路,力求对疾病进行全面、详细地阐述,以便加深学员理解。

作为一套兼顾影像学和病理学的系统头颈部影像学丛书,它以住院医师和初、中级医师为主要读者对象,并着眼于临床实际工作中的需求,相信这套丛书会成为大家在临床工作中的良师益友。特别感谢各分册主编在百忙中高效地完成此次编写工作,感谢所有为丛书编写而辛勤工作的各位专家和工作人员。

由于首次尝试此种编写方式,鉴于水平有限,形式和内容可能会存在各种问题,希望广大读者给予批评和指导。

陶晓峰　鲜军舫　程敬亮　王振常
2022 年 4 月

前　言

　　《头颈部影像诊断基础　咽喉卷》一书紧扣影像专业住院医师规范化培训教学大纲,适用于参加住院医师规范化培训或专科医师培训的影像专业人员。本书内容涵盖咽部、喉部、解剖生理、影像检查技术,以及正常、异常影像学表现,旨在提高影像及临床专业初级、中级医师对咽喉部解剖和疾病的认识。

　　本书深入浅出地介绍咽喉部常见疾病,包括其概况、临床表现、病理基础、影像学表现等内容,对疾病进行多方位、多角度的阐述,并特别强调以病理为基础的影像学征象分析,以加深读者对该疾病的理解和认识。每个疾病均辅以典型病例展示,最终总结其诊断要点及诊断思路,进一步巩固和提高诊断能力。为了解决临床及影像所关注的问题,对于咽、喉部肿瘤及肿瘤样病变及咽喉部发病在同一区域的系列疾病,每一章末均进行了横向总结,并提出了鉴别诊断思路,力求更系统、更全面、更有深度地解决咽喉部临床实际问题。"头颈咽喉部影像诊断报告书写规范"一章有助于规范影像诊断报告的书写。另外,本书在章尾辅以练习题以检验和巩固所学知识,达到自测的目的。相信这本书能够成为影像及临床专科医师专业学习必备的工具用书。

　　在本书出版之际,对在编写过程中付出辛勤劳动的各位影像学、病理学专家表示诚挚的感谢! 由于时间较短,水平有限,书稿中难免存在错误、疏漏及不妥之处,恳请广大读者不吝赐教,愿同大家一起分享、交流。

韩　丹　杨智云　夏　爽

2022 年 4 月

目　录

第 一 章

咽部常见疾病影像诊断

咽(pharynx)为呼吸道和消化道的共同通道,呈上宽下窄、前后略扁的漏斗状肌性管道,成人长 12~14cm。位于第 1~6 颈椎前方,上起自颅底,下至环状软骨下缘续接食管。前壁不完整,自上向下有通向鼻腔、口腔、喉腔的开口,后壁借疏松结缔组织连于椎前筋膜,两侧有颈部的血管和神经,其内腔称为咽腔(cavity of pharynx)。咽后壁连接形式有利于咽壁肌的活动,同时也成为炎症扩散、蔓延的基础。咽有呼吸、吞咽、发声功能。

第一节　咽部影像检查方法

咽部病变在临床上一般包括视诊、触诊、鼻咽内镜、纤维喉镜、硬喉镜及影像学检查等检查方法。影像学检查包括 X 线、CT 及 MRI,可清楚显示咽深部的解剖结构(如肌肉、血管、神经、筋膜间隙等)及病变细节(如部位、范围、淋巴结转移等情况),有助于判断病变性质并准确定位,从而为临床治疗方案、手术路径的选择及预后的评估提供有效辅助。

一、X 线检查

(一)X 线片检查

1. 侧位片　在显示咽腔周围骨骼、软组织发育情况、相对位置、相互关系及上气道方面具有独到的作用。可作为儿童腺样体肥大首选检查方法,在阻塞型睡眠呼吸暂停低通气综合征患者中观察上气道的解剖性狭窄方面有重要意义。广泛运用于腭裂发育畸形、腭裂正畸治疗、腭咽闭合功能检测等,可为腭成形术的软腭功能评估提供理论依据。

2. 颏-顶位颅底片　可显示含气咽腔及咽壁情况,如咽后壁软组织有无增厚、颅底骨质有无破坏,但对咽侧壁软组织改变显示较难。

(二)X 线造影检查

数字化 X 线吞咽造影能完整记录造影剂通过咽部的过程,能对吞咽障碍的类型、程度及疗效进行准确评估。故可作为合并吞咽障碍疾病的首选检查方法,如卒中、喉部肿瘤、颈椎骨质增生、食管癌及食管癌术后或放疗后。

二、CT 检查

在一次屏气期间即可完成全部咽部扫描,能清楚显示病变的位置、范围、毗邻关系、周围侵犯及转移、骨质破坏等情况,是咽部疾病常用的检查方法。对于肿瘤性或富血供病变,还需静脉注射对比剂行增强扫描。诊断时多需横断面、冠状面、矢状面及软组织窗、骨窗综合观察。

1. **适用范围**　咽部各类疾病。

2. **基本要求**　横断面基线为听眶下线，冠状面基线为听眶下线的垂线，矢状面基线平行于正矢状面，也可根据需要行其他断面重组。扫描野（FOV）14～16cm，矩阵≥512×512。采用骨算法和/或软组织算法重组（对于外伤或怀疑有骨质改变者应采用两种算法，对于鼻窦炎症者可采用软组织算法，主要观察鼻窦内有无高密度影以排除或确诊真菌性鼻窦炎）。骨窗：窗宽2 000～4 000HU，窗位200～700HU；软组织窗：窗宽300～400HU，窗位40～50HU。

3. **非螺旋扫描方式**　管电压≥120kV，管电流≥100mA。层厚2.0mm，层间距2.0～5.0mm。

4. **螺旋扫描方式**　推荐使用≥4层螺旋CT扫描仪。管电压120kV，管电流>200mA。层厚/层间距为1mm/0.7mm。可根据临床需要进行三维图像重组和后处理，包括最大密度投影（MIP）、表面遮蔽显像法（SSD）及仿真内镜重建法（VE）。利用MIP进行图像重组获得三维叠加图像；利用SSD对图像进行切割、去除表面的部分图像，进而从不同角度观察所需结构；利用VE对图像立体重组，以模拟光学纤维内镜的方式来显示腔内结构。

5. **增强扫描**　对比剂注射流速2.0～3.0ml/s、总量80～100ml（儿童适当减速、减量）。延迟扫描时间依病变、设备情况等决定。采用软组织算法重组。

三、MRI检查

无电离辐射，软组织分辨率高于CT，可任意断面直接扫描，多序列、多参数成像，能清楚显示病变位置、范围、毗邻关系、周围侵犯及转移等情况，矢状面图像对中线、中线旁病变诊断优势更大。

1. **适用范围**　咽部各类疾病。

2. **线圈**　头颅正交线圈或头颅多通道线圈。

3. **扫描体位**　横断面基线为听眶下线，冠状面基线为听眶下线的垂线，矢状面基线平行于正矢状面，也可根据需要行任意断面扫描。

4. **扫描序列**　横断面T_1WI、T_2WI，冠状面（必要时加矢状面）T_1WI，在显示病变的最佳断面行T_2WI。当病变在T_1WI为高信号时，需行脂肪抑制T_1WI，若设备场强低或化学位移脂肪抑制技术效果较差时可行STIR序列。

5. **增强扫描**　动态增强，横断面、冠状面和/或矢状面T_1WI序列，在同一断面同时行脂肪抑制技术。

第二节　咽部解剖及生理

按照咽的前方毗邻，以软腭和会厌游离缘为界，将咽分为鼻咽、口咽、喉咽3部分，其中口咽、喉咽是消化与呼吸的共同通道。

一、鼻咽

鼻咽（nasopharyngeal）又称上咽（epipharynx），属上呼吸道的一部分，上至蝶骨体和枕骨基底部下方，下至软腭平面经鼻咽峡续接口咽，向前经后鼻孔通向鼻腔，后方平第1、2颈椎。咽腔略呈不规则的立方形，垂直径5.5～6.0cm，横径和前后径随年龄增长变化较大。可分为六个壁，即前、后、顶、左右两侧和底壁，其中顶壁向后壁移行处形似穹隆，两壁之间无明显界线，故常合称为顶后壁。

1. 前壁　正中为鼻中隔后缘,两侧为后鼻孔,经此向前通鼻腔。

2. 顶后壁　由蝶骨体、枕骨基底部和第1、2颈椎构成。鼻咽顶外侧靠近颅底的破裂孔和岩尖,封闭破裂孔的纤维组织与咽腱膜相连,肿瘤组织易借此通道侵入颅内。顶壁向后壁移行处黏膜内有丰富的淋巴组织集聚,称腺样体(adenoid)或咽扁桃体(pharyngeal tonsil),其发生于胚胎第4个月,5岁左右呈生理性肥大,6~7岁开始萎缩,至14~15岁时达到成人状态。腺样体肥大,可使鼻咽腔变小而影响鼻呼吸,或阻塞咽鼓管咽口致听力减退。腺样体后下方有一小凹陷称咽囊(位于蝶骨体和枕骨交界处),为黏膜向退化的脊索处延伸而形成,其大小、深浅不一,可发生囊肿或脊索残余肿瘤。

3. 侧壁　左右对称,主要结构有咽鼓管咽口、咽隐窝。

(1) 咽鼓管咽口(pharyngeal opening of auditory tube):两侧下鼻甲后端向后1.0~1.5cm处各有一开口,略呈三角形或喇叭形,即为咽鼓管咽口,是鼻咽通向中耳的管道,具有重要的生理功能。其后上方有一唇状隆起称咽鼓管圆枕(torus tubalis),是寻找咽鼓管咽口的标志,咽鼓管咽口周围的散在淋巴组织称咽鼓管扁桃体(tubal tonsil)。

(2) 咽隐窝(pharyngeal recess):为咽鼓管圆枕后上方的凹陷,是鼻咽癌的好发部位,其上方紧邻颅底破裂孔。

4. 底壁　由软腭背面及其后缘与咽后壁之间围成的鼻咽峡构成,并经此通口咽。吞咽时,软腭上提与咽后壁接触,关闭鼻咽峡,鼻咽与口咽暂时隔开,防止饮食向鼻咽腔逆流。

二、口咽

口咽(oropharynx)又称中咽(mesopharynx),通常所谓的咽部即指此区。位于软腭与会厌上缘平面之间,后壁平第2、3颈椎,向前经咽峡与口腔相通。所谓咽峡(fauces),系由上方的悬雍垂(uvula)和软腭游离缘、下方的舌背、两侧的腭舌弓(glossopalatine arch)和腭咽弓(pharyngopalatine arch)围成的环形狭窄区域。腭舌弓又称前腭弓,腭咽弓又称后腭弓,两弓之间为扁桃体窝,容纳(腭)扁桃体(tonsilla palatina)。两侧腭咽弓后方有纵行的条索状淋巴组织,称为咽侧索(lateral pharyngeal bands)。

口腔顶盖称为腭(palate)。腭的前2/3为硬腭,由上颌骨腭突和腭骨水平部组成;腭的后1/3为软腭,由腭帆张肌、腭帆提肌、腭舌肌、腭咽肌、悬雍垂肌等组成。口腔下方为舌和口底部,舌由肌肉群组成,舌背表面粗糙,覆盖复层扁平上皮并与舌肌紧密相连;舌后端有盲孔,为胚胎甲状舌管咽端的遗迹;舌后1/3为舌根,有淋巴组织团块,称为舌扁桃体(tonsilla lingualis);舌下有条形舌系带(frenulum linguae),黏膜结缔组织突出于中央,向下移行于口底,两侧有颌下腺开口。

三、喉咽

喉咽(laryngopharynx)又称下咽(hypopharynx),有三个清楚分区,即梨状隐窝、环杓后区和下咽后壁。上至会厌游离缘平面,向下逐渐缩小形如漏斗,达环状软骨下缘平面,该部位有环咽肌环绕,咽腔横径2~3cm,前后径约2cm,呈倒置圆锥形,尖端向下续接食管,喉咽后壁与口咽后壁相续,平对第3~6颈椎,前面经喉口通向喉腔。喉口系由会厌、杓状会厌襞和杓状软骨所围成的入口。喉口两侧各有一个较深的隐窝称梨状隐窝(piriform sinus),喉上神经喉内支经此入喉。两侧梨状隐窝之间与环状软骨板后方的间隙称环后隙(postcricoid space)。在会厌前方、舌会厌外侧襞(lateral glossoepiglottic fold)和舌会厌正中襞(median glossoepiglottic fold)之间,左右各有一个浅凹称会厌谷(epiglottic vallecula),异物易嵌顿于此。

3

四、咽壁的构造

咽壁自内向外分为四层,即黏膜层、纤维层、肌肉层和外膜层,其特点是无明显的黏膜下组织层,而由纤维层与黏膜层紧密附着。

1. **黏膜层** 与咽鼓管、鼻腔、口腔和喉的黏膜相连续。鼻咽部为假复层纤毛柱状上皮,含杯状细胞;口咽部及喉咽部为复层鳞状上皮。黏膜下有大量淋巴组织集聚,尤以鼻咽部明显,其与咽部的其他淋巴组织共同构成咽淋巴环的内环。

2. **纤维层** 又称腱膜层、颅咽筋膜层,由纤维组织组成,上厚下薄,向上附着于枕骨基底部、颞骨岩部及蝶骨后缘,两侧在后壁正中线上形成坚韧的咽缝,咽缩肌附着于此。

3. **肌肉层** 均属横纹肌,有很薄的颊咽筋膜包裹,按功能可分为咽缩肌组、咽提肌组、腭帆肌组。

4. **外膜层** 又称筋膜层,由肌肉层周围的结缔组织组成,上薄下厚,系颊咽筋膜的延续。咽筋膜与邻近筋膜之间的疏松组织间隙称为筋膜间隙,较重要的有咽旁间隙及咽后间隙。

五、咽周筋膜间隙

包括咽旁间隙、咽后间隙、椎前间隙。

1. **咽旁间隙(parapharyngeal space)** 又称咽侧间隙,是上咽部侧面的潜在空间,呈倒置三棱锥形,底在颅底、尖端平舌骨平面,指向舌骨大角,其位置较深、解剖关系复杂,各种肿瘤常发生于此,如唾液腺来源肿瘤、神经源性肿瘤等,鼻咽癌早期即可侵犯该间隙。咽旁间隙可分为茎突前间隙、茎突后间隙。

(1)茎突前间隙(prestyloid compartment):上界为蝶骨大翼及颞骨岩部,下界为下颌下腺表面筋膜,前界为蝶骨翼突内侧板后缘及其颊咽筋膜,后界为茎突及其附着肌肉、茎突咽筋膜组成的茎突隔,内界上部为鼻咽腔侧壁和咽颅底筋膜、下部为咽上缩肌,外界外前上部为翼外肌内侧面、外前下部为翼内肌内侧面、外后部为腮腺深叶。茎突前间隙内有大量脂肪组织、腭帆张肌、腭帆提肌、下颌神经及其分支、上颌动脉分支等。

(2)茎突后间隙(post-styloid space):上界为颈静脉孔及附近骨质,向下无界限,前界为茎突隔,后界为头侧直肌,头前直肌前缘,内界为枕骨和颈椎的外侧,外界为茎突及其附着肌肉。茎突后间隙内有第Ⅸ~Ⅻ对脑神经、颈交感神经干、颈内动脉、颈内静脉等。

2. **椎前间隙(prevertebral space)** 位于脊柱颈部和椎前筋膜之间。颈椎结核脓肿多积于此,向两侧可经腋鞘扩散到腋窝,也可溃破入咽后间隙扩散到后纵隔。

3. **咽后间隙(retropharyngeal space)** 上界为枕骨斜坡,向下无界限,前界为颈深筋膜的中层,后界为颈深筋膜的深层,外界为翼状筋膜(属颈深筋膜的一部分)并借脂肪组织与茎突前、后间隙相延续。其内主要有脂肪组织和靠后外侧的1~2枚淋巴结(Rowviere淋巴结)。该间隙在中线处被咽缝分为左右两半,故咽后脓肿常为一侧隆起。

六、咽部血管、淋巴及神经

(一)咽部血管

咽部的血液供应来自颈外动脉分支,主要有咽升动脉、甲状腺上动脉、腭升动脉(面动脉分支)、腭降动脉(上颌动脉分支)、舌背动脉。

咽部的静脉在咽后壁外膜内,互相吻合形成咽静脉丛,上与翼丛吻合,下与甲状腺上静脉、舌静脉吻合,流经面静脉后汇入颈内静脉。

(二) 咽部淋巴

咽部淋巴部位不同,引流各异。鼻咽部淋巴组织(包括腺样体)向后汇入咽后淋巴结,继入颈深上淋巴结至胸锁乳突肌后缘淋巴结;口咽部向外汇入下颌角淋巴结至颈深中淋巴结;梨状隐窝淋巴组织汇入舌骨下淋巴结,继入颈深淋巴结中组。

咽黏膜下淋巴组织丰富,除散在的淋巴结外,集中的淋巴组织集落形成扁桃体样组织,组成咽淋巴环(即 Waldeyer 淋巴环)。咽淋巴环分为内环和外环,内环包括鼻咽部的咽扁桃体(腺样体)及咽鼓管扁桃体、口咽两侧的腭扁桃体、舌根两侧的舌扁桃体、咽侧索、咽后壁淋巴滤泡。内环淋巴流向颈部淋巴结,后者又互相交通、自成一环,即外环,其主要由咽后淋巴结、下颌下淋巴结、颏下淋巴结等组成。内外环之间有诸多淋巴管网相互连通,且通过淋巴管道与颈部 5 大群淋巴结(颏下、颌下、颈前、颈浅和颈深淋巴结群)沟通。

(三) 咽部神经

1. **咽丛** 位于咽侧壁内,主要由舌咽神经、迷走神经、交感神经干的颈上神经节分支组成。

2. **运动神经** 主要来自副神经,支配大部分咽肌,其中舌咽神经咽支支配茎突咽肌,三叉神经下颌支支配腭帆张肌。

3. **感觉神经** 咽上部有三叉神经上颌支,咽下部有咽丛神经。

第三节 咽部正常影像学表现

一、鼻咽

(一) CT 表现

1. **横断面** 鼻咽在软腭上层面呈长方形,软腭层面呈方形,咽鼓管圆枕层面呈典型的双梯形,咽隐窝层面呈梯形。鼻咽两侧壁半圆形突起为咽鼓管圆枕,因含钙量增加,密度较周围组织略高,其前方凹陷为咽鼓管咽口,其后方较宽的楔形裂腔为咽隐窝,其外后方为腭帆提肌、腭帆张肌(图 1-3-1)。咽隐窝位于鼻咽中上部咽鼓管圆枕和腭帆提肌后面,为一含气间隙,大小随年龄有较大变化:青年人黏膜下存在大量淋巴组织而较小或窄,老年人由于淋巴组织萎缩而变得较大。鼻咽壁外侧为以脂肪成分为主的咽旁间隙,其内有血管及神经。前界为翼内、外肌呈中等密度,翼内肌前端两条线形骨质结构,内外侧分别为翼内板和外板,两板间为翼窝;后方椎前肌呈中等密度;外侧腮腺、颞肌、咬肌、茎突诸肌呈中等密度,下颌骨、茎突呈高密度。咽旁间隙后部有颈动脉鞘,其内有颈内动脉及静脉及第 X ~ XII 对脑神经,颈内动脉位于前内侧、颈内静脉位于外侧,横断面上呈圆形或类圆形中等密度影;神经呈点状中等密度影,迷走神经居颈内动脉后外方,副神经居颈内静脉后内方,舌咽神经、舌下神经居颈内动脉前外方。颈内静脉附近有散在的颈深淋巴结,呈边界光整的中等密度影,增强后血管呈明显强化(图 1-3-2)。咽后壁呈椭圆形的头长肌并列排列,中间可见三角形脂肪间隙,间隙中央可见条形中等密度的咽缝。咽后壁由前向后依次有咽后间隙、椎前间隙,在咽后壁肌前方黏膜下为咽后间隙,正常时 CT 扫描多不显示。在鼻咽中上部,咽壁肌间有脂肪组织将肌肉分辨开。而在硬腭水平肌间无脂肪组织,故各肌束均显示为中等密度而不能分辨。

2. **冠状面** 在蝶窦下方可见鼻咽顶壁软组织,成人正常厚度约为 0.5cm,两侧均匀一致。鼻咽外侧壁上方的隐窝为咽隐窝,其下方为咽鼓管圆枕软骨部,圆枕下方为咽鼓管咽口。鼻咽两外侧壁表面为黏膜及黏膜下纵行咽上缩肌,其深部类长方形的脂肪密度区域为咽旁间隙,间隙外侧上行肌束为翼外肌,下行者为翼内肌,外侧纵行者为颞肌(图 1-3-3)。

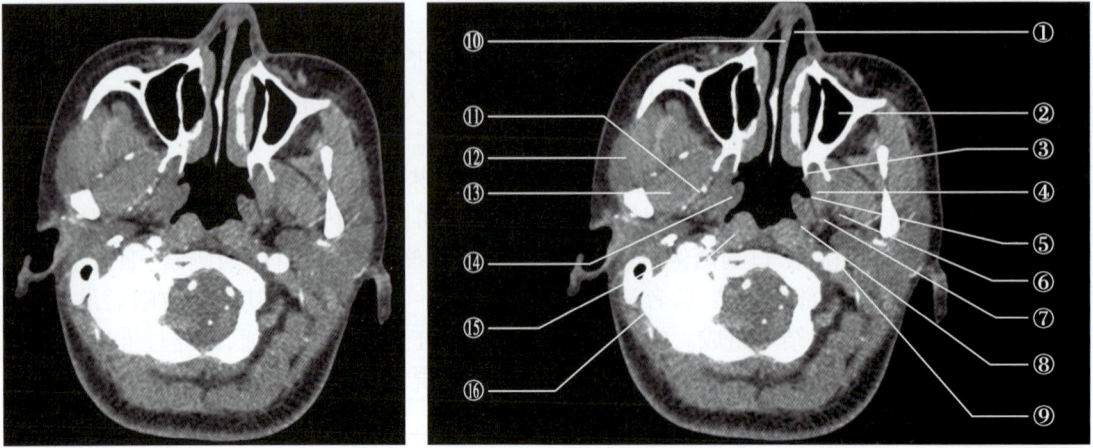

图 1-3-1　鼻咽 CT 横断面(经鼻咽层面)
1.鼻前庭;2.上颌窦;3.翼突内侧板;4.翼内肌;5.咽鼓管咽口;6.腭帆张肌;7.腭帆提肌;8.咽隐窝;9.颈内静脉;10.鼻中隔;11.翼突外侧板;12.咬肌;13.翼外肌;14.咽鼓管圆枕;15.颈内动脉;16.椎前肌。

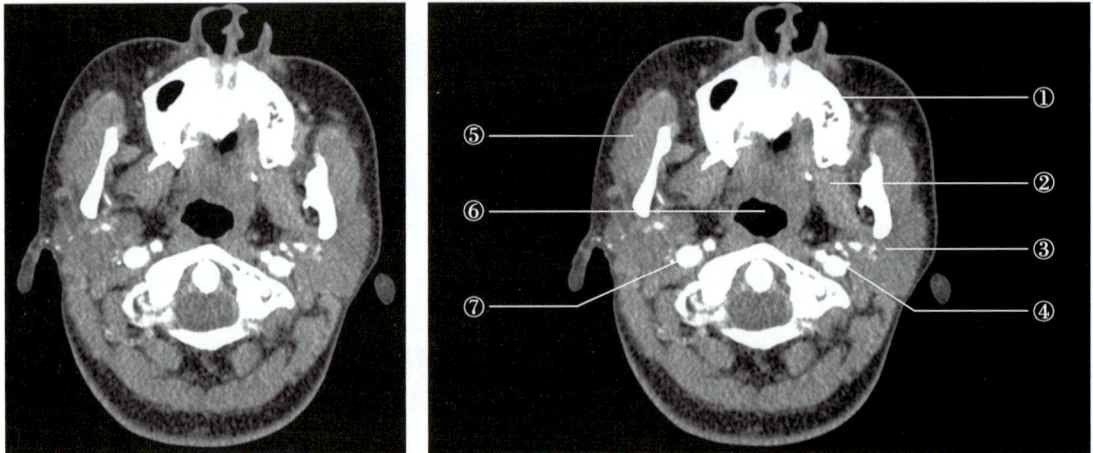

图 1-3-2　鼻咽 CT 横断面(经硬腭层面)
1.硬腭;2.翼外肌;3.腮腺;4.颈内动脉;5.咬肌;6.口咽;7.颈内静脉。

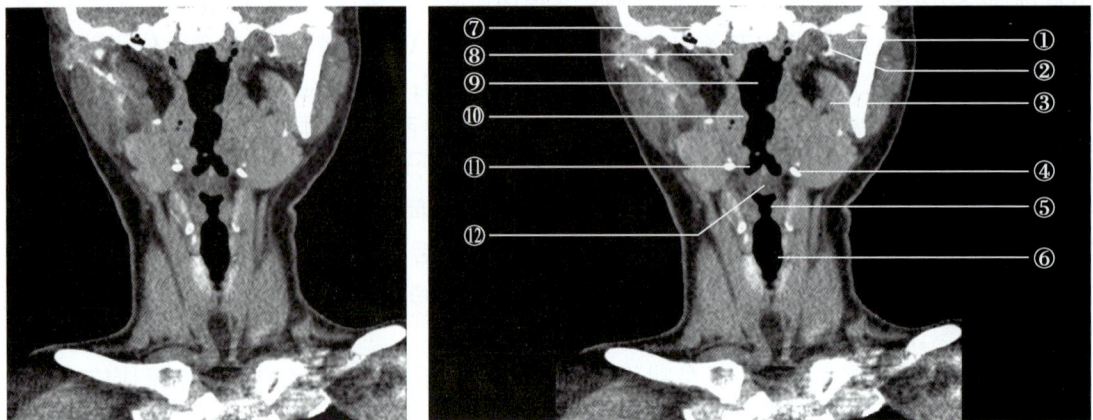

图 1-3-3　鼻咽 CT 冠状面
1.翼外肌;2.翼突外侧板;3.翼内肌;4.甲状软骨;5.声门下腔;6.气管;7.咽鼓管咽口;8.咽鼓管圆枕;9.鼻咽腔;10.腭咽肌;11.梨状隐窝;12.声带。

(二) MRI 表现

1. 横断面　MRI 较 CT 具有更高的软组织分辨率，T_2WI 对于鼻咽部黏膜、肌肉与脂肪的显示优于 T_1WI。鼻咽腔最突出的解剖标志是咽鼓管圆枕，其软骨端在 T_2WI 可呈稍高或较高信号，表面黏膜信号略低。咽鼓管圆枕前方为咽鼓管咽口，后方为咽隐窝。T_1WI 可很好地显示鼻咽部解剖，注射对比剂后黏膜面强化明显，T_1WI 上翼板和上颌窦壁呈条形低信号，筋膜呈低信号，脂肪组织呈高信号。咽后壁两侧头长肌呈对称低信号，中线区则表现为高信号脂肪影中间见一纵行低信号线影的咽缝。在咽后壁中，由前向后依次有咽后间隙、椎前间隙（图 1-3-4）。在鼻咽中上部，咽鼓管圆枕后外侧的腭帆提肌及其前外方的腭帆张肌呈低信号，在它们的侧方，由后内向前外，有翼外肌、颞肌与咬肌，肌肉间有高信号线条状脂肪相隔（图 1-3-5）。在鼻咽中部，鼻咽腔前方为软腭，其脂肪组织较丰富，呈较高信号，其周围为低信号的上颌骨牙槽嵴，后方为头长肌，外方为翼内肌（图 1-3-4）。咽旁间隙位于腭帆张肌外侧，呈较高信号，边界清楚，其内常可见多个小点状 T_2WI 高信号的咽静脉。

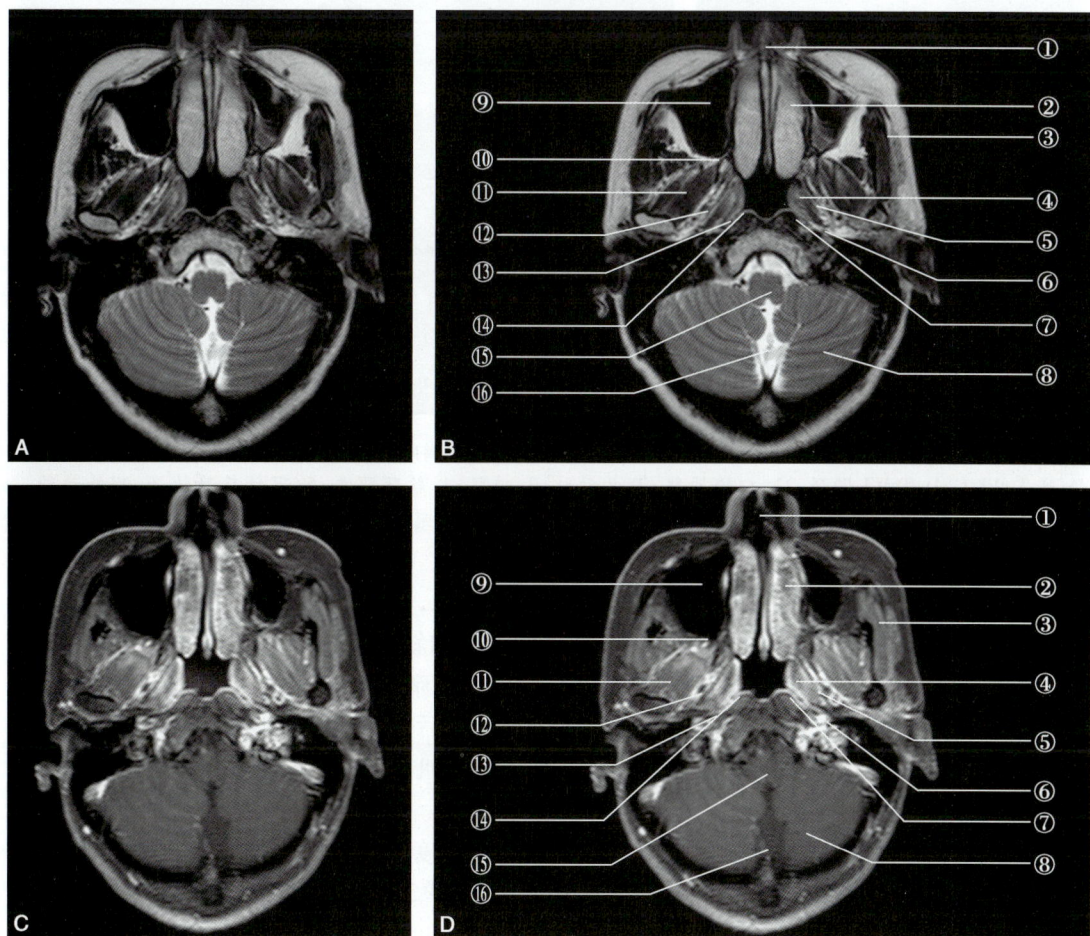

图 1-3-4　鼻咽 CT 横断面（经鼻咽层面）

A、B. T_2WI；C、D. T_1WI 增强。1. 鼻中隔；2. 中鼻甲；3. 咬肌；4. 咽鼓管圆枕；5. 咽鼓管咽口；6. 腭帆提肌；7. 椎前肌；8. 小脑半球；9. 上颌窦；10. 翼腭窝；11. 翼外肌；12. 腭帆张肌；13. 腭帆提肌；14. 咽隐窝；15. 脑干；16. 枕大池。

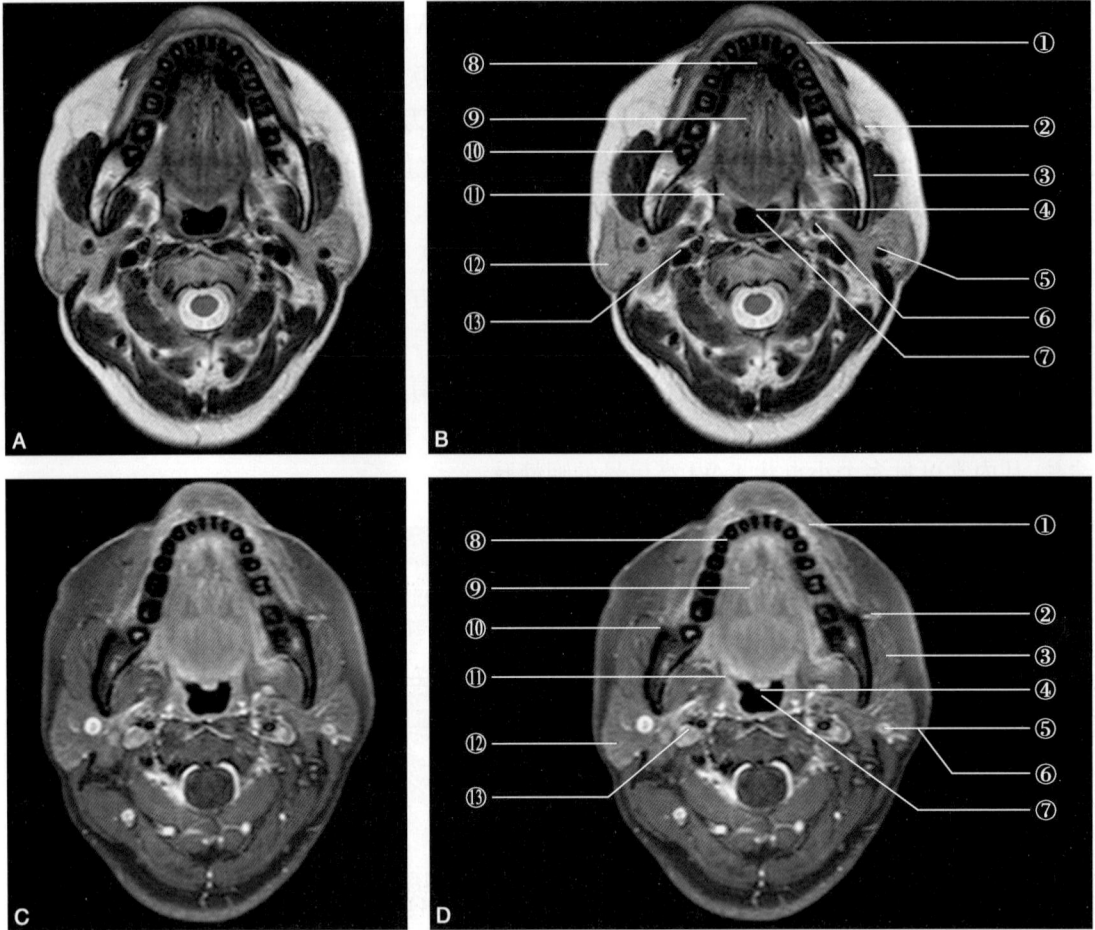

图 1-3-5　鼻咽 CT 横断面软腭层面

A、B. T$_2$WI；C、D. T$_1$WI 增强。1. 口轮匝肌；2. 面动脉；3. 咬肌；4. 软腭腭垂；5. 下颌后静脉；6. 颈外动脉；7. 口咽腔；8. 上牙槽；9. 舌；10. 上颌骨；11. 腭扁桃体；12. 腮腺；13. 颈内静脉。

2. 冠状面　在 T$_1$WI 上，鼻咽中部层面为咽鼓管圆枕，其两外侧壁上方为咽隐窝，其下方为咽鼓管咽口（图 1-3-6）。鼻咽腔顶壁为高信号的翼板和斜坡，表面为较低信号的黏膜，翼板内上方可见翼管，侧壁为咽缩肌及扁桃体，下方中央为悬雍垂。两侧纵行的咽旁间隙呈高信号，把其外侧的翼内肌和扁桃体分开，延伸至颌下腺。在后部层面，两侧鼻咽侧壁表面为黏膜和黏膜下纵行咽上缩肌。在咽鼓管圆枕软骨外侧可见腭帆张肌，腭帆提肌位于圆枕软骨下方（图 1-3-7）。

3. 矢状面　T$_1$WI 可较好显示鼻咽各壁的形态及厚度。在 T$_1$WI 上，正中矢状面鼻咽腔顶壁呈薄层中等信号，厚 2~3mm，向后延续为咽后壁，厚 3~4mm；前界为鼻中隔，鼻中隔上部为筛骨垂直板和犁骨，呈灰黑信号，下方为中隔软骨和大翼软骨内脚，信号稍高。鼻咽腔顶部上方为低信号的蝶窦和高信号的斜坡骨髓腔。蝶窦上方为垂体窝，容纳脑垂体，其前方为视交叉，后方为脑桥。鼻咽腔前下为腭，软腭与咽后壁之间的狭窄口为鼻咽峡。随着层面向下外移，鼻腔内可见上、中、下鼻甲，后外侧壁有黏膜与淋巴组织，附着于头长肌（图 1-3-8）。

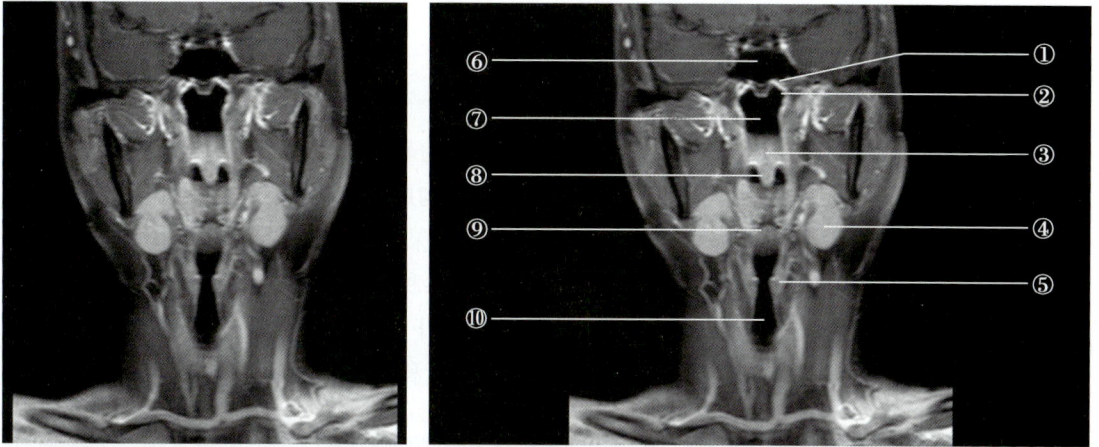

图 1-3-6　鼻咽 MRI 冠状面（经咽隐窝层面）
T_1WI 增强：1. 蝶骨大翼；2. 咽隐窝；3. 软腭；4. 下颌下腺；5. 声带；6. 蝶窦；7. 鼻咽腔；8. 腭垂；9. 会厌；10. 声门下腔。

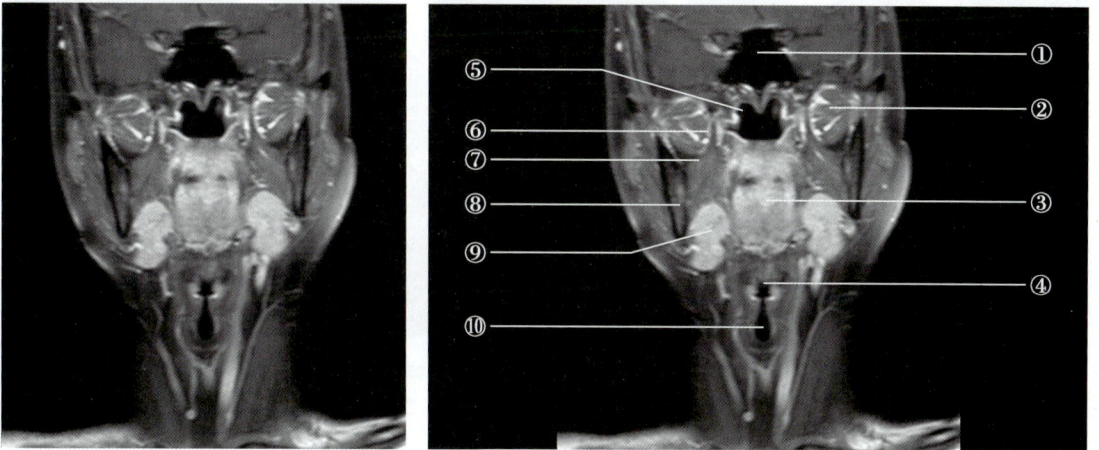

图 1-3-7　鼻咽 MRI 冠状面
1. 蝶窦；2. 翼内肌；3. 颏舌骨肌；4. 声门腔；5. 咽隐窝；6. 翼突外侧板；7. 翼外肌；8. 下颌骨；9. 下颌下腺；10. 声门下腔。

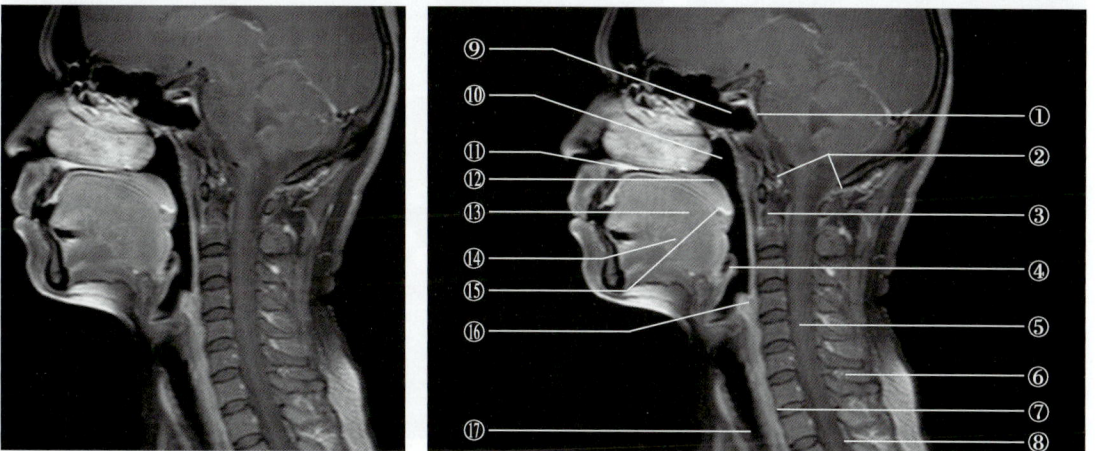

图 1-3-8　鼻咽 MRI 正中矢状面
T_1WI 增强：1. 斜坡；2. 枕骨大孔；3. 齿状突；4. 会厌；5. 颈髓；6. 棘突；7. 前纵韧带；8. 黄韧带；9. 蝶窦；10. 鼻咽腔；11. 硬腭；12. 软腭；13. 舌横肌；14. 颏舌肌；15. 腭垂；16. 杓横肌、杓斜肌；17. 气管。

二、口咽

(一) CT 表现

1. 横断面 经口咽层面(图 1-3-9)呈椭圆形,前界为软腭和舌根部,后壁为头长肌、颈长肌及颈椎椎体,两侧壁由扁桃体与邻近肌组织(咽缩肌)构成,CT 扫描二者无法区分。咽侧壁外侧的脂肪密度区域为咽旁间隙,其外侧为翼内肌、腮腺深部和下颌支,其前方为下颌下腺及下颌骨体,从前内到后外间隙内可见颈外动脉、颈内动脉和颈内静脉。下颌下腺外缘有舌动脉,后外缘有面总静脉。在口底层面(图 1-3-10),舌体与下颌骨间可见下颌舌骨肌,舌根外侧为舌骨舌肌和茎突舌肌,在下颌下腺后方可见茎突舌骨肌和二腹肌后腹。

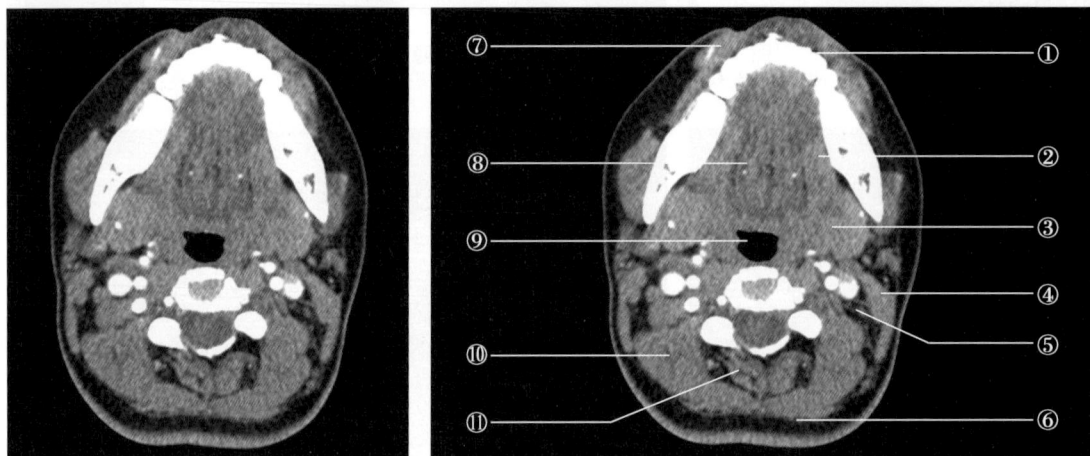

图 1-3-9 口咽 CT 横断面(经口咽层面)
1.下牙槽骨;2.下颌舌骨肌;3.下颌下腺;4.胸锁乳突肌;5.颈深淋巴结;6.斜方肌;7.口轮匝肌;8.颏舌肌;9.口咽腔;10.头夹肌;11.颈棘肌。

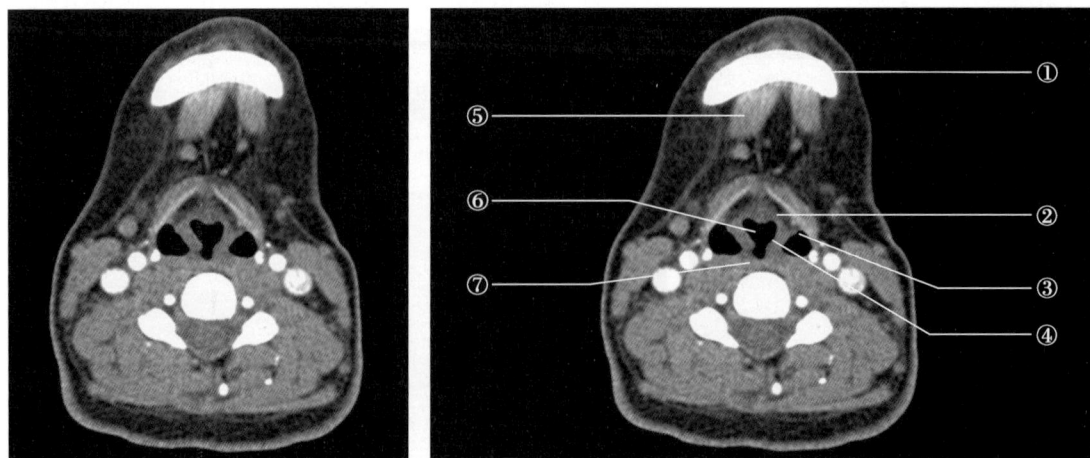

图 1-3-10 口咽 CT 横断面(经口底层面)
1.下颌骨;2.喉旁间隙;3.梨状隐窝;4.杓状会厌襞;5.颏舌骨肌;6.喉前庭;7.喉下缩肌。

2. **冠状面**　在较前层面可见软腭和两侧腭弓,两旁为舌外肌口底部。舌体下有舌下间隙,舌体下外侧可见舌下腺。在咽峡与舌体外侧的咀嚼肌间隙内,翼外肌和翼内肌分别居于其上、下区。在较后的口咽层面,口咽壁对称,外侧间隙内可见茎突咽肌和二腹肌后腹,分别在上、下斜行。舌根外侧和下颌骨内侧间可见下颌下腺。

（二）MRI 表现

1. **横断面**　口咽部上界为软腭层面,后界为椎前筋膜,咽缩肌构成后外侧缘。舌根及口底部因腺体较多,常呈混杂信号。腭舌骨肌、腭咽肌从软腭下延并形成腭扁桃体的支柱。扁桃体在 T_1WI 上呈中等信号,在 T_2WI 上呈较高信号,其外侧有低信号的咽基底筋膜包绕,使之能与肌组织区别;淋巴组织在 T_1WI 信号高于肌组织,咽旁间隙呈高信号区。

2. **矢状面**　在正中矢状面上,口咽上部前方为舌根等口腔底壁结构,下界为会厌上部。会厌位于舌根后下方,呈叶片状由前下伸向后上,其与舌根的间隙为会厌谷。

三、喉咽

（一）CT 表现

1. **横断面**　检查时喉及喉咽部同时显示,正常时双侧梨状隐窝大小和形态基本对称,呈类圆形,但当切面倾斜或运动时两侧可不对称,有积液时可使梨状隐窝闭塞,易误认为占位性病变。正常环后区呈闭合状态,横断面图像不能显示,但环后区软组织正常厚度不超过1cm。

2. **冠状面**　会厌以下至环状软骨下缘(平第6颈椎下缘)为喉咽,下与气管相连,在冠状面垂直于喉室中部的层面,会厌软骨在黑色气体腔内,呈"八"字拱形突向口咽。

（二）MRI 表现

在梨状隐窝层面,喉咽和喉紧邻,喉咽腔平时常处于塌陷状态,咽后间隙和梨状隐窝尖狭小,喉咽与食管入口在横断面上显示常欠清晰(图 1-3-11)。

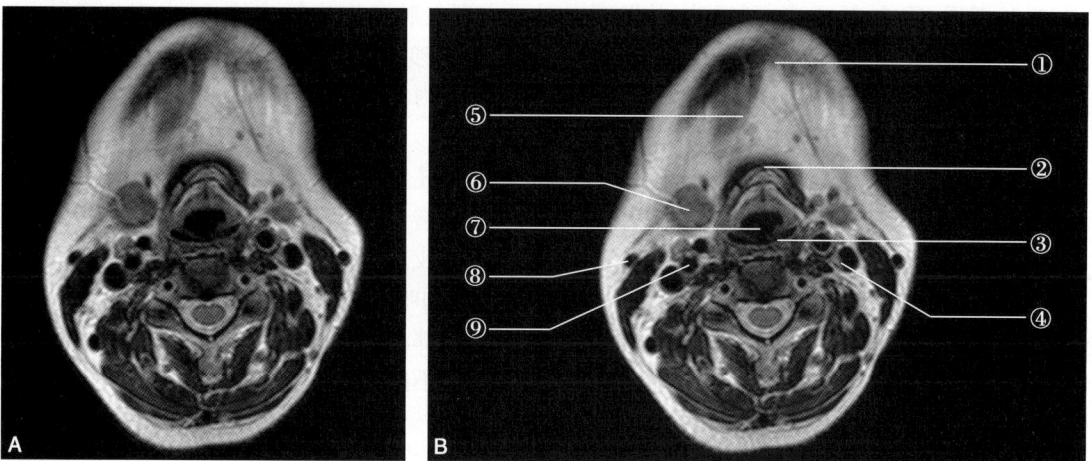

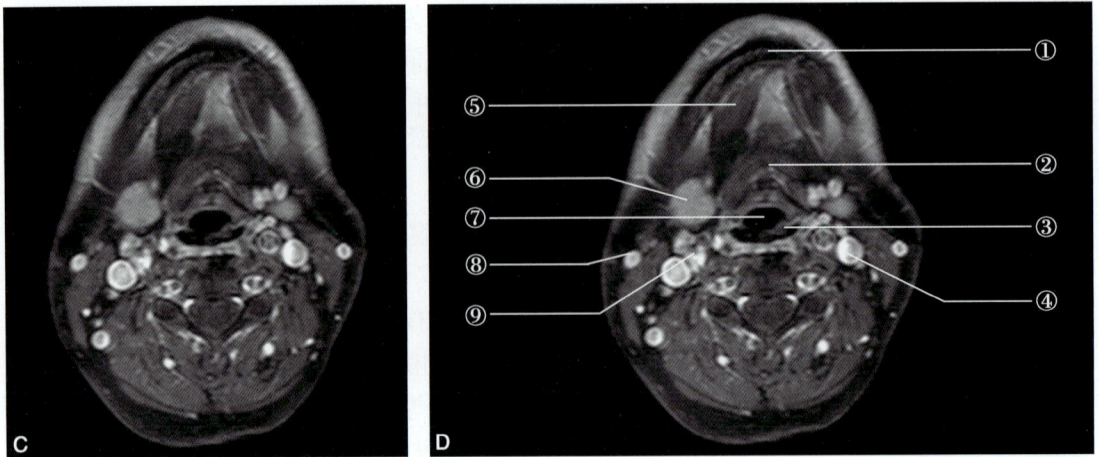

图 1-3-11 喉咽 MRI 横断面(经舌骨层面)

A、B. T$_2$WI;C、D. T$_1$WI 增强。1.下颌骨;2.舌骨体部;3.梨状隐窝;4.颈内静脉;5.下颌舌骨肌;6.下颌下腺;7.下咽;8.下颌后静脉;9.颈总动脉。

第四节　咽部先天性囊肿

一、鳃裂囊肿/鳃裂瘘管

【简介】

鳃裂囊肿(branchial cleft cyst,BCC)或鳃裂瘘管属于鳃裂发育异常,是在胚胎发育过程中,鳃裂(外胚层)与鳃弓(即咽囊)(内胚层)未完全融合或完全未融合而形成的颈部无痛性肿物。鳃裂囊肿是头颈部先天性病变的第二大原因,占颈部病变的 20%,可发生于任何年龄,但常见于 20～50 岁,以 30 岁多见。临床表现为偶然发现的颈部或腮腺区无痛性肿块,大小不定,生长缓慢,质软、边界清、可活动,并发感染时可出现红肿和疼痛等症状,可表现为囊肿、窦道、瘘管,其中囊肿占 75%,窦道占 24%,瘘管极少见。病变不与外界相通则为囊肿,仅一侧通向皮外或咽内则形成窦道(不完全性瘘管),若内侧与咽内相通、外侧开口于颈部皮肤则形成完全性瘘管。合并有窦道或瘘管时可有脓性分泌物流出。

人胚胎第 4 周初出鳃弓,左右对称,第 4 周末 5 对外胚层裂和 5 对内胚层鳃囊弓将 6 个鳃弓分开,闭合的膜位于囊与裂的交界处;第 2 鳃弓向尾侧增长迅速,逐渐覆盖第 3、4 鳃弓,与下方其他鳃弓之间的腔隙称为颈窦,不久颈窦闭锁,颈部形成。第 1 和第 5 鳃弓相互融合发育成咽鼓管、鼓室、乳突窦并参与鼓膜的形成,是外耳道形成的唯一结构;第 2 鳃弓参与腭扁桃体、扁桃体窝、舌骨及颈部的形成;第 3 鳃弓形成甲状旁腺下部、胸腺及梨状隐窝;第 4 鳃弓形成甲状腺上部、梨状隐窝顶部。如果在胚胎发育过程中,颈窦不闭合,留有残余的上皮组织,即可形成鳃裂异常,并可继发感染、反复发作。

鳃裂异常根据其来自哪个鳃弓及其与神经、血管、肌肉的关系为 1～4 型:

第 1 鳃裂发育异常:占颈部囊性病变的 8%,常出现耳颈瘘管及囊肿。可无症状,也可自觉颈部、腮腺及耳部不适,或颈部包块反复感染、颈部或外耳道见瘘口及分泌物等。可分为两型:

Ⅰ型,起源于外胚层,属于膜性外耳道重复异常,多形成平行于外耳道的窦道,常位于面神经外侧,开口可位于耳前、耳后、外耳道壁或鼓膜上,若形成瘘管则内口终止于中鼓室平面的骨板,病变被覆鳞状上皮,无皮肤附属器。Ⅱ型,起源于中胚层和外胚层,病变常发生在下颌角以上与腮腺区域,通常位于颈前部,高于舌骨;典型的窦道常常走在舌骨前面,穿过腮腺,位于腮腺内面神经周围,可同时累及外耳道及软骨性耳郭;若形成瘘管则外口在下颌角处,向上穿过腮腺、面神经内侧或外侧,甚至穿过面神经干,终止于外耳道软骨部下壁,病变被覆鳞状上皮,可伴有皮肤附属器。

第2鳃裂发育异常:是临床上最常见的一种类型,占所有鳃裂异常的90%~95%,其中75%为囊肿,常为单囊,大小在2~6cm,好发年龄10~40岁。出现窦道、瘘管的发病年龄通常小于10岁。病变可发生于颌下至胸骨上窝的任何位置,好发于胸锁乳突肌上1/3与下2/3交界处,常为颌下、胸锁乳突肌前缘无痛性肿块,生长缓慢,合并感染时可有疼痛。若形成瘘管,其外口常见于胸锁乳突肌前缘的中下份,瘘管向上经过颈阔肌深面,沿颈动脉鞘上行,穿过颈内外动脉,经舌咽神经、茎突咽肌和舌下神经的浅面,终止于扁桃体窝上极。

第3鳃裂发育异常:少见,约占所有鳃裂异常的8%,常形成瘘管。瘘管的外口常在胸锁乳突肌的下份,上行于颈阔肌深面,沿颈动脉鞘在颈内动脉的后面,沿迷走神经的浅面走行,越过舌下神经后再下行,于喉上神经上方、舌骨与甲状软骨之间,穿过舌甲膜,终止于梨状隐窝。

第4鳃裂发育异常:罕见,于1972年首次报道,发生率占所有鳃裂异常的3%。常表现为单侧颈部无痛性肿块,可见位于胸锁乳突肌前缘、邻近甲状腺的窦道,而非囊肿或瘘管。97%的病变发生于左侧,可沿气管、食管隐窝下降,环绕主动脉,再经过舌下神经向前上行至颈总动脉,右侧病变则可至锁骨下动脉水平。若形成窦道,病变通常起源于梨状隐窝,经环杓关节迂曲走行于喉上神经和喉返神经之间。若存在瘘管,其外口亦常位于胸锁乳突肌的中下份,但它在颈阔肌深部,沿颈动脉鞘下行到胸部,在右侧锁骨下动脉和左侧主动脉弓之下,再上升到颈部,跨过舌下神经后到达食管上段。第3、4鳃裂病变通常有相似的临床表现。

鳃裂囊肿为良性肿物,非手术治疗无效,一旦诊断明确,应予手术治疗,如手术切除不彻底可导致复发,影像学检查既可显示病变的范围及毗邻关系,又可明确有无窦道,对病变的定位、定性诊断有重要意义。据文献报道,上消化道造影可显示50%的梨状隐窝瘘管,而CT可显示64%的瘘管。

【病理基础】

1. 大体病理　肿块一般质地中等,有囊性感,当囊内液体较多、张力较高时,质地较硬;囊内充满黄色浑浊液体,可含胆固醇结晶。

2. 镜下表现　囊壁薄,可见鳞状上皮的表层细胞或角化细胞,散在炎性细胞、组织细胞及胆固醇结晶,偶可见纤毛柱状上皮细胞;当鳃裂囊肿伴感染时,可见大量炎性细胞、组织细胞及少量鳞状上皮细胞;免疫组化显示囊壁可见淋巴结边缘窦和中央地壳样滤泡。

【影像学表现】

CT表现:典型的鳃裂囊肿表现为颈部圆形或类圆形囊性等密度、低密度薄壁肿块,密度均匀、边界清晰、边缘光滑,周围组织受压移位,增强囊壁可轻度强化;当继发感染时,囊壁增厚并明显强化,囊内容物密度增高,与周围组织分界不清,边缘不光滑,周围脂肪密度增高。

MRI表现:呈圆形或椭圆形囊性肿块影,沿胸锁乳突肌上下走向,边界清晰,周围组织受压移位。囊内容物在T_2WI均为高信号,T_1WI大部分为低信号,小部分为稍高信号;T_1WI信号改变取决于囊内容物成分,蛋白含量高、含胆固醇结晶或继发感染时,信号升高。当囊壁增厚并明显强化、周围组织间隙欠清,囊内容物信号升高,T_1WI呈稍低信号、T_2WI呈稍高信号时,常提示感染。

鳃裂囊肿的发生部位不同,影像表现有所不同。

　　第 1 鳃裂囊肿:可位于腮腺内部、浅表或深部,或沿外耳道。分为两型:Ⅰ 型只包含外胚层,多位于外耳道附近、耳屏前或后,也可位于腮腺或下颌角;Ⅱ 型多见,包含外胚层和中胚层,可含皮肤及其附属器、软骨等成分,位于颌下腺附近或颈前三角,亦可形成瘘管开口于外耳道。无感染时多为薄壁光滑囊性灶,增强囊壁轻度强化,当伴有窦道或瘘管时,可反复感染,囊壁增厚,甚至囊性部分被周围软组织感染所掩盖,诊断需结合临床,CT 或 MRI 单独鉴别第 1 鳃裂囊肿与其他囊肿较困难。

　　第 2 鳃裂囊肿:可位于颌下区到甲状软骨水平,多位于胸锁乳突肌中部前缘、颈动脉间隙外侧、颌下腺后缘,表现为颈侧中部逐渐增大的肿块。可分四型:Ⅰ 型位于胸锁乳突肌前缘、颈阔肌深面;Ⅱ 型较常见,部位典型,位于胸锁乳突肌深面、颈动脉间隙外侧和颌下腺后方,与颈内静脉相邻;Ⅲ 型位于颈总动脉分叉处,颈内、外动脉之间,突向咽侧壁,病变可表现为"鸟嘴征",鸟嘴尖端指向颈内、外动脉;Ⅳ 型位于咽黏膜间隙,沿咽腭弓突向颅底区域。MRI 病变呈圆形或卵圆形长 T_1 长 T_2 信号,并可清晰显示病变范围。

　　第 3、第 4 鳃裂囊肿:鉴别较困难,均起自梨状隐窝,穿环甲膜沿气管、食管沟下降至纵隔,一般位置较高者为第 3 鳃裂囊肿,位于喉上神经之上,较低者为第 4 鳃裂囊肿,位于喉上神经之下。

【典型病例展示】

病例 1　男性,68 岁,偶然发现右颈部肿物 4 个月余,无疼痛,现自觉肿物增大(图 1-4-1)。

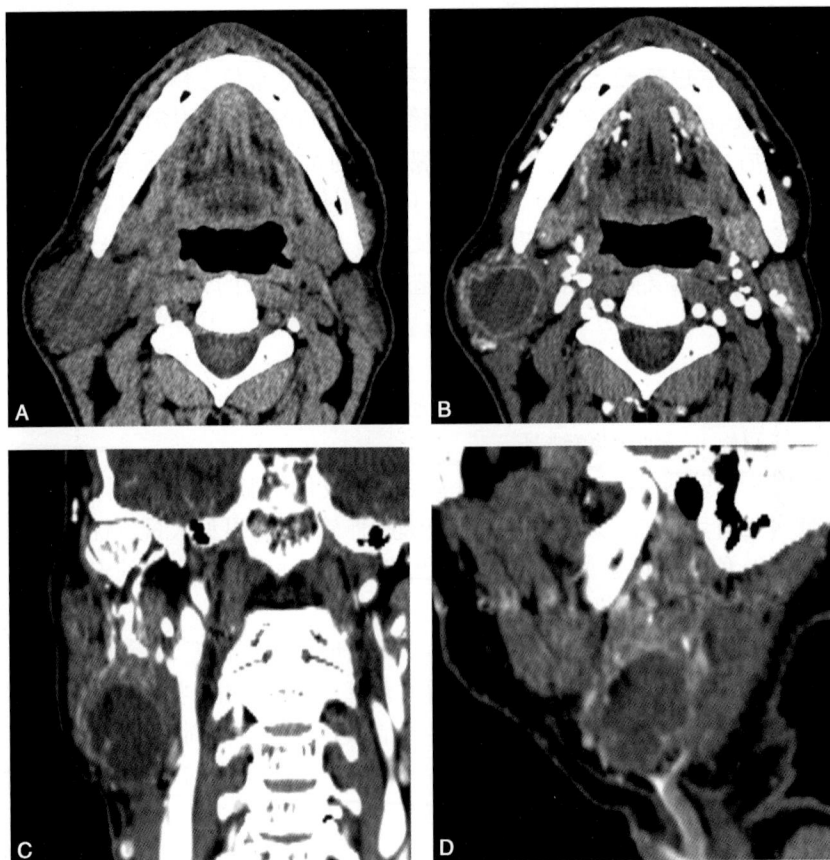

图 1-4-1　第 1 鳃裂囊肿Ⅰ型伴感染

CT 表现:平扫示右侧腮腺下份体积增大,其内似见一类圆形软组织影,边界欠清(图 A);增强横断面(图 B)、冠状面(图 C)、矢状面(图 D)示病变呈囊性,并见小壁结节,囊壁及结节明显强化,病变周围腮腺实质受压。病理:右颈第 1 鳃裂囊肿Ⅰ型伴感染。

病例 2　男性,14 岁,右下颌部肿胀 1 年余,无触痛(图 1-4-2)。

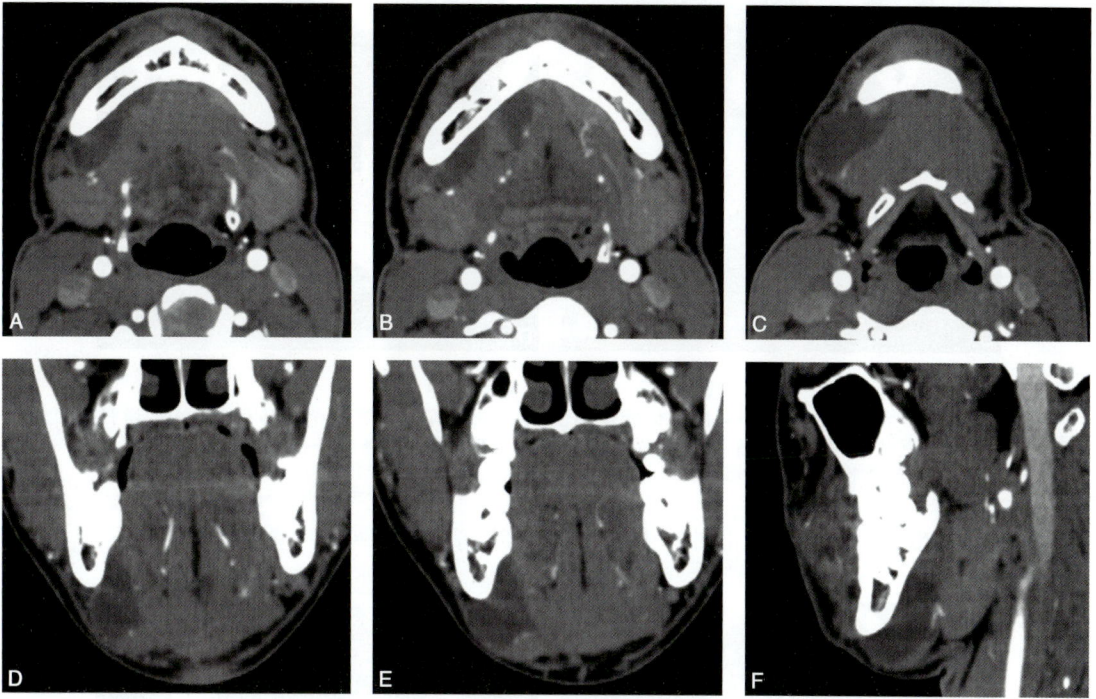

图 1-4-2　第 1 鳃裂囊肿 Ⅱ 型

右颌下第 1 鳃裂囊肿 Ⅱ 型 CT 表现:增强 CT 横断面(图 A~图 C)、冠状面(图 D、图 E)及矢状面(图 F)示下颌骨右份后下缘软组织内可见不规则囊性低密度影,囊内密度均匀、无强化,边界清晰,邻近下颌骨骨质未见吸收破坏征象。

病例 3　女性,21 岁,偶然发现右侧耳垂下肿物 3 年余,逐年稍增大(图 1-4-3)。

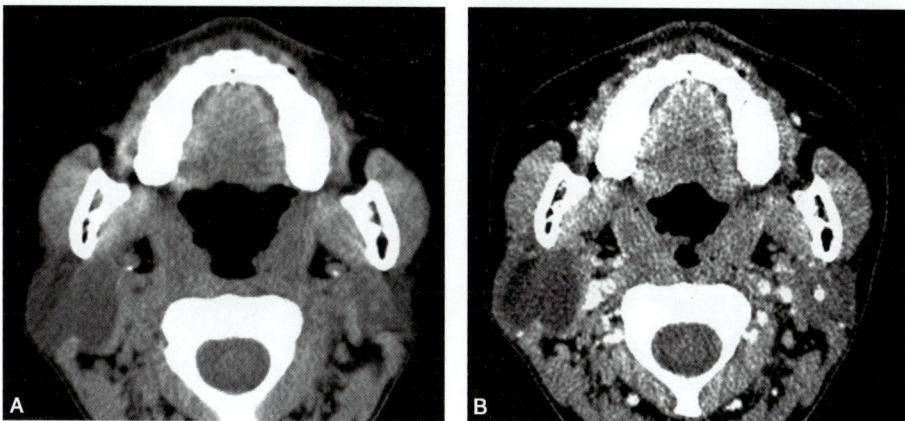

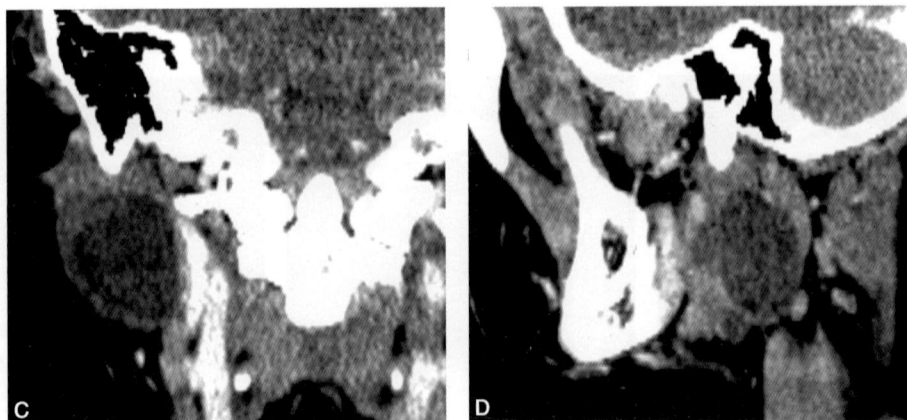

图 1-4-3　右颈第 1 鳃裂囊肿 Ⅱ 型

CT 平扫示右侧腮腺内见一类圆形低密度影,边界清晰,周围组织稍受压移位(图 A),增强横断面、冠状面、矢状面(图 B~图 D)示囊内容物无强化,囊壁轻度强化,边界清。病理:右颈第 1 鳃裂囊肿 Ⅱ 型。

病例 4　20 岁,女性,左颈部肿物 1 个月余,无疼痛(图 1-4-4)。

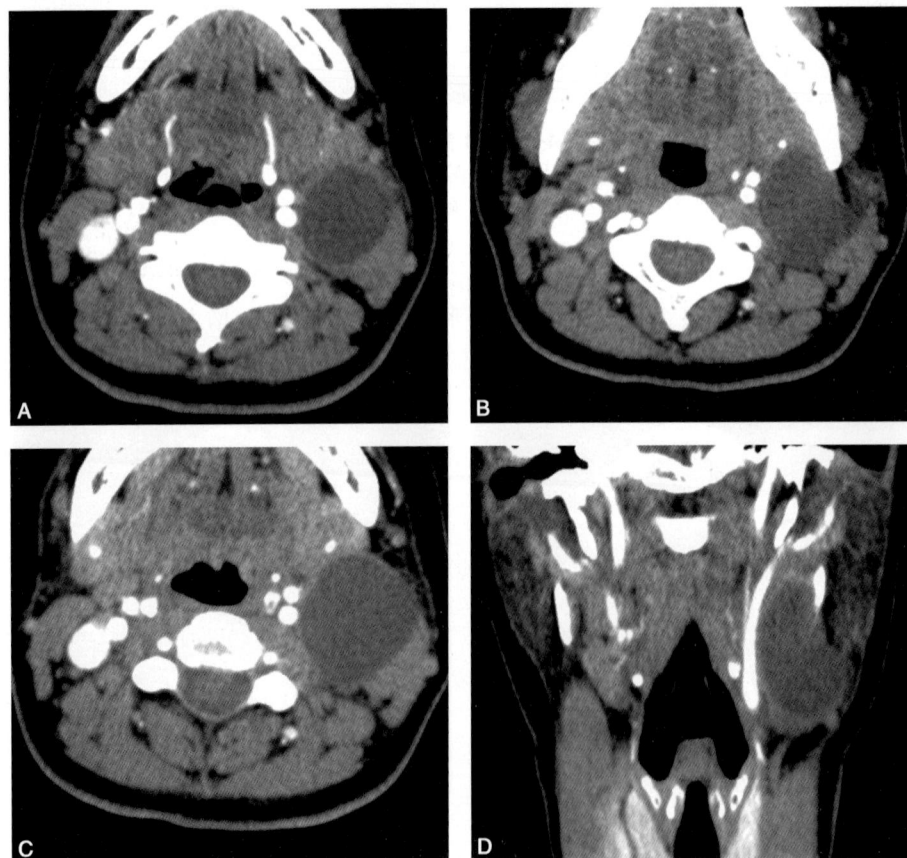

图 1-4-4　左颈第 2 鳃裂囊肿 Ⅰ 型

增强 CT 横断面(图 A~图 C)及冠状面(图 D)示左侧颈动脉间隙外侧、腮腺内下缘、胸锁乳突肌前内缘见一类椭圆形囊性肿块影,囊内密度均匀、无强化(无平扫图像对比),边界清晰,邻近结构稍受压移位。病理:左颈第 2 鳃裂囊肿 Ⅰ 型。

病例 5　女性,28 岁,左颈部包块 5 个月余,无疼痛,近两日自觉包块增大(图 1-4-5)。

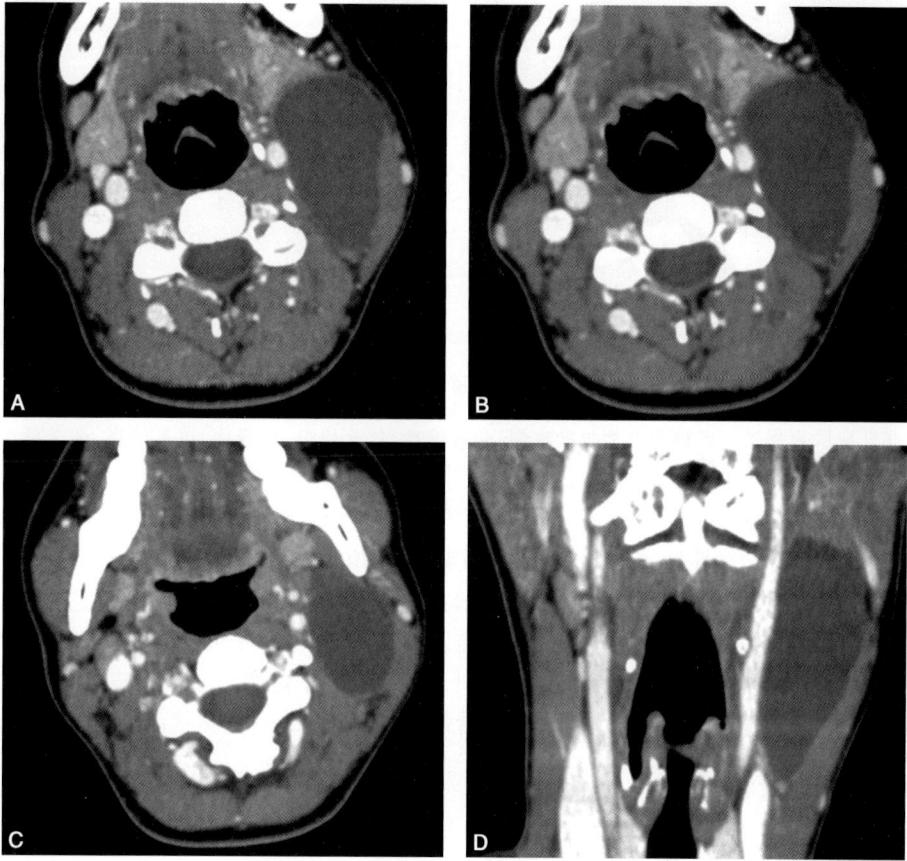

图 1-4-5　左颈第 2 鳃裂囊肿Ⅱ型

增强 CT 横断面(图 A~图 C)及冠状面(图 D)示左侧颈动脉间隙外侧、颌下腺后方、胸锁乳突肌内缘见一类椭圆形囊性肿块影,囊内密度均匀,无强化,边界清晰,邻近结构受压移位。
病理:左颈第 2 鳃裂囊肿Ⅱ型。

病例 6　男性,41 岁,右颈部包块 8 个月余,无疼痛(图 1-4-6)。

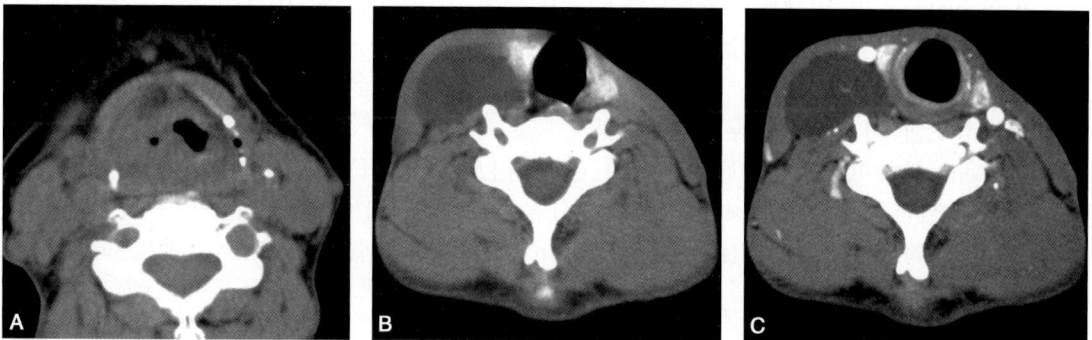

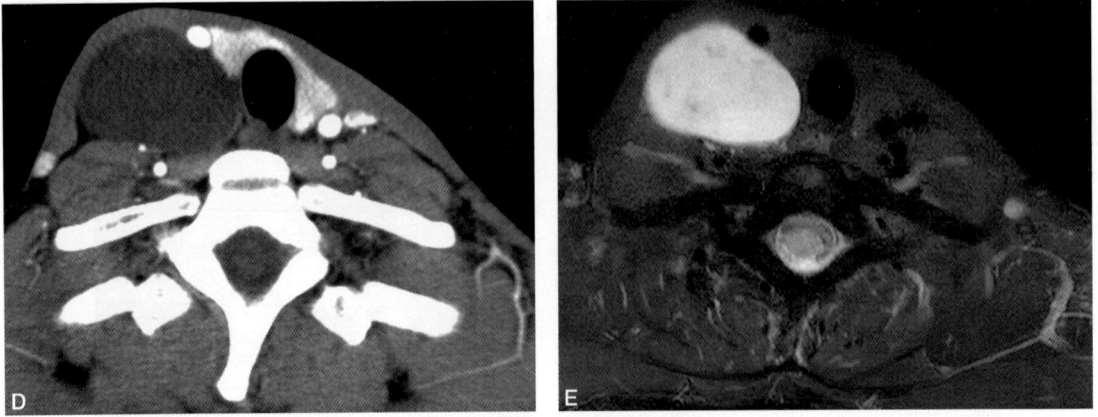

图 1-4-6　右颈第 3 鳃裂囊肿

CT 平扫及增强横断面(图 A~图 D)及 MRI T$_2$WI(图 E)示右侧甲状腺水平,甲状腺右侧叶、颈动脉后方后外侧、胸锁乳突肌内侧见一类椭圆形囊性肿块影,囊内密度/信号均匀,无强化,边界清晰,邻近结构受压移位。病理:右颈第 3 鳃裂囊肿。

【诊断思路与诊断要点】

颈部圆形、类圆形囊性低密度肿块影,单发病灶常位于颈前三角区,即下颌角至舌骨平面或舌骨下平胸锁乳突肌前缘附近,囊内密度均匀,囊壁甚薄且均匀,边缘光滑,边界清晰;增强扫描可见囊内容物不强化,囊壁可轻度强化,继发感染时囊内密度可增高,囊壁可增厚并明显强化。根据发生部位可以与颈部其他囊肿鉴别,如甲状舌管囊肿、皮样/表皮样囊肿好发于颈部正中;颈部淋巴管瘤好发于颈部两侧,但多沿颈部间隙生长,呈多囊状。

二、甲状舌管囊肿

【简介】

甲状舌管囊肿(thyroglossal cyst)又称先天性颈部中线囊肿、甲舌囊肿、舌甲囊肿,是因甲状舌管退化不全所致的一种颈部先天性畸形,是儿童常见的疾病之一。该囊肿可在任何年龄发病,约 1/3 的患者出生后即存在,男女比例约 2:1,30 岁以下青少年多见。多在 5 岁左右患儿仰头时发现颈部正中隆起肿物。新生儿主要以舌甲状舌管囊肿为主,男性多见。

甲状腺中叶的始基在胚胎的第 4 周开始从舌盲孔部(舌的前 2/3 与后 1/3 的交接部)发育下行,称为甲状舌管的上皮柱,随后穿过舌骨腹部到达甲状软骨处,与发育中的甲状腺侧叶相连。在胚胎的第 6 周,甲状腺与舌盲孔之间的管状组织(甲状舌管)从舌内开始萎缩退化,甲状腺与舌失去联系,如果第 10 周后甲状舌管还没有完全消失,而成为长短不等的残留管状组织,若合并甲状舌管内分泌物潴留,就可形成甲状舌管囊肿。约 50% 的甲状舌管囊肿囊壁存在甲状腺组织,且可发生甲状腺来源肿瘤甚至恶变。

甲状舌管囊肿可发生在舌底到气管前、胸骨柄上缘任何部位。与舌骨关系密切,多见于舌骨和甲状腺之间,大部分位于颈部中线,少部分稍偏离中线,偏中线病变中 95% 位于左侧,5% 位于右侧。60% 以上的病变发生在舌骨区,颏下区约 24%,胸骨上区约 13%,舌根部最少,约 2%,舌内约 2%。病变可跨舌骨内外生长,同时累及皮下及会厌前间隙,还可伸入到口底水平,提示其与舌盲孔起源有关。

舌内甲状舌管囊肿,即舌甲状舌管囊肿,多见于新生儿,其发病率低的原因可能是甲状舌管的退化是从舌端开始。小于 1% 的囊肿可发生恶变,其主要是位于囊肿周边的甲状腺组织,其中 85% 病理类型为乳头状癌,鳞状细胞癌少见。舌甲状舌管囊肿由于其占位效应,临床上可有出生时吸气性呼吸困难、吸气性喉鸣、上气道梗阻,喉镜可见舌根正中或略偏一侧的灰白色圆形囊肿样广基肿物,与会厌无粘连及融合。

非舌内甲状舌管囊肿主要表现为咽部异物感,或于颈前区扪及肿块,呈圆形或类圆形,表面光滑、边界清楚、质地柔软、具囊性感、可活动,特征性表现为囊肿随伸舌或吞咽动作而移动,继发感染时可有红肿热痛等症状,破溃时可有脓性分泌物流出。

【病理基础】

1. 大体病理 囊肿呈灰黑色或灰白色,常见一软组织蒂与之相连,上端附于舌骨,囊内多为胶冻样物,囊壁可较厚,部分囊壁可见多个壁结节。

2. 镜下表现 囊壁为结缔组织,囊壁内衬扁平上皮、复层纤毛柱状上皮或复层鳞状上皮;囊壁强化病例中,囊壁内见炎症细胞浸润,囊内容物为胶冻样、黏液样。

【影像学表现】

术前影像学检查可明确囊肿与周围组织的关系,确定手术切除范围及手术方式。

CT 表现:颈前部自舌盲孔至甲状腺径路上任何位置的圆形、类圆形囊性肿块,以舌骨上下较多,且囊肿和舌骨关系密切,甚至舌骨即为囊壁的一部分。根据囊肿的位置,将其分为两型。①中央型:指囊肿位于颈部正中者;②偏心型:指囊肿位于颈部中线偏一侧者。甲状舌管囊肿直接征象:囊壁较薄,边界清晰、边缘光滑,平扫囊内为均质液性,其密度可依内容物蛋白含量不同而表现为低密度或等密度,当合并感染或出血时密度可更高;且合并感染者囊壁增厚毛糙并明显强化,内容物无强化;若形成瘘管时,因液体外流致囊性结构减压凹陷,此时形态多不规则;由于囊肿壁可见甲状腺组织,故约50%的病例可见壁结节,多表现为自囊壁突向腔内的丘状突起,基底较宽,增强多有强化。甲状舌管囊肿间接征象:邻近结构、咽腔常有受压移位,如发生于甲状软骨水平的病变,中央型常有两侧软骨前端间距加大,偏心型则软骨受压移位明显。正中矢状面重建能更好显示囊肿的形态、位置及其与舌骨的关系。

MRI 表现:颈部前方舌骨附近规则囊性肿块,内容物为清亮稀薄液体时,呈长 T_1WI、长 T_2WI 信号;内容物为黏液样或胶冻样时,T_1WI 呈稍高信号;增强囊内不强化、囊壁轻度强化,有明显包膜,舌骨无破坏。

【典型病例展示】

病例 1 女性,25 岁,发现颈前包块 7 年余,无疼痛,无咽部异物感(图 1-4-7)。

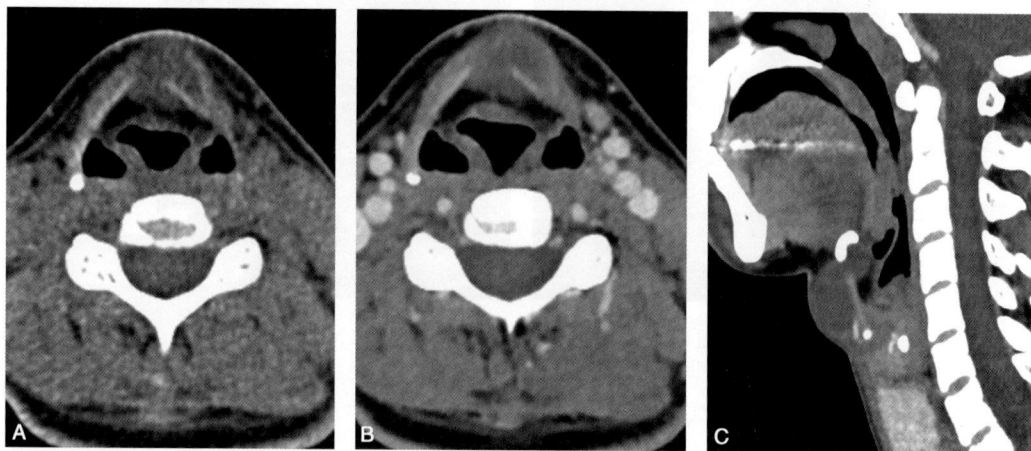

图 1-4-7 甲状舌管囊肿(中央型)

CT 示颈前区舌骨下方至甲状软骨水平见一类椭圆形囊性肿块影,密度均匀,边界清晰,与舌骨关系密切,舌骨骨质未见吸收破坏征象,平扫横断面(图 A)呈低密度,增强横断面(图 B)囊内未见强化,矢状面(图 C)可更好显示病变与舌骨的关系。病理:甲状舌管囊肿(中央型)。

病例2 男性,19岁,发现颌下、颈前肿物1年余,活动度欠佳,可随吞咽动作上下移动,无疼痛(图1-4-8)。

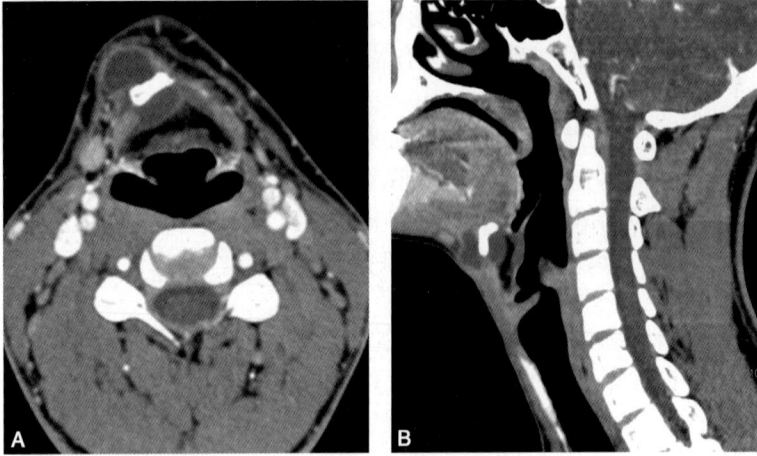

图1-4-8 甲状舌管囊肿(偏心型)(一)

CT示舌骨右旁见一不规则囊性低密度影,部分包绕舌骨,壁稍厚,边界尚清,增强横断面(图A)示囊内密度均匀、未见强化,边缘轻度强化(没有平扫图像对比),矢状面(图B)可更好地显示病变与舌骨的关系。病理:甲状舌管囊肿(偏心型)。

病例3 男性,19岁,发现颈部包块10年余,无疼痛,无咽部异物感(图1-4-9)。

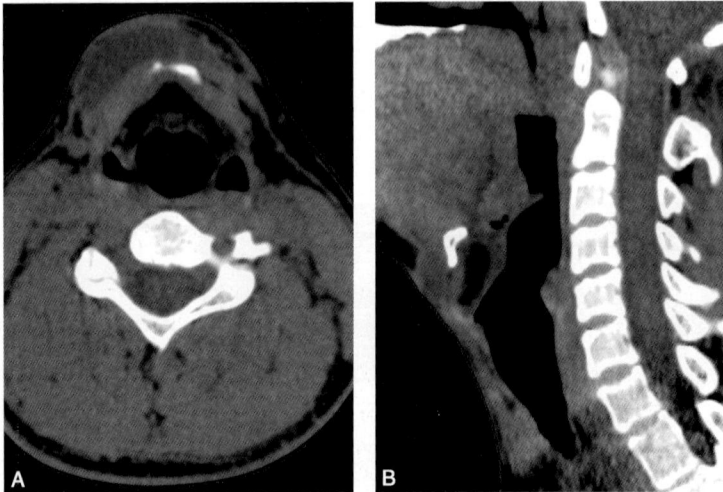

图1-4-9 甲状舌管囊肿(偏心型)(二)

CT示颈部正中偏右、舌骨前方皮下见条片状低密度影,边界清晰,平扫横断面(图A)示囊内密度均匀,矢状面(图B)可更好地显示病变与舌骨的关系。病理:甲状舌管囊肿(偏心型)。

病例 4　女性,22 岁,甲状舌管囊肿术后 16 年,再发伴感染(图 1-4-10)。

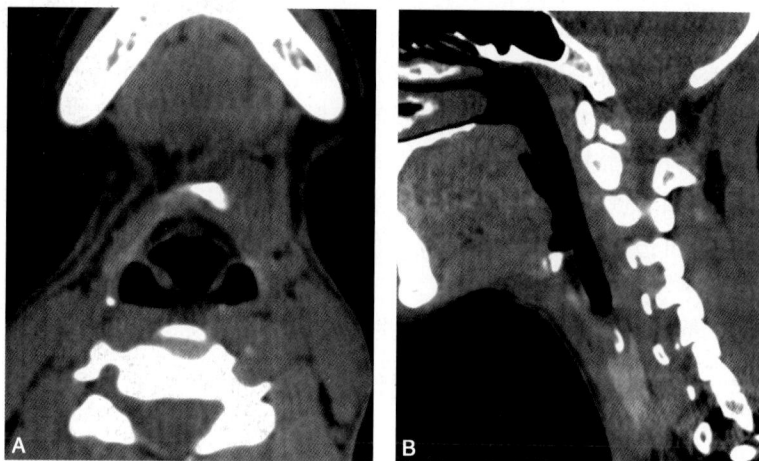

图 1-4-10　甲状舌管囊肿(偏心型)伴感染
CT 示舌骨左侧、甲状软骨左前外侧见一类椭圆形肿块影,CT 平扫横断面(图 A)呈囊实混杂低密度影,边界尚清,壁增厚,矢状面(图 B)见病灶位于舌骨前下方。病理:甲状舌管囊肿(偏心型)伴感染。

【诊断思路与诊断要点】

位于颈部舌盲孔至甲状腺径路上任何位置的囊性灶,多位于颈部正中,且与舌骨关系密切,甚至包绕舌骨或致舌骨受压吸收,小儿可位于舌内或舌根部。甲状舌管囊肿需与会咽部皮样囊肿、鳃裂囊肿、异位甲状腺及颈部淋巴结等鉴别,主要从病灶位置、内容物及发病特点等方面区别。皮样囊肿多偏向一侧,内容物为豆渣状;鳃裂囊肿多在面颈部侧方,内容物为淡黄色清亮液体;与异位甲状腺鉴别时可用放射核素法,若病灶内有核素[131]I 浓聚则应考虑为异位甲状腺;颈部淋巴结触诊多为实性,无囊腔感。偶有报道将甲状舌管囊肿误诊为会厌囊肿,多因二者均是向会厌间隙生长,但结合临床症状及辅助检查多可鉴别。

三、咽囊囊肿

【简介】

咽囊囊肿(abscess of pharyngeal)又称 Tornwaldt 囊肿或鼻咽潴留囊肿,是位于鼻咽中线部位、起源于鼻咽部胚胎脊索的上皮组织类囊肿,常与胚胎时期咽囊结构有关。因德国医生 Gustav Ludwig Tornwaldt 于 1885 年首次报道,故也被称为 Tornwaldt 囊肿。1912 年 Huber 医生再次阐明了 Tornwaldt 囊肿的起源:脊索于胚胎第 3 周形成,在前肠的上后方延伸,在到达脊索前板之前,脊索下降并延伸接触咽部的原始内胚层,形成鼻咽黏膜小囊突(Seessel 囊),第 6 周开始脊索退化且遗留于形成原始颅底的浓密间叶细胞中。若脊索退化时与内胚层间形成粘连,咽内皮层沿脊索的形成向内生长,并借咽底筋膜纤维带牵引而形成黏膜囊,即咽囊。咽囊内被覆黏膜,位于双侧头长肌间及前方,介于咽黏膜与枕骨基底部骨膜之间,囊腔向上后扩展可达枕骨咽结节,开口于咽扁桃体下端,随胎龄增大而消失,约 3% 的成人残留并持续存在而成憩室状或囊袋状,若开口受阻则可致囊内分泌物蓄积而形成囊肿,故也有学者称之为鼻咽潴留囊肿。

咽囊囊肿可见于各年龄段,以 15~30 岁多见,无明显性别差异。多无症状,可在体检或行其他检查时偶然发现,尸检发现率约4%。有学者认为当囊肿大小为20~25mm或继发感染时易产生症状,还可因外伤、鼻腔内填塞及外科手术等机械原因阻塞引流孔导致囊肿疾病而出现症状。因有症状就诊的咽囊囊肿占颈部囊肿的0.2%~0.5%。最常见的3个主要症状为顽固性枕部疼痛、持续性鼻腔后部分泌物增多、口臭及异味。另外可有咽痛、颈部肌肉僵硬等;当囊肿较大时可有鼻咽部压迫、胀痛和头痛;若继发感染形成咽囊炎,鼻腔后部脓性分泌物向下流入口咽腔,用力咳嗽时可有脓液,分泌物堵塞咽鼓管咽口时可有耳鸣、耳聋。

病变常位于鼻咽顶后壁中央,也可偏于一侧,呈圆形囊性隆起,直径一般在2~15mm,单发或多发,表面光滑,常可透见囊内草黄色或乳白色的液体,有时仅呈一小孔或凹陷。

【病理基础】

1. 大体病理　鼻咽顶后壁隆起,触之有囊性感,囊液为黄色。

2. 镜下表现　鼻咽部黏膜组织慢性活动性炎,黏膜间质充血、水肿,淋巴组织增生,部分淋巴细胞挤压变形。

【影像学表现】

CT表现:典型表现为鼻咽正中线上薄壁的黏液性结节,介于双侧头长肌之间,常为圆形或椭圆形,边缘光滑,囊肿内多充满液体,其CT值取决于囊内容物的蛋白含量,但均低于或接近邻近肌肉组织,增强囊内容物不强化,周边肌肉强化故使病灶显示更清晰。当继发感染时,病灶可增大、囊内容物可不均匀、囊壁变厚且边界模糊,增强扫描呈环形强化。

MRI表现:MRI对本病具有一定的诊断优势。多表现为鼻咽顶后壁中线区域边界清晰、圆形或椭圆形的异常信号影,T_2WI呈类似脑脊液的高信号,T_1WI信号取决于囊内蛋白含量及有无出血,部分病灶其内可有气体。当囊内蛋白含量较低时T_1WI呈低信号,随蛋白含量增高可呈中、高信号,此表现具有特征性,当合并出血时T_1WI也呈高信号,增强T_1WI囊壁可见强化。

【典型病例展示】

病例1　女性,37岁,因鼻咽炎行鼻咽CT检查(图1-4-11)。

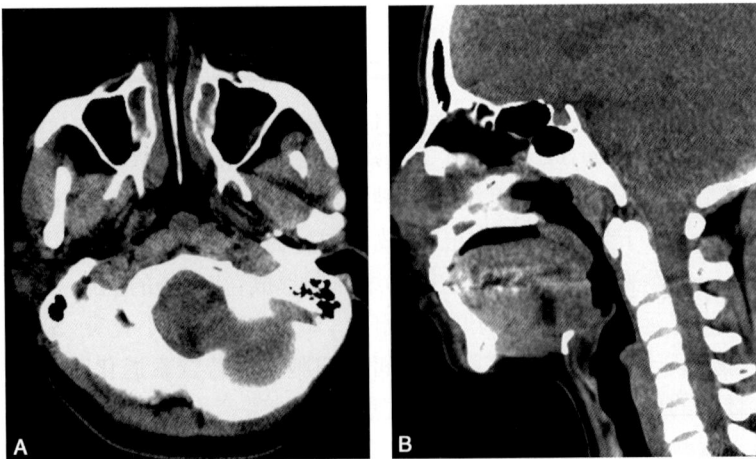

图1-4-11　咽囊囊肿(一)

CT平扫横断面(图A)示鼻咽顶后壁正中半圆形软组织密度影,其内呈均匀低密度,邻近骨质未见明显吸收破坏征象,矢状面(图B)见病变位于鼻咽顶后壁。

病例2　女性,36岁,体检发现鼻咽肿物10日(图1-4-12)。

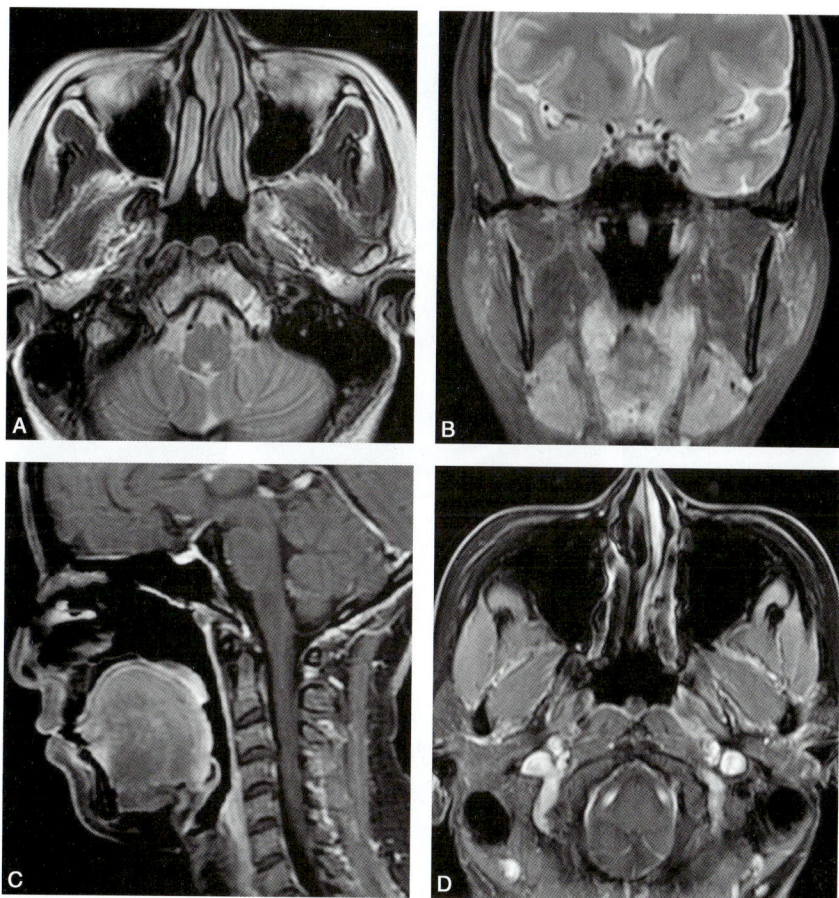

图1-4-12　咽囊囊肿(二)
MRI示鼻咽顶后壁正中线上见一小类圆形异常信号影,T$_2$WI横断面(图A)及冠状面(图B)呈等稍高信号,T$_1$WI矢状面(图C)呈稍低信号,增强T$_1$WI横断面(图D)病变边缘呈环形轻度强化,其内未见强化。

病例3　男性,60岁,肺恶性肿瘤术后行CT检查时发现鼻咽顶后壁囊肿(图1-4-13)。

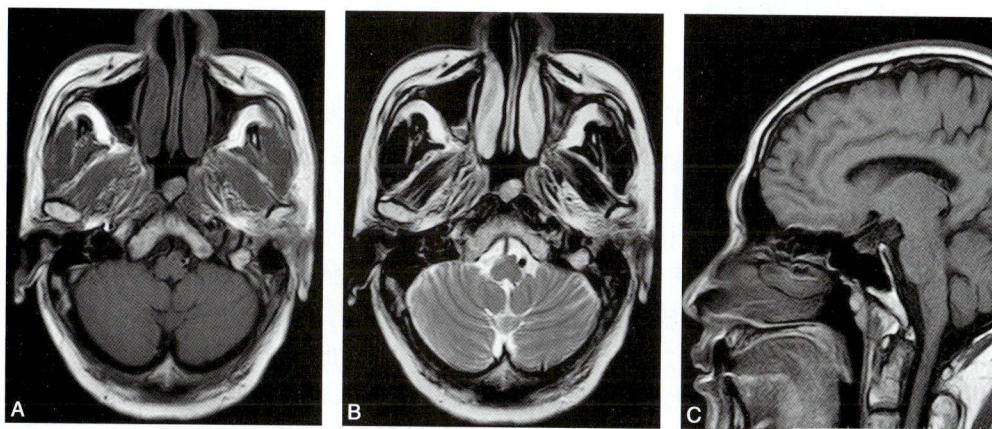

图1-4-13　咽囊囊肿(三)
MRI示鼻咽顶后壁见一类椭圆形异常信号影,边界清晰,T$_1$WI横断面(图A)及矢状面(图C)呈稍高信号,T$_2$WI横断面(图B)呈稍高信号。

病例4 男性,35岁,行CT检查时偶然发现鼻咽顶后壁囊肿(图1-4-14)。

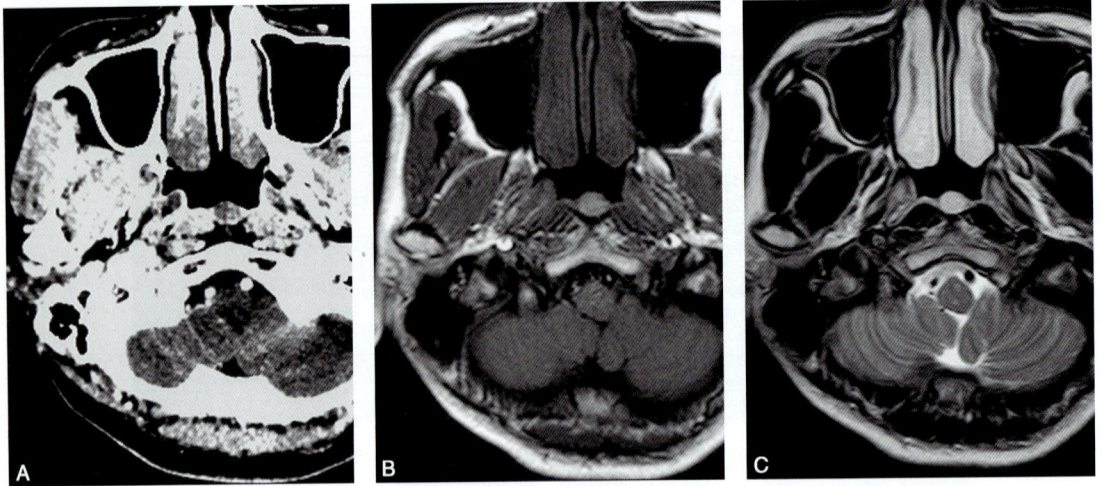

图1-4-14 咽囊囊肿(四)

鼻咽咽囊囊肿CT和MRI表现:鼻咽顶后壁正中可见一类圆形结节影,边界清晰,增强CT横断面(图A)病变呈稍低密度影、边缘环形强化,T₁WI横断面(图B)呈稍高信号,T₂WI横断面(图C)呈高信号。

【诊断思路与诊断要点】

鼻咽部囊性肿物绝大多数为良性,且较实性肿物明显少见。咽囊囊肿有其好发部位(鼻咽正中线上、双侧头长肌之间)及特征性的CT、MRI表现,因此影像学诊断不难。临床上发现鼻咽部囊性肿物时,需考虑到发生在鼻咽后壁的多种疾病,包括脑膜膨出、脑膜脑膨出、蝶窦黏液囊肿、垂体胶样囊肿(Rathke囊肿)、鳃裂囊肿及腺样体潴留囊肿等;鼻咽部脑膜膨出或脑膜脑膨出与颅内结构有关,常引起骨质缺损;蝶窦黏液囊肿侵犯鼻咽罕见,出现时常伴蝶窦底部骨质缺损;Rathke囊肿为垂体中间叶内含浑浊液体(黏液、血液或渗出液,可以混合存在)的小囊肿,位于鞍下,相当于咽囊囊肿好发部位的前上方;鳃裂囊肿源于第2鳃裂的胚胎残留,可位于咽鼓管咽口区域,不在中线上。以上病变在MRI上易于鉴别。腺样体潴留囊肿与咽囊囊肿发病位置相同,有时二者鉴别困难,但前者直径常小于5mm,且呈多发倾向,多数情况下在T₂WI上低于脑脊液信号。

四、皮样/表皮样囊肿

【简介】

皮样/表皮样囊肿发病年龄广泛,以20~50岁多见,男女发病比例1.2:1。两者均被覆鳞状上皮,主要区别在于囊壁是否含有皮肤附属器。两者均主要发生于颈部中线区,通常位于口底颏舌骨肌旁或者位于胸骨上窝,绝大多数位于舌骨上方,也可发生于眼眶、鼻腔或口腔。临床表现为舌骨上、中线区缓慢生长的肿块,质软、表面光滑,可活动,常位于口底部。

皮样囊肿为头颈部畸胎性病变中最常见类型,占所有畸胎性病变的1%~7%,属于生殖细胞肿瘤。一般为良性,发病年龄较表皮样囊肿略小,10~29岁,以眼睑外侧最常见,11.5%发生于口底。口底皮样囊肿可能是第1、2鳃弓在中线融合时埋入的上皮所致。组织学上由2个胚层组成,被覆鳞状上皮,可伴角化,纤维囊壁内还有皮肤附属器,如头发、皮脂腺体等。

表皮样囊肿为真皮内含有角质的囊肿,其壁由表皮构成,又称胆脂瘤,因其洁白如珍珠又被称为珍珠瘤。组织学上由单一外胚层组成,囊壁被覆角化的鳞状上皮,囊内充满脱落的角化物,且较皮样囊肿少见。关于表皮样囊肿的起源,目前存在两种学说。一是表皮植入学说:系创伤或手术使部分表皮组织随外力植入到皮下而继续生长形成;二是胚胎异位外胚层组织发育学说:系胚胎期 3~5 周神经管闭合时混入了外胚层成分,随后上皮组织不断更新,脱落的细胞脱屑、角质素和胆固醇等囊内容物逐渐增多而形成肿瘤。表皮样囊肿虽然可以发生在新生儿和婴幼儿,但以 20~30 岁多见,是因为该年龄段上皮组织活性增加而使囊肿明显表现出来。

【病理基础】

1. **大体病理**　表皮样囊肿囊壁光滑,内容物呈乳白色或粗糙的豆腐渣样;皮样囊肿囊壁因含有皮肤及其附属器,故较表皮样囊肿厚,内含黄白色、细腻的奶酪样物。它们在病理学上十分类似于牙源性和非牙源性发育囊肿,但其囊腔内从不含有淡黄色液体。

2. **镜下表现**　表皮样囊肿外层被覆一层纤维结缔组织,内层衬以类似表皮样结构的复层鳞状上皮,囊内成分较复杂,可有上皮细胞角蛋白层状脱落而形成的干酪样物质,另外尚有胆固醇结晶或脂类成分等,少数病例可有出血、钙化或黏液变性等,有时囊壁破裂,在其附近可见胆固醇结晶及异物性肉芽肿反应;皮样囊肿囊纤维性结缔组织壁内含皮肤附属器结构,囊内可含有三个胚层的结构,如毛发、皮脂腺、汗腺等,有些还含脂肪和牙齿。

【影像学表现】

CT 表现:多为口底正中、边缘清楚、圆形或椭圆形肿块。根据其与颏舌肌的关系,位于该肌之上为口内肿块,位于该肌之下为颏下肿块,少数跨舌骨肌平面者则呈哑铃形。表皮样囊肿内部密度与角蛋白和胆固醇所占比例有关,多数近似水,偶见少量更低密度影,当肿瘤内含有较多角蛋白或出血时,可呈等密度或高密度。很少出现类似皮样囊肿内 -90~-60HU 的低密度影;表皮样囊肿的鳞状上皮层较薄,罕有钙化,增强时无明显强化,但当其周围有肉芽肿形成时可有环形强化。与表皮样囊肿相比,皮样囊肿的囊壁因含皮肤附属器而较厚,可有钙化,囊内密度欠均,可见成熟脂肪,因此其内的低密度 CT 值可为 -90~-60HU;增强可见强化的软组织密度结节和较粗的间隔或网状影,囊壁亦可强化。

MRI 表现:表皮样囊肿 T_1WI 信号均匀并略高于脑脊液,其内可布满细小颗粒样物质,T_2WI 呈均匀高信号,且随 TE 时间的延长信号逐渐增高,肿瘤包膜呈 T_1WI 中等、T_2WI 高信号影;当囊内合并钙盐沉着、陈旧出血时,信号变得极其复杂,DWI 高信号是表皮样囊肿的特点;增强扫描病灶一般不强化,当有肉芽肿形成、大血管包绕、周围组织胶样变性及肿瘤恶变时可出现强化。皮样囊肿由于囊内成分较混杂,T_1WI 呈混杂高信号,T_1WI 脂肪抑制部分高信号可被抑制,T_2WI 呈高信号,DWI 信号混杂,但以低信号为主。

【典型病例展示】

病例 1　女性,12 岁,发现左侧颌下肿物 2 年(图 1-4-15)。

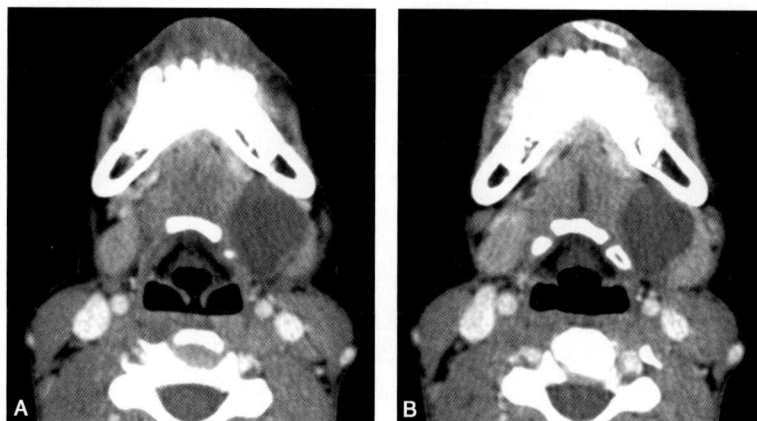

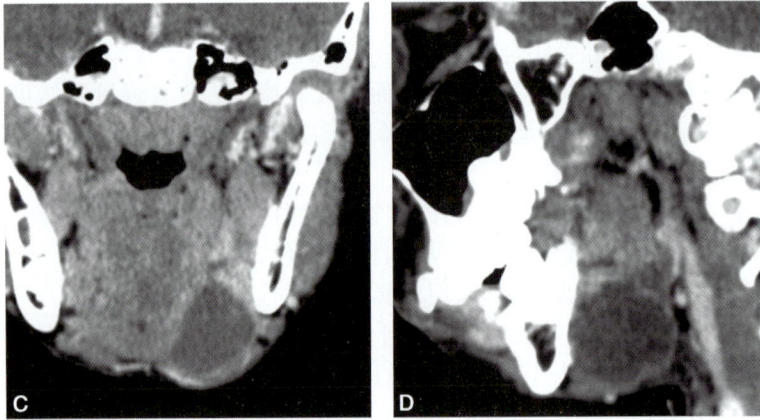

图 1-4-15　左侧颌下表皮样囊肿

左侧颌下表皮样囊肿 CT 表现:增强 CT 横断面(图 A、图 B)、冠状面(图 C)
及矢状面(图 D)示左侧颌下间隙见一类圆形低密度囊性灶,囊内密度均匀、
无强化(没有平扫图像对比),边界清晰,邻近结构受压移位。

病例 2　男性,29 岁,发现颈根部肿物 11 个月,无触痛(图 1-4-16)。

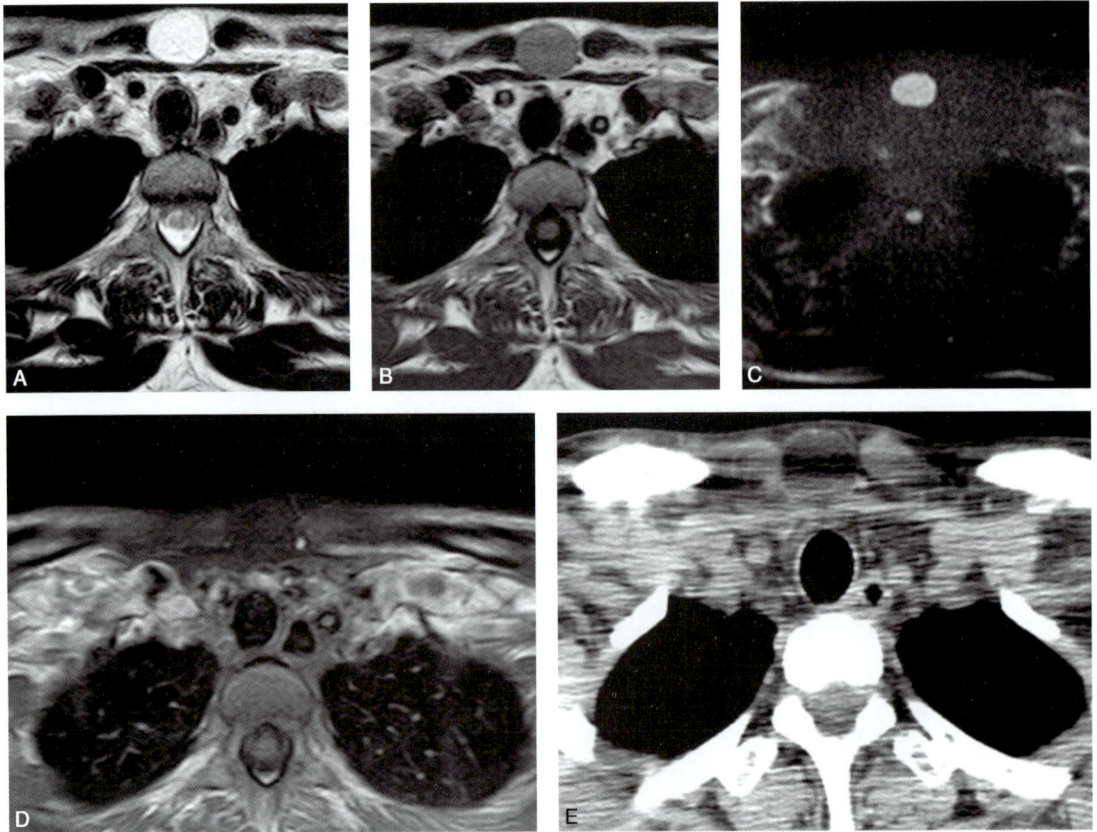

图 1-4-16　胸骨上窝表皮样囊肿

胸骨上窝见一类圆形囊性灶,囊内信号/密度均匀,囊壁薄,边界清晰,T_2WI 横断面(图 A)呈高信号,T_1WI
横断面(图 B)呈低信号,DWI 横断面(图 C)呈不均匀高信号,增强 T_1WI 横断面(图 D)未见强化,CT 平扫
横断面(图 E)呈均匀低密度。病理:表皮样囊肿。

【诊断思路与诊断要点】

皮样/表皮样囊肿多发生在口底正中的囊性病变,CT 扫描多呈低密度为主,平均 CT 值一般在 -20~12HU,其内密度主要与囊内成分有关,一般边缘清楚,皮样囊肿密度/信号略显不均密度增强扫描病灶囊内无强化,囊壁略强化,部分皮样囊肿内可见钙化。DWI 呈高信号是表皮样囊肿的特征性表现。位于颏舌骨肌上的皮样/表皮样囊肿需与舌下囊肿、脓肿、舌下腺炎、唾液腺石病、异位甲状腺、口底的良恶性肿瘤等鉴别。位于颏舌骨肌下者则需与颌下腺炎、下颌导管阻塞、囊性淋巴管瘤、甲状舌管囊肿、腮源性囊肿及海绵状血管瘤等鉴别。

五、囊性淋巴管瘤

【简介】

囊性淋巴管瘤(cystic lymphangioma)又称囊性水瘤,是一种少见的先天性淋巴系统畸形。在胚胎发育过程中,某些部位的原始淋巴管与淋巴系统隔绝后,淋巴引流不畅,当原始淋巴管继续生长、畸形发育、发生错构后可导致淋巴液聚集、淋巴管异常扩张,而形成淋巴管瘤。淋巴管瘤常呈渗透样生长,形态多样,"见缝就钻",可沿神经血管轴分布,全身可见。但因颈静脉淋巴囊形成最早、体积较大,故又以颈部最多见,常位于颈后间隙、颌面下部、腋下和上纵隔,常累及多部位。75%~80% 的淋巴管瘤累及颌面下部及颈部,80%~90% 在 2 岁前发病,成人少见。儿童最常见于颈后间隙、口腔,成人常见于颌下腺、舌下腺及腮腺间隙,其他部位有腋下、纵隔及腹腔。

临床上多表现为颈部无痛、柔软、半实质肿块,并发感染或外伤出血时可突然增大。由于本病渗透性生长和常包绕大血管、神经的特点,使外科手术治疗有一定的难度和风险,CT 或 MRI 可了解囊肿的范围及毗邻关系,有助于治疗方案的制订。

【病理基础】

由多发扩张的囊性间隙组成,囊内为无色或淡黄色液体并有薄的分割,囊壁为上皮细胞和胶原结缔组织,病变可向邻近软组织生长,可侵入肌肉和血管间隙。

【影像学表现】

CT 表现:典型表现为颈部圆形/类圆形/不规则囊性肿块,多呈多房性,张力低,多位于颈后三角和颌下区,呈均匀水样低密度,CT 值 5~18HU,囊壁菲薄,无壁结节,部分囊内可见分隔并轻度强化;合并感染时可有囊壁增厚、边界模糊;有时囊内可见脂肪密度影,这是淋巴管瘤的重要征象之一;另可见"血管穿行征",即血管在囊肿内无明显受压移位性改变,这可能是淋巴管多与血管相伴行、淋巴管瘤在发展过程中逐渐包裹血管所致,此征象对确诊囊性淋巴管瘤及与其他囊肿鉴别有非常重要的意义;对于巨大病灶,可同时累及多个组织间隙并呈"爬行性生长",病灶形态与局部间隙相吻合呈"塑行性改变",病灶内可见被包裹的血管、肌肉且无浸润破坏征象,此为囊性淋巴管瘤较为特征性表现。

MRI 表现:病变多为 T_1WI 低信号、T_2WI 高信号,如并发出血,可见液-液平及 T_1WI 高信号血块影。

【典型病例展示】

病例 1　男性,23 岁,左颈部肿胀 2 年余,近自觉肿物逐渐增大,无触痛(图 1-4-17)。

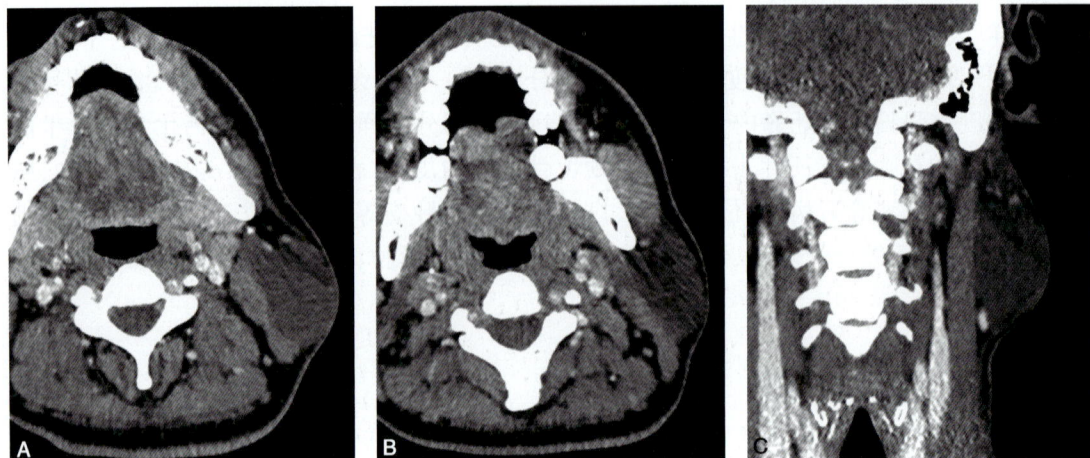

图 1-4-17 左颈部囊性淋巴管瘤

左颈部囊性淋巴管瘤 CT 表现：增强 CT 横断面（图 A、图 B）及冠状面（图 C）示左侧腮腺下方、胸锁乳突肌外侧缘见一类椭圆形低密度囊性灶，囊内密度均匀，边界清晰，邻近结构受压移位。

病例 2 男性，26 岁，发现右颈肿物 20 年余，增大 5 年余（图 1-4-18）。

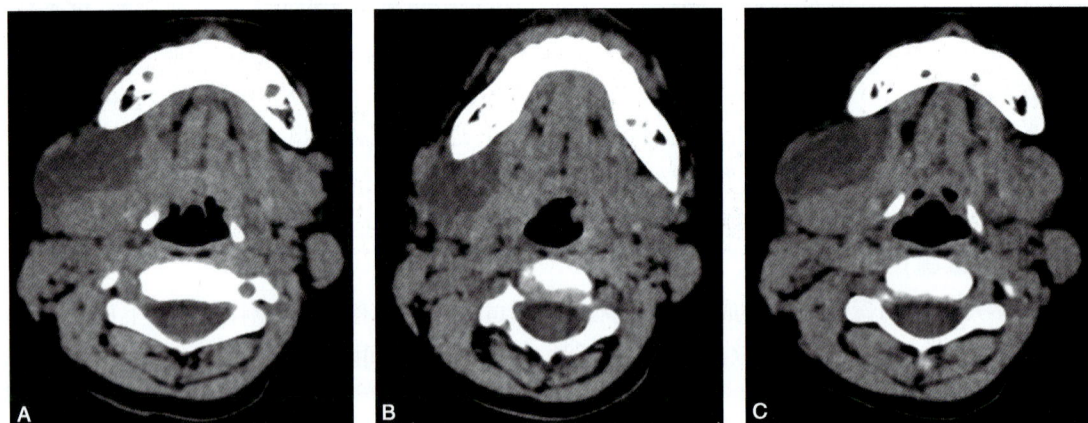

图 1-4-18 右颈部囊性淋巴管瘤

右颈部囊性淋巴管瘤 CT 表现：CT 横断面示右侧颌下区胸锁乳突肌及颌下腺前、下颌骨后见一低密度灶，边界稍模糊，邻近组织稍受压移位，平扫（图 A~图 C）呈稍不均匀低密度，病灶内可见分隔，边缘及分隔轻度强化。

病例 3　男性,3 岁,偶然发现右侧颌下肿物 20 余日(图 1-4-19)。

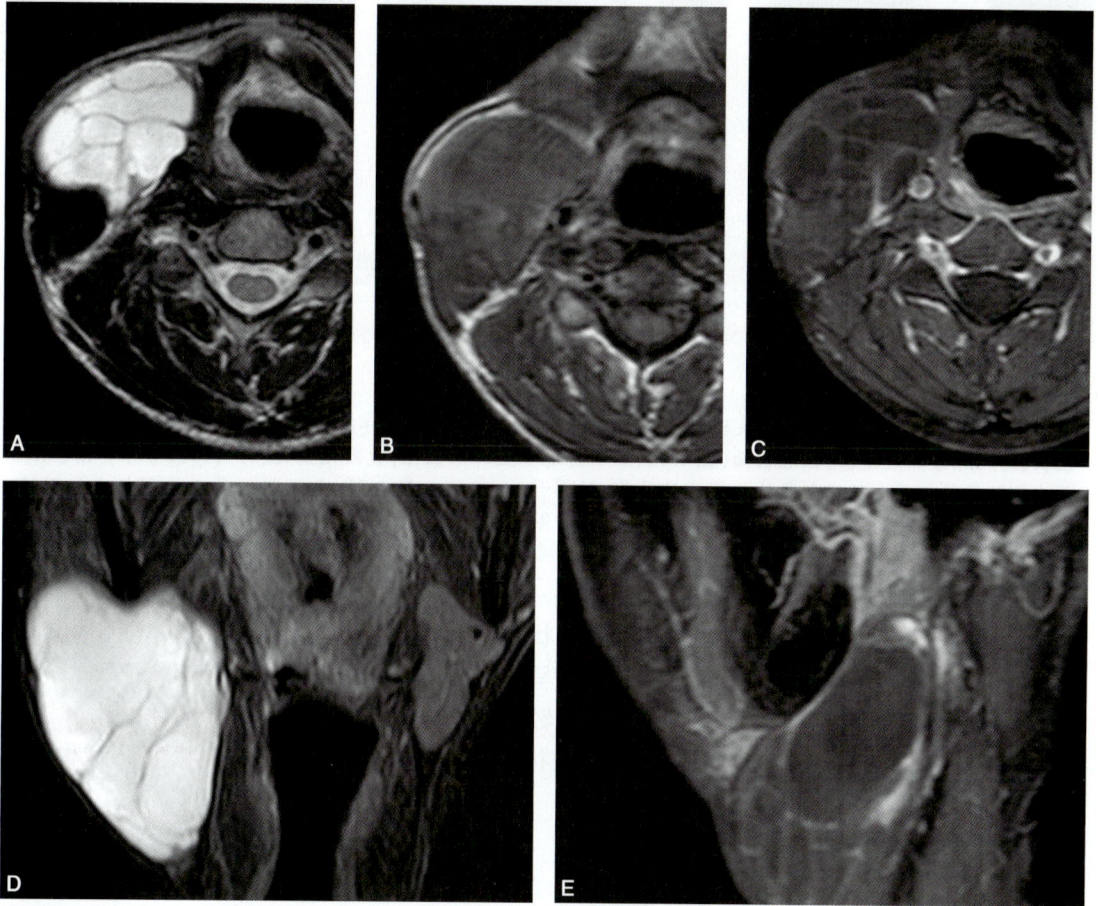

图 1-4-19　右颌下囊性淋巴管瘤

　　MRI 示右颈部胸锁乳突肌前方、颈动脉鞘外侧见一团块状异常信号影,其内见分隔,边界清晰,邻近结构受压,T_2WI 横断面(图 A)及冠状面(图 D)呈高信号,T_1WI 横断面(图 B)呈稍低信号,增强 T_1WI 横断面(图 C)及矢状面(图 E)可见分隔及边缘强化,囊内无强化。病理:囊性淋巴管瘤。

　　病例 4　女性,7 岁,偶然发现右颈部肿物 6 年余。体格检查:肿物质地柔软、边界欠清,无压痛(图 1-4-20)。

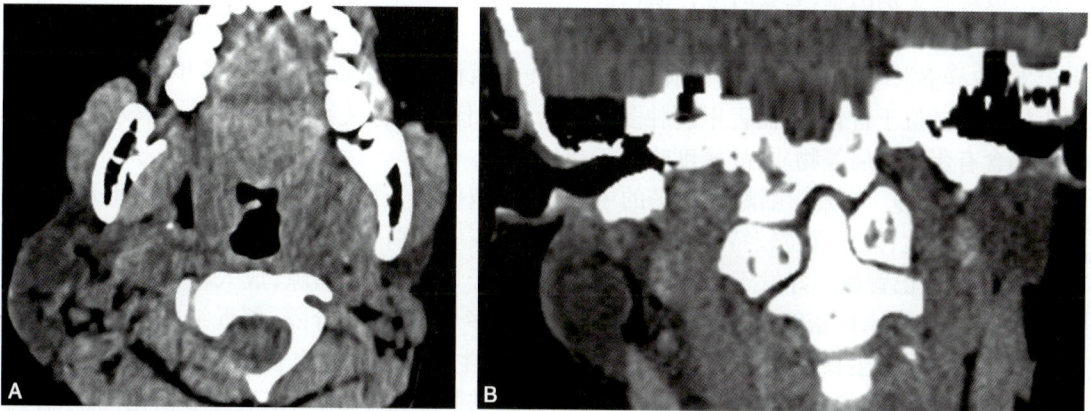

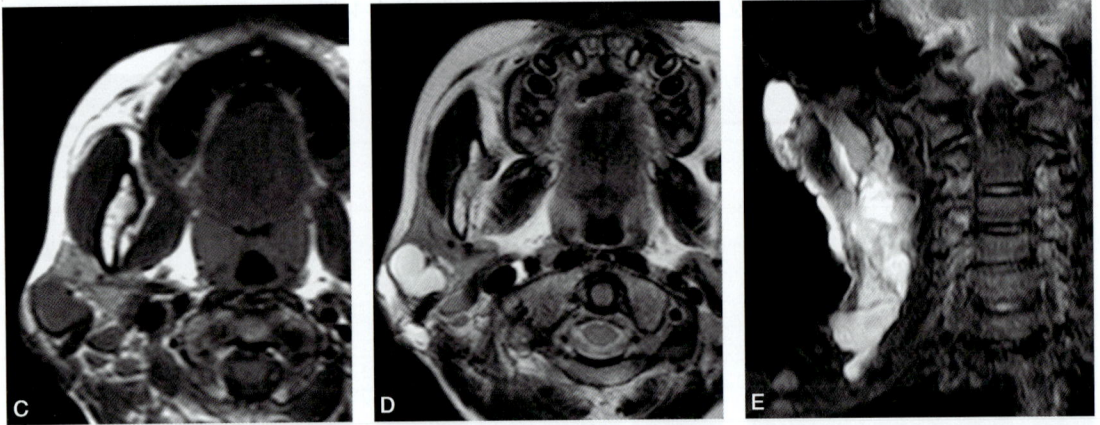

图 1-4-20 右颈部囊性淋巴管瘤

右颈部囊性淋巴管瘤 CT 及 MRI 表现:CT 平扫横断面(图 A)见右侧颈部间隙内见条片状囊性灶,沿颈间隙生长,与腮腺分界欠清,增强冠状面(图 B)病灶上份边缘呈环形强化,囊内无强化,与周围血管分界清;MRI示右侧腮腺外侧至右颈根部条片状异常信号影,边界清晰,其内可见分隔,邻近组织受压推移但未见明显侵犯,T$_1$WI 横断面(图 C)呈稍低信号,T$_2$WI 横断面(图 D)及冠状面(图 E)呈高信号。

【诊断思路与诊断要点】

1. 平扫肿块为水样低密度影,单囊或多囊状改变,其内可见网状分隔结构。

2. 肿块边缘大部分比较清晰,对周围组织呈推压状改变,其内可见"血管穿行征"。

3. 增强扫描瘤体内部无强化,囊壁及分隔轻度强化。

4. 肿块大小不等,部分呈纵轴走形的长袋状改变,肿块沿组织间隙匍匐状生长为淋巴管瘤较有特征性的表现。

六、咽部先天性囊肿的诊断思路

咽部先天性囊肿的影像学诊断首先依赖于对间隙或解剖位置的定位,其次可通过病变的形态、密度判断。

1. **甲状舌管囊肿** 常见于舌骨下缘至胸骨切迹之间的中线部位的正前方或略偏侧旁,与舌骨关系密切,多为囊性低密度类圆形肿块,囊壁薄而清晰,增强囊壁和周围组织都有强化,囊肿无强化;具有随吞咽运动上下移动的特征,一般情况下,颈部正中发现圆形、随吞咽运动而上下移动的肿物,首先应想到本病;典型的甲状舌管囊肿诊断多不困难,当形成瘘时与颈部淋巴结炎形成瘘管鉴别困难,必要时应作活检。

2. **皮样/表皮样囊肿** 在颈部常见于颈中线颏下、口底正中部,绝大多数位于舌骨上方,多单发,皮样囊肿壁较厚,表皮样囊肿位置较表浅。两种囊肿均易被误诊为舌甲囊肿,但皮样/表皮样囊肿多位于舌骨上,而舌甲囊肿多位于舌骨下且与舌骨关系密切,另外皮样/表皮样囊肿内部含有蛋白碎屑等物质,故密度略高于单纯囊肿。

3. **咽囊囊肿** 好发于咽隐窝水平的中线部位、双侧头长肌之间,呈圆形/类圆形囊性灶,增强扫描无强化;发病部位较特殊,一般不需与其他疾病鉴别。

4. **囊性淋巴管瘤** 好发于 2 岁以下儿童,多位于口腔、颈后间隙,成人常见于舌下区、颌下区和腮腺区,呈水样密度/信号,壁菲薄,可单房或多房,其内见分隔,邻近结构不清晰,病灶有向周围组织间隙生长特性,并通常沿神经走行方向生长。颈部淋巴管瘤需与颈部脓肿、鳃裂囊肿、颈部血管瘤及颈部神经源性肿瘤相鉴别:颈部脓肿多为厚壁,增强后环形强化,临床有明显感染症状,而淋巴管瘤壁较薄,呈轻度强化;鳃裂囊肿一般边界锐利,位于颈部一侧,邻近结构可移位但无侵犯;囊变的神经源性肿瘤仍存在部分实性成分,部分可见钙化,往往向椎管内侵犯。

5. 鳃裂囊肿 多居于颈部一侧,胸锁乳突肌、颈部大血管内侧,不随吞咽运动。主要与偏于一侧的甲状舌管囊肿鉴别,前者通常位于颌下间隙与颈动脉间隙之间,并可将胸锁乳突肌向后方或后外侧推移,根据其部位基本可鉴别;继发感染的鳃裂囊肿需与颈部炎性淋巴结炎鉴别,后者也可囊变,但常为多发,壁不规则增厚,单发者则鉴别困难。

第五节 咽部异物

【简介】

咽部异物是耳鼻喉科常见的急症之一。根据解剖位置,咽部分为鼻咽、口咽和喉咽部。鼻咽部异物较为少见,一般是由于鼻腔内异物后坠入鼻咽部。口咽和喉咽部是咽部异物的常见发生部位。根据食物通过的顺序,异物依次可发生于舌根、扁桃体、会厌谷、梨状隐窝和喉咽部。

咽部异物以食源性异物为主,如鱼刺、碎骨片和果核等。吞咽的异物随食团横行或斜行进入,嵌顿在咽腔。异物的尖锐端可局部刺入咽侧壁。如果异物外形光整,可随着口咽部肌肉的收缩而游走至周围的组织及其间隙内,形成颈部包块,如肉芽肿、脓肿或血肿,甚至损伤血管至大出血而死亡。

在 X 线片检查中,根据金属不透 X 线的属性,咽部异物分为金属异物和非金属异物两种。颈部正侧位 X 线片或 X 线透视有助于金属异物定位。钡餐造影检查假阳性和假阴性率均较高,且存在加重黏膜损伤、加深异物位置和影响内镜观察等缺点,不作为首选推荐。随着 CT 的广泛使用,咽部异物可细分为金属、高密度、等密度及低密度异物。CT 扫描可清晰准确地显示金属和高密度异物的位置、大小、形态和数量。CT 薄层(1~3mm)、多平面重建不仅有助于咽部异物的诊断,且可明确异物的走向、位置、大小及其与周围结构的关系,指导异物取出。超声成像对咽腔外软组织内异物及周围炎性包块的定位、定性诊断有明确的指导意义,特别是在等低密度异物方面有明显的优势。但超声成像受组织厚度增加、脂肪过多和气体等影响,仅限于 CT 扫描的有益补充。磁共振成像(MRI)可能会加重磁性金属异物的病情,不推荐此类患者使用。

【病理基础】

咽部异物的影像学诊断难度与异物的形态、大小和密度对比度(相对周围组织)有关。金属异物在 X 线片及 CT 成像中与周围软组织的密度对比度高,容易被诊断;等密度异物与肌肉软组织、肿胀脂肪的密度对比度低,不易被诊断;咽壁及周围组织内的低密度异物与肌肉软组织可形成一定的密度对比度,可被诊断。如果异物游走至咽壁及周围的组织中,可诱导炎性细胞在异物附近聚集,形成肉芽肿性肿块和/或脓肿;如果刺破血管,可形成局部血肿。此时,由于组织结构的破坏,体积较小或密度对比度低的异物在 CT 诊断中易被漏诊。

【影像学表现】

咽部常见金属异物包括金属制品、碎片和义齿等,在颈部正侧位 X 线片上呈规则或不规则形的致密影,境界清晰锐利;卡压或穿破咽后壁黏膜,致局部肿胀或脓肿形成,颈部侧位 X 线片可见椎前软组织增厚(成人鼻咽部>3mm、口咽部>5mm);颈动脉鞘周围形成脓肿时,由于软组织肿胀和脂肪消失,X 线正位片示胸锁乳突肌轮廓模糊。

CT 平扫有助于准确定位较小的金属异物。典型的金属异物 CT 表现为局部星芒状金属伪影,但小的金属异物也可仅表现为点状致密影。在高密度异物中,鱼刺占 60%~80%,常横贯于梨状隐窝,部分也可刺入咽侧壁。根据异物与 X 线断层的体位关系,鱼刺或骨头碎片呈咽腔内(或腔外)的线状、点状稍高密度影,多平面重建有利于显示异物的全貌。果核是具有典型影像学表现的咽部异物之一,主要为红枣核(梭形、两端锐利),其横贯于咽部时 CT 平扫表现为咽腔内梭形的稍高密度边缘(壳)伴中心低密度(核仁),两侧侧壁可水肿增厚,延误治疗可导致周围软组织增厚、组织结构不清。较大的不规则形骨头异物偶见于喉咽部,表现为喉腔扩大,腔内不规则形稍高密度影,周围的咽壁受压膨隆。等或低密度的咽部异物在 X 线片和 CT 检查中的阳性率低。

咽部异物可穿透咽腔壁完全迁移至腔外。对相对表浅的异物及并发症,超声检查具有一定的优势,表现为短线样稍高回声,境界清晰;周围形成肉芽肿或脓肿时,超声呈等低回声,边界模糊,CT 平扫表现为局限性软组织肿块或包块,边缘模糊,增强时肉芽肿或脓肿壁强化明显,异物周围血管受推压改变。

部分病例 CT 提示咽部存在阳性异物,但内镜检查未发现异物,此类患者的处置较为棘手,需警惕咽及食管腔外异物,如有遗漏可能导致严重并发症。低剂量 CT 图像的密度分辨率降低,可能导致微小或等低密度异物被漏诊,不推荐使用。

【典型病例展示】

病例 1 男性,38 岁,吞咽鸡块后咽部不适 1 日(图 1-5-1)。

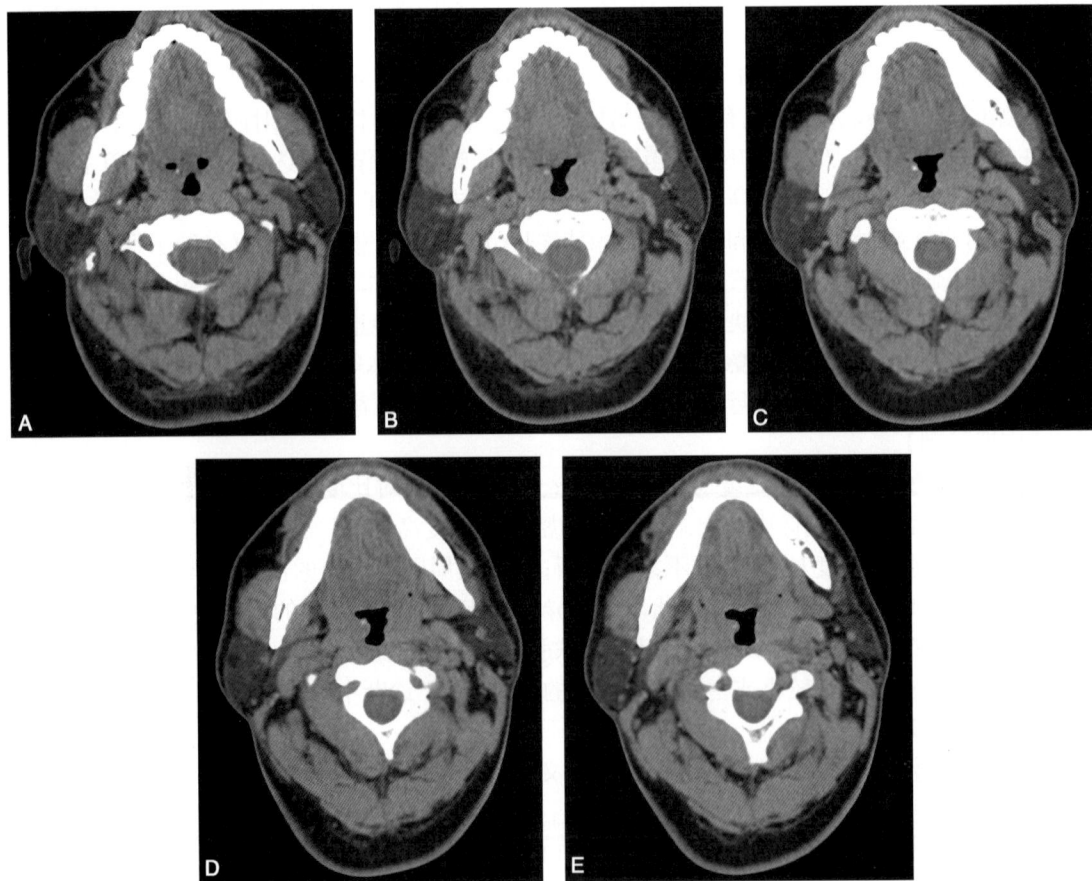

图 1-5-1 右侧扁桃体异物

平扫 CT 横断面(图 A～图 E 为连续横断面图像,层厚 1mm)示双侧扁桃体对称;右侧扁桃体内一点状高密度影,穿行于扁桃体表面下,边缘清晰。左侧扁桃体密度均匀,周围脂肪间隙清晰。

病例2 男性,29岁,食用鱼肉后左侧咽部疼痛2小时(图1-5-2)。

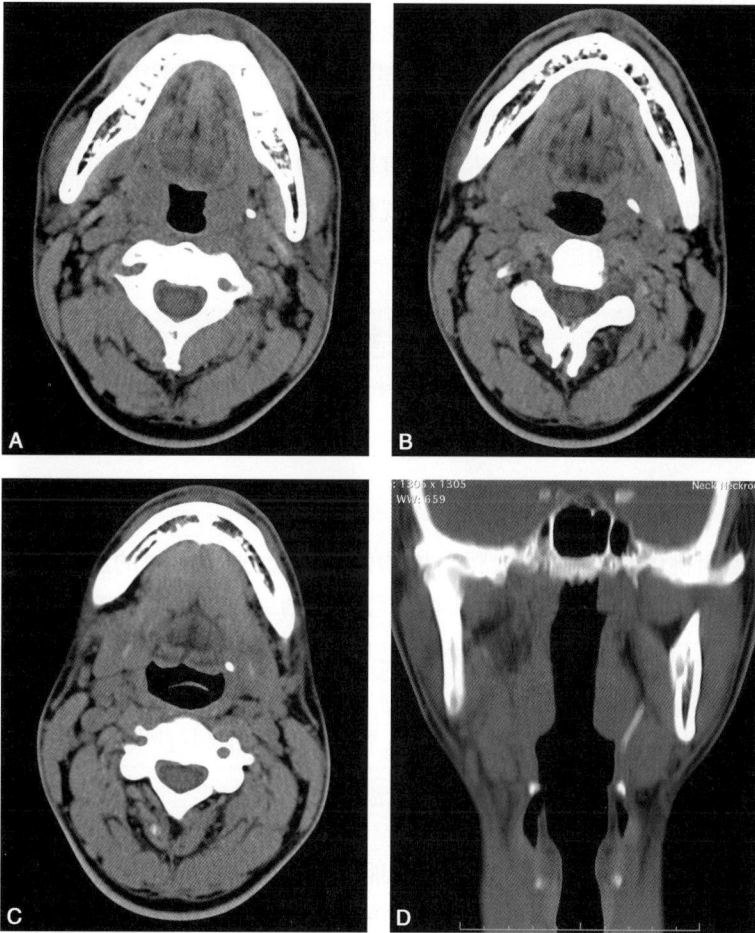

图1-5-2 左侧口咽旁间隙异物

平扫CT横断面(图A~图C,层厚3mm)示左侧口咽旁间隙内线状高密度影,从前下(会厌谷)向外上方走行。异物边缘光整,周围软组织无明显肿胀,咽旁间隙较清晰。冠状面(图D)更直观显示异物轮廓及走行。

病例3 男性,63岁,食用鱼肉后喉咽异物感、疼痛(图1-5-3)。

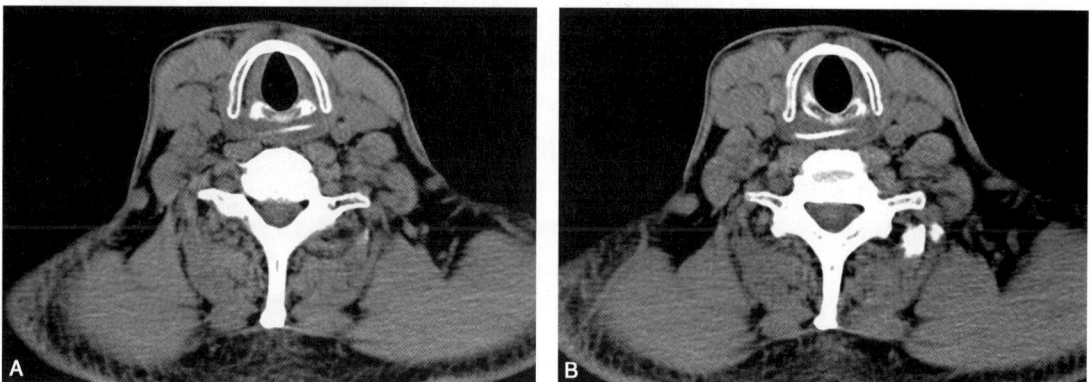

图1-5-3 环后区异物

平扫CT横断面(图A、图B为两个连续层面)示喉咽部环后区内横行的线状高密度影,边缘锐利、光整。咽壁软组织未见明显异常。

【诊断思路与诊断要点】

患者有异物摄入史,结合咽部体格检查情况,一般即可诊断,同时进行治疗或治疗前评估。偶有不典型异物摄入史或咽部体格检查阴性的病例。鼻咽镜、喉镜和食管镜等检查是咽部体格检查和/或咽部异物治疗的主要方法。X线片、CT和超声等检查也可诊断和评估部分高密度、低密度或高回声的咽部异物。但CT检查需注意:①正常喉软骨钙化,主要是杓状软骨基底部的钙化,易误诊为喉咽部的异物;②老年人的椎体缘有明显的骨质增生,增生的边缘在横断面成像中可与喉咽部异物相似;③咽部形态不规则,在气体、软组织和骨质等密度变化幅度大的交界面附近,易形成各种图像重建伪影,需仔细鉴别。

第六节 咽部感染

一、扁桃体肥大

【简介】

扁桃体包括腭扁桃体、咽扁桃体和舌扁桃体,腭扁桃体体积最大,通常所说的扁桃体即指腭扁桃体。腭扁桃体有一对,位于口咽两侧腭舌弓和腭咽弓围成的三角形扁桃体窝内。咽扁桃体又称腺样体,位于鼻咽后壁与顶壁的交界处,是咽淋巴环重要的组成部分。3~10岁时淋巴组织增生可致扁桃体生理性肥大,青春期后逐渐萎缩。

临床按照腭扁桃体肥大的程度常分为3个等级:Ⅰ度,扁桃体肥大不超过咽腭弓;Ⅱ度,超过咽腭弓;Ⅲ度,肿大达咽后壁中线。

【病理基础】

出生时腭扁桃体尚无生发中心;随着年龄增长,免疫功能逐渐活跃,特别是3~5岁,因接触外界变应原的机会较多,腭扁桃体显著增大,此时的腭扁桃体肥大应视为正常生理现象;青春期后扁桃体的免疫活动趋于减退,扁桃体体积也逐渐缩小。

【影像学表现】

腭扁桃体肥大的颈部正侧位X线片阴性;CT和MRI平扫表现为扁桃体体积对称性增大,咽腔狭窄,咽旁软组织未见明显肿胀,咽旁间隙清晰。腭扁桃体肥大常与腺样体增生、舌根后坠等共同构成儿童上呼吸道狭窄的主要原因,但由于狭窄机制复杂,对腭扁桃体肥大独立评价的价值尚不明确。

【典型病例展示】

病例 男性,9岁,睡眠打鼾、张口呼吸(图1-6-1)。

【诊断思路与诊断要点】

扁桃体肥大好发于儿童及青少年。根据打鼾、张口呼吸、流涕等临床症状,体格检查示扁桃体增大、表面无脓斑形成,血常规无异常,即可诊断。由于扁桃体位置表浅,影像学检查仅作为扁桃体肥大的鉴别诊断工具,需要与扁桃体炎、扁桃体周脓肿和扁桃体淋巴瘤鉴别。

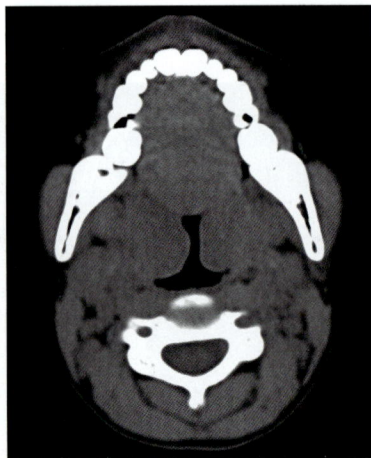

图1-6-1 扁桃体肥大
平扫CT横断面示双侧扁桃体对称性增大,呈类圆形,密度均匀,口咽腔变窄。

扁桃体炎：扁桃体体积增大，可有线样或条纹状强化。扁桃体周脓肿：扁桃体体积增大，局部囊性低密度灶，增强后边缘环形强化，坏死区不强化、显示更清晰；脓肿的 DWI 呈高信号具有一定的特征性。扁桃体淋巴瘤：影像学鉴别困难，但淋巴瘤无炎症改变，疼痛感较轻。

二、扁桃体炎

【简介】

扁桃体炎分为急性和慢性。急性扁桃体炎是腭扁桃体的急性非特异性炎症，常伴有不同程度的咽黏膜和淋巴组织炎症。常见于儿童及青少年的一种自限性疾病，在春秋两季气温变化幅度大时容易发病，主要致病菌为链球菌和葡萄球菌。急性扁桃体炎症反复发作或扁桃体隐窝引流不畅，窝内细菌、病毒滋生而演变为慢性炎症。

急性化脓性扁桃体炎起病急，就诊时呈急性病容，可有头痛、畏寒、高热、乏力、全身不适、食欲下降等全身症状；局部症状以咽痛为主，可放射至耳根部，伴有吞咽困难。幼儿的扁桃体肥大可引起呼吸困难。临床检查为扁桃体、咽侧壁红肿，脓肿形成后可见软组织肿胀、波动感，继而出现破溃、脓液外流。慢性扁桃体的局部症状轻微，如咽内干痒、异物感、刺激性咳嗽等。

【病理基础】

急性腭扁桃体炎分为急性卡他性扁桃体炎和急性化脓性扁桃体炎。急性卡他性扁桃体炎由病毒引起，症状较轻，炎症仅局限于黏膜表面。急性化脓性扁桃体炎为炎症侵及扁桃体实质内的淋巴滤泡，引起充血、肿胀，甚至化脓。隐窝内也可充塞由脱落上皮、纤维蛋白、脓细胞、细菌等组成的渗出物。在肉眼直视下，咽部黏膜充血，扁桃体肥大，表面可见黄白色脓点，或在隐窝内有黄白色点状豆渣样渗出物。

【影像学表现】

单纯性扁桃体炎的 CT 表现为扁桃体增大，均匀、线性或条纹状增强；MRI 示扁桃体轮廓清晰，呈稍长 T_1 长 T_2 信号，信号较均匀。扁桃体内脓肿形成时表现为扁桃体内低密度灶伴环形强化，咽旁脂肪间隙尚存在。扁桃体内脓腔的 MRI 表现具有一定的特征性，呈典型的长 T_1 长 T_2 信号灶，DWI 高信号，ADC 信号减低，增强后脓肿壁环形强化，壁厚薄相对均匀。

【典型病例展示】

病例　男性，28 岁，发热 2 日，咽痛 1 日（图 1-6-2）。

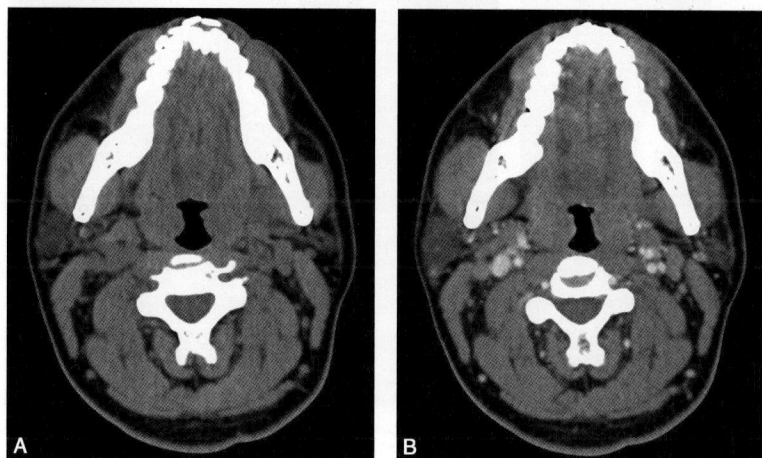

图 1-6-2　急性扁桃体炎
平扫 CT（图 A）横断面示双侧扁桃体对称性增大，密度均匀；增强 CT（图 B）示双侧扁桃体轻度均匀强化，双侧咽旁间隙及颈部未见明显肿大淋巴结。

【诊断思路与诊断要点】

根据典型临床表现和体格检查，本病不难诊断。影像学检查的目的是评估扁桃体内及周围组织脓肿的形成。扁桃体的原发或转移性肿瘤少见，如扁桃体癌、扁桃体淋巴瘤。扁桃体癌绝大部分为单发病变，形态不规则，外侵明显，病灶常有明显不均匀强化。扁桃体淋巴瘤多为双侧病变，边界清，密度均匀，强化不明显。

三、扁桃体周脓肿

【简介】

扁桃体周脓肿为腭扁桃体周围间隙疏松组织的化脓性炎症。扁桃体急性炎症蔓延至周围间隙，继之形成脓肿，多发生于单侧。致病菌以乙型溶血性链球菌及葡萄球菌为主。

扁桃体周脓肿以青壮年男性多见。儿童扁桃体被膜较厚、致密，故很少发病。临床表现为高热、乏力等全身症状，伴一侧咽痛，吞咽时尤甚。患者常因局部疼痛而不敢吞咽。若脓肿较大可引起呼吸困难。

【病理基础】

根据发生部位，扁桃体周脓肿分为前上型和后上型。前上型常见，脓肿位于扁桃体上极与腭舌弓之间；后上型少见，脓肿位于扁桃体与咽腭弓之间。前上型表现为患侧软腭及腭舌弓上段红肿、隆起，腭垂肿胀、偏向健侧。后上型表现为咽腭弓红肿，呈圆柱状，软腭肌及腭垂红肿较轻。

脓肿壁由肉芽组织和结缔组织组成，中央脓液由坏死碎屑、中性粒细胞、淋巴细胞和巨噬细胞等组成。

【影像学表现】

CT表现：扁桃体区软组织弥漫性肿胀，密度欠均匀，病灶边界模糊，口咽侧壁向口咽腔突出。脓肿形成后，肿胀的软组织内出现均匀低密度区，周围环以等或稍高密度影，增强后脓肿壁环形强化。

MRI表现：除软组织肿胀外，脓肿中心的脓液为长T_1长T_2信号，DWI为明显高信号；脓肿壁为等长T_1等T_2信号，增强后脓肿壁环形强化。

【典型病例展示】

病例　女性，35岁，发热伴咽痛5日，右侧明显，吞咽时加重（图1-6-3、图1-6-4）。

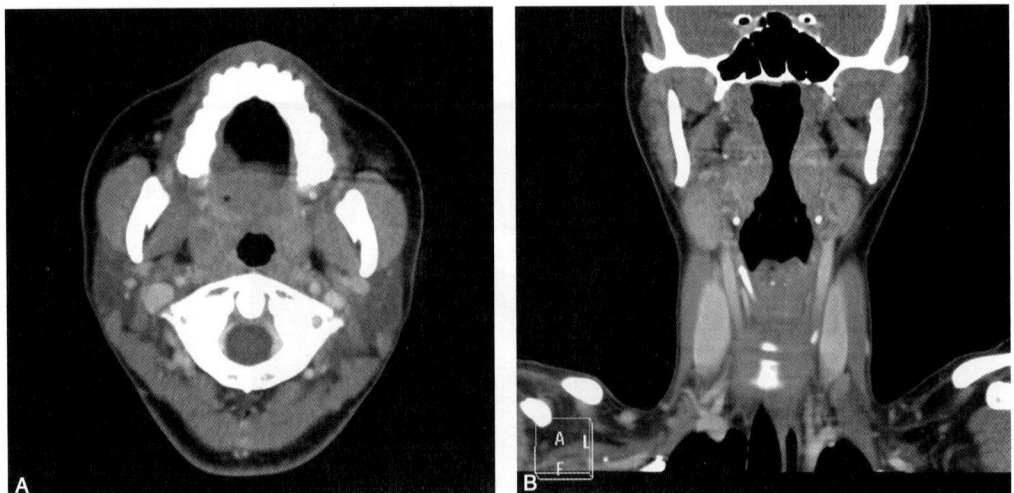

图1-6-3　扁桃体周脓肿CT

A.横断面；B.冠状面。增强CT示右侧扁桃体区软组织稍肿胀，边缘环形强化影（中央呈稍低密度区），病变边缘模糊。

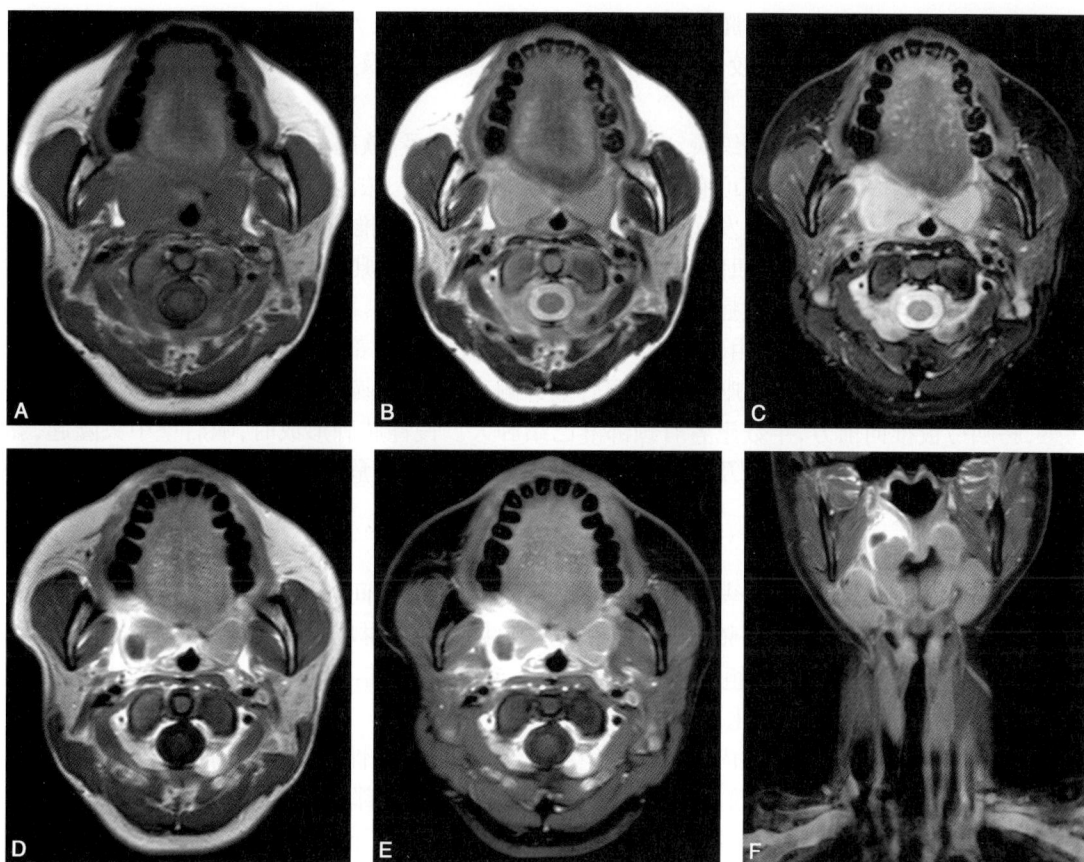

图 1-6-4　扁桃体周脓肿 MRI

A. 平扫 T_1WI；B. 平扫 T_2WI；C. 平扫 FSE T_2WI；D. 增强后 T_1WI；E. 增强后 FSE T_1WI；F. 冠状面增强 T_1WI。
MRI 示右侧扁桃体体积稍增大，局部见类圆形稍长 T_1 长 T_2 信号灶，增强后中央区无强化，周围实质呈轻度
强化。口咽腔稍变窄，右侧舌根受压。双侧颈部淋巴结稍肿大。

【诊断思路与诊断要点】

根据病史、临床症状及体征，一般诊断不难。影像学检查目的是明确脓肿的范围。需与以
下疾病鉴别。①咽旁脓肿：患侧咽侧壁充血隆起，扁桃体和咽腭弓皆被推向咽腔内，扁桃体充
血轻微，腭舌弓、软腭肌及腭垂正常。②扁桃体淋巴组织增生：多为双侧对称性扁桃体肥大，病
变内无明显低密度区，增强后无环形强化影。③扁桃体恶性肿瘤：尤其是淋巴瘤，易被误诊。
一般无发热，局部无炎症改变，扁桃体组织密实，疼痛感较轻。

四、咽旁及咽后脓肿

【简介】

咽旁及咽后脓肿为咽旁及咽后间隙的化脓性感染。致病菌多为链球菌或葡萄球菌。多种
原因可致咽旁或咽后脓肿。

头颈部感染，如咽炎、扁桃体炎蔓延至咽旁间隙，形成咽旁脓肿，尤其是扁桃体周脓肿扩散
至咽旁间隙感染。一般多发生于儿童及青少年，临床症状主要为发热、咽痛、吞咽疼痛和进食
困难等。头颈部化脓性炎症或结核引起咽后淋巴结炎，形成淋巴结脓肿，脓肿破裂形成咽后脓
肿；椎前间隙感染也可向前直接蔓延引起咽后脓肿。急性咽后脓肿以 6 岁以下小儿多见。临
床起病急，多有畏寒、高热、烦躁不安等全身症状。患儿因咽痛拒食、吞咽困难、语音不清，可出

现不同程度的呼吸困难。慢性脓肿一般发生于成人,常有免疫力低下状态(如糖尿病、恶性肿瘤、HIV 感染等疾病),其病程较长,脓肿较大时出现咽部阻塞及吞咽障碍等症状。

【病理基础】

咽旁间隙感染早期为蜂窝织炎,咽侧壁、扁桃体、腭舌弓、软腭红肿。随后出现组织坏死溶解形成脓肿。脓肿一旦形成后可有波动感,脓肿可出现破溃、脓液溢出。常伴有颌下及颈部组织内淋巴结肿大。病变常单侧发病,若病变蔓延,可累及中线椎前间隙,进而侵及对侧。咽旁间隙脓肿可累及翼内肌、咀嚼肌间隙及颌下间隙,累及椎前间隙后可上达颅底,下至纵隔。脓肿侵及颈动脉鞘将出现脓毒血症及颈动脉壁损伤,甚至大出血。

咽后间隙为一潜在腔隙,由正中缝(咽缝),将其分左右两部分,内充以疏松结缔组织,故急性咽后脓肿多偏于一侧。喉咽镜可见咽后壁一侧充血,呈半圆形隆起,脓肿形成时触之有波动感,腭咽弓被推向前方,半数患者有颈部淋巴结肿大。慢性脓肿形成时,咽后壁中央隆起,黏膜色泽较淡。咽后间隙感染侵及椎前软组织时,可侵及椎前的危险间隙,危险间隙向上可达颅底,向下至纵隔甚至后腹膜。

【影像学表现】

CT 表现:早期蜂窝织炎时表现为咽旁或咽后软组织肿胀,间隙模糊不清,脓肿形成后局部有低密度区,呈类圆形,增强后脓肿壁环形强化。常伴有颈部淋巴结肿大。

MRI 表现:咽旁或咽后软组织增厚,脓液在 T_1WI 上呈低信号,T_2WI 呈高信号,DWI 呈高信号,增强后脓腔边缘环形强化。

咽旁间隙感染时咽旁间隙内正常脂肪组织减少或消失,炎性组织充填,脓肿形成后中央出现坏死区,脓肿有明显的占位效应,咽侧壁及扁桃体被推向咽部中央。炎症蔓延时,可侵犯翼内肌,引起咀嚼肌间隙及颌下间隙脓肿;向后侵及椎前间隙,向下引起纵隔炎症。

咽后脓肿可引起咽后壁明显向前移位,病变区可见少量气体。颈部侧位 X 线片表现为椎前软组织肿胀,软组织内见透亮区。咽后脓肿蔓延时上可达颅底,向下至纵隔甚至后腹膜。咽后脓肿可侵及邻近椎体骨质,引起椎体骨质破坏及椎间盘炎。

【典型病例展示】

病例 1　男性,52 岁,发热伴咽痛 5 日(图 1-6-5、图 1-6-6)。

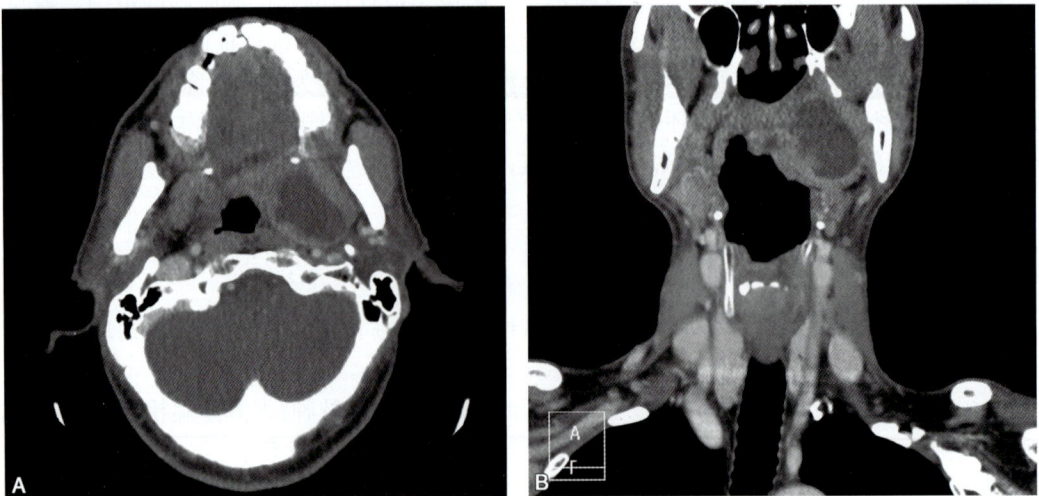

图 1-6-5　咽旁脓肿 CT

A. 横断面;B. 冠状面。增强 CT 见左侧咽旁软组织肿胀,可见环形强化影,中央见低密度区,咽旁间隙模糊。

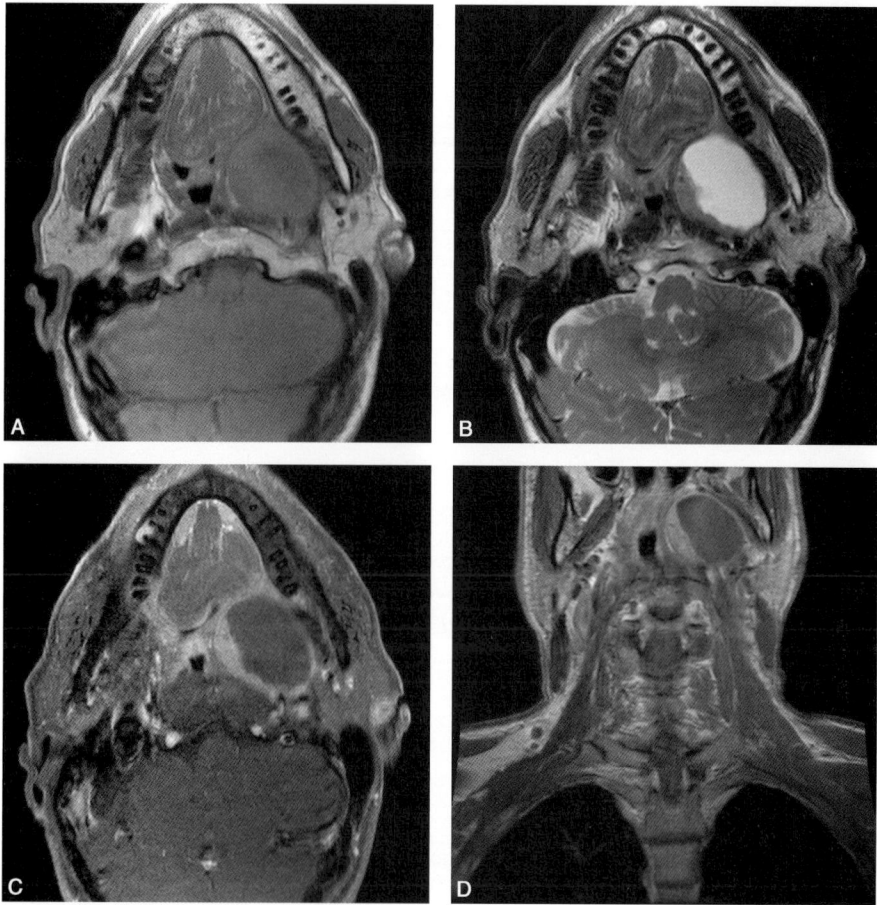

图 1-6-6　咽旁脓肿 MRI
A. 平扫 T_1WI；B. 平扫 T_2WI；C. 增强后 T_1WI；D. 冠状面增强 T_1WI。MRI 示左侧咽旁间隙类圆形长 T_1 长 T_2 信号，边界较清；增强后见环形强化（中央脓液不强化）。

病例 2　女性，23 岁，左侧颈部不适伴发热、咽痛 7 日，加重 3 日（图 1-6-7、图 1-6-8）。

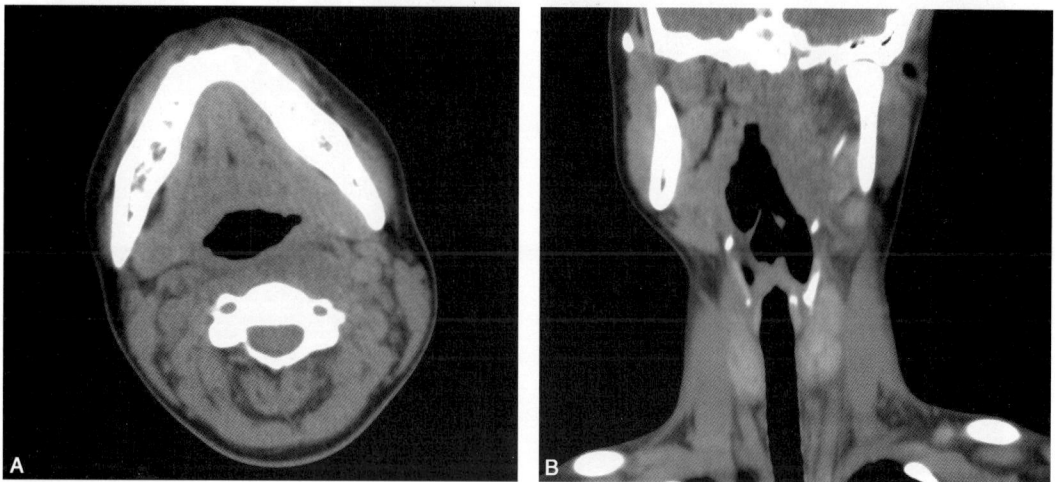

图 1-6-7　咽后脓肿 CT 平扫
A. 横断面；B. 冠状面。CT 平扫示左侧咽后软组织肿胀，局部密度减低，边界不清。

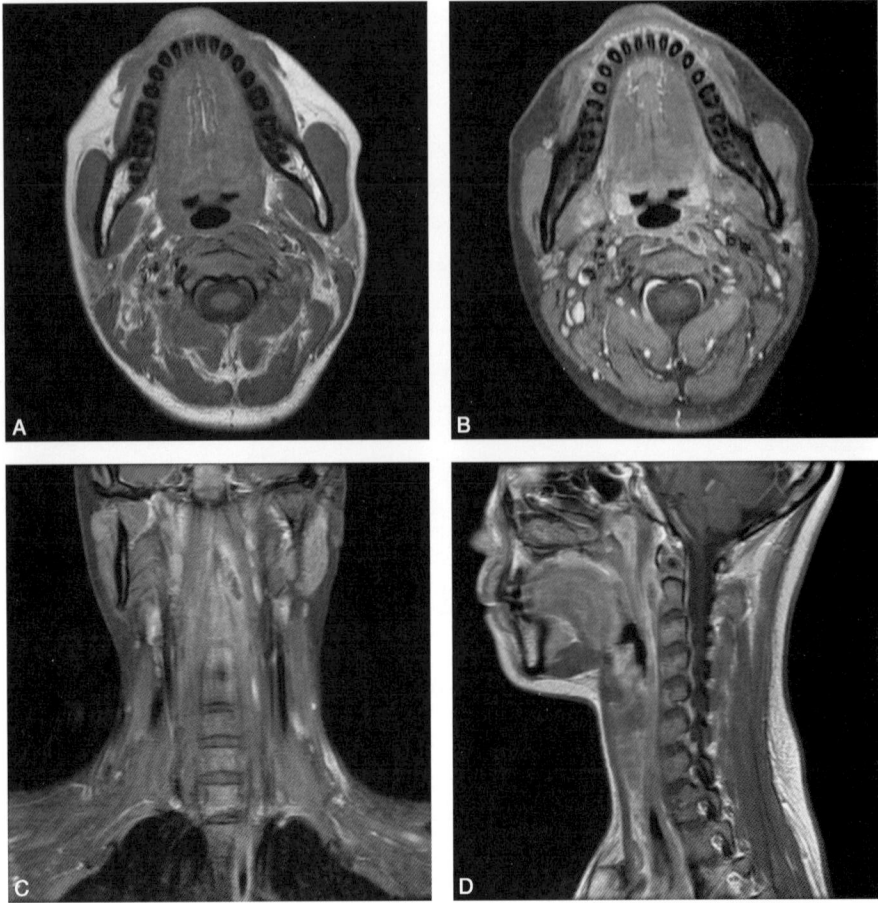

图 1-6-8　咽后脓肿 MRI

A. 平扫 T_1WI；B. 增强后 FSE T_1WI；C. 冠状面增强 T_1WI；D. 矢状面增强 T_1WI。MRI 示左侧咽后组织稍肿胀，见长 T_1 信号，边界不清，增强后见环形强化（中央脓液不强化），病灶主体沿肌间隙呈纵向分布。

病例 3　女性，50 岁，糖尿病 10 余年，发热伴吞咽困难 3 日（图 1-6-9）。

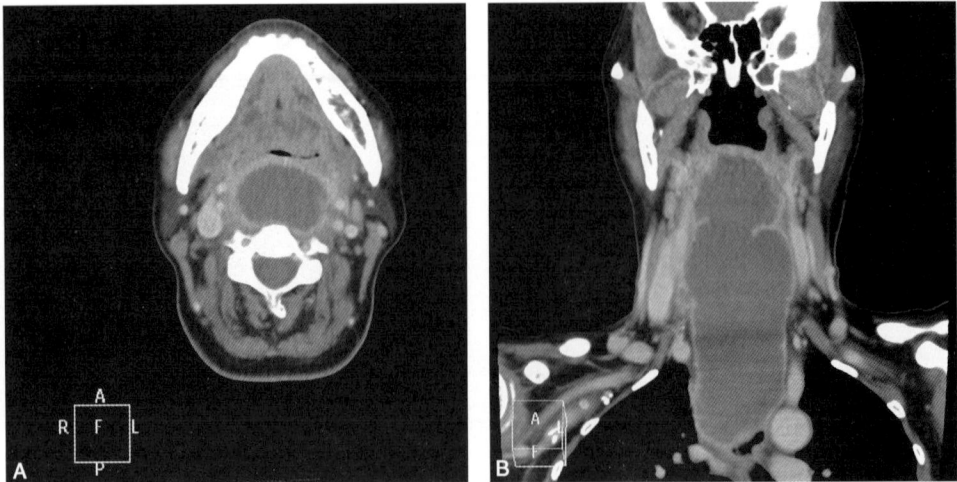

图 1-6-9　咽后脓肿增强 CT

A. 横断面；B. 冠状面。增强 CT 示咽后间隙液性低密度区，边缘软组织环形强化。病变向下进入后上纵隔内。

【诊断思路与诊断要点】

根据病史及临床表现,一般可及时作出诊断。对于出现呼吸困难或吞咽障碍的患者,CT和 MRI 检查可明确脓肿形成及其病变范围,指导局部穿刺抽脓。需要与颈椎结核、扁桃体周脓肿等鉴别诊断。①颈椎结核:CT 扫描可见颈椎骨质破坏,颈前软组织肿胀。MRI 可见椎体破坏呈楔形塌陷,邻近椎间隙消失。②扁桃体周脓肿:有明确的急性扁桃体炎病史,青壮年多见,患者扁桃体充血红肿,软腭、腭弓、腭垂等肿胀。

五、咽部炎性增生性病变

【简介】

咽部炎性增生性病变又称反应性淋巴组织增生。咽部淋巴组织丰富,包括扁桃体、淋巴结和淋巴滤泡,淋巴组织互相通连构成淋巴环。咽部淋巴组织对病原刺激后,淋巴滤泡反应性增生、肥大。常见原因:①急性咽炎反复发作转归为慢性炎症;②鼻部病变引发长期张口呼吸,刺激咽部;③长期饮酒、接触粉尘及有毒气体等。

疾病好发于儿童及 30 岁以下的年轻人,中老年也可发病。患者有咽部慢性炎症病史,如慢性咽喉炎、扁桃体炎、会厌炎等,咽部局部逐渐出现结节或肿块,淋巴结肿大,多伴咽部不适、吞咽不适和声音嘶哑等症状。

【病理基础】

显微镜下可见淋巴滤泡增生、副皮质增生或窦组织细胞增生。

【影像学表现】

咽壁见肿块样隆起,肿块也可在黏膜下,边界清晰,体积一般较大。咽后间隙结节最为常见。常伴咽后淋巴结肿大。CT 显示病灶局部密度多均匀,偶可见斑块样钙化,边界清楚,增强后轻度较均匀强化。MRI 示肿块在 T_1WI 呈等或稍低信号,在 T_2WI 呈等或稍高信号,信号较均匀,增强后轻度强化。

【典型病例展示】

病例　女性,59 岁,咽部不适多年(图 1-6-10、图 1-6-11)。

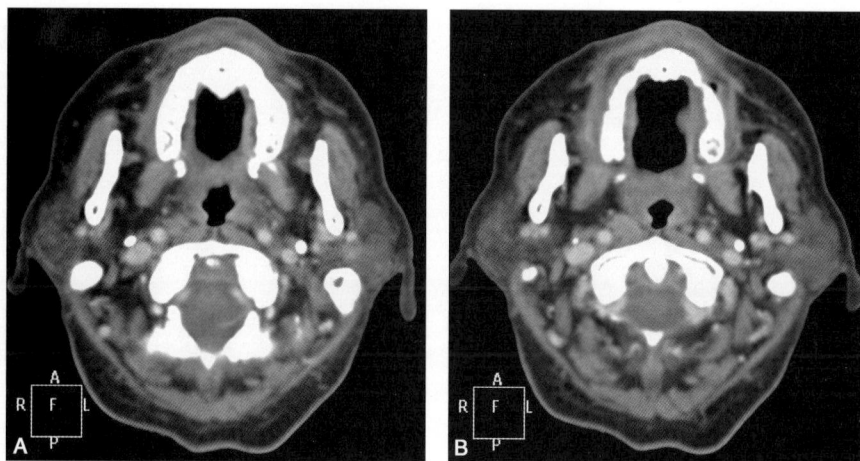

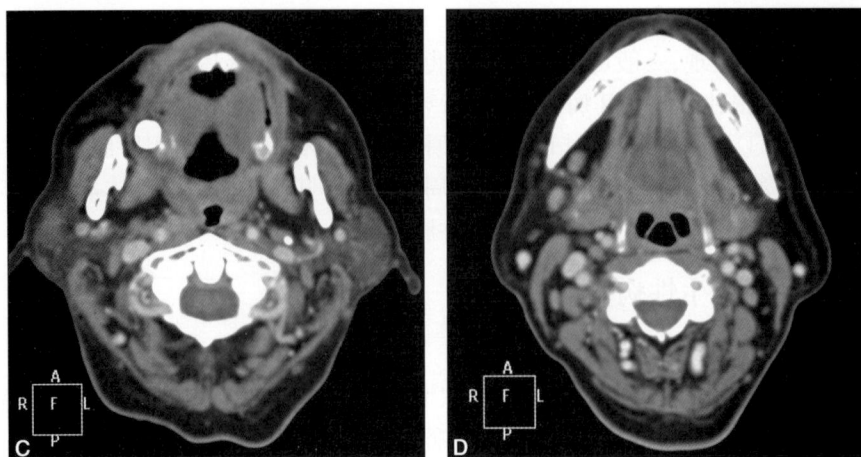

图 1-6-10　咽部炎性增生性病变增强 CT

增强 CT 显示咽部双侧软组织增厚,颈部多发稍大淋巴结(图 A～图 D);右侧咽后壁见结节状轻度强化影,边界清楚(图 A～图 C)。

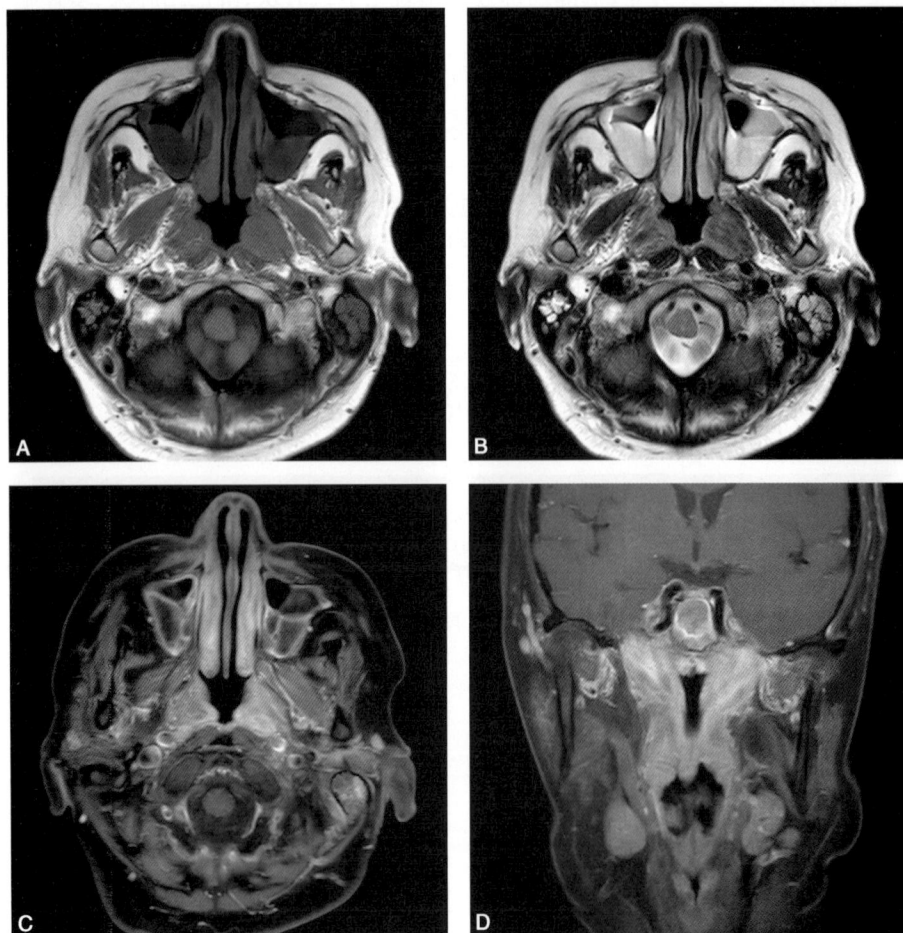

图 1-6-11　咽部炎性增生性病变 MRI

A. 平扫 T_1WI;B. 平扫 T_2WI;C. 增强后 FSE T_1WI;D. 冠状面增强 T_1WI。MRI 示右侧咽后壁见等 T_1、稍低 T_2 信号,增强后轻度强化。双侧上颌窦内见长 T_1、长 T_2 信号。

【诊断思路与诊断要点】

患者多有咽部慢性炎症病史,咽部或咽后发现境界清楚的肿块,年龄小于30岁,优先考虑炎性增生性病变;年龄大于30岁且咽部无明显临床感染症状,需考虑原发或转移性病变。但准确的临床诊断还需要病理学支持。需与咽部淋巴瘤、咽部鳞状细胞癌及咽部转移性病变鉴别。①咽部淋巴瘤:发病年龄多在40岁以上,多见于腭扁桃体、鼻咽、软腭、会厌、舌根等部位,肿块境界清,增强后轻度均匀强化,无钙化、坏死,多伴有颈部淋巴结肿大。②咽部鳞状细胞癌:发病年龄较大,多见于鼻咽、腭扁桃体、软腭、会厌、舌根等部位,肿块境界多不清,病变不均匀强化。颈部肿大淋巴结多见,且影像学特征与咽部病灶相同。③咽部转移性病变:年龄较大,无慢性咽部感染症状,可发现头颈部或全身原发病灶,多伴颈部淋巴结肿大。

第七节 咽部肿瘤及肿瘤样病变

一、鼻咽腺样体增生

【简介】

腺样体组织又称鼻咽扁桃体,是一种广泛分布于鼻咽后壁的淋巴组织聚集体,由上皮下浸润的淋巴细胞组成,最初出现于胚胎早期,至第7个月时完全发育,在3~7岁时达到最大,随后逐渐退化。腺样体、腭扁桃体和舌扁桃体组成了Waldayer环,是吸入微生物和其他抗原与免疫反应细胞接触的重要部位,是抵抗引起上呼吸道感染的微生物屏障,对上消化道黏膜免疫也十分重要。Waldayer环的淋巴组织随年龄增长而体积减小,生理情况下腺样体自青春期后逐渐萎缩至消失,因此,大多数成年人的Waldayer环是退化的。腺样体增生多见于儿童,腺样体异常增生时,将阻塞上呼吸道,出现鼻堵、张口呼吸等症状,严重时可出现呼吸暂停。长期呼吸不畅会导致大脑缺氧、心肺功能受损。部分患儿可出现"腺样体面容",个别患儿还可因肥大的腺样体压迫咽鼓管导致中耳炎。腺样体增生被确定是很多疾病的原因,而不是正常容积的腺样体组织填充了相对小的鼻咽腔。

【病理基础】

1. 大体病理 成人腺样体肉眼所见与儿童腺样体不同,儿童腺样体肥大表现为有纵行裂隙或陷窝的分叶状淋巴组织,形似橘瓣样结构或佛手样结构。成人腺样体肥大则表现为平坦弥漫性隆起,表面无明显沟槽或仅有少量条状沟。腺样体增生多由于炎症反复刺激,使其发生病理性增生。

2. 镜下表现 镜下淋巴组织增生,86%以上病例可见淋巴滤泡及生发中心,多数病例在黏膜固有层浅层可见浆细胞灶状或带状浸润,99%的病例可见淋巴细胞浸入被覆上皮层和/或黏膜腺体。

【影像学表现】

1. 儿童腺样体肥大诊断标准 儿童腺样体肥大的X线鼻咽侧位片显示,鼻咽后壁软组织影增厚,鼻咽腔变窄或闭塞;同时,鼻咽侧位片可获得腺样体厚度(A)与鼻咽腔宽度(N),并计算出腺样体指数(A/N)以判断腺样体是否肥大及其阻塞程度。当A/N≤0.60时,腺样体大小正常;A/N在0.61~0.70之间,腺样体中度肥大;A/N≥0.71,腺样体病理性肥大,且>0.80时,腺样体为显著肥大。

鼻内镜检查可以充分显示腺样体的形态及其与周围组织的关系,当患儿配合时可代替X线诊断以减少辐射风险,但目前仍没有统一的分级标准。有学者提出,根据腺样体与犁骨、软腭及咽鼓管圆枕的位置,可将腺样体肥大分为4级,以判断腺样体造成阻塞的情况。1级:腺样体与上述三者均不接触;2级:腺样体接触咽鼓管圆枕;3级:腺样体与咽鼓管圆枕及犁骨均接触;4级:在软腭未抬高时,腺样体接触咽鼓管圆枕、犁骨及软腭。其中1级代表腺样体未造成阻塞。

2. **成人腺样体肥大诊断标准**　正常成人鼻咽部侧位片显示,其鼻咽后壁表面光滑、曲线连续,一般认为鼻咽腔顶壁厚5mm,绝对值不超过10mm,鼻咽、口咽及喉上部后壁不超过5mm。当出现腺样体肥大时,鼻咽顶后壁曲线穹窿连续性异常,向腔内突出,表面光滑,可有分叶表现。

鼻内镜诊断成人腺样体肥大分为三度。Ⅰ度:鼻咽顶后壁组织肥大增生,呈平坦隆起,表面光滑,无明显纵沟;Ⅱ度:腺样体呈现肥大增生加重,表面不光滑,出现浅的一条纵沟;Ⅲ度:明显肥大,出现一条以上纵沟,纵沟加深可达5~10mm。

3. **CT表现**　鼻咽顶壁和后壁软组织对称性增厚,密度均匀,与肌肉密度相等,不累及深层组织。增强扫描可见一较薄的完整的条状强化影,为黏膜内静脉和颅底筋膜强化所致。

4. **MRI表现**　鼻咽顶壁和后壁对称性增厚的软组织影,T_1WI等-低信号,T_2WI稍高信号。可分为BH1型和BH2型。BH1型腺样体增生特点:黏膜厚度>3mm,增强扫描均匀强化,内见无强化的分隔。BH2型腺样体增生特点:黏膜厚度>3mm,深层黏膜强化程度更显著(深层黏膜白线),伴有低强化分隔(条纹状表现)。鼻咽部的BH1型和BH2型经常共存。

【典型病例展示】

病例　男性,6岁,鼻塞、打鼾3个月余(图1-7-1)。

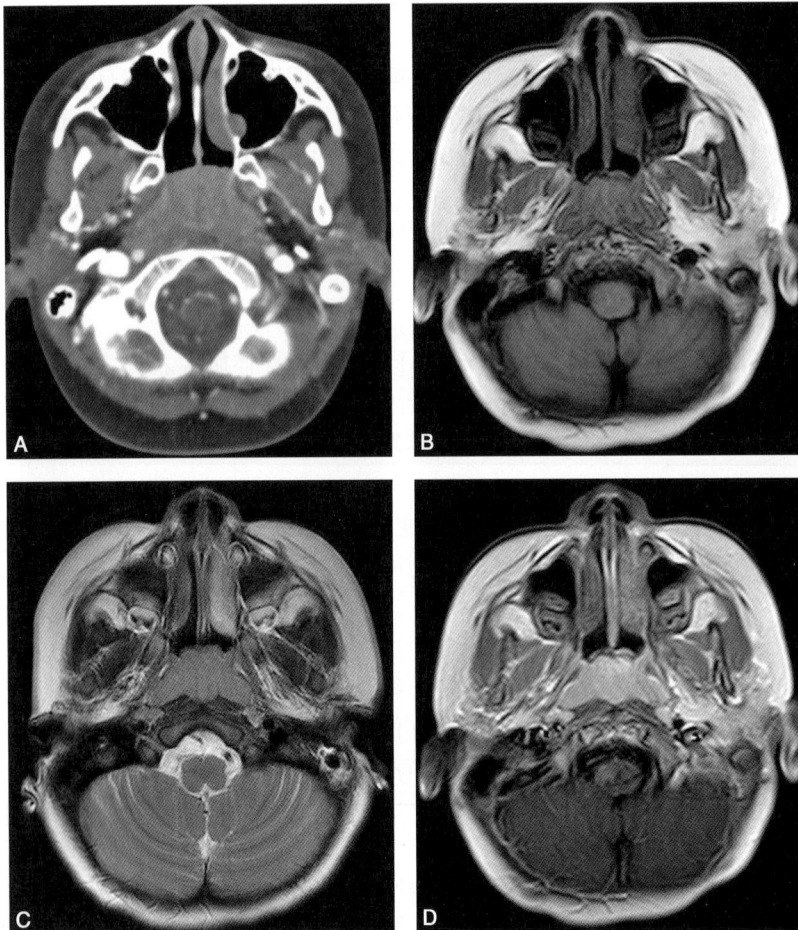

图1-7-1　BH1型腺样体增生

A. 增强CT扫描;B. MRI T_1WI;C. MRI T_2WI;D. MRI增强T_1WI。鼻咽后部软组织影弥漫增厚,增强CT扫描中度强化,内见线样低强化区;MRI T_1WI呈稍低信号,T_2WI呈稍高信号,增强扫描明显均匀强化,内可见线样低强化区。

【诊断思路与诊断要点】

腺样体增生多见于儿童,少见于青春期以后的成人。影像表现为位于鼻咽顶壁和后壁中线处对称性增厚的软组织影,CT为与肌肉密度相等,MRI T_1WI 等-稍低信号,T_2WI 稍高信号,增强扫描呈完整的线条样强化影及内部线样低或无强化区,即条纹状表现。

二、鼻咽纤维血管瘤

【简介】

鼻咽纤维血管瘤(nasopharyngeal fibroangioma)为鼻咽部最常见的良性肿瘤,好发于鼻腔后部、后鼻孔或蝶腭孔。肿瘤内富含血管,易出血;虽为良性肿瘤,但具有侵袭性,可破坏颅底骨质及周围软组织;常发生于10~25岁青年男性,女性罕见,故又称"男性青春期出血性鼻咽纤维血管瘤"。临床主要表现为单侧鼻塞、反复发作的顽固性鼻出血。临床上常采用血管内栓塞治疗加手术切除的联合治疗方案,血管内栓塞治疗可有效减少术中出血。病灶较大或累及颅底者,常因手术不易彻底切除而导致复发。

【病理基础】

1. **大体病理** 肿瘤起源于蝶骨体、枕骨斜坡及蝶腭孔区的骨膜等处,常呈粉红色或暗红色,切面呈海绵状,质地软硬不一,纤维成分较多者质地较硬,血管成分较多者质地较软。肿瘤较小者常为类圆形,大者多呈分叶状或不规则形,无包膜,可沿周围颅底管孔侵犯周围结构。根据 Chandler 分期,肿瘤可分为4期。Ⅰ期:局限于后鼻孔和鼻咽部;Ⅱ期:肿瘤侵犯鼻腔和/或蝶窦;Ⅲ期:肿瘤累及筛窦、上颌窦、翼腭窝、颞下窝、眼眶及颊部;Ⅳ期:肿瘤侵入颅内。

2. **镜下表现** 病变位于黏膜下,由大量薄壁血管及细胞稀疏的纤维性间质组成,纤维性间质内的细胞呈梭形或星形,细胞无异性,核分裂象罕见。血管的数量和形状不一,呈裂隙样或扩张状,血管平滑肌薄或不完整,缺乏弹力纤维。少数病例内可含有脂肪,称为脂肪瘤样亚型。

【影像学表现】

鼻咽纤维血管瘤好发于鼻咽部和鼻腔后部。早期肿块局限于后鼻孔和鼻咽顶部,肿瘤虽属良性,但其生长浸润性强,可沿颅底的自然孔道和颅缝向周围侵犯,向前经鼻孔入鼻腔,进而侵及筛窦和上颌窦;向外经翼下颌间隙累及翼腭窝或颞下间隙,或经眶上、下裂侵及眼眶;向上破坏蝶窦和蝶骨大翼侵犯海绵窦;向后外破坏翼板累及翼窝或咬肌间隙。影像检查对显示鼻咽纤维血管瘤的发生部位、形态、肿瘤侵犯范围及肿瘤分期均有极大帮助。

1. **X 线片** 提供的信息有限,不足以诊断。肿瘤较大时可表现为鼻咽部肿块影,下缘多光滑锐利,基底接近鼻咽后上壁,邻近骨可见骨质吸收破坏。

2. **CT 表现** 鼻咽腔内见软组织密度肿块,外缘光滑锐利,增强扫描多呈明显均匀强化,CT 值达 100HU 以上;也可出现不均匀强化,低密度区代表纤维组织和囊变区,明显强化区为富含血管的区域。肿瘤向前侵犯可形成鼻腔肿块,造成鼻中隔移位、骨质吸收破坏,继而累及鼻窦;肿瘤向上发展侵及颅底,造成颅底骨质破坏,侵入颅内。肿瘤还可累及眼眶、翼腭窝、颞下窝,形成软组织肿块并破坏周围骨质。

3. **MRI 表现** 与周围肌肉信号相比,肿瘤在 T_1WI 上呈等、稍低信号,T_2WI 上呈稍高信号;瘤内可见较多流空血管影。增强扫描肿瘤呈明显强化。MRI 显示病变特征及病变与周围组织关系较 CT 更有优势。

【典型病例展示】

病例　男性,16 岁,鼻塞流涕,间断流血 3 个月(图 1-7-2)。

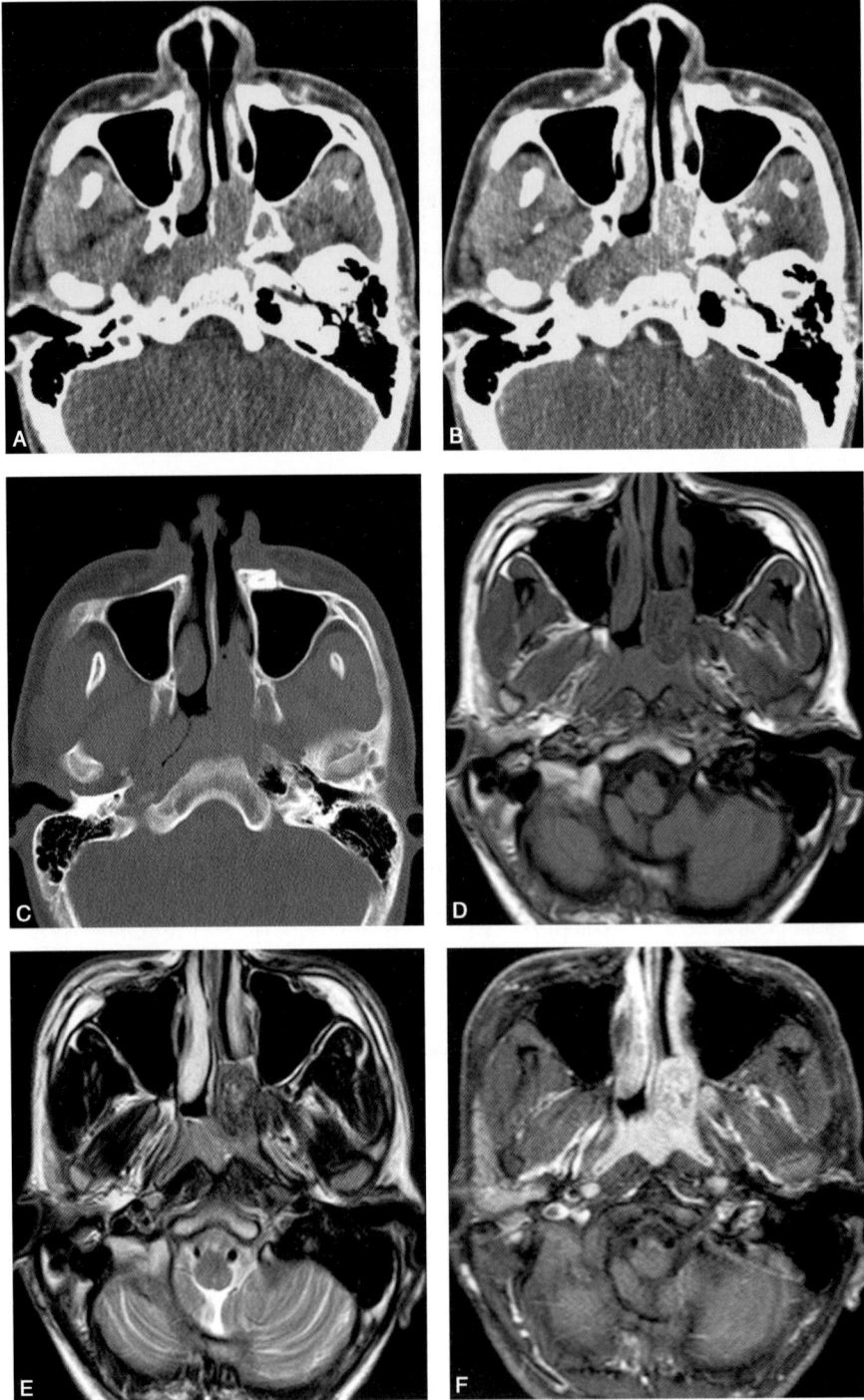

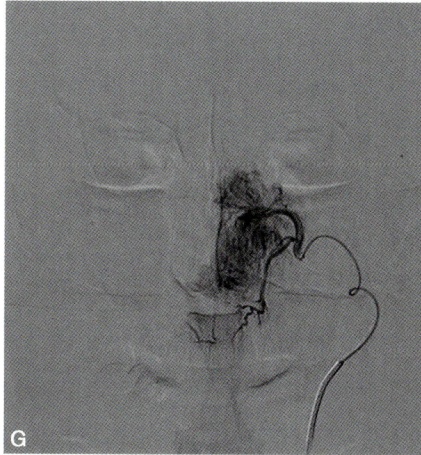

图 1-7-2　Chandler 分期 Ⅰ 期的鼻咽纤维血管瘤

A. 平扫 CT;B. 增强 CT;C. CT 骨窗;D. T_1WI;E. T_2WI;F. T_1WI 增强;G. DSA。左侧后鼻孔肿物,边界清楚,CT 平扫呈等密度,增强扫描强化较明显,骨窗未见骨质破坏。MRI T_1WI 呈等-稍低信号,T_2WI 呈高低混杂信号,增强扫描明显强化,强化欠均匀。DSA 显示病变血供非常丰富。病理:鼻咽纤维血管瘤。

【诊断思路与诊断要点】

鼻咽纤维血管瘤与影像表现有关的主要病理特点:①富含血管;②病灶以 MRI 显示为佳;③CT 易于显示肿瘤引起的骨质改变。

CT 图像特点:病变密度均匀,增强扫描明显强化;CT 更有助于显示肿瘤周围颅底骨质的吸收破坏,表现为骨质受压变薄,形态规整。

MRI 图像特点:MRI 平扫可见病变内的流空血管影,增强扫描病变显著强化,有助于显示肿瘤侵犯的范围。肿瘤明显强化伴有流空血管是鼻咽纤维血管瘤的特征性表现。

鼻咽纤维血管瘤需与以下病变进行鉴别:

①鼻咽癌:肿瘤多呈轻-中度不均匀强化,强化程度低于鼻咽纤维血管瘤;鼻咽癌所致的颅底骨质破坏呈虫蚀状,形态不规则,而鼻咽部纤维血管瘤所致骨质改变常表现为局部骨质受压吸收,形态规则;鼻咽癌常伴有颈部淋巴结肿大,鼻咽部纤维血管瘤则罕见。②海绵状血管瘤:海绵状血管瘤 T_2WI 常呈明显高信号,而鼻咽部纤维血管瘤 T_2WI 多呈等或稍高信号;增强扫描海绵状血管瘤常表现为渐进性强化,而鼻咽纤维血管瘤则无此特点。③淋巴瘤:增强呈轻-中度强化,强化程度低于纤维血管瘤;且常伴颈部淋巴结肿大。④息肉:多累及双侧鼻腔,可向后延伸至鼻咽部,T_2WI 上多呈明显高信号,增强扫描呈病变边缘强化,中央部分不强化。

三、鼻咽癌

【简介】

咽部分为鼻咽、口咽、喉咽(或下咽)三部分。鼻咽部是咽的最上部,位于鼻腔后方、头颅中央,是呼吸的主要通道。由鼻咽黏膜上皮细胞发生癌变而形成的恶性肿瘤,称为鼻咽癌。鼻咽壁分为顶后壁、两侧壁和下(前)壁四部分。早期鼻咽癌大多发生在两侧壁,特别是咽隐窝附近。WHO 将鼻咽癌定义为:发生在鼻咽部黏膜的癌;在光镜和超微结构中,鼻咽部被证实具有鳞状上皮分化的病理学特征,包括鳞状细胞癌、非角化性癌(未分化型或分化型)和基底样鳞状细胞癌,按 WHO 分型可分为 Ⅰ、Ⅱ、Ⅲ型。而鼻咽腺癌和唾液腺型癌被排除在此概念之外。

鼻咽癌是我国南方各省和东南亚国家最常见的恶性肿瘤之一。主要高发于我国南方的广东、香港、澳门、广西、湖南、江西、福建和海南等沿海地带,尤其以华南地区的广东珠江三角洲和西江河流域发病率最高,故鼻咽癌又曾有"广东癌"之称,是世界上唯一以地方冠名的恶性肿瘤。

【病理基础】

鼻咽原发癌是指由鼻咽上皮组织、包括被覆黏膜表面和隐窝的上皮以及散布在黏膜中的浆液黏液混合性小唾液腺所发生的恶性肿瘤。

组织学类型:鼻咽部恶性上皮性肿瘤共分为 3 大类。①鼻咽癌;②乳头状腺癌;③唾液腺型癌。2005 年版 WHO 剔除了在鼻咽部极为少见的腺癌,并将黏液表皮样癌、腺样囊性癌及多形性低度恶性腺癌归在唾液腺型癌中。鼻咽癌则分为非角化性癌、角化性鳞状细胞癌和基底细胞样鳞状细胞癌 3 型。

1. **非角化性癌** 鼻咽癌中最常见的一种类型。活检取自鼻咽部,即表面溃疡的典型肿瘤抑或表面上皮平整光滑的黏膜下肿瘤,肿瘤成片状、岛状排列,周边有浆细胞样淋巴细胞浸润。根据肿瘤细胞的分化程度,非角化性癌分为分化型和未分化型,两型的临床和预后无明显差别。当同一张切片出现了两种形态时,以占优势的一型为主,或标明"非角化性癌具备两种亚型特征"。一般而言,分化型更为常见,香港伊丽莎白医院鼻咽癌中角化性鳞状细胞癌仅占 1%,非角化性癌中未分化型占 92%,未分型占 7%,国内虽没有详细数据比较,但日常工作中,以非角化性癌中的未分化型为多见。

2. **角化性鳞状细胞癌** 鼻咽部的角化性鳞状细胞癌与头颈部其他部位黏膜起源的鳞状细胞癌相似,细胞分化良好,细胞之间有间桥,可见角化及角化珠。角化性鳞状细胞癌还可发生在鼻咽部非角化性癌放疗多年后,在原发部位重新出现的肿瘤。与非角化性癌相比,角化性鳞状细胞癌局部生长浸润性更占优势(76%:55%),而颈部淋巴结的转移率则较非角化性癌明显低(29%:70%)。有研究显示,角化性鳞状细胞癌对放疗的敏感性较低,预后也较非角化性癌更差。

3. **基底细胞样鳞状细胞癌** 是 2005 年版 WHO 新增加的一个鼻咽癌亚型,头颈部的其他部位(如下咽部、喉及气管)更为常见。有文献报道 6 例鼻咽部基底细胞样鳞状细胞癌,男女比例为 2:1,年龄 27~79 岁,平均 55 岁,其中 4 例为临床 T_4 期,2 例已有淋巴转移;随访结果:3 例无肿瘤复发 34~52 个月,另 3 例带瘤生存 19~46 个月,与头颈部其他部的基底细胞样鳞状细胞癌比较,表现出较低的侵袭性生长的特性,4 例检测出了 EB 病毒,3 例亚裔患者均呈阳性反应。所谓基底细胞样肿瘤细胞,即小圆形细胞,胞质稀少,或紧密连或细丝状相连,间有黏液样背景,肿瘤的中间则有典型的鳞状细胞癌结构。免疫组织化学染色同普通的鳞状细胞癌。

鼻咽部的其他上皮性恶性肿瘤尚有乳头状腺癌、唾液腺型腺癌(包括腺样囊性癌、黏液表皮样癌等),但相对较为少见。

【临床表现】

1. **原发癌的表现**

(1) 回缩性涕血:凡病灶位于鼻咽顶后壁者,在用力回吸鼻腔时软腭背与肿瘤相摩擦,即可引起回缩性涕血(此表现在早期患者较重要),也可由于原发癌的浸润、扩展,瘤体表面黏膜发生溃破、感染和水肿而出现涕血或鼻出血。当癌体表面呈溃疡或菜花样时这一症状更为常见,而黏膜下型的肿块则较少出现这一症状。

（2）耳鸣及听力下降:凡原发病灶在咽隐窝或咽鼓管圆枕区者,肿瘤常浸润、压迫咽鼓管,使鼓室形成负压,出现分泌性中耳炎的体征(耳镜检查见鼓膜光锥缩短或消失,锤骨柄向后上移位,有时尚可见鼓室积液),患者多同时伴有耳堵塞感。症状轻时做咽鼓管吹气法治疗可暂时缓解。听力减退者做检查时表现为传导性听力下降。

（3）鼻塞:这是由于原发癌浸润至后鼻孔区发生机械性堵塞所致,肿瘤发生感染、水肿时更甚,原发灶位于鼻咽顶前壁者更易出现此症状。

（4）头痛:临床上常表现为持续性偏于一侧的头痛,以颞、顶和枕部为多。一般认为产生的原因有:①颅底骨质受侵破坏;②三叉神经第一支(眼支)的末梢在硬脑膜处受压、刺激;③颈淋巴结肿块压迫颈内静脉致回流障碍,引起神经血管反射痛;④鼻咽部肿块炎症感染也可引起头痛。头痛发生的原因因人而异,也可能以上四种原因同时存在。以颅底骨质破坏或脑神经受侵时的头痛最剧烈,持续时间也长。头痛多出现于上行型患者。

（5）鼻咽肿物:绝大多数鼻咽癌患者就诊时用间接鼻咽镜或鼻咽纤维镜检查均可见鼻咽有肿物。原发病变的类型可分为结节型、浸润型、菜花型、黏膜下型和溃疡型。鼻咽癌原发部位可位于鼻咽腔的各壁,但患者来诊时常已有多处浸润而难以明确其始发部位。据统计最多发部位为顶后壁与咽隐窝。

2. 肿瘤局部扩展所致的表现

（1）眼部症状:鼻咽癌侵犯眼眶或与眼球有关的神经时已属晚期,肿瘤侵犯眼部后所引发的表现主要有:复视(最多见)、眼球活动受限、视力障碍(严重者甚至失明)、突眼、视野缺损、神经麻痹性角膜炎、眼底检查可见视神经乳头萎缩或水肿、颈交感神经综合征等。

（2）局部扩展所致的综合征

1）海绵窦综合征(又称岩蝶综合征):鼻咽癌患者较特有的症状,原发于咽鼓管区周围的肿瘤沿咽旁筋膜扩展至岩蝶骨区(包括破裂孔、颞骨岩尖、卵圆孔、圆孔、蝶骨裂、海绵窦等)。此区内有第Ⅱ~Ⅵ对脑神经经过,易受肿瘤侵犯,第Ⅵ对展神经常首先受累,以下依次为第Ⅲ、Ⅴ、Ⅳ、Ⅱ对神经,最后出现麻痹性眼盲,这些神经干一般都在颅内受侵,突眼症状较少见。

2）垂体蝶骨综合征:鼻咽癌直接向上侵犯蝶骨体、蝶窦和后组筛窦气泡,累及垂体窝,损害视神经,产生双目失明。还可进一步扩展至海绵窦,产生第Ⅲ、Ⅳ、Ⅴ、Ⅵ对脑神经损害症状。眼底检查可出现视神经乳头原发性萎缩。

3）眼眶综合征:鼻咽癌直接侵犯眼眶或累及眼球运动神经的周围分支,引起相应眼球运动肌肉瘫痪。三叉神经眼支及视神经均可受累。肿瘤侵犯鼻腔后,也可经上颌窦或前组筛窦扩展至眶内。

4）Trotter 三联征:原发于鼻咽侧壁的肿瘤可向前发展侵犯软腭,并可进入茎突前间隙压迫三叉神经下颌支,而产生听力下降、软腭运动障碍、下颌支分布区域疼痛。

5）腮腺后间隙综合征:相当于茎突后间隙受累,第Ⅸ~Ⅻ对脑神经及交感神经在颅外受压,可出现吞咽困难(咽上肌半瘫),舌后 1/3 味觉异常(Ⅸ),软腭、咽、喉黏膜感觉过敏或麻木,以及呼吸紊乱和唾液腺分泌紊乱(Ⅹ)。此外,还有斜方肌上份和胸锁乳突肌萎缩,同侧软腭半瘫(Ⅺ)和一侧舌瘫痪、萎缩(Ⅻ),大多数患者尚有 Horner 综合征。

6）Horner 综合征:肿瘤扩散侵犯或压迫颈交感神经节,出现瞳孔缩小、眼球内陷、眼裂缩小、同侧额无汗等表现。

7）Jackson 综合征:软腭、喉和舌的偏瘫。

8) 颈静脉孔综合征：第Ⅸ、Ⅹ、Ⅺ对脑神经受压体征，也可合并舌下神经受压体征，但无颈交感神经节受累。

（3）颅底骨质破坏：鼻咽腔与颅底骨毗邻，由于鼻咽癌易于在黏膜下浸润扩散，随着原发肿瘤的发展，大多在 1~6 个月内即合并有颅底骨破坏，占 28%~73%。

颅底骨质破坏大多是肿瘤侵犯骨质的结果。据文献报告，MRI 对于颅底骨质破坏的检出明显优于 CT。随着 MRI 在临床上广泛应用，颅底骨质破坏与否及破坏的部位均可清楚地显示及检出。颅底骨质破坏的常见部位为颅中窝破裂孔，岩骨、蝶骨大翼、卵圆孔、圆孔、枕骨斜坡、翼突内板，蝶鞍、蝶突等也常受累。

（4）脑神经损害：鼻咽癌在向周围浸润的过程中可使 12 对脑神经的任何一支受压迫或受侵犯而出现不同的症状和体征。必须指出的是，鼻咽癌患者脑神经损害部位主要发生在各条脑神经离颅（或更低）的部位，而非中枢性损害。临床上常见多对脑神经相继或同时受累，其中以三叉神经、展神经、舌咽神经和舌下神经受累最多，而嗅神经、面神经和听神经则甚少受累。

3. 颈淋巴结转移　最典型的表现是颈深上淋巴结肿大，但由于浅面有胸锁乳突肌覆盖，且为无痛性肿块，初发时常不易发现。颈深上淋巴结开始呈无痛性、活动的小结节，逐渐增大，发展至后期可与周围组织粘连、浸润、固定，并与皮肤粘连，发生溃破；也可向下颈、锁骨上窝扩展。临床上，无特别原因地出现无痛性颈深上淋巴结肿大，特别是经抗炎治疗后未消退或逐渐增大者，应高度警惕是否有鼻咽癌发生。

4. 远处转移　鼻咽癌因癌细胞分化程度低、恶性度高，发生远处转移率高，是治疗失败和死亡的主要原因之一。鼻咽癌可转移至全身各个部位，但以骨、肝、肺居多，且多个器官同时发生转移者居多。

【影像学表现】

1. 原发肿瘤侵犯

（1）早期鼻咽癌：局限于鼻咽腔黏膜，CT 或 MRI 上表现为两侧黏膜不对称，病变部位黏膜增厚，表面不光滑（图 1-7-3）。大多数鼻咽癌起源于咽隐窝，使咽隐窝变窄或闭塞，该部位的

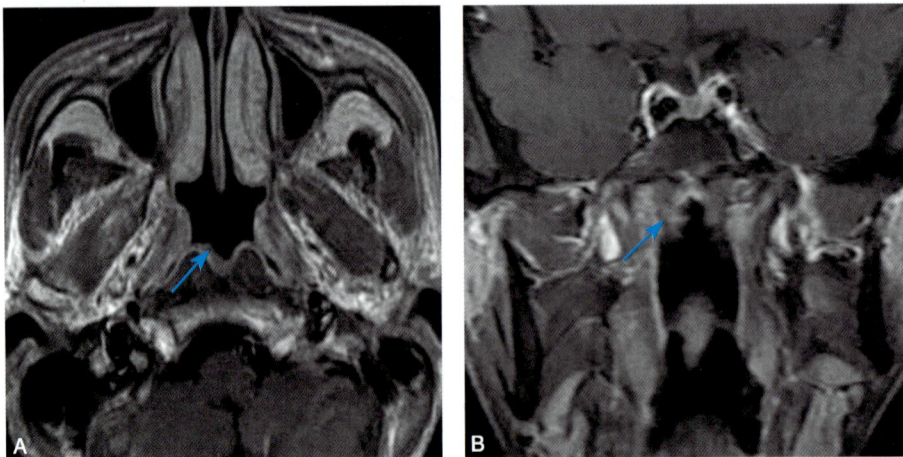

图 1-7-3　早期鼻咽癌 MRI

A. 横断面增强 T_1WI；B. 冠状面增强 T_1WI。MRI 示鼻咽后壁黏膜稍增厚伴中度强化，右侧咽隐窝略变窄。

鼻咽癌向黏膜下生长,常首先累及腭帆提肌。腭帆提肌在咽颅底筋膜内,其侵犯在鼻咽癌分期里属于 T_1 期,CT 不能清晰显示腭帆提肌,MRI 上该肌肉受侵表现为肌肉束的中断,增强后见强化的肿瘤病灶与肌肉分界不清或穿透该肌肉。由于腭帆提肌负责咽鼓管开放,腭帆提肌受侵可以导致咽鼓管不能正常开放,同时肿瘤本身也可堵塞咽鼓管口,这些因素将导致分泌性中耳炎。

（2）中晚期鼻咽癌:向鼻咽腔外扩展,根据其扩散的方向不同,可以侵犯不同的解剖部位。CT 和 MRI 能够显示肿瘤侵犯的范围,对于肿瘤分期、制订治疗方案以及判断肿瘤预后有较大帮助。

1）鼻咽癌最常见的侵犯方式是向鼻咽侧壁侵犯,首先突破咽颅底筋膜,侵犯咽旁间隙。MRI 判断咽旁间隙受侵的标准:在下咽水平为肿瘤突破咽缩肌,在鼻咽水平为肿瘤突破咽颅底筋膜或穿透鼻咽内的腭帆提肌和咽鼓管(图 1-7-4)。由于 CT 不能显示腭肌和咽颅底筋膜等精细的解剖结构,其判断咽旁间隙受侵的标准为咽旁脂肪间隙变形,以及在两个以上横断面上显示肿大的软组织影使咽旁的纤维脂肪组织层变形,也可用肿瘤超过翼突内板游离缘与颈内动脉外侧缘连线判断咽旁间隙受侵。腭帆张肌受侵也属于咽旁间隙侵犯。肿瘤向外侧可进一步侵犯翼内肌、翼外肌和颞下窝。卵圆孔位于嚼肌间隙上方,肿瘤可经卵圆孔向颅内侵犯。卵圆孔受累 CT 表现为孔边缘骨皮质缺损,边缘模糊,或双侧卵圆孔的不对称,直径差超过 4mm(图 1-7-5)。MRI 通常采用冠状面增强扫描脂肪抑制序列显示卵圆孔受侵,表现为沿三叉神经下颌支走行见神经根增粗或强化的软组织肿块。

2）鼻咽癌向后外侧扩展可以侵犯位于茎突后间隙的颈动脉鞘,在 CT、MRI 上表现为肿瘤与颈动脉鞘区血管间的脂肪间隙消失,肿瘤包绕颈动脉、颈静脉,或使其推压向后外移位。外侧组咽后淋巴结通常紧邻颈动脉内侧,需与鼻咽肿瘤直接侵犯颈动脉鞘区鉴别。通常咽后淋巴结能和原发灶间有脂肪间隔,当咽后淋巴结与原发灶紧邻或融合时,增强 CT 有助于显示咽后淋巴结与原发灶之间的密度差异,以及淋巴结环行强化和中央坏死区。MRI 有较好的软组织分辨率,在区分咽后淋巴结与鼻咽原发病灶方面优于 CT。肿瘤沿颈动脉鞘上行,侵犯颈静脉孔和邻近的舌下神经管并向后颅窝内扩展(图 1-7-6)。

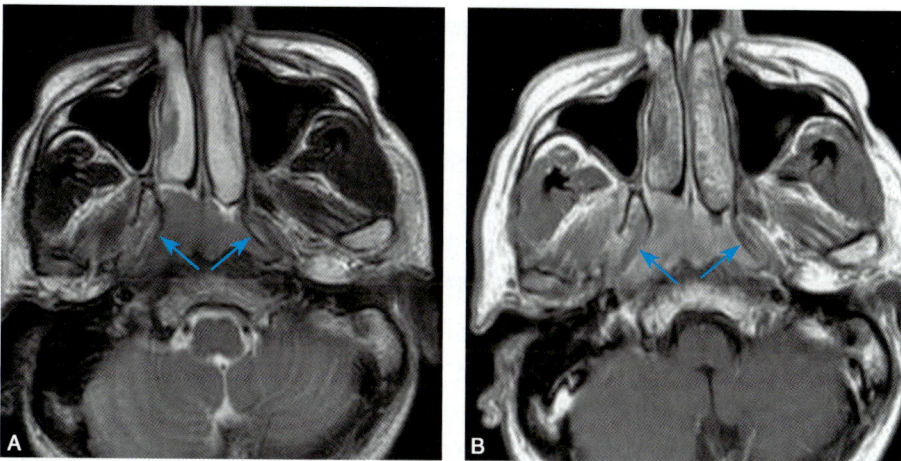

图 1-7-4　鼻咽癌侵犯咽颅底筋膜
A. 横断面 T_2WI;B. 横断面增强 T_1WI。MRI 示肿瘤突破咽颅底筋膜,侵犯双侧咽旁间隙。箭头所指双侧咽颅底筋膜呈线状低信号,左侧连续性良好,右侧连续性中断。

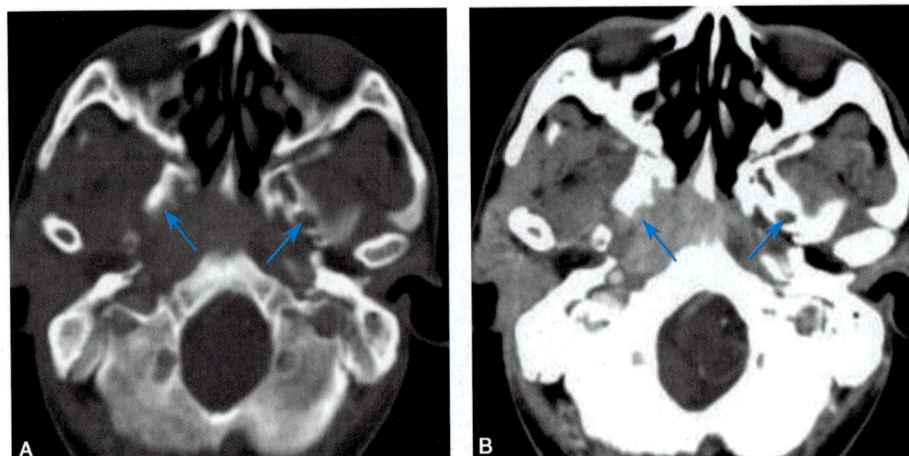

图 1-7-5 卵圆孔受侵（箭头）
A. 骨窗；B. 增强软组织窗。CT 示肿瘤侵犯至右侧卵圆孔，右侧卵圆孔较对侧消失。

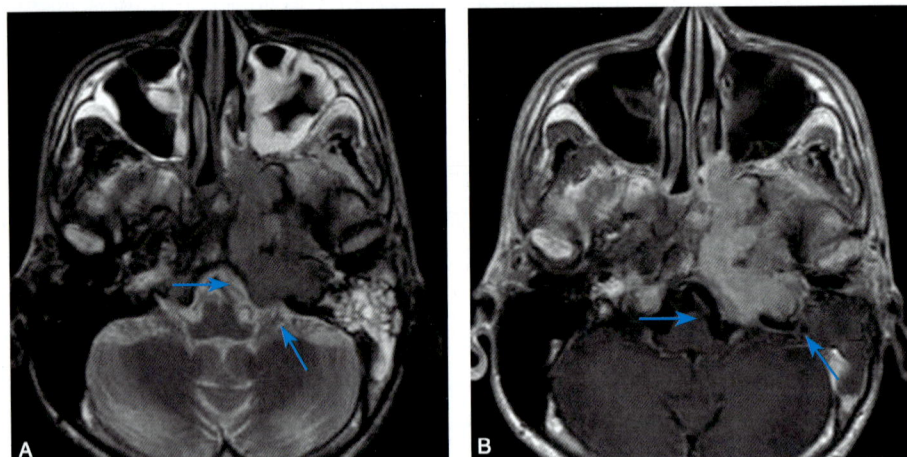

图 1-7-6 鼻咽癌向后侵犯经颈静脉孔或舌下神经管进入后颅窝
A. 横断面 T_2WI；B. 横断面增强 T_1WI。MRI 示肿瘤向后径颈静脉孔、舌下神经管进入后颅窝。

3）鼻咽癌向前可突入鼻腔，有学者采用双侧翼腭窝的连线作为鼻腔侵犯的标准常，在国际抗癌联盟/美国癌症联合会（UICC/AJCC）分期中，将后鼻孔和鼻中隔后缘归为鼻腔。肿瘤可由鼻腔经蝶腭孔侵入翼腭窝（图1-7-7），也可先破坏翼突在侵犯翼腭窝。肿瘤侵犯翼腭窝后经翼上颌缝侵入颞下窝，而由颞下窝经翼上颌缝侵入翼腭窝则较为少见。CT、MRI 上，肿瘤侵犯翼腭窝的早期征象表现为该区的脂肪间隙消失，窝内和蝶腭孔区出现增多的软组织影，也可出现翼腭窝受压增宽。肿瘤可沿上颌神经通过圆孔向颅内侵犯，还可经眶下裂至眶尖侵入颅内。经圆孔侵入者，肿瘤可直接侵犯鞍旁、海绵窦。翼管前连翼腭窝，后达破裂孔，其上方虽有骨壁与中颅窝相隔，但肿瘤组织可经管内结构向后延伸先侵犯破裂孔，而后侵犯海绵窦和中颅窝。如肿瘤破坏翼管上壁，也可直接侵犯中颅窝。鼻腔肿瘤向外侧可侵犯上颌窦内侧壁，颞下窝和翼腭窝肿瘤向前侵犯上颌窦后壁。

4）鼻咽癌向后扩展，先侵犯咽后间隙和椎前肌，继而破坏颈椎椎体，偶尔可见肿瘤侵入椎管内。由于咽后间隙为一潜在的间隙，仅有少量脂肪组织和淋巴组织，CT 和 MRI 较难直接显示。

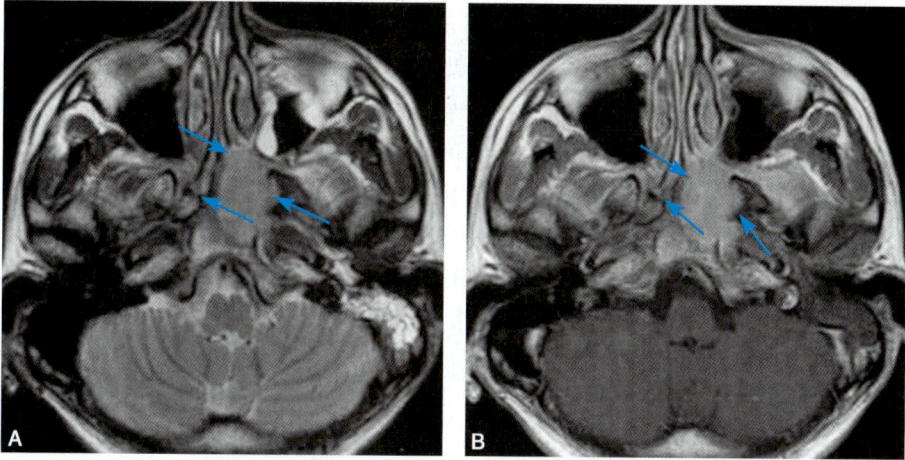

图 1-7-7　鼻咽癌侵犯鼻腔和翼腭窝
A. 横断面 T_2WI；B. 横断面增强 T_1WI。

CT 难以将原发病灶与椎前肌清晰地分开，而 MRI 的 T_2WI 和增强扫描图像上肿瘤组织与肌肉的信号差别明显，可较好地显示椎前肌受侵。对椎体和椎管的肿瘤侵犯 MRI 也优于 CT。

5）部分肿瘤可沿咽壁向下侵犯口咽，也可沿咽旁间隙向口咽旁间隙侵犯。CT 诊断鼻咽癌口咽侵犯主要依据为咽壁增厚，有时 CT 误将肿大咽后淋巴结诊断为肿瘤直接侵犯口咽壁，而 MRI 能较好地区分咽后淋巴结和正常咽壁，这是 MRI 检查显示口咽受侵比例较 CT 低的原因。鼻咽与口咽的解剖分界为软腭游离缘，软腭向后下倾斜，作为放射学的分界线较为困难；硬腭的倾斜程度与颈部后仰程度有关，其向后的延长线与口咽后壁的交点会随颈部屈伸有较大变化，由于鼻咽癌向下主要侵犯口咽侧后壁，因此硬腭不太适合作为鼻咽与口咽的放射学界限；而颈椎相对固定，因此将第 1~2 颈椎间隙作为口咽受侵的标准较为合适。鼻咽癌侵犯喉咽的概率较小，喉咽的界限为舌骨上缘到环状软骨下缘。

6）鼻咽癌向上扩展可侵犯颅底骨质。颅底骨质侵犯表现为骨质破坏和颅底孔道扩大伴

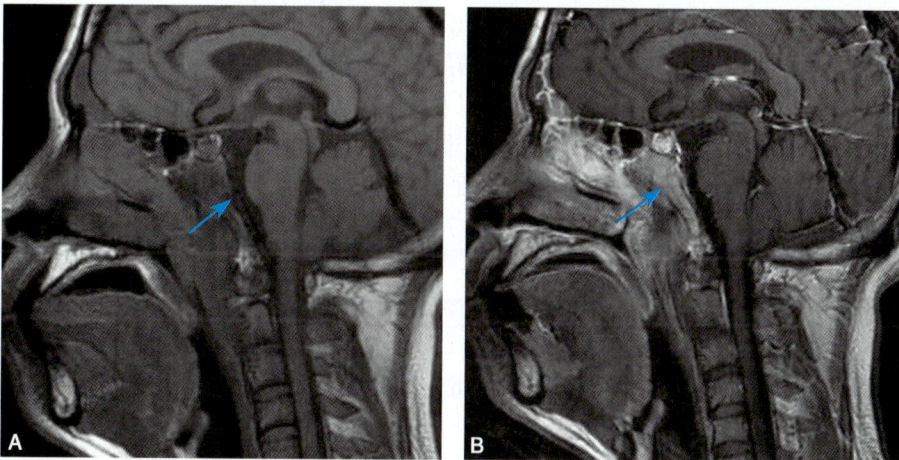

图 1-7-8　斜坡、蝶骨骨质破坏
A. 矢状面 T_1WI；B. 矢状面 T_2WI。

软组织肿块形成。翼突基底、蝶骨基底和斜坡是骨质破坏最常见的部位(图1-7-8)。骨质破坏在CT上主要表现为骨皮质虫蚀样缺损,以后出现骨皮质和骨松质缺损,正常骨组织被肿瘤组织取代,部分病例也可见骨质增生致密。正常骨皮质MRI表为T_1WI、T_2WI低信号,正常骨松质因含较多的脂肪组织,呈T_1WI、T_2WI中高信号,当肿瘤破坏骨质时,这些低信号的骨皮质和高信号的骨松质被T_1WI中等信号、T_2WI稍高信号的肿瘤组织取代,增强后采用脂肪抑制的T_1WI可以更加清晰地显示骨质破坏区肿瘤组织强化。颅底的破裂孔、卵圆孔、圆孔、棘孔、翼管、颈静脉孔以及舌下神经管均可成为鼻咽癌颅内侵犯的自然通道(图1-7-9)。MRI和CT均显示破裂孔是肿瘤侵犯颅内常见途径之一,这主要是因为破裂孔直接位于鼻咽部外后上方,与咽隐窝紧邻,且位于咽颅底筋膜的内侧,肿瘤向上扩展可侵犯中颅窝和海绵窦。

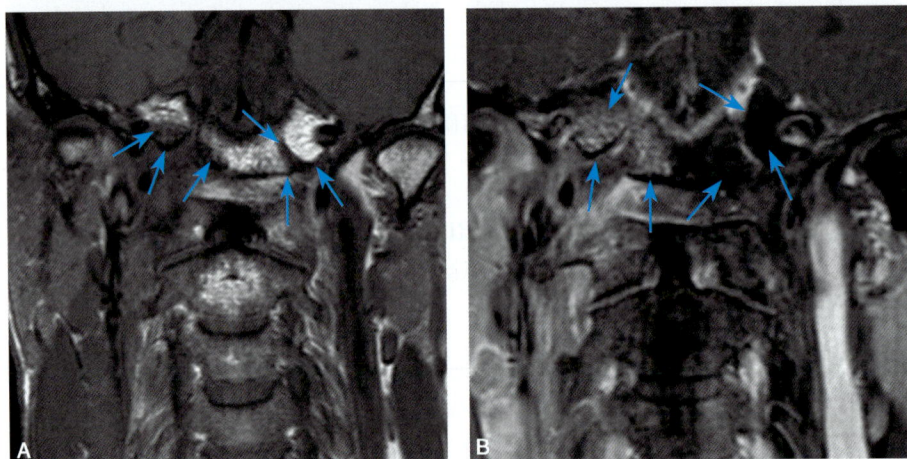

图1-7-9　岩尖、破裂孔、斜坡侵犯
A.冠状面T_1WI;B.冠状面T_1WI压脂增强。

　　7)肿瘤向上侵入颅内的途径:①经自然孔道,如破裂孔、卵圆孔、圆孔、棘孔和颈内动脉管等。②穿透颅底骨质后直接向颅内侵犯。③沿脑神经周围组织扩散。MRI和CT以冠状面增强扫描显示海绵窦受侵为最佳,初期表现为双侧海绵窦不对称,肿瘤较大时可表现为鞍旁强化较明显的软组织肿块影,并可向颞叶突出。MRI有良好的软组织分辨率,显示颅内和海绵窦侵犯较CT敏感。这是因为MRI可对硬脑膜增厚较为敏感,同时可清晰显示海绵窦内的颈内动脉、三叉神经节、三叉神经分支(如V_2、V_3)以及神经周围的血管丛。当肿瘤侵犯海绵窦早期没有引起海绵窦增宽时,CT较难显示,而MRI增强扫描可发现海绵窦内肿瘤侵犯。

　　2. 淋巴结转移　具有以下特征的淋巴结定义为转移性淋巴结:

　　(1)短径≥5mm的咽后淋巴结(图1-7-10)或短径≥10mm的颈部淋巴结(ⅡA区淋巴结≥11mm)(图1-7-11)。

　　(2)颈部3个及以上最大短径8~9mm的淋巴结簇集(ⅡA区9~10mm)。

　　(3)淋巴结中央坏死:淋巴结中央坏死在CT上表现为淋巴结中央低密度区,增强后显示最佳;MRI表现为T_1WI低信号、T_2WI高信号,增强后坏死区强化不明显,周边有或无环形强化(图1-7-12)。

　　(4)淋巴结包膜外侵:CT/MRI表现为包膜强化,边缘不清,浸润淋巴结周围的脂肪或肌肉组织,淋巴结轮廓不规整。

　　欧洲放射肿瘤学协会颈淋巴结区域的解剖边界见表1-7-1。

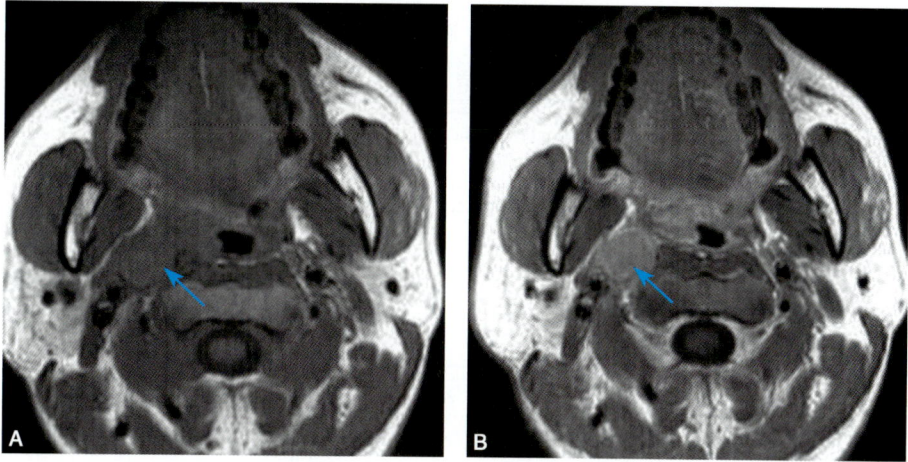

图 1-7-10 咽后淋巴结肿大
A.横断面 T_1WI；B.横断面增强 T_1WI。

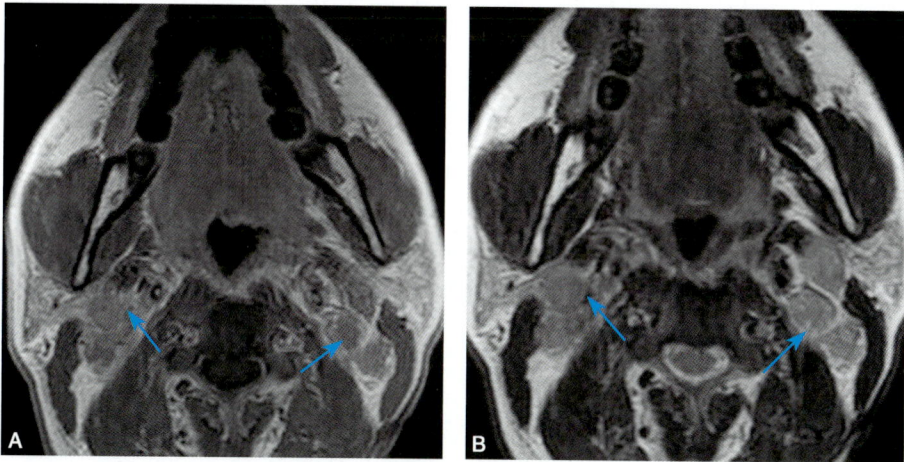

图 1-7-11 ⅡA和ⅡB区淋巴结转移
A.横断面 T_1WI；B.横断面 T_2WI。

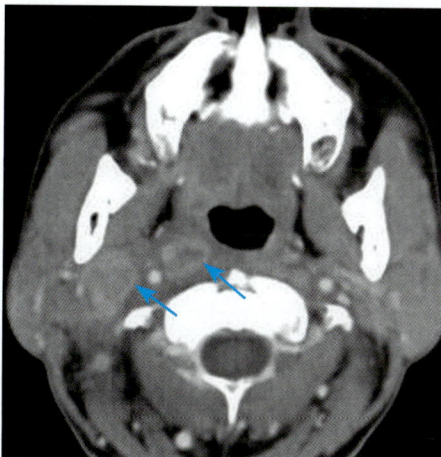

图 1-7-12 咽后淋巴结环形强化（横断面增强 CT）

表 1-7-1 颈淋巴结区域的解剖边界

分区		解剖边界					
		上界	下界	前界	后界	外界	内界
Ⅰ	ⅠA	下颌舌骨肌	颈阔肌(二腹肌前腹下缘)	下颏联合	舌骨体、下颌舌骨肌	二腹肌前腹内缘	无
	ⅠB	下颌舌骨肌、颌下腺上缘	通过舌骨下缘和下颌骨下缘的平面或颌下腺下缘(最下的层面)、颈阔肌	下颏联合	颌下腺后缘(上)、二腹肌后腹(下)	下颌骨内侧、颈阔肌(下)、翼内肌(后)	二腹肌前腹外侧(下)、二腹肌后腹(上)
Ⅱ	ⅡA	第一颈椎横突下缘	舌骨体下缘	下颌下腺后缘、二腹肌后腹后缘	颈内静脉后缘	胸锁乳突肌内面、颈阔肌、腮腺、二腹肌后腹	颈内动脉内缘、斜角肌
	ⅡB	第一颈椎横突下缘	舌骨体下缘	颈内静脉后缘	胸锁乳突肌后缘	胸锁乳突肌内面、颈阔肌、腮腺、二腹肌后腹	颈内动脉内缘、斜角肌
Ⅲ		舌骨体下缘	环状软骨下缘	胸锁乳突肌前缘、甲状舌骨肌后1/3	胸锁乳突肌后缘	胸锁乳突肌内面	颈总动脉内缘、斜角肌
Ⅳ	ⅣA	环状软骨下缘	胸骨柄上缘上2cm	胸锁乳突肌前缘(上)	胸锁乳突肌后缘(上)、中斜角肌(下)	胸锁乳突肌内面(上)、胸锁乳突肌外缘(下)	颈内动脉内缘、甲状腺外侧缘、中斜角肌(上)、胸锁乳突肌内侧(下)
	ⅣB	胸骨柄上缘上2cm	胸骨柄上缘	胸锁乳突肌肉(下)胸锁乳突肌内面、锁骨内面	中斜角肌前缘(上)、肺尖、头臂静脉、头臂干(右侧)、左颈总动脉、左锁骨下动脉(下)	斜角肌外侧	Ⅵ区外侧界(气管前部分)、颈总动脉内侧缘
Ⅴ	ⅤA	舌骨体上缘	环状软骨下缘	胸锁乳突肌后缘	斜方肌前缘	颈阔肌、皮肤	肩胛提肌、斜角肌(下)
	ⅤB	环状软骨下缘	颈横血管下缘平面	胸锁乳突肌后缘	斜方肌前缘	颈阔肌、皮肤	肩胛提肌、斜角肌(下)
	ⅤC	颈横血管下缘平面	胸骨柄上缘上2cm	皮肤	斜方肌前缘(上)、前锯肌前1cm(下)	斜方肌(上)、锁骨(下)	斜角肌、胸锁乳突肌外侧、ⅣA区外侧

续表

分区		解剖边界					
		上界	下界	前界	后界	外界	内界
Ⅵ	ⅥA	舌骨下缘或颌下腺下缘（以最靠下的层面为准）	胸骨柄上缘	皮肤、颈阔肌	甲状下肌群前缘	双侧胸锁乳突肌前缘	无
	ⅥB	甲状软骨体下缘[①]	胸骨柄上缘	喉表面、甲状腺和气管（喉前和气管前淋巴结）、椎前肌（右侧）/食管（左侧）	双侧颈总动脉	气管、食管（下）侧面	
Ⅶ	ⅦA	第1颈椎上缘、硬腭	舌骨体上缘	上、中咽缩肌后缘	头长肌、颈长肌	颈内动脉内侧	头长肌外侧平行线
	ⅦB	颅底（颈静脉孔）	第1颈椎横突下缘（Ⅱ区上界）	茎突前咽旁间隙后缘	第1颈椎椎体、颅底	茎突、腮腺深叶	颈内动脉内缘
Ⅷ		颧弓、外耳道	下颌角	下颌骨升支后缘、咀嚼肌后缘（外）、二腹肌后腹（内）	胸锁乳突肌前缘（外）、二腹肌后腹（外）	皮下组织的面部浅表肌肉腱膜系统[②]	茎突、茎突肌
Ⅸ		眼眶下缘	下颌骨下缘	皮下组织的面部浅表肌肉腱膜系统	咀嚼肌前缘、颊质体（Bichat脂肪垫）	皮下组织的面部浅表肌肉腱膜系统	颊肌
Ⅹ	ⅩA	外耳道上缘	乳突末端	乳突前缘（下）、外耳道后缘（上）	枕淋巴结前缘即胸锁乳突肌后缘	皮下组织	头颊肌（下）、颞骨（头）
	ⅩB	枕外隆凸	Ⅴ区上界	胸锁乳突肌后缘	斜方肌前外侧缘	皮下组织	头颊肌

注：①对于口底前部、舌缘和下唇的肿瘤，上界位于舌骨体下缘；②面部浅表肌肉腱膜系统（SMAS）位于皮肤深层，由肌肉、腱膜和脂肪等组成。

【典型病例展示】

病例1　女性,38岁,咽痛10日（图1-7-13）。

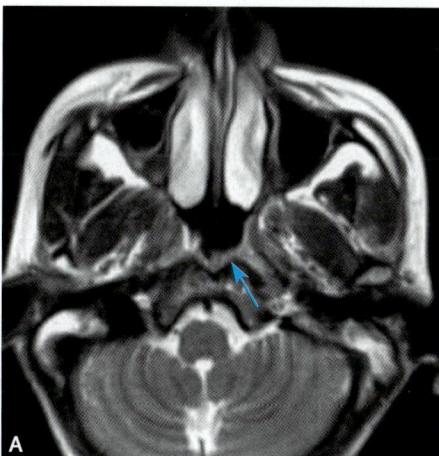

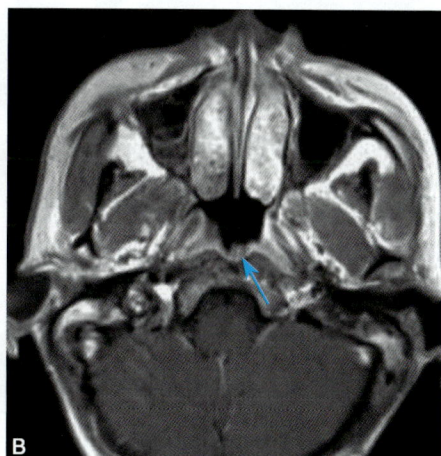

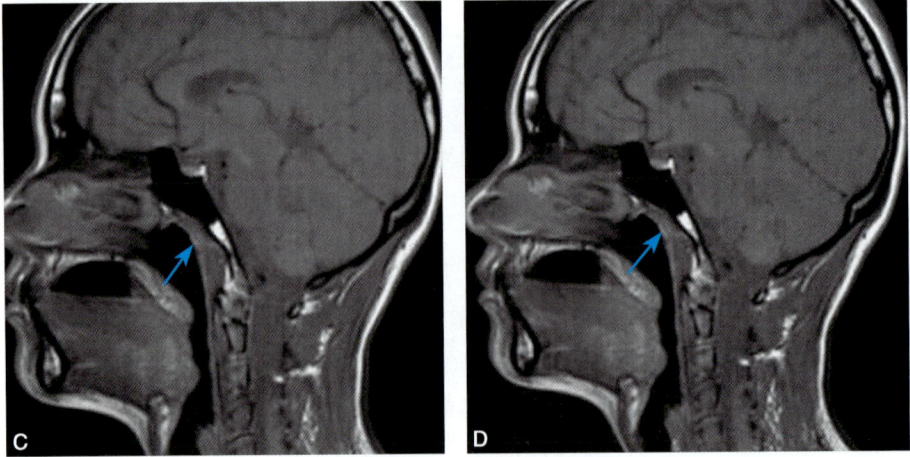

图 1-7-13 早期鼻咽癌患者 MRI
A. 横断面 T_2WI；B. 横断面增强 T_1WI；C、D. 矢状面 T_1WI。MRI 示鼻咽左顶后壁黏膜增厚，左侧咽隐窝较对侧闭塞，增强扫描见中度强化。

病例 2 男性，39 岁，左颈部肿物伴疼痛 2 个月（图 1-7-14）。

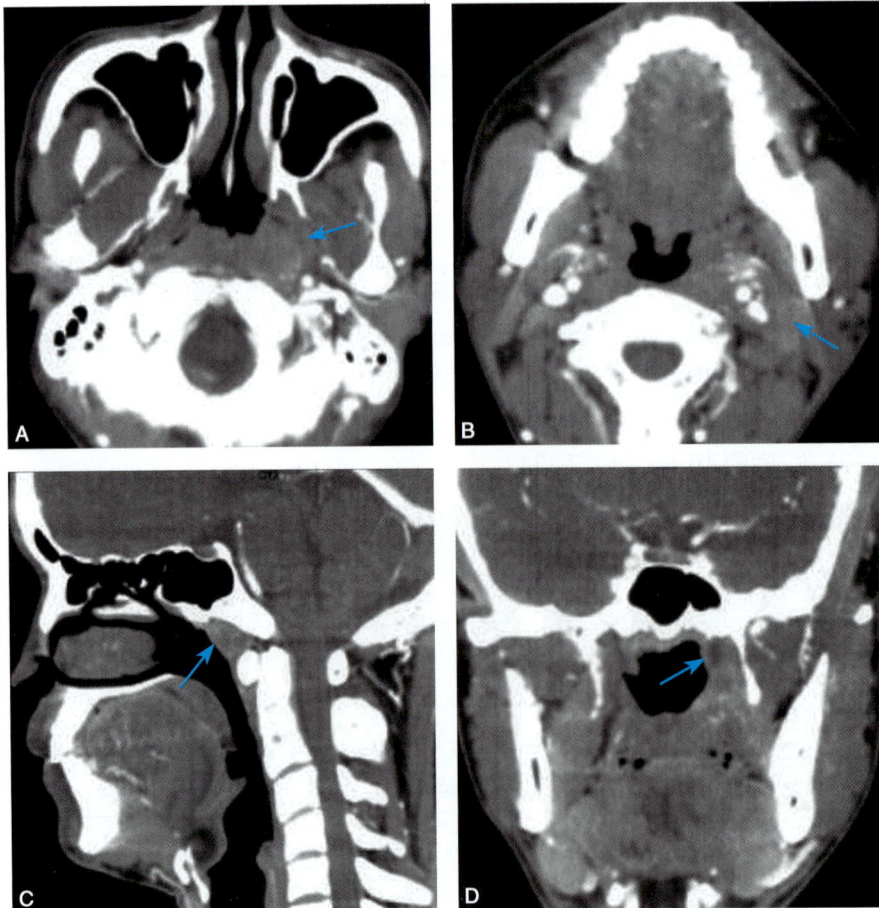

图 1-7-14 中晚期鼻咽癌患者 CT
A、B. 横断面增强；C. 矢状面增强；D. 冠状面增强。CT 示左侧咽隐窝软组织密度病灶，推挤并侵犯左侧咽旁间隙、左侧咽后间隙及包绕左侧颈动脉鞘区，增强扫描强化程度与邻近肌肉相似，病灶中央见稍低强化坏死区域。

病例3　男性,56 岁,右侧额颞部头痛 1 个月余,右颈肿大、吞咽困难 2 周(图 1-7-15)。

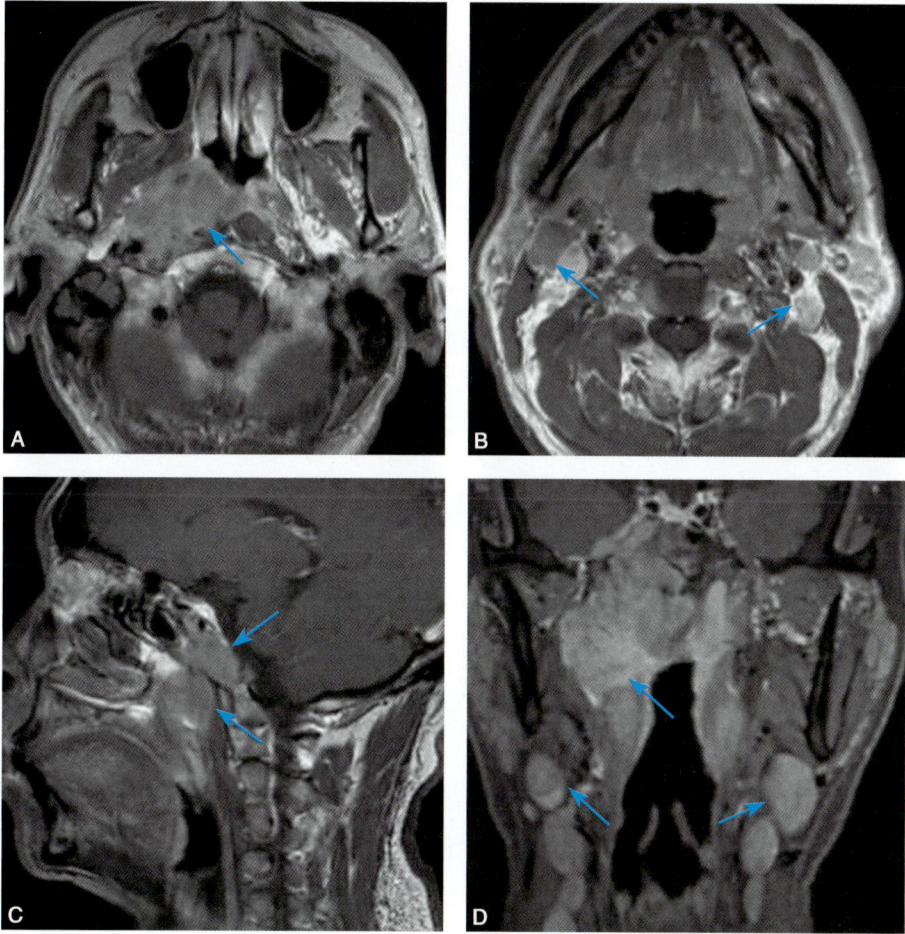

图 1-7-15　中晚期鼻咽癌患者 MRI

A、B. 横断面增强 T_1WI;C. 矢状面平扫 T_1WI;D. 冠状面增强 T_1WI。MRI 示鼻咽右侧咽隐窝肿物占据,侵犯右侧腭帆张肌和腭帆提肌、头长肌、翼内肌,侵犯右侧咽旁、咽后、椎前间隙,推挤右侧颈内静脉受压变窄,包绕右侧颈内动脉>270°,向上突入蝶窦,侵犯右侧海绵窦,右侧颞叶脑膜增厚;双侧颈部 Ⅱ 区及部分 Ⅲ 区见肿大淋巴结,部分边缘模糊,侵犯邻近脂肪间隙。

病例4 男性,25岁,外院诊断鼻咽癌(图1-7-16)。

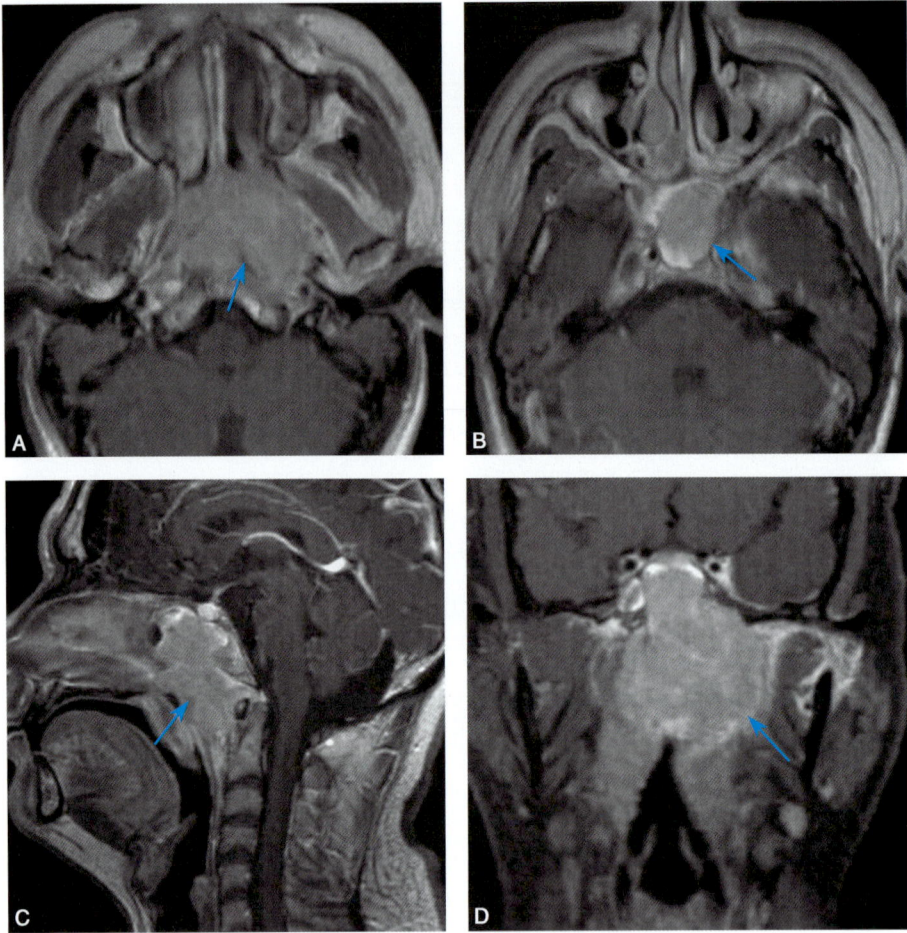

图1-7-16 中晚期鼻咽癌患者MRI

A、B. 横断面增强T_1WI;C. 矢状面增强T_1WI;D. 冠状面增强T_1WI。MRI示鼻咽见肿物占据,双侧腭帆张肌和腭帆提肌、头长肌、双侧咽旁、咽后、椎前间隙受侵,向前突入双侧后鼻孔,侵犯双侧翼腭窝,向上突入蝶窦,蝶骨基底部、斜坡受侵。

【诊断思路与诊断要点】

1. **诊断思路** 鼻咽癌的临床诊断程序一般包括:①病史询问;②临床体格检查和肿瘤专科检查;③MRI、CT等影像学检查;④内镜检查、病理活检和病理组织学确诊;⑤EB病毒血清学测定及其他肿瘤标志物等实验室检查等几个方面。

2. **诊断要点**

(1) 好发于咽隐窝、顶壁或后壁。

(2) 有回缩性涕血、鼻出血、耳鸣、听力下降、头痛、鼻塞、颈部肿物、眼部症状、副肿瘤综合征等,具体见临床表现。

(3) 肿瘤专科检查:鼻咽部肿块、颈部淋巴结肿大、脑神经损伤、远处转移表现。

(4) MRI/CT提示鼻咽部占位以及肿瘤侵犯范围,有或无颈部淋巴结转移。

(5) 取部分组织活检,病理确诊鼻咽癌。

（6）大部分患者 EB 病毒感染，EB 病毒-DNA 定量测定结果大于参考值。

（7）根据肿瘤侵犯范围及淋巴结转移情况进行 TNM 分期。

3. 临床 TNM 分期 第 8 版 UICC/AJCC 鼻咽癌 TNM 分期及相应临床分期见表 1-7-2、表 1-7-3。

表 1-7-2 第 8 版 UICC/AJCC 鼻咽癌 TNM 分期

分期		表现
肿瘤原发灶（T）	T_X	原发肿瘤无法评估
	T_0	未发现肿瘤，但有 EB 病毒阳性且有颈转移淋巴结
	T_1	局限于鼻咽，或累及口咽或鼻腔，无咽旁侵犯
	T_2	侵犯咽旁间隙，侵犯邻近软组织（翼内肌、翼外肌、椎前肌）
	T_3	颅底骨质（颅底、颈椎）和/或鼻旁窦受累
	T_4	侵及颅内、脑神经、下咽、眼眶，侵犯广泛的软组织（超过翼外肌的外侧缘）
区域淋巴结（N）	N_X	无法评估区域淋巴结
	N_0	颈部淋巴结阴性
	N_1	咽后淋巴结（不论单双侧）颈部：单侧，≤6cm，环状软骨尾侧缘以上区域淋巴结转移
	N_2	颈部：双侧，≤6cm，环状软骨尾侧缘以上区域淋巴结转移
	N_3	>6cm 和/或环状软骨尾侧缘以下区域淋巴结转移（不论侧数）
远处转移（M）	M_0	无远处转移
	M_1	有远处转移

表 1-7-3 鼻咽癌临床分期

临床分期	TNM 分期
Ⅰ 期	$T_1 N_0 M_0$
Ⅱ 期	$T_1 N_1 M_0，T_2 N_{0\sim1} M_0$
Ⅲ 期	$T_{1\sim2} N_2 M_0，T_3 N_{0\sim2} M_0$
Ⅳ$_a$ 期	$T_4 N_{0\sim3} M_0，T_{1\sim3} N_3 M_0$
Ⅳ$_b$ 期	任何 T、任何 N 和 M_1

4. 鉴别诊断

（1）鼻咽囊肿：间接鼻咽镜见鼻咽顶壁正中半粒黄豆大黏膜肿块隆起，用活检钳头部压隆起肿块中间可见脐状凹陷，放手很快凹陷消退。

（2）鼻咽结核：鼻咽结核少见，但临床亦有报道。本病发生在男性中青年以上年龄。以颈淋巴结肿大为主要临床表现。鼻咽顶壁以结节或增生多见，与鼻咽癌难以肉眼区别。鼻咽影像学 CT 检查能见到鼻咽顶壁或顶后壁软组织增厚，但无法确定其性质。只有病理活检才能确诊，光镜下见类上皮细胞和少数朗汉斯巨细胞，一般不见干酪样坏死。

（3）鼻咽增生性结节：本病变在鼻咽镜下可见孤立的单个结节或多个结节，表面黏膜呈淡红色，与周围正常黏膜相同。结节可在黏膜或腺样体的基础上发生，或由黏膜上皮鳞状化生或角化上皮游离成表皮样囊肿的改变，或因黏膜液体分泌旺盛而成潴留囊肿。病变常发生在鼻咽顶壁或侧壁。囊性结节病变用活检钳头部轻压结节时可呈现脐形凹陷，钳破有淡白色液体流出。

（4）鼻咽增殖体：病理学上称为腺样体。本病常位于顶前中央形成纵行嵴状隆起，表面黏膜覆盖光滑、色泽与正常黏膜相同。鼻咽增殖体在 MRI 检查表现鼻咽腔内巨大肿块影，但肿块不向黏膜下浸润生长。鼻咽腔内一片增高信号影，对上颈部淋巴结转移的患者，鼻咽癌可发生腺样体条脊之间夹缝中，如只活检钳取条状腺样体，病理报告常为淋巴组织增生。活检应从腺样体夹缝深部少许肿瘤肉芽组织处钳取，以提高活检术鼻咽癌检出率。

（5）鼻咽恶性淋巴瘤：咽淋巴环包括鼻咽、软腭、扁桃体及舌根在内的环状淋巴组织。鼻咽恶性淋巴瘤是咽淋巴环淋巴瘤中的一种，约占咽淋巴瘤的 1/40。据报道，其治疗结果与鼻咽癌五年生存率相似。鼻咽恶性淋巴瘤在鼻咽腔内可见鼻咽顶后壁突出肿瘤，与鼻咽癌肿瘤形态相似，肉眼无法区别。亦有颈淋巴结转移。CT 检查鼻咽腔内有肿瘤，并可侵入咽旁间隙，只有靠病理活检才能作出明确诊断。因治疗方式不相同，病理诊断宜鉴别清楚。

四、口咽癌

【简介】

口咽部是位于软腭和会厌上缘平面之间的咽腔，借咽峡通向口腔，主要包括舌根、腭扁桃体及腺样体。口咽前方上部为咽峡，下部为舌根，舌根固有膜内有不规则的淋巴小结聚集，称舌扁桃体；上界为软腭，下界与会厌谷相邻，两侧壁为扁桃体区，包括腭舌肌、腭咽肌及两者之间的腭扁桃体。口咽两侧为咽旁间隙。翼内肌形成咽旁间隙的部分前、外壁。扁桃体是口咽部最常见的肿瘤起源部位（60%），其次是舌根（25%）、软腭（10%）和咽壁（5%）。口咽肿瘤以鳞状上皮细胞癌为主，约占口咽恶性肿瘤 90% 及以上，而腺样囊性癌、未分化癌及其他肿瘤则相对较少。口咽部恶性肿瘤的发生率约为全身恶性肿瘤的 1.3%。据国内资料报道，口咽癌（oropharyngeal carcinoma）占头颈恶性肿瘤的 7.4%，颈部淋巴结转移率高达 60%~71%，是一种预后较差的肿瘤。

口咽癌的发病因素主要为口腔卫生不良、长期摩擦颊黏膜、烟草、酒精刺激、长期慢性炎症等，此外，还与机体易感染、遗传、营养代谢障碍等相关。近 30 年的流行病学研究发现，尽管男性吸烟量明显降低，但口咽鳞状细胞癌（oropharyngeal squamous cell carcinoma，OPSCC）发病率不减反增，原因在于无症状性高危型人乳头状瘤病毒（human papilloma virus，HPV）隐性感染成为主要传染源，因而将 OPSCC 分为 HPV 相关性及非 HPV 相关性。截至 2004 年的近 20 年间，HPV 相关性口咽癌数量从 16.9% 上升至 71.9%，该疾病的人群发病率增加了 225%。2010 年，男性 HPV 相关性口咽癌的发病率超过了 HPV 阳性宫颈癌的发病率。口咽部与语言、吞咽、呼吸的生理功能关系密切，根治性切除肿块并一期重建，恢复形态和功能是外科治疗的关键。

【病理基础】

口咽癌的病理类型中，鳞状细胞癌最常见。HPV 相关性 OPSCC 一般经历"高危型 HPV 持续感染→免疫逃逸→病毒整合→病毒癌基因表达和 E6/E7 癌基因介导细胞转化→肿瘤抑制因子 P53 和 pRB 失活→侵袭性癌基因转变→恶性肿瘤形成"这样一个连续而漫长的过程。通常认为 HPV 相关性的鳞状细胞癌起源于扁桃体隐窝，鉴于此处上皮始终保持不成熟、非角化和基底样状态，与表面上皮异型增生无关，几乎不存在原位癌。

1. **大体病理**　口咽癌多呈实性、不规则形肿物，表面可见溃疡，其切面灰白，界限不清，突破基底膜向下方结缔组织浸润，亦可向周围组织浸润侵犯，早期可出现淋巴结转移。

2. **镜下表现**　癌细胞呈长梭形，通常无角化，胞质相对稀少，核质比较高，核呈圆形或椭圆形，核深染或嗜双色，核仁不明显，核分裂及凋亡/坏死常见，很少或无间质反应，常伴淋巴细胞浸润。非 HPV 相关性 OPSCC 患者，肿瘤细胞往往表达 P53，常伴角化，与 HPV 相关性 OPSCC 相比，患者平均发病年龄较大，更具遗传多样性，预后较差。

【影像学表现】

口咽癌常沿咽内壁黏膜匍匐蔓延生长，向口咽腔内突起，形成结节状、菜花样肿块，也可在黏膜下向上下广泛扩散、浸润形成多发病灶，并向口咽腔外侵犯，与周围组织结构分界不清，因此口咽癌肿块边缘多不清晰。肿瘤常累及邻近的多个间隙，病变区周围的脂肪间隙模糊或消失，间隙内血管被肿瘤组织推压或包埋。

扁桃体区域是口咽癌常见的部位，腭扁桃体癌多为单侧病变，可向各方侵犯邻近结构，可向前推移腭舌沟，并进一步侵犯舌根。有研究表明扁桃体区恶性肿瘤较舌根恶性肿瘤更易侵犯腭舌沟。由于口咽邻近咽旁间隙，扁桃体区肿瘤易侵犯该间隙，表现为咽旁间隙内脂肪层消失，见软组织影；肿瘤还可向上延及鼻咽部，使咽隐窝消失，甚至可破坏颅底；向前上累及软腭；向外可侵犯翼内肌，见肿块与翼内肌分界不清。

发生于软腭的肿瘤较少（仅占腭部肿瘤的 18.2%）。软腭恶性肿瘤主要向口咽面生长，可向上破坏翼板，侵犯翼腭窝。肿瘤可向前破坏硬腭，向外、下累及腭舌肌并侵犯扁桃体区。肿瘤向外可侵犯腭帆张肌和腭帆提肌，并可侵犯咽旁间隙，向外还可侵犯翼内肌。软腭恶性肿瘤较舌根恶性肿瘤更易累及翼内肌。

舌以轮廓乳头为界分为舌前 2/3 的舌体和舌后 1/3 的舌根，发生在舌前 2/3 的癌肿属于口腔癌的范畴，舌后 1/3（为舌根部）属口咽癌的范畴。发生在舌根两侧的肿瘤可推移舌中隔，使其偏向健侧，亦可向前侵犯口底，表现为口底脂肪间隙消失，舌动脉被推移包埋。腭舌沟是舌扁桃体沟，位于舌根和腭舌肌之间，舌根肿瘤向后上可延及腭舌沟，使其变浅消失，并将其推向后方，进一步侵犯可累及腭舌弓和腭扁桃体，向上可延及鼻咽部及软腭。舌根部软组织缺乏天然对比，MRI 组织分辨率较高，对于舌根癌的早期诊断有明显优势。

1. **X 线片**　提供的信息有限，不足以诊断。

2. **CT 表现**　平扫显示口咽部恶性肿瘤多为分叶状、边界不清的软组织密度团块影或软组织不规则增厚，病变密度通常不均匀，边界模糊不清，其内可见低密度坏死灶或囊变区，钙化少见。

3. **MRI 表现**　肿瘤在 T_1WI 上呈中等偏低信号，T_2WI 上呈不均匀稍高信号，脂肪抑制序列表现为以高信号为主的混杂信号。

增强表现：增强扫描病灶常表现为均匀或不均匀中度-明显强化，内壁凹凸不平，部分病灶呈环状强化。

【口咽癌转移侵犯规律及分期】

口咽癌可早期发生淋巴结转移，晚期发生肺、肝、骨的远处转移，其发生率为 10%~20%。

1. HPV 相关性口咽癌(表 1-7-4~表 1-7-6)

表 1-7-4　HPV 相关性口咽癌临床 TNM 分期

分期		表现
肿瘤原发灶(T)	T_0	无原发肿瘤灶证据
	T_1	肿瘤≤2cm
	T_2	2cm<肿瘤最大直径≤4cm
	T_3	肿瘤最大直径>4cm
	T_4	中等晚期局部疾病;肿瘤侵犯喉、舌外肌、翼内肌、硬腭、下颌骨或更远
临床区域淋巴结(cN)	cN_x	区域内淋巴结不能评估
	cN_0	无区域淋巴结转移
	cN_1	同侧单个或多个淋巴结转移,≤6cm
	cN_2	对侧或双侧淋巴结转移,≤6cm
	cN_3	转移淋巴结最大直径>6cm
病理区域淋巴结(pN)	N_x	区域内淋巴结不能评估
	pN_0	无区域淋巴结转移
	pN_1	≤4 个淋巴结转移
	pN_2	>4 个淋巴结转移

表 1-7-5　HPV 相关性口咽癌临床分期与预后分组

临床分期	TNM 分期
0 期	T_0,N_0,M_0
I 期	$T_{0\sim2},N_{0\sim1},M_0$
II 期	$T_{0\sim2},N_2,M_0;T_3,N_{0\sim2},M_0$
III 期	$T_4,任何 N,M_0;任何 T,N_3,M_0$
IV 期	任何 T,任何 N,M_1

表 1-7-6　HPV 相关性口咽癌病理分期与预后分组

病理分期	TNM 分期
0 期	T_0,N_0,M_0
I 期	$T_{0\sim2},N_{0\sim1},M_0$
II 期	$T_{3\sim4},N_{0\sim1},M_0;T_{0\sim2},N_2,M_0$
III 期	$T_{3\sim4},N_2,M_0$
IV 期	任何 T,任何 N,M_1

2. 非 HPV 相关性口咽癌(表 1-7-7~表 1-7-8)

表 1-7-7 非 HPV 相关性口咽癌临床 TNM 分期

分期		表现
肿瘤原发灶(T)	T_x	原发肿瘤不能评估
	T_{is}	原位癌
	T_1	肿瘤最大直径≤2cm
	T_2	2cm<肿瘤最大直径≤4cm
	T_3	肿瘤最大直径>4cm,或侵犯会厌
	T_4	
	T_{4a}	中等晚期局部疾病;肿瘤侵犯喉、舌外肌、翼内肌、硬腭或下颌骨
	T_{4b}	非常晚期局部疾病;肿瘤侵犯翼外肌、翼板、鼻咽侧壁,或颅底和/或包绕颈内动脉
区域淋巴结(N)	N_x	区域内淋巴结不能评估
	N_0	无区域淋巴结转移
	N_1	同侧单个或多个淋巴结转移,最大直径≤3cm,ENE(−)
	N_2	
	N_{2a}	同侧单个淋巴结转移,3cm<最大直径≤6cm,ENE(−)
	N_{2b}	同侧多个淋巴结转移,最大径≤6cm,ENE(−)
	N_{2c}	对侧或双侧淋巴结转移,最大径≤6cm,ENE(−)
	N_3	
	N_{3a}	转移淋巴结最大径>6cm,ENE(−)
	N_{3b}	任何淋巴结转移,ENE(−)
远处转移(M)	M_0	无远处转移
	M_1	有远处转移

注:ENE,淋巴结包膜外侵犯。

表 1-7-8 非 HPV 相关性口咽癌分期与预后分组

病理分期	预后分组
0 期	T_{is},N_0,M_0
I 期	T_1,N_0,M_0
II 期	T_2,N_0,M_0
III 期	T_3,N_0,M_0;$T_{1\sim3}$,N_1,M_0
IV 期	
IVA 期	T_{4a},$N_{0\sim1}$,M_0;$T_{1\sim4a}$,N_2,M_0
IVB 期	任何 T,N_3,M_0;T_{4b},任何 N,M_0
IVC 期	任何 T,任何 N,M_1

【典型病例展示】

病例 1 男性,52 岁,发现颈部包块 2 个月余,进食困难,吞咽疼痛 2 周(图 1-7-17)。

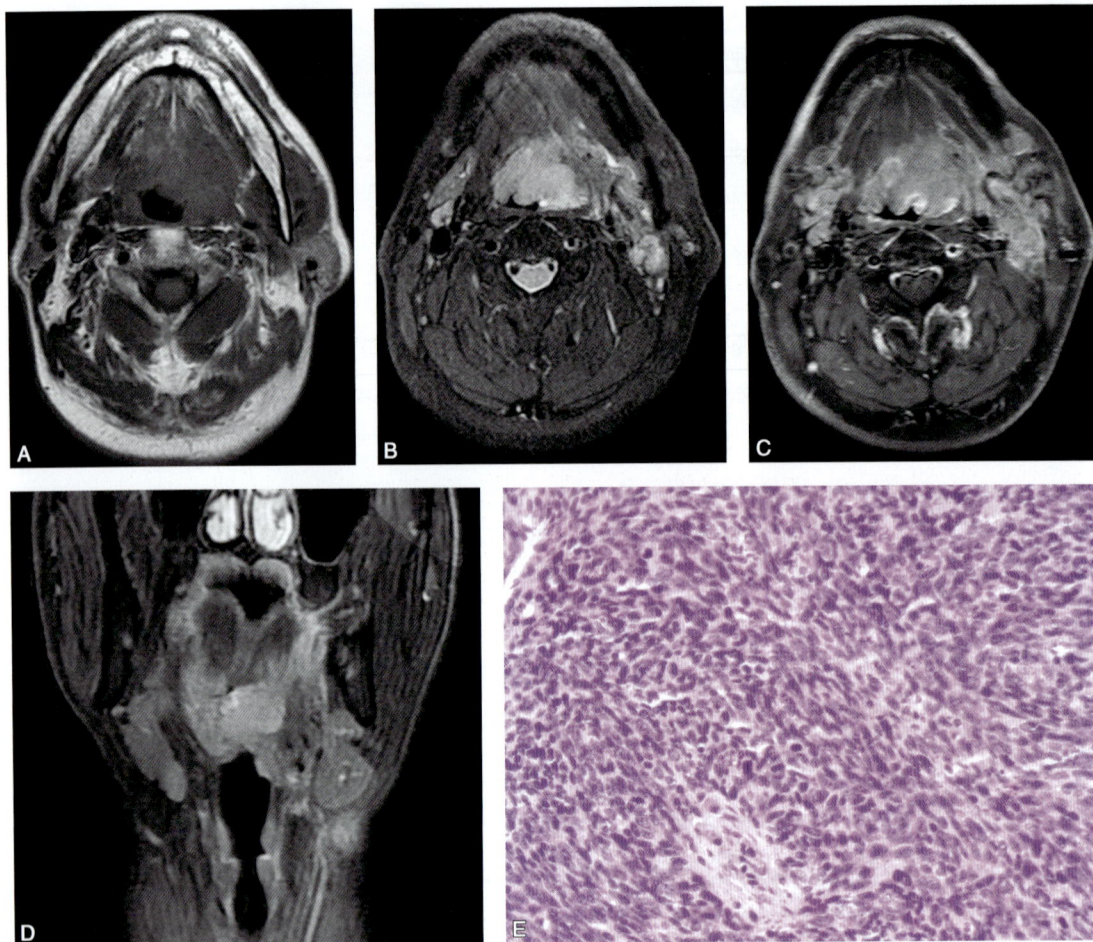

图 1-7-17 口咽鳞状细胞癌

A. 横断面 MRI T_1WI;B. 脂肪抑制 T_2WI;C. T_1WI 增强扫描;D. 冠状面 T_2WI;E. 病理 HE 图。MRI 显示:舌根部、口咽、会厌软组织肿块影,左侧为著,T_1WI 上呈等信号,T_2WI 上呈稍高信号,增强扫描不均匀明显强化。左侧颈部多发肿大淋巴结影,部分融合,增强扫描不均匀强化。病理:免疫组织化学染色结果:CK5/6(+++),Ki67(70%),P16(+++),P53(40%+,中度阳性),P40(+++);原位杂交结果:ERER(−)、HPV(−)。病理诊断:HPV 阴性鳞状细胞癌,角化型。

【诊断思路与诊断要点】

口咽癌是发生于腭扁桃体、软腭、舌根和咽后壁的恶性上皮源性肿瘤,以扁桃体癌最为多见。口咽癌多为分叶状、边界不清的软组织密度团块影,也可表现为软组织不规则增厚,CT 上呈等密度软组织肿块,密度通常不均匀,其内可见低密度坏死灶或囊变区,钙化少见,边界模糊不清。增强后病灶常表现为不均匀中度或明显强化,内壁凹凸不平,部分病灶呈环状强化。病变侵犯周围结构,引流区见肿大淋巴结有助于恶性肿瘤的诊断。

MRI 表现:T_1WI 上信号中等偏低,T_2WI 呈不均匀稍高信号,脂肪抑制 T_2WI 序列表现为以高信号为主的混杂信号。增强扫描不均匀明显强化。

鉴别诊断如下:

(1) 淋巴瘤:口咽癌需与淋巴瘤鉴别。前者边缘不规则,密度不均,其内可见液化、囊变等改变,增强扫描内部密度多不均匀,同时早期发生淋巴结转移,密度不均。而淋巴瘤轮廓光整,密度均匀,与咽壁肌肉密度大致相等,一般无囊变、坏死及钙化,多不侵犯颅底骨;增强扫描可见轻-中度强化,且受累淋巴结密度均匀,边界清楚,液化坏死少见。

（2）腺样囊性癌:口咽腔中广泛分布有小唾液腺,腺样囊性癌是小唾液腺最常见的恶性肿瘤,故口咽癌需与腺样囊性癌作鉴别。后者生长缓慢,易弥漫浸润至血管、神经,大部分可见溶骨性骨质破坏,可见低密度筛样改变的特征性表现;MRI 可见 T_1WI 等信号、T_2WI 混杂信号改变;腺样囊性癌有嗜神经生长的特点,故病变多累及神经,可见正常脂肪间隙消失、神经增粗及异常强化。

五、下咽癌

【简介】

下咽包括双侧梨状隐窝、下咽后壁及环后区,约80%的下咽癌(hypopharynx carcinoma)发生在梨状隐窝。下咽癌在病理上主要是鳞状细胞癌,占头颈部鳞状细胞癌的3%~5%。下咽癌起病隐匿,恶性程度高,颈部淋巴结转移率高达40%~60%,五年生存率为15%~45%,约50%的患者在就诊时已发生颈部淋巴结转移;下咽部缺乏自然屏障,下咽癌易直接侵犯周围组织。下咽鳞状细胞癌患者的早期临床表现并不显著,仅表现为咽部不适或咽部异物感,随着肿瘤的进展,可出现咽部疼痛,若侵及喉部或声门旁间隙,可出现声音嘶哑、呼吸困难,若食管受累则会出现吞咽困难。由于下咽与喉解剖关系密切,下咽癌的治疗与患者的吞咽、呼吸及言语功能密切相关,目前国内外学者认为,下咽癌应给予头颈外科、肿瘤放疗科及肿瘤内科等多学科协作的综合治疗。

【病理基础】

下咽部恶性肿瘤病理类型中,鳞状细胞癌约占90%,其次为腺癌、腺鳞癌、肉瘤等。下咽鳞状细胞癌生长迅速,易发生黏膜下浸润、颈部淋巴结转移及远处转移,其独特的生物学特性也是影响疾病预后的特殊因素。

1. **大体病理** 下咽癌早期可见黏膜异常,后期肿瘤呈隆起的菜花样或溃疡型病变,易向周围浸润性生长,亦可侵犯喉、咽以外结构,形成溃疡、坏死。早期颈部淋巴结转移率较高,晚期可向肺、肝、骨等远处转移。

2. **镜下表现** 下咽癌以鳞状细胞癌为主,其镜下呈不同分化程度的鳞状细胞。根据浸润方式不同,可将肿瘤大体标本分为三类:第一类,轮廓基本完整,周围黏膜局部隆起,此类型约占58%;第二类,表面黏膜完好,但显微镜下呈黏膜下岛状浸润灶,浸润范围向上、向内或向下可延续10~25mm,此类型约占30%;第三类,跳跃性浸润,浸润灶与肿瘤原发部位完全分离,此类型最为少见。

【影像学表现】

X 线片:提供的信息有限,不足以诊断。食管钡餐检查可以从不同的角度、方位观察下咽部的轮廓及黏膜,观察会厌、两侧梨状隐窝的位置是否对称,收缩的柔软度、钡剂通过是否顺利等。下咽癌钡剂造影检查的表现:首先是两侧梨状隐窝收缩不对称,患侧梨状隐窝狭窄、钡剂通过不顺利且钡剂存留,严重者可出现吞咽梗阻。黏膜像观察可见下咽部黏膜僵硬、走形紊乱,黏膜线不规则或中断破坏,可见形态不规则的充盈缺损。梨状隐窝形态僵硬、位置固定,若肿瘤向下侵犯,可造成食管黏膜中断破坏。

CT 表现:下咽癌 CT 表现为下咽壁的局限性、不规则增厚,较小者可表现为下咽壁的局限性增厚,大者可表现为低、等或混杂密度的软组织肿块,增强扫描肿瘤多数呈均匀或不均匀明显强化。其中,梨状隐窝癌表现为梨状隐窝壁的增厚,规则或不规则,杓状会厌襞增厚,或者局部形成不规则的软组织肿块,导致梨状隐窝变窄、变浅,甚至消失,喉咽受压、变形,并向健侧移位;环后区和咽后壁癌常表现为咽后壁、环后区软组织明显增厚,或局部有软组织肿块形成,构-椎距或环-椎距增大,肿瘤与周围结构分界不清,增强扫描病变呈中度强化。下咽上区癌表现为位于会厌前间隙的软组织肿块,病变较小者呈明显均质强化,病变较大者增强扫描可呈明显不均匀强化,会厌前间隙明显不规则变窄,甚至闭塞。

MRI 表现:下咽癌主要表现 T_1WI 稍低、T_2WI 稍高的异常信号影,T_2WI 脂肪抑制后呈明显高信号,边界较清楚。增强扫描病变较小者呈均匀明显强化,病变较大者增强扫描可呈不均匀明显强化。

不同发病部位的下咽癌侵犯特点也有所不同,发生梨状隐窝处多表现为梨状隐窝各壁不规则增厚,且容易在黏膜下浸润性生长及广泛扩散,可向外侵犯甲舌膜或甲状软骨,甚至累及喉外组织,向内侵犯杓状会厌襞及喉腔,累及声带、室带,亦可经梨状隐窝内侧壁向前直接侵犯声门旁间隙,造成患侧声带固定,向上蔓延可侵犯舌根及口咽部,向下浸润环后区及食管上段;环后区癌多呈结节状,常向上侵犯梨状隐窝,向下浸润食管上段,向前累及环杓后肌及环状软骨;咽后壁癌可呈浸润性或外突性生长,常沿着咽后壁在黏膜下向上、向下广泛浸润,可出现多发病灶。

【典型病例展示】

病例1 男性,54 岁。吞咽异物感伴疼痛 16 个月,无咯血或呼吸困难(图 1-7-18)。

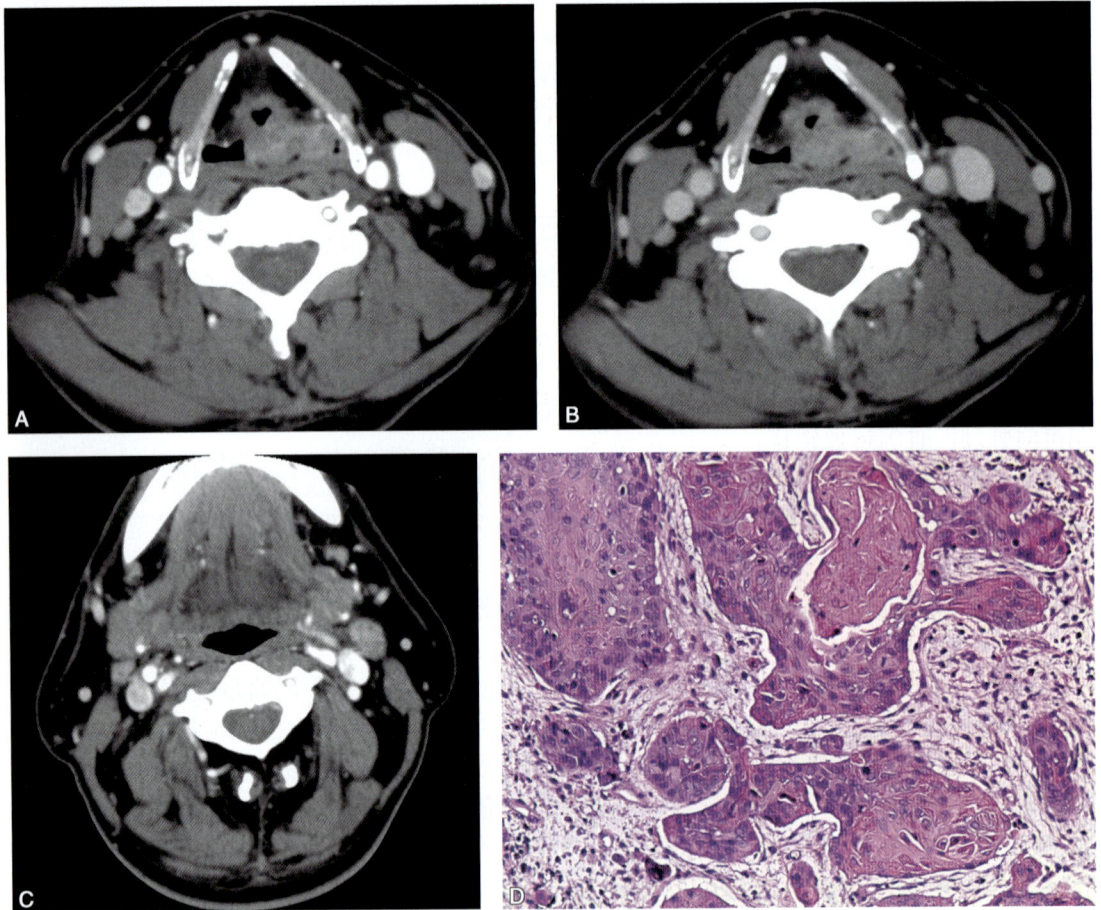

图 1-7-18 梨状隐窝癌 CT 表现

A. 梨状隐窝水平动脉期增强 CT 图像;B. 梨状隐窝水平静脉期增强 CT 图像;C. 口咽水平增强 CT 图像;D. 病理图像。CT 显示:左侧杓状会厌襞不均匀增厚,见不规则肿块向咽腔突出,左侧梨状隐窝变窄;增强扫描病变不均匀强化,双期 CT 值 107HU、121HU;左侧颈部多发肿大淋巴结。病理:免疫组织化学染色结果示,CK14(+++),P63(+++),CK5/6(+++),Ki67(+,80%),P53 错义突变型(+);原位杂交结果:*EBER*(-)。病理诊断:鳞状细胞癌,非角化型;肿瘤侵至黏膜下,未累及横纹肌及软骨组织。

　　病例2　男性,40岁。咽部不适1个月余,吞咽时明显,症状持续存在。外院穿刺活检病理:鳞状细胞癌(图1-7-19)。

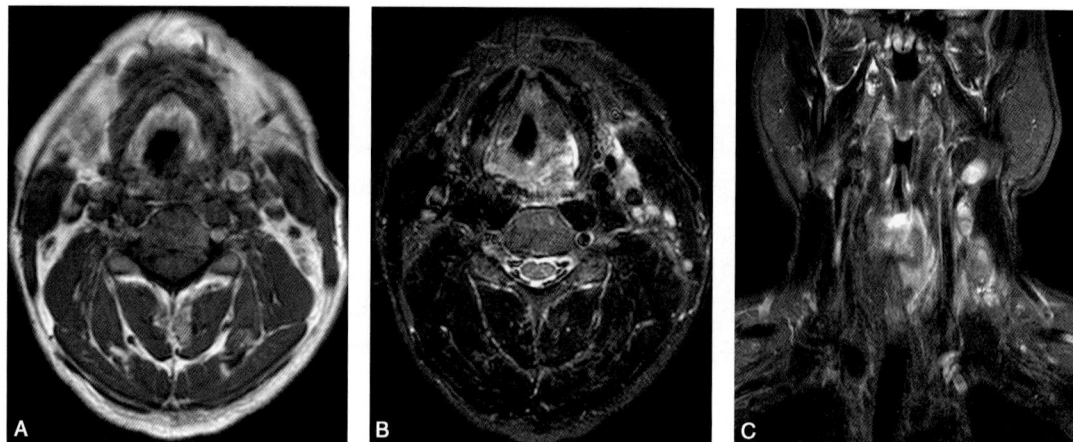

图 1-7-19　下咽癌 MRI 表现

A.MRI 横断面 T_1WI;B.脂肪抑制 T_2WI;C.冠状面脂肪抑制 T_2WI。MRI 平扫显示:喉咽左侧壁及后壁不规则增厚,左侧可见软组织结节影,T_1WI 低信号,T_2WI 不均匀高信号;病变累及双侧杓会厌软骨,左侧咽旁间隙、咽后间隙消失,病变沿左侧咽后间隙上下蔓延;左侧颈部多发肿大淋巴结。

【诊断思路与诊断要点】

　　下咽癌主要累及双侧梨状隐窝、下咽后壁及环后区,以梨状隐窝癌发生率最高。下咽癌具有咽部恶性肿瘤的一般特点,多为分叶状、边界不清的软组织密度团块影,也可表现为软组织不规则增厚,CT 上密度通常不均匀,其内可见低密度坏死灶或囊变区,边界模糊不清。MRI 表现为 T_1WI 信号中等偏低,T_2WI 不均匀高信号,脂肪抑制序列表现为以高信号为主的混杂信号。增强扫描病灶常表现为不均匀中度或明显不均匀强化或环形强化。病变侵犯周围结构,并伴有引流区的肿大淋巴结,特别是Ⅲ区和Ⅳ区肿大淋巴结,内可见坏死,伴有均匀或不均匀明显强化,有助于恶性肿瘤的诊断。

六、淋巴瘤

【简介】

　　咽部的淋巴瘤(lymphoma)大多数为非霍奇金淋巴瘤(non-Hodgkin lymphoma,NHL),少数为霍奇金淋巴瘤(Hodgkin lymphoma,HL),且以 B 细胞、大 B 细胞来源为主。咽淋巴环(包括咽后壁的咽扁桃体、咽侧壁的咽鼓管扁桃体、腭扁桃体和舌根处的舌扁桃体),是头颈部结外 NHL 最常见的发病部位,其中腭扁桃体发病率最高,其次为舌扁桃体及咽扁桃体,常伴有颈部淋巴结受累;HL 则很少侵及此环,大约只占 1%。多数患者病因不明,研究显示鼻咽部结外 NK/T 细胞淋巴瘤与 EB 病毒感染有关,而弥漫大 B 细胞淋巴瘤则与 EB 病毒关系不大。口咽和鼻咽的 NHL 分别占全部淋巴结外 NHL 的约 13% 和 2.5%,原发于下咽者罕见。咽部的淋巴瘤好发于 50 岁以上的男性,鼻咽 NHL 患者常出现鼻塞、涕血、头痛、耳鸣、听力下降等;口咽 NHL 患者常表现为咽痛、咽部异物感、吞咽困难、打鼾等;下咽淋巴瘤患者可见出现下咽异物感、疼痛等。咽部淋巴瘤的治疗目前主要采用放疗和化疗联合治疗。T 细胞及 NK/T 细胞型患者预后不良。

【病理基础】

1. 大体病理 肿瘤位于黏膜下,表面可光滑,亦可伴有局部黏膜糜烂坏死或浅溃疡,肿瘤呈肉色或暗紫色。

2. 镜下表现 咽部淋巴瘤多为 NHL,肿瘤细胞大小不等,呈弥漫性生长,伴巨噬细胞和免疫母细胞。根据肿瘤细胞起源不同,主要分为 B 细胞、NK/T 细胞和 T 细胞三型,以 B 细胞型最为多见。免疫组化对明确诊断有重要意义。

肿瘤的发生可为多中心起源,多个病灶之间不连续,呈跳跃式生长,也可为单个病变呈浸润性生长。肿瘤的形态主要表现为:①结节或肿块型,境界清晰,边缘光整,即使肿块很大,对邻近的深层结构也以推挤为主,浸润较少,病理上以 B 细胞和外周 T 细胞型者多见。②浸润型,表现为咽壁软组织弥漫性增厚,境界欠清晰,病理上各型均可见。③单纯溃疡型,软组织增厚不明显,主要表现为黏膜线不完整、中断,病理上主要见于 NK/T 细胞型者。④混合型,咽腔肿块和咽壁增厚并存,病理上各型均可见。

【影像学表现】

鼻咽 NHL:常表现为鼻咽顶后壁或侧壁肿块或弥漫性软组织增厚,可侵及鼻腔、口咽、鼻窦等,也可呈跳跃性生长。口咽 NHL:腭扁桃体是口咽 NHL 最常见的发病部位,常表现为扁桃体软组织肿块,突向口咽腔。发生于咽侧壁者表现为咽侧壁明显增厚,向周围浸润,可累及鼻咽和喉咽。

X 线片:提供的信息有限,不足以诊断。

CT 表现:平扫多呈均匀等密度肿块,无钙化、囊变或坏死;部分浸润型者密度欠均匀;受累淋巴结密度均匀,边界清楚。增强扫描肿块及受累淋巴结呈轻-中度均匀强化,很少发生中心坏死。多数病例无颅底骨质受累,少数累及范围较广的肿瘤或恶性程度高者可引起骨质破坏。

MRI 表现:MRI 比 CT 具有更高的软组织分辨率,可清晰显示肿瘤的发病部位及受累范围。与周围肌肉信号相比,肿瘤在 T_1WI 上呈等或呈稍低信号,T_2WI 上呈等或稍高信号,多数病例中肿瘤信号均匀,无囊变或坏死;增强扫描呈轻度均匀强化,与周围组织结构分界清楚。另外,淋巴瘤的 ADC 值明显低于鼻咽癌,这有助于二者的鉴别,受累淋巴结信号多较均匀,很少发生中心坏死,这点与鼻咽癌的淋巴结转移不同。

【典型病例展示】

病例 1 男性,63 岁,无明显诱因出现咽部不适,伴吞咽时异物感 2 个月余(图 1-7-20)。

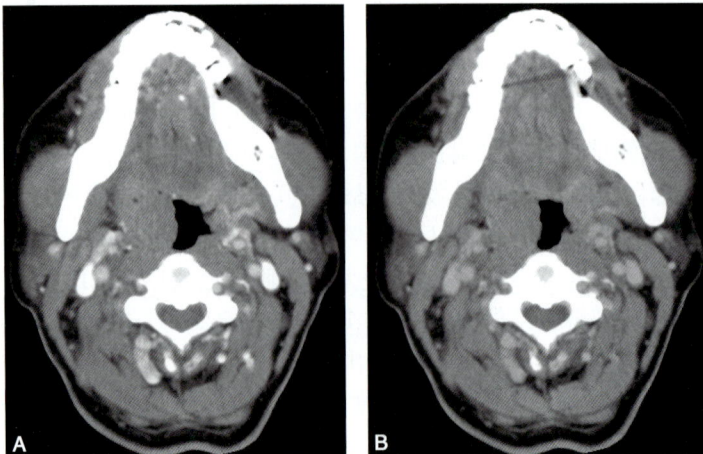

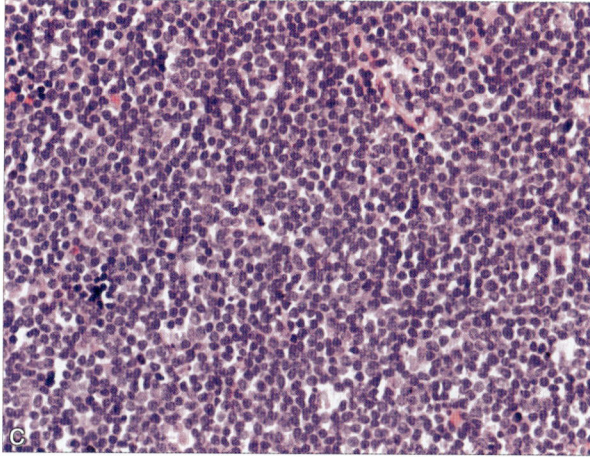

图 1-7-20　扁桃体淋巴瘤 CT 表现

A. 增强 CT 动脉期；B. 增强 CT 静脉期；C. 病理图像。增强 CT 横断面上，右侧扁桃体窝可见一软组织肿块影（图 A、图 B），突向口咽腔内，呈中等均匀强化，两期 CT 值分别为 82HU 和 66HU，未见明确深部浸润改变。患者锁骨上淋巴结及骨髓穿刺病理显示：非霍奇金淋巴瘤，B 细胞来源；结合免疫组化结果：CD20（+++），CD5（+++），Cycling D1（+++），Blc-2（++），符合套细胞淋巴瘤。

病例 2　男性，63 岁，发现颈部肿块 1 年余（图 1-7-21）。

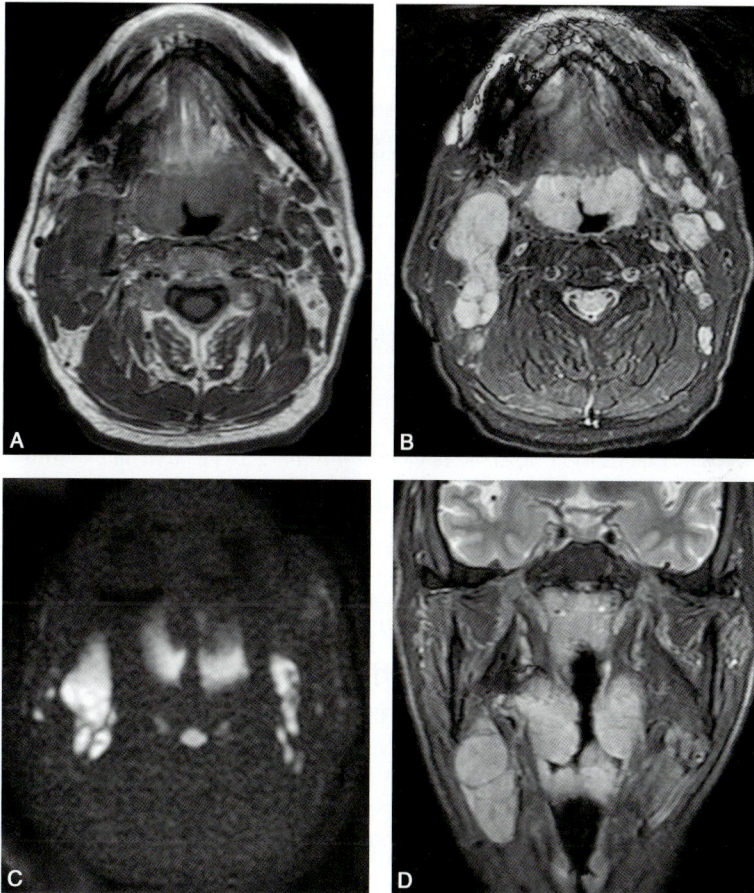

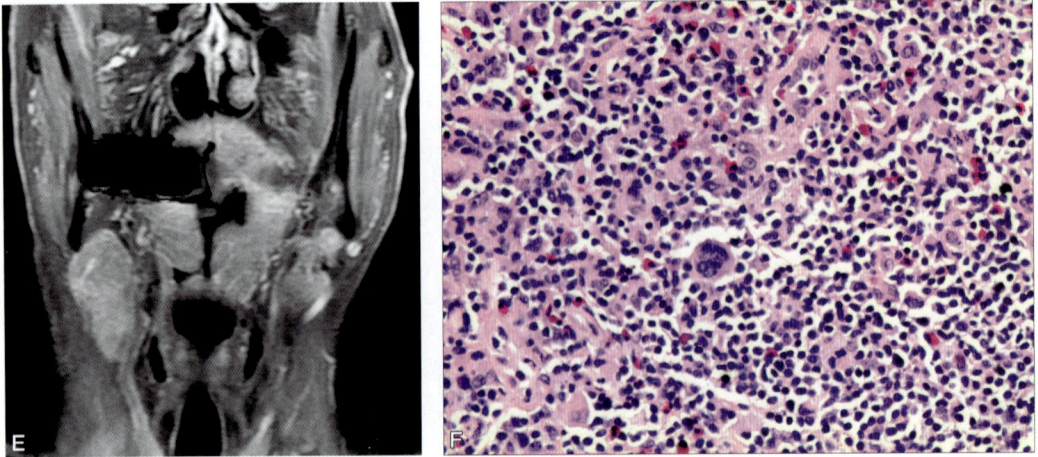

图 1-7-21 咽部淋巴瘤 MRI 表现

A. 横断面 MRI T$_1$WI；B. 脂肪抑制 T$_2$WI；C. DWI；D. 冠状面脂肪抑制 T$_2$WI；E. 冠状面 T$_1$WI 增强扫描；F. 病理图像。MRI 显示鼻咽顶后壁及侧壁弥漫性增厚，横断面 T$_1$WI 上呈等信号（图 A），横断面（图 B）及冠状面（图 C）脂肪抑制 T$_2$WI 上呈稍高信号，DWI 上呈高信号（图 D）。冠状面增强 T$_1$WI（图 E）病变呈中度强化，强化均匀，颈部双侧多发淋巴结肿大，右侧为著。鼻咽部及右颌下淋巴结活检病理（图 F）均为经典型霍奇金淋巴瘤，结节硬化型。免疫组化：CD30（大细胞+），CD15（大细胞+），MUM1（大细胞+），CD20（大细胞-），CD3（反应细胞++），CD21（+），Ki67（大细胞+）。

【诊断思路与诊断要点】

1. **淋巴瘤与影像表现有关的主要病理特点**　肿瘤细胞丰富，瘤内坏死、囊变或钙化少见。病灶以 MRI 显示为佳。

2. **CT 图像特点**　多呈均匀等密度肿块，增强扫描轻-中度强化；肿瘤对周围颅底骨质多无破坏。

3. **MRI 图像特点**　多数肿瘤信号均匀，T$_1$WI 上呈等或呈稍低信号，T$_2$WI 上呈等或稍高信号，无囊变或坏死，增强扫描肿瘤呈轻-中度均匀强化。

七、神经源性肿瘤

【简介】

咽部的神经源性肿瘤包括神经纤维瘤（neurofibroma）和神经鞘瘤（Schwannoma），以后者多见。大多数神经源性肿瘤为良性，仅少数为恶性。神经鞘瘤好发于中年，约 13% 的神经鞘瘤发生于颅外的头颈部，多起自颈交感神经链、臂丛神经、迷走神经或颈神经根，少数来自第 Ⅸ~Ⅻ 对脑神经的颅外段，以咽旁间隙最为多见。肿瘤通常为单发，沿着受累神经长轴走行，呈梭形或卵圆形。神经纤维瘤好发于 20~30 岁的青年人，10% 发生于神经纤维瘤患者。临床表现视肿瘤的大小和发生部位而定，肿瘤较小时可无症状，较大时可表现为颈部无痛性肿块、咽部不适或异物感、吞咽障碍、呼吸不畅等，位于鼻咽部者可引起听力下降，如累及后组脑神经也引起相应的神经症状。

【病理基础】

1. **大体病理**　神经鞘瘤多圆形或卵圆形，有包膜，质地中等，呈灰白色或淡红色，切面呈旋涡状，部分瘤内见囊变或出血坏死区。神经纤维瘤边界清楚，但无包膜，质地均匀、较硬。

2. 镜下表现 神经鞘瘤是起源于神经纤维施万细胞的良性肿瘤,组织学上分为两型:Antoni A 区和 Antoni B 区。前者瘤细胞呈梭形,排列紧密,呈带状或漩涡状;后者细胞排列稀疏呈网状,细胞间富含脂质和黏液基质,常伴小囊形成。上述两型常同时存在,以其中一型为主。神经纤维瘤是由构成神经的各种成分增生而成的良性肿瘤,生长缓慢。镜下见波浪状的纤细梭形瘤细胞疏松地分布于微蓝色黏液基质,胞质淡染,胞核纤维梭形、稍深染、核端尖细。

【影像学表现】

神经源性肿瘤多呈圆形或卵圆形,边界清楚,可压迫周围组织结构引起移位或骨质吸收,可经颅底管孔进入颅内,对周围结构多无浸润性破坏。X 线片提供的信息有限,不足以诊断。

1. 神经鞘瘤

CT 表现:肿瘤较小时平扫呈等密度,较大者可因囊变坏死而呈混杂密度;肿瘤的强化表现与瘤内 Antoni A 区与 B 区的比例和分布有关。肿瘤以 Antoni A 区为主者表现为较均匀明显强化;以 Antoni B 区为主者则强化不明显。当两种成分混合存在时,肿瘤呈斑片状不均匀强化,也呈"蓝天白云"征,此征象对神经鞘瘤具有定性诊断价值。

MRI 表现:神经鞘瘤在 T_1WI 上呈等信号,T_2WI 上为稍高或高信号,囊变坏死区呈 T_1WI 低、T_2WI 高信号,增强扫描肿瘤呈不均匀强化,囊变坏死区无强化。

2. 神经纤维瘤

CT 表现:神经纤维瘤平扫密度较高,增强扫描多强化均匀,不伴囊变。

MRI 表现:神经纤维瘤在 T_1WI 上呈均匀稍低信号,T_2WI 上可呈"靶征"表现,即肿瘤中心呈稍低信号,代表纤维组织,周围呈稍高或高信号,代表黏液样组织,增强扫描肿瘤中央强化明显。"靶征"的显示主要是由于神经纤维瘤的纤维组织多分布于中央,而黏液样变成分常位于外周的缘故。

【典型病例展示】

病例 男性,31 岁。睡眠打鼾 3 年余,逐渐加重(图 1-7-22)。

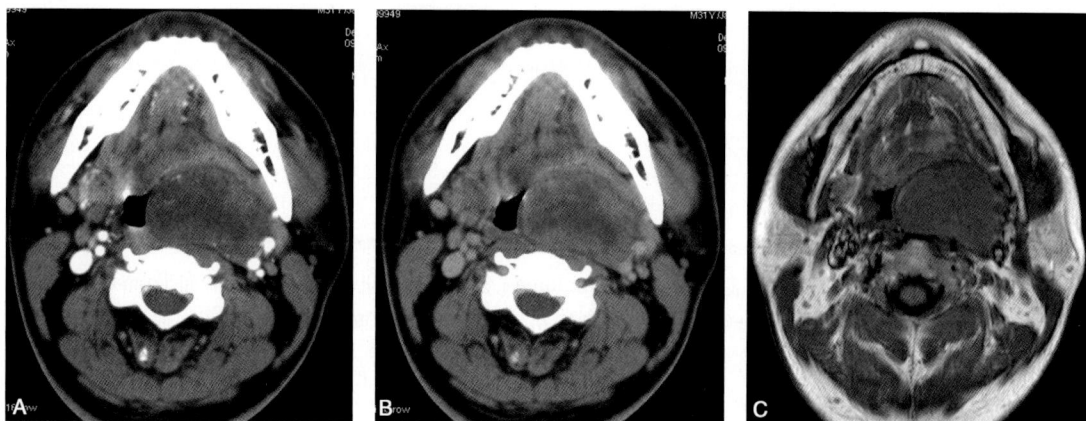

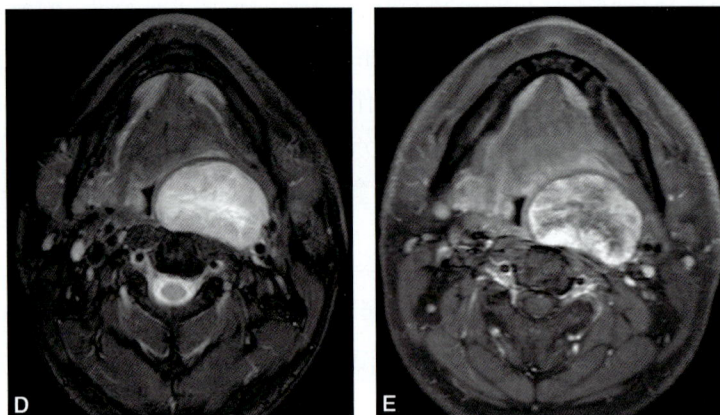

图 1-7-22　咽旁神经鞘瘤

A. 增强 CT 动脉期；B. 增强 CT 静脉期；C. MRI T_1WI；D. 脂肪抑制 T_2WI；E. T_1WI 增强扫描。左侧咽旁间隙见一椭圆形肿块影，边界清楚，增强 CT 扫描强化不均匀，动脉期可见肿瘤血管较丰富，静脉期边缘强化明显，中心呈低强化区。MRI T_1WI 呈低信号，脂肪抑制 T_2WI 呈混杂高信号，呈现典型的"蓝天白云"征。增强扫描周围明显强化，中心呈低强化区。病理：神经鞘瘤。免疫组化：S-100(+)，Actin(−)，Ki67(2%)。

【诊断思路与诊断要点】

1. 神经鞘瘤

（1）与影像表现有关的主要病理特点：①有包膜；②瘤内包含 Antoni A 区和 Antoni B 区；③部分瘤内见囊变或出血坏死区。MRI 显示病变较 CT 为佳。

（2）CT 图像特点：神经鞘瘤平扫较小者呈等密度，较大者可因囊变坏死而呈混合密度。肿瘤的斑片状不均匀强化，对神经鞘瘤具有定性诊断价值。

（3）MRI 图像特点：T_1WI 呈等信号，T_2WI 为稍高或高信号；增强扫描示肿瘤呈不均匀强化，囊变坏死区无强化。

2. 神经纤维瘤

（1）与影像表现有关的主要病理特点：①无包膜，但边界清楚；②质地均匀，多无囊变。MRI 显示病变较 CT 为佳。

（2）CT 图像特点：平扫密度较高，增强扫描均匀明显强化，多不伴囊变。

（3）MRI 图像特点：T_2WI 上的"靶征"及肿瘤的中心强化表现均是良性神经纤维瘤的特征表现。

八、血管瘤

【简介】

传统的形态学分类方法将血管瘤（hemangioma）分为毛细血管瘤、海绵状血管瘤和蔓状血管瘤。目前根据国际脉管性疾病研究学的现代分类法，上述三种血管瘤均属于脉管畸形。前两者分别属于低流速的微静脉畸形和静脉畸形，蔓状血管瘤为高流速的动静脉畸形。咽部的血管瘤较少见，以海绵状血管瘤多见，可发生于鼻咽和口咽的任何部位，可单发，也可多发。以儿童和年轻人多见。临床表现依肿瘤的发生部位和大小而不同，肿瘤较小者可无症状，如肿瘤破裂损伤可出现不同程度的出血。咽部血管瘤患者可有咽部不适或异物感、口齿不清、吞咽困难和口吐鲜血等表现。

【病理基础】

1. 大体病理　海绵状血管瘤为黏膜下紫蓝色的柔软包块,加压后体积变小,压力去除后随即复原,可触及瘤内静脉石。毛细血管瘤位置表浅,色粉红或深红,呈斑状或结节状。蔓状血管瘤局部皮温高,瘤区可扪及动脉搏动,有震颤感,瘤体表面及周围可见多条充盈扩张的浅静脉。

2. 镜下表现　海绵状血管瘤由衬以内皮细胞的海绵状血窦组成,窦腔内为静脉血,相互沟通,内可见血栓和静脉石。毛细血管瘤由多发薄壁血管构成,间以少量结缔组织。蔓状血管瘤是由动脉和静脉直接沟通形成的迂曲扩张的血管团,可出现严重的并发症,如组织坏死、大量出血,是危害最大、治疗风险最高的类型。

【影像学表现】

影像学检查可明确血管瘤的发生部位和大小、黏膜下的受累深度以及与周围结构的关系。CT 有助于显示血管瘤内静脉石及对周围骨结构的影响。MRI 则可以更好地显示血管瘤的病变特点以及与周围肌肉、筋膜和血管的关系。

X 线片:提供的信息有限,不足以诊断。

CT 表现:血管瘤呈结节状或不规则肿块,可单发或多发,平扫密度与周围肌肉相似或较低,其内密度欠均匀,海绵状血管瘤内可见静脉石,部分患者可见血管瘤所致的继发性骨质改变,如骨质增生或吸收、变形或延长。增强扫描表现不一,可呈明显强化,随时间延长逐渐填充瘤体;可呈不均匀强化,部分病例则强化不明显。蔓状血管瘤明显强化,可见供血动脉及引流静脉。计算机体层血管成像(CTA)可多角度立体直观显示病变的大小、血供特点以及与周围血管的关系。

MRI 表现:咽部血管瘤 MRI 表现与身体其他部位的血管瘤相似,形态规整或不规则,边界清楚,T_2WI 上呈高信号,蔓状血管瘤 T_2WI 上可见粗大的流空血管影;海绵状血管瘤内可见多发细小的流空血管影,连续层面观察可与静脉石相鉴别。T_1WI 上信号与肌肉相似,部分病例内散在斑点状高信号影,可能为低流速的血管断面、血栓或亚急性期出血。血管瘤增强后多强化明显。肿瘤如表现为周边明显强化并逐渐填充瘤体,则多考虑海绵状血管瘤。肿瘤内及周围如伴有粗大的流空血管,则考虑蔓状血管瘤可能性大。

【典型病例展示】

病例　女性,75 岁,咽部异物感 8 个月余(图 1-7-23)。

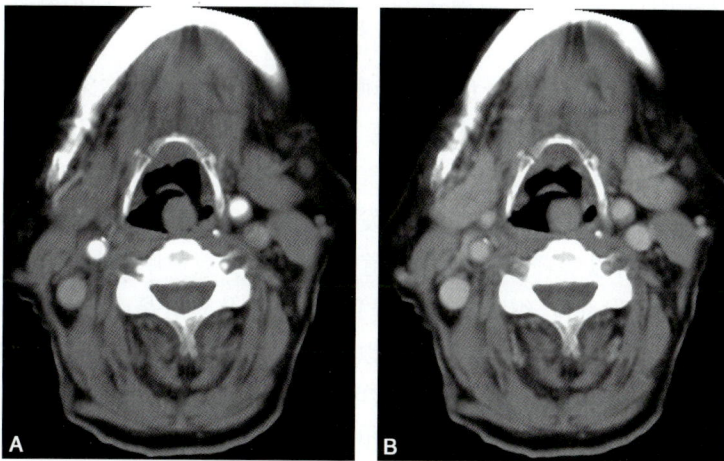

图 1-7-23　口咽部血管瘤

A.增强 CT 动脉期;B.增强 CT 静脉期。横断面 CT 图像上会厌左侧缘可见一结节影,突向喉腔内,边界清楚,强化均匀,双期 CT 值分别为 61HU 和 82HU。

【诊断思路与诊断要点】

1. **血管瘤与影像表现有关的主要病理特点** ①海绵状血管瘤由大小不等的海绵状血窦组成,常伴有静脉石。②蔓状血管瘤内及周围可见多发迂曲扩张的血管。以 MRI 显示为佳。

2. **CT 图像特点** 海绵状血管瘤内可见静脉石,增强扫描周边强化并逐渐填充瘤体是海绵状血管瘤的特征表现。蔓状血管瘤强化明显且可见迂曲粗大的血管影。

3. **MRI 图像特点** 海绵状血管瘤 T_2WI 上呈明显高信号,内见细小迂曲的流空血管影,典型强化表现为周边强化并逐渐填充瘤体。蔓状血管瘤强化明显且可见迂曲粗大的血管流空影。

九、肉芽肿性病变

咽部肉芽肿性病变总体发病率较低,其中以结核最为常见。

(一)鼻咽结核

【简介】

结核(tuberculosis,TB)是由结核分枝杆菌引起的一种感染性病变,在全球很普遍,2011年的发病率为百万分之 8.7,死亡率为百万分之 1.4。所有脏器都可以受累,但主要累及肺部。由于抗结核治疗方案的出现,在过去的几十年里结核发病率明显下降。但是,肺外结核呈增长趋势,可能与 HIV 病毒感染有关,结核病患者 HIV 病毒的感染率约为 8.8%。高达10%的肺外结核累及头颈部,其中95%发生于颈部淋巴结,其他部位如喉部、咽部、扁桃体、鼻腔、耳部、鼻窦、乳突及唾液腺均可受累,但发生率不足所有结核病的 1%。鼻咽结核(nasopharyngeal TB,NPTB)即使在结核流行地区也很少见,占上呼吸道结核的比例不足 1%。可以是原发或继发于肺结核或全身结核,女性更多见,多发生于年轻人,平均发病年龄30.5岁;有两个发病高峰年龄,15~30 岁和 50~60 岁。鼻咽顶壁是鼻咽结核病菌存在的主要地方,然后向周围蔓延。头颈部结核的临床、影像及内镜表现均不典型,经常与肿瘤性病变混淆,也可偶然发现。阳性诊断基于病理学和/或细菌学。抗结核药物治疗是该病的主要治疗方法。

鼻咽结核的临床表现可以是全身症状或鼻咽部症状。最常见的临床表现是颈部淋巴结肿大,多数研究表明发生率超过70%,其次为鼻塞、打鼾、鼻漏、中耳炎、听力损失、耳鸣和耳痛。

关于鼻咽结核的发生有两种假说:①通过气道传播,可以直接通过鼻腔进入气道,也可以通过咳出带有结核分枝杆菌的痰液传播;②原发灶的血行或淋巴道传播,大多来源于肺部。咽淋巴环丰富的淋巴网络可以解释鼻咽部淋巴道传播。大多数鼻咽结核发生于鼻咽顶壁和后壁,鼻咽顶壁是结核的首发部位,继而向周围侵犯,咽隐窝及靠近鼻咽顶壁的鼻咽后壁较其他部位更易受累。鼻咽癌大多发生于咽隐窝,并以此为中心。鼻咽部条纹状改变是良性腺样体增生的特征表现,也可见于鼻咽结核,鼻咽结核可以引起条纹状结构的破坏,或模糊、扭曲及增厚。鼻咽结核多局限于鼻咽黏膜,而不向周围组织侵犯。颈部淋巴结肿大是鼻咽结核另一个重要的表现,鼻咽结核的颈部淋巴结受累比例比鼻咽癌和鼻咽淋巴瘤更高,双侧淋巴结受累的比例高于鼻咽癌,与淋巴瘤接近。咽后淋巴结最常受累,其次是颈部Ⅱ区和Ⅲ区。淋巴结环形强化伴中心坏死高度提示结核的可能,小淋巴结出现中心坏死以及所有淋巴结出现坏死在鼻咽癌淋巴结转移里并不常见。鼻咽结核的淋巴结肿大不同于颈部淋巴结结核表现,后者通常累及锁骨上淋巴结及颈后淋巴结组,表现为单侧、多发的肿大淋巴结;而前者受鼻咽淋巴引流的影响。

【病理基础】

1. 大体病理 外观多为黏膜粗糙的肿胀型,结节型次之,溃疡型最少见。特征性的结核病理形态是肉芽肿性病变,团状分布的类上皮细胞和朗汉斯巨细胞,中央有干酪样坏死,称为组织形态三要素。抗酸染色能找到结核分枝杆菌。

2. 镜下表现 鼻咽结核的病理组织学为典型结核结节,伴有多核巨细胞的不同程度干酪样坏死肉芽肿。以渗出水肿为主者镜下表现为黏膜弥漫性苍白水肿或充血水肿,黏膜表面有渗出,伴有少许黏膜糜烂及浅表虫蚀状溃疡。

【影像学表现】

鼻咽结核在 CT 或 MRI 上最常见的表现是鼻咽部息肉样肿块,其次是鼻咽部弥漫的黏膜增厚。病变通常局限在鼻咽部而不侵犯到颅底、椎前肌、鼻腔、口咽等周围结构,鼻咽部病变可见坏死,鼻咽条纹状结构可以存在或破坏。颈部淋巴结的中心坏死伴环形强化,环形强化的壁薄而光滑,这些特点有助于和转移性淋巴结相鉴别。

X 线片:提供的信息有限,不足以诊断。

CT 表现:以息肉样肿块为主者,CT 显示鼻咽部分叶状肿块或不规则软组织增厚,钙化少见。以渗出水肿为主者,其影像学表现为喉黏膜的弥漫性、对称性增厚,表面尚光整,病变范围广,伴或不伴会厌谷、双侧喉前、喉旁间隙变窄或消失,双侧梨状隐窝变浅或消失,喉腔变窄。

MRI 表现:MRI 对于显示鼻咽结核肉芽肿的形成有帮助,表现为腺样体息肉样肿块或鼻咽部黏膜弥漫性增厚。T_1WI 呈等-稍低信号,T_2WI 呈高信号,内部信号欠均匀,坏死部分为液化改变时 T_2WI 呈高信号,坏死部分为干酪样改变,则 T_2WI 呈低信号。增强扫描不均匀或环形强化。

【典型病例展示】

病例 女性,47 岁。无明显诱因出现左耳部疼痛 10 余日,无听力下降或耳鸣等,1 日后出现恶心、呕吐(图 1-7-24)。

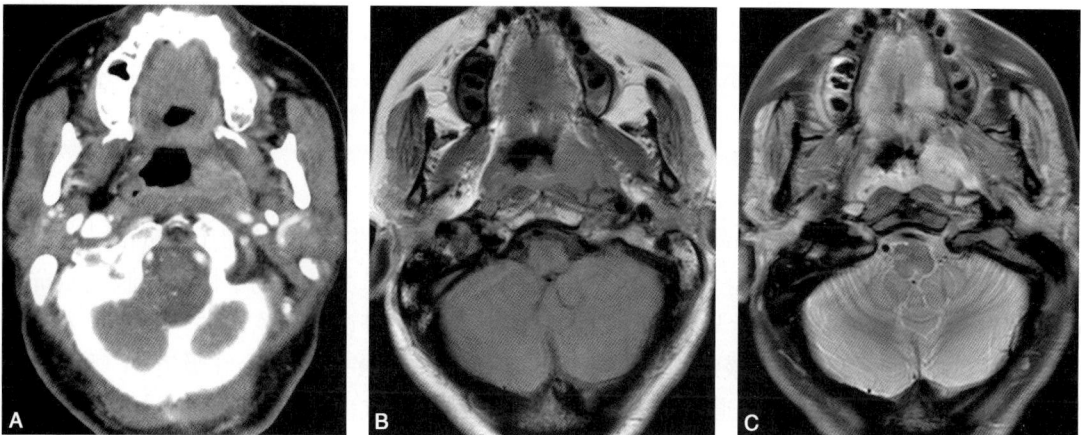

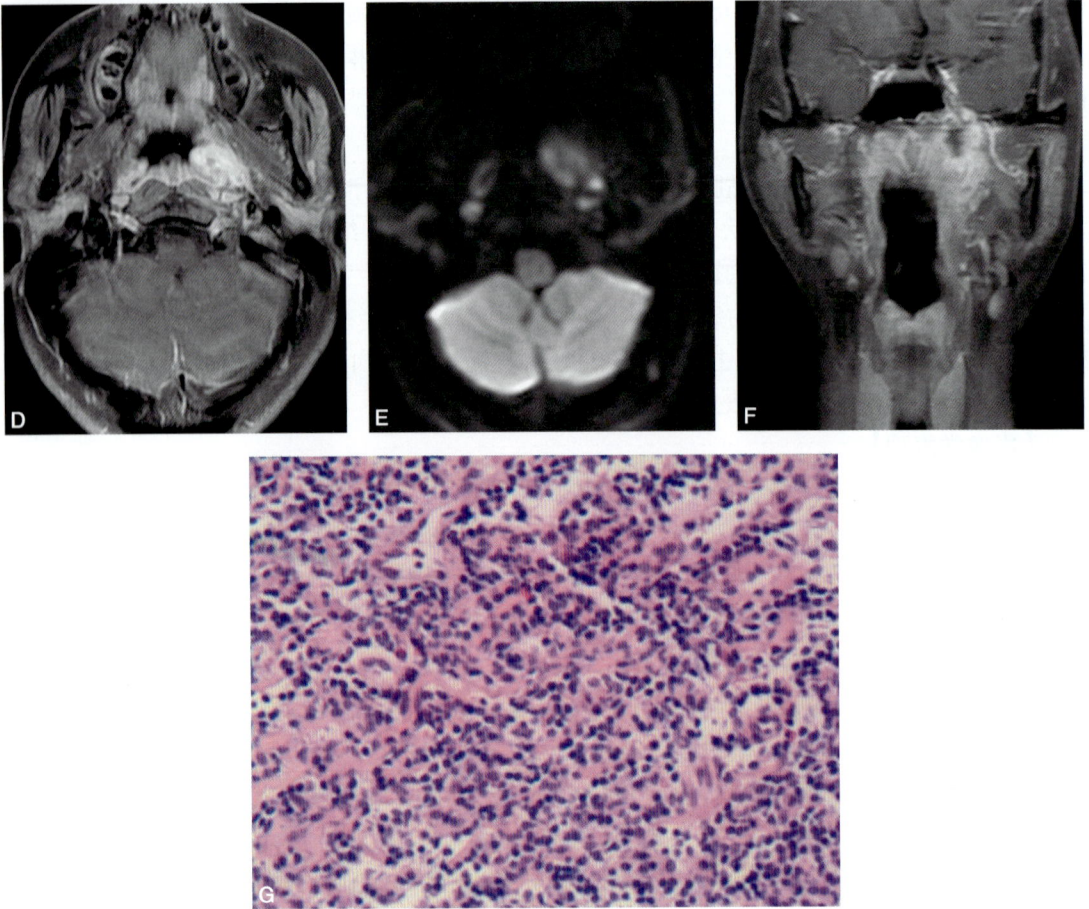

图 1-7-24 鼻咽结核

A. 增强 CT；B. MRI T_1WI；C. T_2WI；D. T_1WI+C；E. DWI；F. 冠状面 T_1WI+C；G. 病理图。MRI 平扫左侧鼻咽顶后壁椭圆形肿块，咽隐窝消失，T_1WI 等/稍低信号，T_2WI 等/稍高信号，DWI 上等/稍高信号。左侧翼内肌及咽旁间隙受累。增强扫描病变不均匀强化，内见坏死。双侧颈部多发肿大淋巴结。鼻咽部肿物活检病理：上皮样细胞型肉芽肿，伴干酪样坏死，符合结核病理改变。抗酸染色：阳性。

【诊断思路与诊断要点】

鼻咽部肿块或弥漫性黏膜增厚，内可见坏死和条纹状结构，以鼻咽顶壁为中心，很少侵犯周围结构，CT 平扫呈等密度，增强扫描呈不均匀强化，MRI T_1WI 呈等-稍低信号，T_2WI 呈不均匀高信号，增强扫描不均匀或环形强化。颈部淋巴结中心坏死及边缘环形强化可提示鼻咽结核的诊断。

（二）韦格纳肉芽肿

【简介】

韦格纳肉芽肿（Wegner granulomatosis，WG）又称坏死性肉芽肿性血管炎（necrotizing granulomatous vasculitis），是一种自身免疫疾病，具有遗传易感性，其发生与抗中性粒细胞胞质抗体（ANCA）密切相关，有报道显示与感染、环境、化学物质、药物等诱发因素有关。其特征表现为多系统受累的血管炎性改变，该疾病起病可急可缓，典型病变多发生于上呼吸道、下呼吸道和肾小球肾炎。通常是从上呼吸道黏膜局限性肉芽肿性炎症开始，逐渐进展为弥漫性坏死性肉芽肿性炎症。

该病一般症状多表现为全身不适，可见发热、关节痛、肌痛、食欲不振、体重下降等，以发热最为常见。在头颈部最先出现症状者约占75%，以鼻腔鼻窦受累为多见，约占85%，鼻咽部发病率不高。

检查时可见黏膜充血、水肿、溃疡、结痂，可有肉芽肿性病变。鼻咽部病变多表现为鼻塞、流涕、涕中带血、鼻出血等症状，后期可见鼻咽部溃疡引起的黏膜下软骨、骨坏死，导致鼻中隔穿孔等。当发生于咽喉部时，多出现声带的慢性炎症性病变，随着病程的发展出现声门下狭窄，多表现为声音嘶哑、喘鸣及呼吸困难。ANCA在该病的诊断中具有重要意义。

【病理基础】

病理上表现为受累组织坏死、肉芽肿性炎及血管炎，可见坏死组织及肉芽组织；镜下肉芽肿中心可见纤维素样坏死的小血管炎，伴淋巴细胞、单核细胞浸润，上皮样细胞、多核巨细胞及成纤维细胞增生。

【影像学表现】

CT表现：CT平扫可见黏膜增厚、软组织增生、骨质破坏及硬化，中线结构破坏明显；增强扫描强化不均匀，多呈轻中度强化。

MRI表现：T_1WI呈低或等信号，T_2WI多呈混杂信号，通过MRI成像可以获得病变的范围及对周围结构的破坏情况。

【诊断思路与诊断要点】

本病与致死性中线性肉芽肿（即Stewart型肉芽肿）鉴别。致死性中线性肉芽肿是一种进行性肉芽增殖性溃疡性病变，主要表现为鼻部、咽部中线的溃疡及坏死，少有全身症状，其本质为T/TK细胞淋巴瘤，故多有EB病毒感染，而韦格纳肉芽肿表现为全身症状，且无EB病毒感染。

十、颞下窝肿瘤

【简介】

颞下窝位于蝶骨大翼下方，颧弓内侧，形似一倒置锥体。骨壁包括上、前、内、外4壁。上壁为蝶骨大翼及颞骨鳞部的下面，前壁为颧骨下部和上颌窦后壁，内壁为蝶骨翼突外板，外侧壁为下颌升支上份和颧弓。向上借卵圆孔及棘孔与颅内相通，向前借眶下裂与眼眶相通，向内经翼上颌裂与翼腭窝相通，是感染和肿瘤蔓延和侵犯的重要通道。窝内主要解剖结构有翼内、外肌、颞肌、上颌动脉、上下颌神经、静脉丛、疏松结缔组织和脂肪组织。颞下窝病变以继发病变为主，主要来源于鼻咽部肿瘤、鼻腔鼻窦肿瘤的直接侵犯，原发病变少见。颞下窝肿瘤发病率较低，占头颈部肿瘤的0.5%~1.5%，良性肿瘤与恶性肿瘤比例报道不一，部分报道为良性肿瘤约占80%，恶性肿瘤约占20%；但也有报道为恶性肿瘤比例（71%）远大于良性肿瘤（29%），可能与总体发病率较低、报道的样本量较小有关。颞下窝的原发肿瘤主要包括神经源性肿瘤、骨或软骨源性肿瘤、滑膜肿瘤、横纹肌肉瘤、腺样囊性癌、孤立性纤维性肿瘤。

（一）腺样囊性癌

头颈部腺样囊性癌（adenoid cystic carcinoma，ACC）是头颈部较少见的恶性肿瘤，约占头颈部恶性肿瘤的1%、唾液腺肿瘤的10%。最常发生在唾液腺组织，发病率居唾液腺肿瘤的第2位，是小唾液腺最常见的恶性肿瘤。小唾液腺ACC最常发生在腭部，其次为鼻旁窦；大唾液腺ACC最常见于腮腺，其次为颌下腺；但ACC在颌下腺恶性肿瘤中所占比例较腮腺更高，约40%。ACC常见于成年人，以40~70岁居多，男女发病率无显著差异。ACC主要有缓慢生长、弥漫浸润、嗜神经、血管生长，局部易复发，晚期可远处转移等特点。

【病理基础】

WHO 按组织学将 ACC 分为三型:小管型、筛孔型及实体型。小管型可见两层细胞组成的管状结构,内层为上皮细胞,外层为肌上皮细胞;筛孔型是最常见的类型,肿瘤细胞排列呈筛网状,筛网内含黏液样物或透明样物;实体型显示肿瘤细胞成层状分布,只有少量小管或筛孔可见。这三型细胞密度依次增加,预后逐步变差。预后好者大部分为小管型和筛孔型组成;预后差者超过 30% 的肿瘤有实体型组成。

【影像学表现】

X 线片:提供的信息有限,不足以诊断。

CT 表现:低密度"筛状"改变为其特征性表现,肿瘤浸润性生长、邻近骨质改变以受压为主,局部可见虫蚀状或溶骨性骨质破坏区;增强扫描不均匀轻、中度强化,呈筛样改变。

MRI 表现:ACC 在 MRI 表现多种多样,但通常病变都是浸润生长,无假包膜,见缝就钻,周围软组织广泛受累,有时很难判定肿瘤起源。T_1WI 多为与肌肉相似的等信号或稍低信号,T_2WI 多为稍高信号。病变内部信号可均匀或不均匀,可见囊变或短 T_2 分隔,分隔不强化。肿瘤内偶可见短 T_1 信号,可能为出血或黏液。增强后肿瘤实质明显强化,其内坏死区不强化。

【典型病例展示】

病例 女性,49 岁。右侧头部疼痛 2 年余,加重伴张口困难半年(图 1-7-25)。

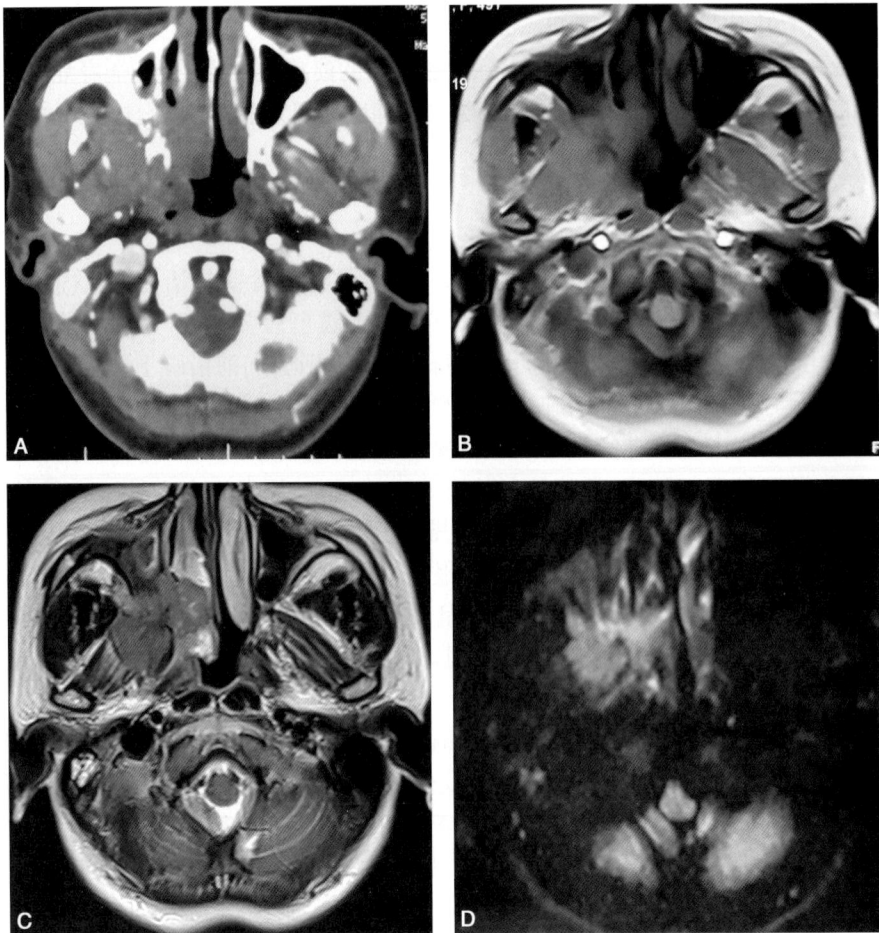

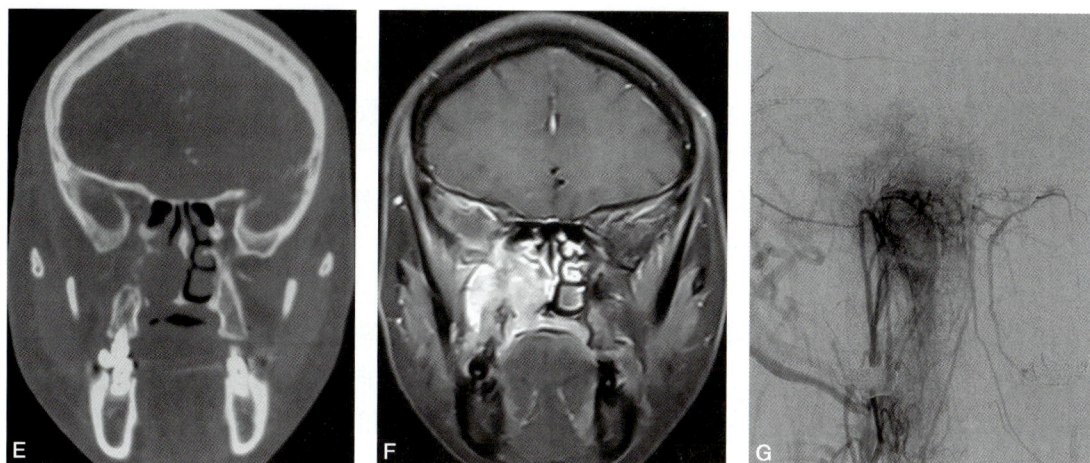

图 1-7-25 颞下窝腺样囊性癌

A. 增强 CT;B. MRI T_1WI;C. T_2WI;D. DWI;E. 冠状面 CT 骨窗;F. 冠状面 T_1WI+C;G. DSA。右侧颞下窝-翼腭窝不规则肿块,累及右侧鼻腔。增强 CT 显示病变呈等密度,与周围肌肉组织分界不清,翼板骨质破坏。MRI 示病变在 T_1WI 呈等信号,T_2WI 呈等-稍低信号,DWI 呈等-稍高信号,增强扫描明显强化。DSA 显示肿瘤血供来自右侧颈外动脉分支,血供非常丰富。

【诊断思路与诊断要点】

腺样囊性癌年龄跨度大,生长缓慢,浸润生长、黏膜下生长及嗜神经、血管生长是 ACC 的特征性表现。MRI 表现缺少特异性表现,但若在唾液腺区看到弥漫浸润的肿块,CT 显示骨质破坏,MRI 显示其无定形生长,T_1WI 肿瘤实质为等信号,侵及神经、血管,增强扫描病变及邻近受累组织明显强化,伴有受侵部位分布的神经症状(如疼痛、麻木感),应高度怀疑 ACC。

（二）神经源性肿瘤

颞下窝的神经源性肿瘤包括神经纤维瘤和神经鞘瘤。与头颈部其他部分发生的神经源性肿瘤表现相似,大多属于良性肿瘤,有完整包膜,呈膨胀式生长,恶性神经鞘瘤罕见。颞下窝的神经鞘瘤多起源于三叉神经,包膜完整,由致密的 Antoni A 区和疏松的 Antoni B 区构成,两者构成比例的不同决定了神经鞘瘤影像表现的多样性;病变可囊变和出血,实性部分增强扫描明显强化,囊变和出血部分不强化。神经纤维瘤具有沿神经生长的特性,可单发或多发,多发者一般伴发于神经纤维瘤 Ⅱ 型。影像学表现为梭形肿块,无包膜、边界清楚的软组织肿块,密度/信号较均匀,增强后肿块轻度至中度强化均匀或不均匀强化。

第八节 茎突综合征

【简介】

茎突综合征(styloid process syndrome,SPS),又称茎突舌骨综合征、茎突颈动脉综合征,由美国耳鼻喉科医生 Eagle 于 1937 年首先描述并报道,故又称 Eagle 综合征(Eagle syndrome)。因茎突长度过长、方位及形态异常、茎突舌骨韧带钙化等因素,导致茎突压迫或刺激邻近肌肉、血管、神经、黏膜等结构而引起扁桃体窝区疼痛、咽部异物感、吞咽困难、反射性耳痛、舌咽神经痛、唾液腺分泌增多等症状,夜间加重,可放射至头颈部、舌、颞下颌关节及面部引发疼痛或感觉异常,患者咀嚼、吞咽、说话或扭头动作可诱发或加重症状。

本病少见,临床症状表现多样,病因目前尚不完全清楚。多发生于 30~50 岁成年人,亦可见于儿童,单侧或双侧发病,大多起病缓慢,病程数日、数月至数年不等,部分患者可出现神经衰弱或抑郁等表现。

本病以手术治疗为主,多采用经口内径路茎突截短术或颈外径路茎突截短术等手术方法。对无症状或症状较轻者可采用药物、物理治疗等非手术治疗。

【解剖及临床分型】

1. 解剖 茎突由第二腮弓的舌骨弓软骨发育而来,起于茎乳孔前内方,位于颞骨岩部底面和乳突部相接处,为细圆柱状、刺状或角状骨突,远端稍向前向内侧倾斜,颈内动脉上行于茎突后方,颈外动脉跨过前方。茎突正常长度 2.5~3cm,下缘不超过第二颈椎。

茎突由上下两个骨化中心骨化而成,至中年后两个骨化中心完全骨化融合为茎突,分四段。鼓舌段:为茎突的最上段,出生前开始骨化;茎舌段:为茎突体部,出生后逐渐骨化;角舌段:形成茎突舌骨韧带;下舌段:形成舌骨小角。胚胎时期四个部分连接发生异常骨化,或茎突舌骨韧带部分出现额外的骨化中心引起骨化,均可导致茎突过长。

除茎突异常以外,与茎突附着的韧带、肌肉异常亦可引起本病。

两侧茎突各段的连接及骨化可表现各异,根据发育不同将茎突形态分为完整型、分节型、发育不良型及未发育型。

2. 根据病因及临床症状分为两型

(1)经典型:又称茎突舌骨综合征,此型多见于咽部外伤或扁桃体切除术后,局部脑神经受慢性刺激或压迫,表现为同侧第 Ⅴ、Ⅶ、Ⅸ、Ⅹ 脑神经分布区麻木感,持续咽痛,扭头动作触发面部疼痛、吞咽困难、咽部异物感、唾液腺分泌过多、耳鸣、耳痛等症状。茎突区触诊可加重前述症状,于扁桃体区可扪及坚硬条索状或刺状突起。

(2)血管型:又称茎突颈动脉综合征,茎突毗邻颈内外动脉,此型与颈动脉鞘交感神经链受压或刺激有关,可表现为晕厥、视觉障碍、颈动脉夹层、眼痛或颅顶痛。

【影像学表现】

1. X 线片 常用正位、侧位片,正位显示角度,侧位显示长度。

(1)正位片:患者仰卧,头部稍后仰,听鼻线垂直于暗盒,患者尽量张口,中心线对准鼻尖射入。

(2)侧位片:患者俯卧,转向对侧,矢状面与台面平行,瞳间线与台面垂直,患侧外耳孔置于胶片中心。下颌前伸反咬合状,中心线向头侧倾斜 10°,经对侧外耳孔下方 3cm 处射入。

根据摄片方法不同,茎突影像表现也不同。普通侧位片张口位茎突位于下颌角切迹上方,反咬合位茎突位于外耳孔下方,颈椎与下颌支之间。茎突应注意勿与钙化的茎突舌骨韧带、茎突下颌韧带及周围骨性结构相混淆。茎突表现为均匀一致的骨性结构,周围韧带钙化表现为密度不均、边缘粗糙的细条索状结构。个别茎突鞘发育过长过尖,表现为细锥骨性密度影,其末端与茎突根紧邻,易与茎突相混。

长度判断:从颞骨下缘测量到茎突末端,超过 3cm 可以确定为茎突过长;或者观察茎突末端是否超过第二颈椎。

方位判断:从茎乳孔向下作一条颅底平面的垂直线,测量茎突与此垂直线的偏斜度,向内向前各偏斜 25°~30°（超过 40°或少于 20°考虑茎突方位异常,部分文献认为超过 30°即可诊断异常）。

茎突体层摄影:正位片上茎突与颈椎齿状突在同一层面显示。茎突长度以基底部为起点至末端的直线距离,减去放大值后,左右侧分别进行测量。在正位片上,测量茎突长轴与正中矢状面的夹角;在侧位片上,测量茎突长轴与冠状面夹角。

相对于 CT 检查,在 X 线片上茎突根部显示不够全面,图像有一定的放大现象,影响对拟手术患者的茎突进行准确测量和评估。

2. CT 检查 CT 的密度分辨率远大于 X 线片,通过多层螺旋 CT 横断面扫描以及最大密度投影(maximal intensity projection,MIP)、多平面重建(multiple planar reconstruction,MPR)、表面遮盖法重建(surface shaded display,SSD)、容积再现(volume rendered,VR)等三维重建技术能很好地实现茎突长度及方位角的准确显示和测量。

采用 CT 三维重建技术,通过双向角度的反复调整可以完整、清晰地显示茎突的长轴,取茎突根部中点与茎突尖的连线可测量茎突的长度。在标准的前后位图像上选择合适的层厚,可以完整地同时显示两侧茎突,茎突尖与茎突根部中点的连线与两侧眶下缘连线的垂直线所形成的夹角即是茎突的内倾角。调整至标准的侧位,茎突尖与茎突根部中点的连线与眶耳线(Reid 基线,眶下缘与外耳孔中点连线)垂直线的夹角即为前倾角。

CT 对茎突舌骨韧带的骨化及钙化显示清楚。采用 MPR、SSD、VR 等三维重建技术可以去除茎突周围组织影像干扰,立体显示茎突长度、粗细及方向,同时显示茎突舌骨韧带的钙化情况。通过利用多平面、多角度旋转技术观察茎突的立体解剖及与周围组织的关系,有利于外科医生制订手术方案、选择合理的手术路径。

3. MRI 检查 MRI 对于慢性炎症引起的组织水肿有较高敏感性,但对于茎突骨质、茎突舌骨韧带钙化等结构成像效果不理想,故临床应用较少。对于部分血管型茎突综合征患者,采用 MRI 及 MRA 血管成像技术可以了解是否存在颈动脉夹层,同时可以与颈动脉瘤相鉴别,后者表现为颈部疼痛时血管周围软组织影,增强扫描明显强化,颈痛缓解后肿块消失。

【典型病例展示】
病例 1 女性,57 岁,左侧茎突处压痛 2 周(图 1-8-1)。

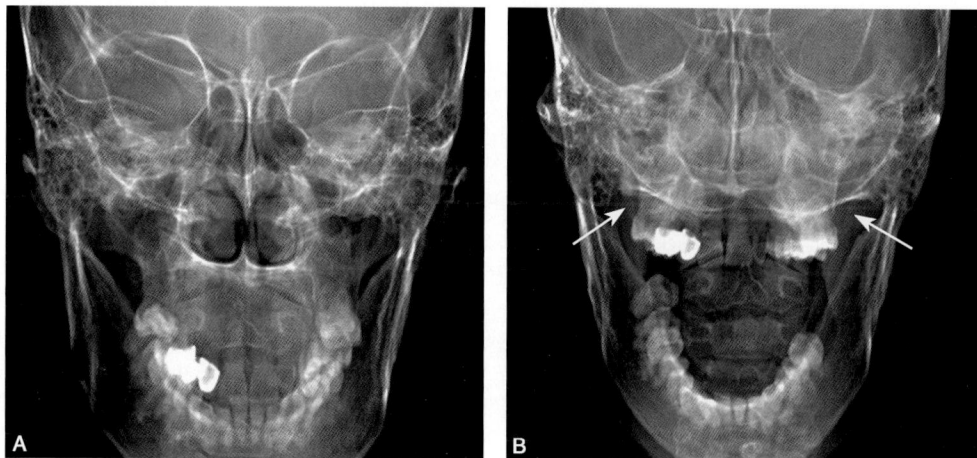

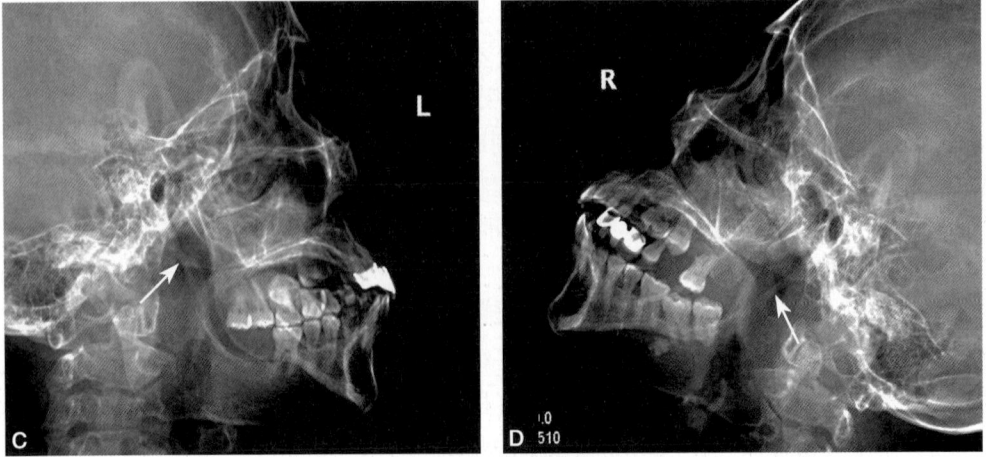

图 1-8-1　双侧茎突过长

颈部 X 线正侧位片。张口位显示双侧明显增粗、过长的茎突（白箭头）位于下颌角切迹上方（图 A、图 B），反咬合位茎突位于外耳孔下方，颈椎与下颌支之间（图 C、图 D），双侧茎突完全骨化。

病例 2　男性,54 岁,吞咽时左耳疼痛不适 3 个月余（图 1-8-2）。

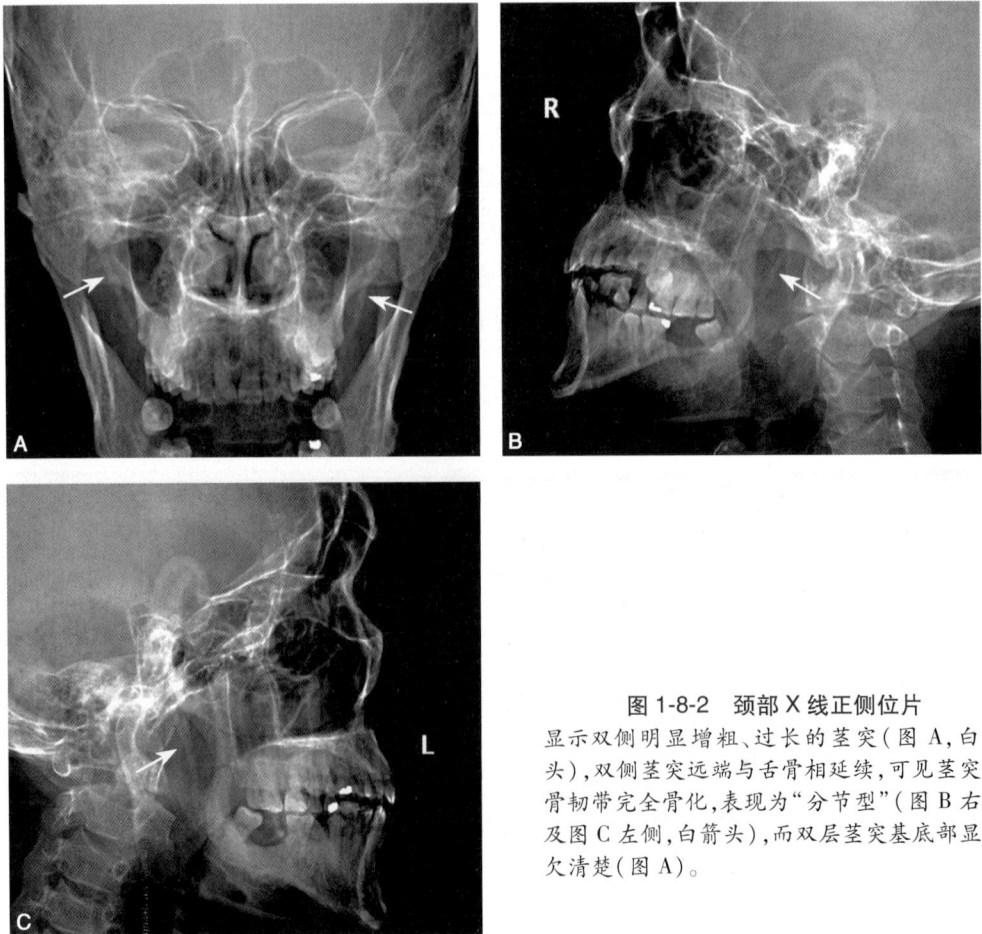

图 1-8-2　颈部 X 线正侧位片
显示双侧明显增粗、过长的茎突（图 A,白箭头）,双侧茎突远端与舌骨相延续,可见茎突舌骨韧带完全骨化,表现为"分节型"（图 B 右侧及图 C 左侧,白箭头）,而双层茎突基底部显示欠清楚（图 A）。

病例 3　男性,42 岁,吞咽时双侧茎突区异物感近 1 年余(图 1-8-3)。

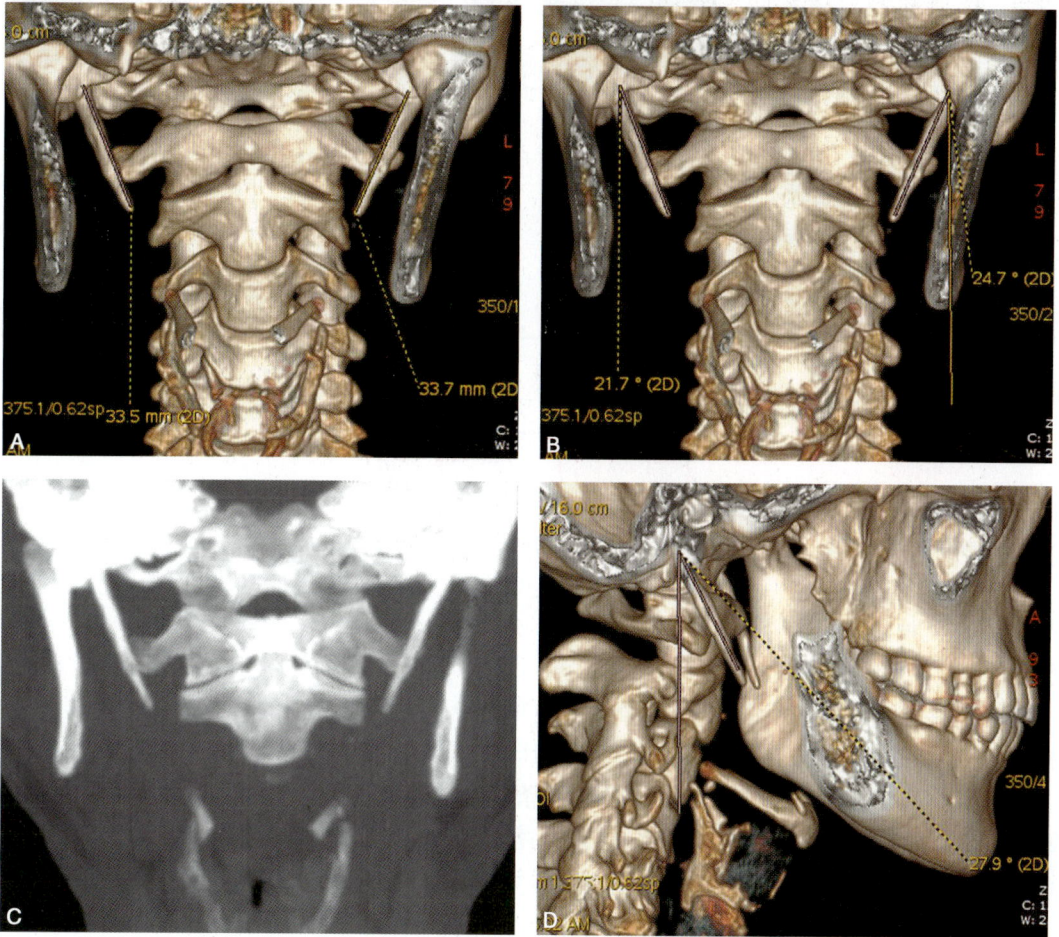

图 1-8-3　颈部 CT 三维重建

VR 图像(图 A、图 B、图 D)清楚显示双侧茎突的解剖位置,通过准确测量茎突长度,显示双侧茎突过长,而双侧茎突方位角在正常范围内。采用 MIP 图像(图 C)可以显示周围组织及韧带的钙化及骨化情况。

病例 4　女性,35 岁,右侧茎突区不适感 2 个月余(图 1-8-4)。

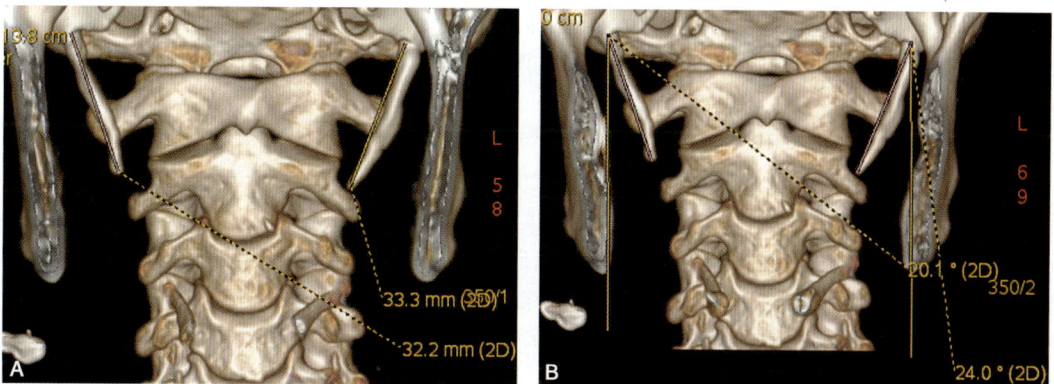

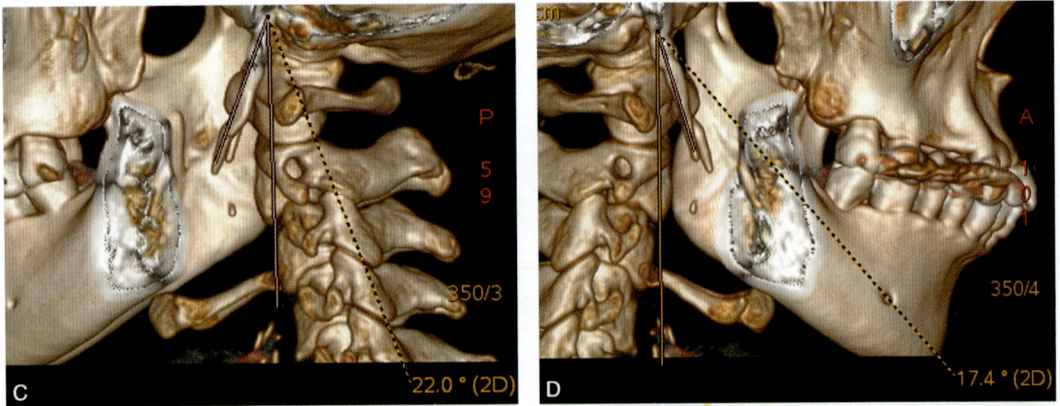

图 1-8-4 颈部 CT 三维重建 VR 图像

图 A~图 D 显示双侧茎突解剖位置、长度及方位角。可见患者双侧茎突长度过长(图 A、图 B),左侧茎突方位角正常,大于 20°,右侧茎突方位角变小,小于 20°(图 D)。

【诊断思路与诊断要点】

1. 茎突综合征少见,影像检查对于病因的检出非常重要。

2. 茎突综合征包含一大组综合征,临床表现多样,易误诊为慢性咽炎、偏头疼、颞下颌关节紊乱、三叉神经痛、牙病、神经症等。在上述疾病的诊疗过程中,需要考虑到茎突综合征的可能。

3. 茎突大小、形状、粗细、方位的个体间差异较大,且仅有约 4% 的茎突过长者具有明显临床症状。因此在诊断过程中,仍需首先结合临床病史、体征及症状排除颈椎病、鼻窦疾病等。

4. 触诊扁桃体区或前后弓处可扪及坚硬条索状或刺状突起,患者可诉此处为不适之处,触诊可诱发或加重咽痛。但茎突过长、茎突舌骨韧带钙化并非见于所有茎突综合征患者,这类患者的诊断需依靠病史及临床症状。

5. 诊断要点

(1)20 岁以上,有单侧或双侧咽部异物感、咽痛,吞咽、扭头动作可诱发,同时有颈部疼痛、耳痛及头面部疼痛等症状。

(2)影像学提示茎突超过 3cm,或倾斜角大于 40°。

(3)扁桃体窝触诊触痛或摸到茎突尖。

(4)扁桃体窝周围 1% 利多卡因封闭可暂时消除或减轻症状。

第九节 吞咽障碍

【简介】

吞咽是指人体从外界经口摄入食物并经食管传输到达胃的过程。每次吞咽动作在 1 秒内完成。吞咽是一个看似简单不费力的过程,其实非常复杂,约 50 对肌肉参与其中,神经调控涉及中枢神经系统的所有水平。在《中国吞咽障碍评估与治疗专家共识(2017 年版)》中,吞咽障碍是指由于下颌、双唇、舌、软腭、咽喉、食管等器官结构和/或功能受损,不能安全有效地把食物输送到胃内的过程。临床上对吞咽障碍定义为:由于与吞咽相关的神经损伤或吞咽相关器官损伤,引起吞咽一个或多个阶段出现障碍,食物不能有效地输送到胃内,进而导致各种症状出现的临床综合征;其主要表现为食物下咽困难、进食后呛咳、食物在口咽部潴留。

吞咽造影录像检查(video fluoroscopic swallowing study,VFSS)是吞咽障碍首选的影像学检查方法,是确定吞咽障碍的"金标准"之一,与软式喉镜吞咽功能检查(flexible endoscopic examination of swallowing,FEES)互相补充。鼻咽镜、胃镜、食管测压、洼田饮水试验及食管 pH 监测等都可以用来评估吞咽障碍。目前也有通过电子喉镜观察到会厌卷曲和声带麻痹等器质性病变。引起吞咽障碍的原因包括头颈部放疗后神经损伤及口咽部疾病食管疾病、神经肌肉病、心因性疾病。

放疗在头颈部肿瘤中应用甚广,放疗后神经损伤引起的吞咽困难临床多见。大约有 40% 的头颈部肿瘤患者有轻度的吞咽困难,4% 的患者有中度或重度的吞咽困难,下咽部肿瘤放疗造成的吞咽困难比口咽或者口腔肿瘤造成的吞咽困难严重。在头颈部肿瘤中应用放疗最多的是鼻咽癌,通过放化疗可以达到较高的局部控制率。在国内放疗计划中对患者唾液腺、下颌骨、颞颌关节的剂量体积限制较为简单,对吞咽功能相关结构(如咽缩肌、软腭、舌根、唾液腺)的保护也不够充分,致使鼻咽癌患者放疗后出现吞咽困难的情况较多。目前不少研究认为,减少舌根、软腭、咽缩肌、喉等组织器官接受放疗的剂量体积参数,将降低吞咽困难的发生。目前调强放疗(IMRT)已经大规模取代 2D、3D 等传统的放疗手段,在常规 IMRT 的基础上,在 IMRT 期间增加对鼻咽癌患者吞咽功能相关亚结构的优化靶区勾画并且辅以合理的剂量体积限制,可以有效降低吞咽困难发生,也能够不同程度地缓解放疗后的口干症状以及后期引发的体重减轻。但也有观点认为,随着 MRI 对于咽后淋巴结的检出率增高,IMRT 照射野的下限有下移,反而增加了这些吞咽器官的照射剂量,比起传统照射野(耳前野加面颈联合野再换成耳前野照射)治疗,虽然复发率一定增加,但是在某种程度上减少了吞咽器官的照射,对其有一定的保护作用。

吞咽障碍作为头颈部肿瘤放疗后常见的副作用,可以分为急性反应和迟发性损伤。急性反应是指副作用出现在放疗过程中或者在放疗后立即发生,这种吞咽障碍主要与放射性对黏膜、唾液腺的损伤有关。迟发性损伤指副作用在放疗后数月甚至 5~10 年后才出现。迟发性损伤所致的吞咽障碍主要包括唾液腺受损后引起的口腔干燥症以及纤维化导致的张口困难,还有相应脑神经(Ⅸ、Ⅹ、Ⅻ)受损引起的舌、喉咽运动障碍。

放疗后吞咽障碍的机制包括:

1. 放射性肌肉损伤 骨骼肌受到大剂量照射是发生放射性反应与损伤的根本原因,包括早期的神经损伤导致的骨骼肌收缩功能障碍、骨骼肌失神经萎缩和晚期放射性肌肉损伤。例如鼻咽癌患者在放疗后不同时间长短的潜伏期出现颈部肌群、咀嚼肌的僵硬以及纤维化改变,最后导致颈部活动或张口受限。

2. 放射性口腔黏膜炎 放射性口腔黏膜炎已成为目前鼻咽癌放疗中严重的并发症,其发生率近 100%。黏膜急性反应一般于放疗后 2~3 周开始出现,一般 10Gy 照射剂量后黏膜开始发红水肿,照射剂量 20Gy 时触痛剧烈,到 50Gy 以上时,则会有唾液腺萎缩、舌乳头萎缩、口腔干燥、舌体疼痛、黏膜疼痛、味觉障碍。软腭、口唇、颊黏膜对射线比较敏感,常在炎症基础上并发溃疡。

3. 放射性唾液腺损伤 受到放射损伤的唾液腺萎缩,导致分泌功能降低、口腔干燥伴食欲降低,构成了放疗后患者吞咽困难的基础。

【病理基础】

吞咽是极其复杂的生理反射过程,分为口腔前期、口腔期、咽期和食管期 4 个阶段,这几个阶段部分重叠,但在时间和功能上有明显区别。口腔前期是人们通过视觉和嗅觉感知食物,后面三阶段涉及 30 多对颈面部肌肉及 6 支神经支配、参与,依次激发,从口唇到环咽入口,软腭可以提升鼻咽预防食物回流,舌向后与咽后壁向前创造出驱动食物的压力,会厌的闭合可以保护气道。其中,咽期最复杂,有内在解剖关系的 20 多对肌肉,受触发后协同运动,将食团成功地从口腔运送到食管。在咽期有多项喉保护措施防止食物进入气管:①肌喉上提:下颌舌骨肌、二腹肌前腹、舌骨舌肌和颏舌骨肌收缩,在推送食团的同时,舌骨和喉向前上方移位,以保护气道。②会厌倾斜盖住喉口。③呼吸放射性抑制。④喉内在肌(杓会厌肌、环杓侧肌、杓横肌、杓斜肌、甲杓肌和环甲肌)收缩,双侧杓状软骨相对,假声带闭合,声带增厚内收。⑤咳嗽。

　　整个吞咽过程是受大脑皮质,皮质下中枢控制的随意运动,是由位于延髓及脑桥的脑神经及其核团发生有意识的启动或反射性启动后的自然机体功能。与吞咽有关的脑神经主要有三叉神经、面神经、舌咽神经、迷走神经、副神经、舌下神经等。表 1-9-1 总结了除口腔前期外,口腔期、咽期和食管期参与肌肉及支配神经、肌肉作用及神经控制。

表 1-9-1　吞咽分期、参与肌肉及支配神经、肌肉作用及神经控制

吞咽分期		参与肌肉及支配神经	肌肉作用	神经控制
口腔期		颞肌、咬肌、翼内肌(Ⅴ)	闭口,碾磨食物	1. 来自口腔的感觉信息经过第Ⅴ、Ⅶ、Ⅸ脑神经的感觉支到达延髓上部和桥脑下部的孤束核和三叉神经脊束核 2. 孤束核和三叉神经脊束核发出投射纤维至位于网状系统的吞咽模式发生器,由吞咽模式发生器再发出运动纤维经第Ⅴ、Ⅶ、Ⅻ脑神经支配咀嚼肌 3. 口腔期大部分活动也受更高一级的前脑中枢调节
		翼外肌(Ⅴ)、颈阔肌(Ⅶ)	张口	
		口周肌肉:口轮匝肌、提上唇肌、提上唇鼻翼肌、颧大肌、颧小肌、笑肌、降下唇肌、提口角肌、降口角肌、颊肌、颏肌(Ⅶ)	接收或吮吸食物,封闭口腔	
		所有上述肌肉+颊肌(Ⅶ)+舌的内外在肌[颏舌肌、茎突舌肌、舌骨舌肌(Ⅻ)]	形成和控制食团	
咽期	早期	腭帆张肌、腭帆提肌和悬雍垂肌(腭垂肌)(咽神经丛)	封闭鼻咽部	1. 肌肉收缩的协调运动由延髓尾部的一组相对固定的神经连接来控制 2. 对触发吞咽动作非常重要的大部分感觉信息,来自舌后部、腭弓和咽部,通过第Ⅸ、Ⅹ脑神经传入,而第Ⅴ脑神经更多地参与咀嚼的反馈控制 3. 咽期的主要模式发动器位于孤束核及其腹侧,其纤维辐射至支配咽期参与吞咽肌肉的运动核,并接受来自端脑的大量下行冲动,这些下行冲动大部分都是兴奋性的,能促进吞咽的启动
		下颌舌骨肌(Ⅴ)、二腹肌前腹(Ⅴ)、舌骨舌肌(Ⅻ)和颏舌骨肌(Ⅻ)	在推送食团的同时,舌骨和喉向前上方移位,保护喉部	
		喉内在肌:杓会厌肌、环杓侧肌、杓横肌、杓斜肌、甲杓肌和环甲肌(咽神经丛)	双侧杓状软骨相对,假声带闭合,声带增厚内收,保护喉部	
		咽上缩肌(咽神经丛),茎突舌肌(Ⅻ),腭舌肌、翼咽肌、腭咽肌、茎突咽肌、咽鼓管咽肌(咽神经丛),茎突舌骨肌、二腹肌后腹(Ⅶ)	盖住咽口,防止食团反流入口腔	
	晚期	甲状舌骨肌(C_1),胸骨舌骨肌、胸骨甲状肌、肩胛舌骨肌(C_{1-3})、中和下咽缩肌(咽神经丛)	一起收缩,将食团从咽部清除,将舌骨和喉恢复到原始位置	
		环咽肌(咽神经丛)松弛,喉上提所致的被动性开放	食团进入食管	

续表

吞咽分期	参与肌肉及支配神经	肌肉作用	神经控制
食管期	食管上 1/3 以横纹肌为主,食管蠕动大部分依赖于迷走神经和完整的延髓反射 食管下 2/3 为平滑肌部分,迷走神经更多的是调节作用,自主的内在蠕动机制	食团沿食管下行至胃	1. 激发食管蠕动的最有效刺激是食管扩张,吸气末胸腔负压以及食团的物理扩张作用,协同引发蠕动 2. 迷走神经内的感觉纤维到达孤束核,孤束核投射纤维至食管运动神经元,后者再支配食管,形成环路。支配食管横纹肌部分的运动神经元,位于延髓腹外侧疑核,支配平滑肌和食管下括约肌的运动神经元位于迷走神经背运动核,紧邻孤束核的腹侧

　　吞咽障碍会导致误吸、肺炎、营养不良以及心理与社会交往障碍,因此引起广泛的关注。外伤、炎症、肿瘤或者放疗后可能导致每个阶段相应解剖结构功能紊乱、障碍,从而引起吞咽困难的发生。控制吞咽的中枢在延髓,向下传递信号通过舌咽和迷走神经,指挥协调吞咽动作,任何病变侵犯延髓或舌咽、迷走神经都有可能出现吞咽障碍。吞咽障碍常见病因见表 1-9-2。

表 1-9-2　吞咽障碍常见病因

常见病变部位	常见病变
口咽	口腔癌、口咽癌、下咽癌 咽后壁脓肿 颈椎病 颈椎、口腔或咽喉部手术后 口腔、鼻咽及其他头颈部肿瘤放疗后
食管	食管异物、食管癌、贲门失弛症、食管旁型裂孔疝、纵隔占位病变侵犯或压迫食管
神经肌肉	延髓、颅底、颈部肿瘤或卒中累及第Ⅸ、Ⅹ 及第Ⅻ脑神经 运动神经元病 第Ⅸ、Ⅹ 及Ⅻ脑神经病变 重症肌无力、多发性肌炎、皮肌炎
全身	狂犬病、破伤风、肉毒中毒

【影像学表现】

　　吞咽造影录像检查在放射科医生、康复科医生和语言治疗师共同参与下进行。在 X 线透视下用录像记录吞咽由钡剂各期食团经过口、咽、喉上和食管的运动过程。重症患者为安全起见,需在临床医师陪同下进行检查。在吞咽造影录像检查中,患者一般站位,用 76% 复方泛影葡胺作为流质食物,76% 复方泛影葡胺+营养米粉(1∶1 混合)为糊状食物;在透视下嘱患者咽下食物 5ml 和 10ml,分别进行侧、正、斜位录像,每秒 30~50 帧图像。对占位性病变,需要结合其他影像学检查方法,如 CT 或 MRI 检查。

1. VFSS 的优点和缺点 优点是可以敏感地发现吞咽过程中的细微异常变化,对吞咽情况进行分析,同时可以指导治疗和观察治疗效果。缺点是需要专门的设备,患者要暴露在 X 射线中。尽管可以透视的吞咽过程,但是对于喉咽部解剖和感觉的隐匿性异常是不能够提供更为详细的资料的。

2. 食物和造影剂 一般需要 4 种不同形状的加入造影剂的食物,分别为流质、半流质、浓稠糊状和固体,可以用普通钡粉或 76% 泛影葡胺来调配。

3. 检查设备及检查过程 使用带有录像功能的 X 线机,根据临床评估结果决定患者进食不同状态的加入造影剂食物的顺序,一般是先半流质、后浓稠糊状,最后让患者进食固体食物,同时观察咀嚼情况。每口食物量一般是由 2~5ml 开始。

4. 吞咽造影范围 一般采用侧位像,观察进食不同形状的食物时,与吞咽有关器官的解剖结构和生理异常的变异情况。显示范围包括口腔、咽和食管上段;最后采用正位像,观察钡剂是否有分流至气管、声门及会厌谷和梨状隐窝是否有食物残留,以及声带的闭合和咽部肌群运动情况,可以帮助诊断及治疗。

吞咽造影录像检查可观察吞咽时两侧是否对称,有无对比剂潴留,有无环咽肌开放障碍以及有无误吸,可观察误吸为显性还是隐性,鉴别误吸为吞咽前、吞咽中或吞咽后误吸,从而指导康复科和耳鼻喉科医师选择相应的治疗方案。吞咽前误吸主要由于软腭无力引起。吞咽中误吸因咽部感觉神经受累、吞咽反射触发延迟引起,也可因喉内外在肌无力导致喉口不关闭引起,吞咽后误吸可因咽部造影剂潴留或因环咽肌开放障碍引起。

不同误吸类型吞咽康复治疗措施不同,吞咽前误吸,可让患者咀嚼时头前屈,让食物位于口腔前部,吞咽中误吸可让患者吞咽前深呼吸,闭合声带防止漏气,吞咽后误吸因咽部造影剂潴留者可让患者每次吞咽后立即咳嗽清除气道和喉部的残留食物,因环咽肌开放障碍引起的吞咽后误吸,可行单侧环咽肌切断(除)术。

5. 吞咽造影录像检查的 8 分评估方法(表 1-9-3)

表 1-9-3 吞咽造影录像检查的 8 分评估方法评分标准

评分/分	吞咽造影录像检查表现
1	吞咽活动正常,无食物进入气道
2	食物进入声带水平以上的气道,但可自行或经咳嗽退出气道
3	食物进入声带水平以上的气道,不能自行或经咳嗽退出气道
4	食物进入气道,并触及声带,但可自行或经咳嗽退出气道
5	食物进入气道,并触及声带,不能自行或经咳嗽退出气道
6	食物进入声带水平以下的气道,但可自行或经咳嗽退出气道
7	食物进入声带水平以下的气道,并引起咳嗽,食物进入器官
8	食物进入声带水平以下的气道,不能引起咳嗽,食物进入气管

【典型病例展示】

病例 1 男性,57 岁,右舌根癌扩大切除术后,皮瓣修复(图 1-9-1)。

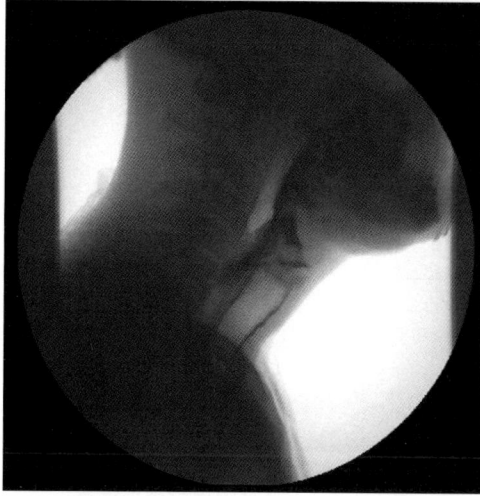

图 1-9-1 患者吞咽造影录像检查

吞咽造影录像检查显示泛影葡胺同时进入食管与气管,患者无咳嗽反射,为隐性误吸,术后支持治疗后恢复。

病例 2 男性,57 岁,鼻咽癌放疗后 18 年,吞咽困难 4 年,加重伴声音嘶哑 1 年(图 1-9-2)。

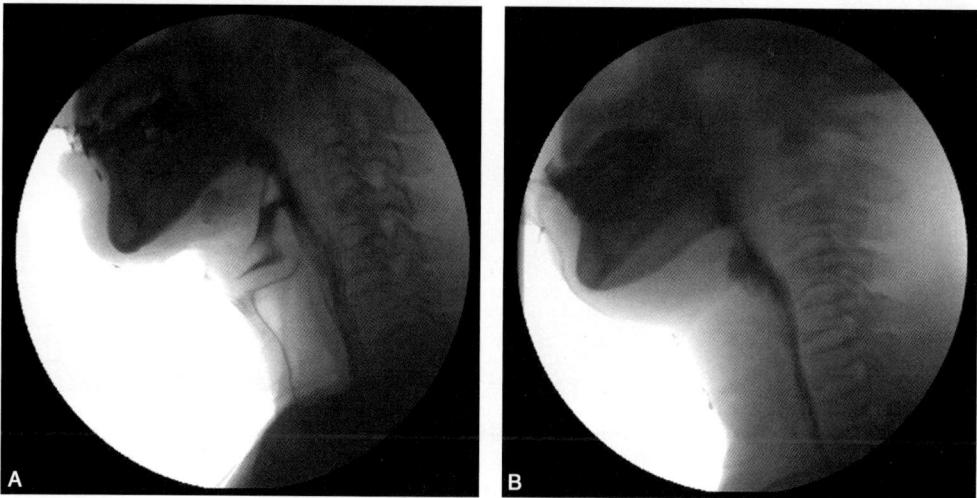

图 1-9-2 患者吞咽造影录像检查

吞咽造影录像检查显示对比剂泛影葡胺同时进入气管和食管(图 A),为隐性误吸,全麻下行喉离断术,术后复查显示对比剂不再进入气管(图 B)。

病例3　男性,51岁,鼻咽癌放疗后10年,吞咽困难2年,反复发热,呛咳1年余(图1-9-3)。

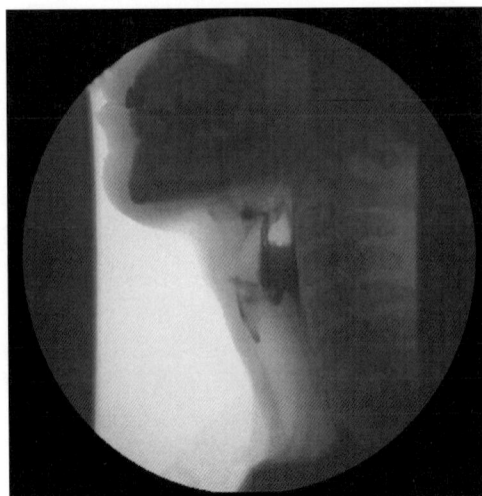

图1-9-3　患者吞咽造影录像检查
吞咽造影录像检查显示患者为吞咽后梨状隐窝对比
剂潴留,对比剂进入喉及气管,为吞咽后误吸。

病例4　女性,40岁,左侧椎动脉瘤栓塞术后饮水呛咳、吞咽困难、言语含混伴右侧偏身感觉障碍7个月余,于外院行多次食管扩张术及对症支持治疗,吞咽困难无明显改善(图1-9-4)。

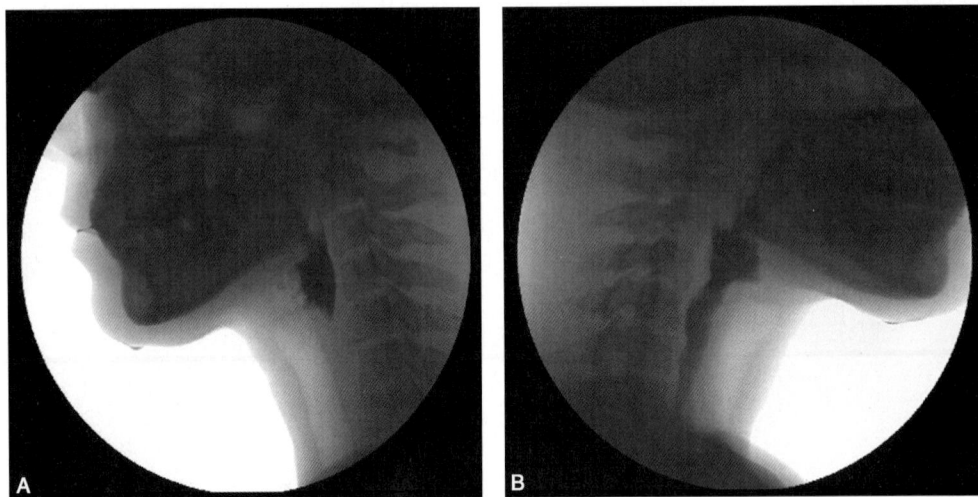

图1-9-4　患者吞咽造影录像检查
吞咽造影录像检查显示对比剂泛影葡胺聚集在梨状隐窝内,无法进入食管(图A),切除左侧食管
上括约肌至黏膜层后复查吞咽造影,显示对比剂进入食管通畅(图B)。

【诊断思路与诊断要点】
　　吞咽障碍是由于吞咽相关的神经损伤或吞咽相关器官损伤,引起吞咽一个或多个阶段出现障碍,目前吞咽障碍成为头颈部肿瘤患者放疗后的常见并发症。通过吞钡造影透视下观察钡剂是否存在分流至声门和气管梨状隐窝、舌会厌谷是否有钡剂潴留及相关肌群运动情况,临床医生可判断是否有吞咽障碍。

第十节 阻塞型睡眠呼吸暂停低通气综合征

【简介】

成人睡眠呼吸暂停综合征包括阻塞型睡眠呼吸暂停低通气综合征(obstructive sleep apnea hypopnea syndrome,OSAHS)、中枢型睡眠呼吸暂停综合征、睡眠低通气综合征(sleep hypoventilation syndrome)等。临床上以OSAHS最为常见,是指每夜7小时睡眠过程中呼吸暂停及低通气反复发作在30次以上,或呼吸暂停低通气指数(apnea-hypopnea index,AHI),即平均每小时睡眠中的呼吸暂停加上低通气次数≥5次/h。主要表现为睡眠时打鼾并伴有呼吸暂停和呼吸表浅,夜间反复发生低氧血症、高碳酸血症和睡眠结构紊乱,导致白天嗜睡、心脑肺血管并发症乃至多脏器损害,严重影响患者的生活质量和寿命。外科治疗最常用的手术方式是悬雍垂腭咽成形术(uvulopalatopharyngoplasty,UPPP)及其改良手术,但是这类手术仅适合于上气道口咽部阻塞(包括咽部黏膜组织肥厚、咽腔狭小、悬雍垂肥大、软腭过低、扁桃体肥大),也可以使用口腔矫治器、气道内正压通气等治疗手段。

OSAHS好发于30~45岁成年人,男性发病率高于女性,这是因为成年男性的舌骨更低,悬雍垂更长、更厚,颈围更粗。吸烟、大量饮酒及服用镇静药物、肥胖、上气道解剖异常(包括鼻腔阻塞,如鼻中隔偏曲、鼻甲肥大、鼻息肉、鼻部肿瘤等)、Ⅱ度以上扁桃体肥大、咽部肿瘤、咽腔黏膜肥厚、舌体肥大、舌根后坠、下颌后缩、颞颌关节功能障碍及小颌畸形,都可以导致OSAHS。多导睡眠图(polysomnography,PSG)是诊断OSAHS的金标准,但是它不能够探测上呼吸道阻塞的水平、程度以及原因,而不同模态的影像学可以更好地辅助评估OSAHS,为临床提供更有力的支持。

【病理基础】

上气道解剖性狭窄和局部软组织塌陷为OSAHS主要的病理形态改变。上气道解剖异常包括鼻中隔偏曲、鼻甲肥大、息肉、扁桃体肥大、腺样体肥大、软腭松弛、悬雍垂过长或过粗、咽腔狭窄、舌体肥大或巨舌、舌根后坠、颅颌面畸形(如狭颅症、小颌畸形)、发生于上气道各部位的软组织肿瘤、创伤或手术等原因导致的颌面缺损和瘢痕挛缩闭锁等。上气道阻塞可发生在单个部位或多个部位,多数患者上气道为多部位阻塞,腭咽部阻塞发生率为100%。

【影像学表现】

明确上气道阻塞部位对治疗及预后至关重要。CT和MRI可准确显示上气道阻塞的部位、狭窄程度及原因,CT扫描速度快,图像后处理功能强大,可对上气道进行三维重建,应用多平面重建(MPR)和仿真内镜成像可更准确地观察上气道情况。MRI软组织分辨率较CT高,能够更好地观察上气道软组织结构,有助于明确上气道狭窄原因。根据目前相关的研究,将OSAHS患者在清醒状态下进行MRI快速扫描,测量喉咽腔的相关参数,与OSAHS的严重程度例如呼吸暂停低通气指数、最低血氧饱和度、氧减饱和度指数等进行相关性分析,可以根据上气道MRI扫描所获得的形态学测量数据在一定程度上评估OSAHS的严重程度,对判定阻塞平面及选择治疗方案具有重要指导意义。

观察患者鼻咽部至喉咽部整个影像,并进行分区。硬腭下缘与悬雍垂根部之间的区域为软腭区,悬雍垂根部与悬雍垂尖之间的区域为悬雍垂区,悬雍垂尖端与会厌尖游离缘之间的区域为舌后区,会厌游离缘以下至声门之间的气道为会厌后区。分别测量软腭区、悬雍垂区、舌后区及会厌区横截面积及其相应前后径与左右径,根据各区的测量结果判定阻塞平面。

上呼吸道分为4个解剖区域:鼻咽(从颅底骨质至硬腭)、腭咽(从硬腭到腭垂)、舌后区域

（腭垂至会厌平面）、喉咽（会厌到声门平面）（图1-10-1）。根据最新研究，腭咽和舌后区域是OSAHS患者中上呼吸道最容易塌陷造成阻塞的结构。

影像学检查除了明确上呼吸道狭窄的部位及程度外，还可揭示狭窄的病因：

1. **鼻咽** 腺样体增生（图1-10-2）可引起OSAHS。腺样体从出生就有并且在婴儿时期很快增生，在2~10岁时达到高峰，到青年时期开始萎缩。据相关文献报道，腺样体普遍的厚度为7~12mm，而部分OSAHS患者腺样体平均厚度可以达到13.46mm，这部分腺样体明显增生的患者可以造成鼻咽部的狭窄。

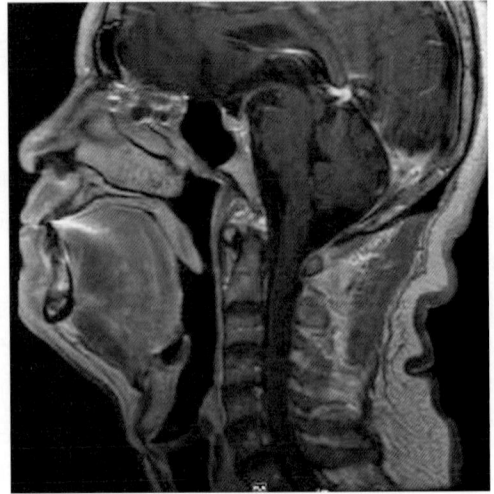

图1-10-1 正常上呼吸道MRI矢状面

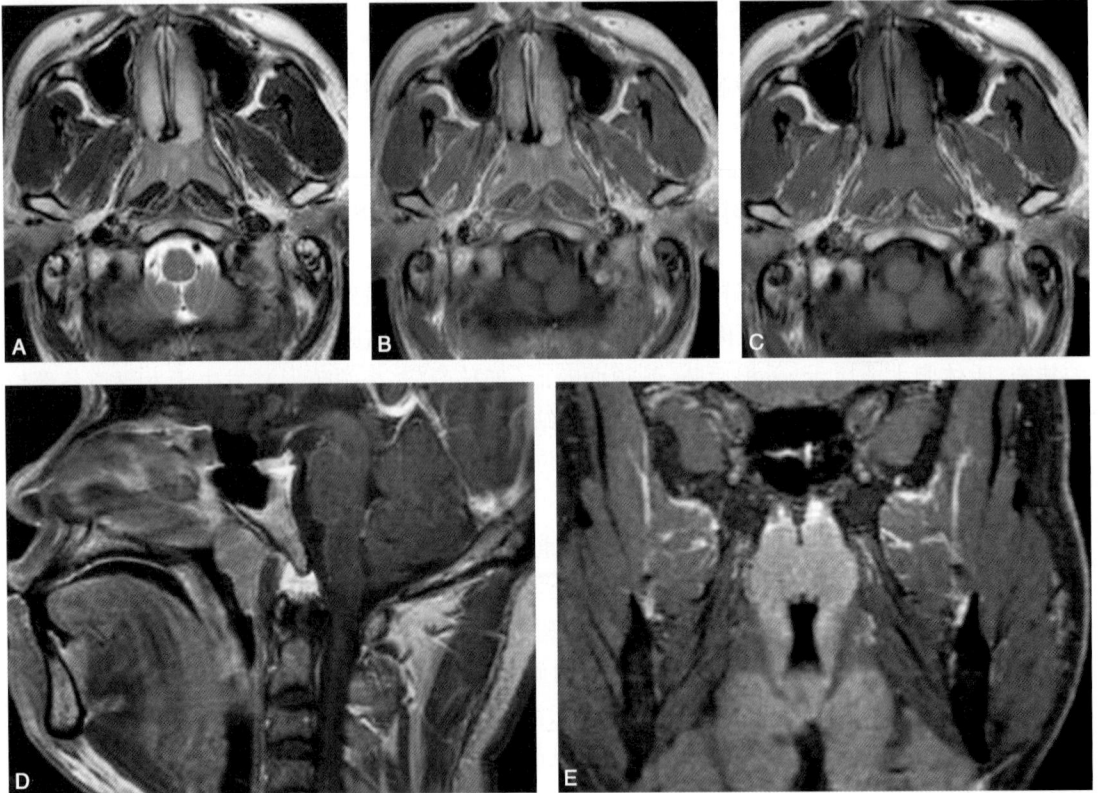

图1-10-2 腺样体增生

MRI横断面T_2WI（图A）、T_2FLAIR（图B）、T_1WI（图C）示鼻咽顶后壁均匀增厚，矢状面（图D）、冠状面（图E）T_1WI增强示鼻咽顶后壁均匀强化。

2. **口咽** 口咽周围淋巴器官的增大可引起OSAHS。口咽位于腭帆游离缘与会厌上缘平面之间，向前经咽峡与口腔相通。咽后上方的咽扁桃体、两侧的咽鼓管扁桃体、腭扁桃体和舌扁桃体，共同构成咽淋巴环，对消化道和呼吸道具有防御功能。当腭扁桃体、舌扁桃体、软腭增大时,可以造成口咽部的狭窄,影响呼吸。口咽的前壁主要为舌根后部,侧壁主要为腭扁桃体位于扁桃体窝内,是淋巴上皮器官,具有防御功能,腭扁桃体增大引起的口咽部狭窄是儿童OSAHS 的主要原因。舌扁桃体也属于淋巴器官,在 T_2WI 上通常表现为位于舌后方的高信号,呈扁平碟状。当舌扁桃体增大与对侧相连时,即在 MRI 上 T_2WI 序列舌扁桃体前后径>10mm时,可以造成口咽腔的明显狭窄,引起打鼾等症状。有研究表明,OSAHS 患者软腭通常会有一定的异常改变,表现为增厚、冗长,OSAHS 持续打鼾带来的异常震动会加重软腭的微小伤害,进而增生、修复,更加加重打鼾的症状,导致恶性循环。软腭增大的标准是超过舌体的中份或者与咽后壁的腺样体、会厌接触,通过影像发现患者有软腭异常时,可以通过外科治疗接受悬雍垂腭咽成形术(UPPP)及其改良手术得以缓解或者根治(图 1-10-3)。

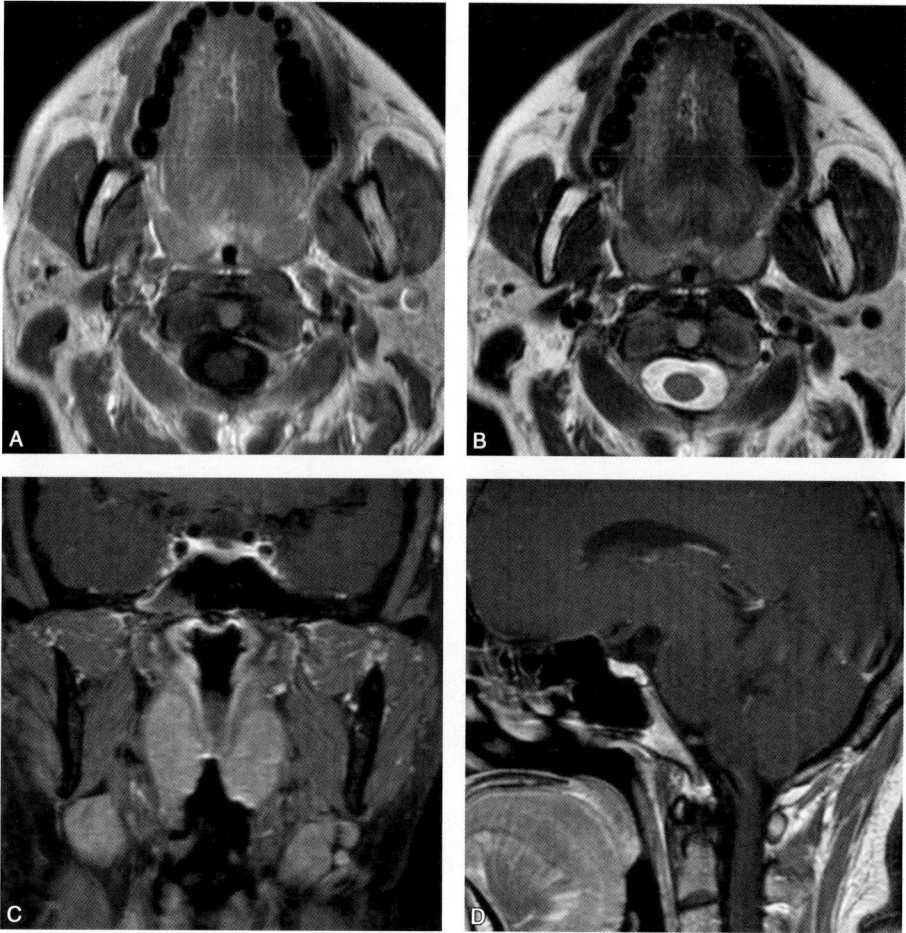

图 1-10-3　扁桃体肥大

MRI 横断面 T_1WI(图 A)、T_2WI(图 B)示咽双侧壁对称性增厚,冠状面(图 C)、矢状面(图 D) T_1WI 增强示双侧腭扁桃体均匀强化。

3. 巨舌、舌后坠　有一部分染色体异常的患者伴有巨舌等改变。当舌体超过口咽双侧壁时就可以定义为巨舌。甲状腺功能减退、黏多糖贮积症、染色体异常(如脐膨出-巨舌-巨体综合征、唐氏综合征)等可有引起口咽腔狭窄的巨舌,同时这部分患者伴有下颌骨发育不良。除此之外,入睡后由于迷走神经兴奋,对舌肌控制削弱,舌体会慢慢移向口咽后壁造成口咽腔阻塞。当影像上发现患者伴有巨舌或下颌发育不良,或者通过电影MRI动态观察舌体在入睡时有向咽后壁的坍塌,可以通过手术的介入减轻上呼吸道阻塞。舌后坠的患者通常与巨舌、下颌骨发育不全相关,这部分危险人群包括唐氏综合征、脑瘫、皮埃尔·罗班综合征(Pierre Robin syndrome)。

4. 下咽 下咽部的良性病变或者恶性肿瘤突入下咽造成咽腔狭窄时可引起OSAHS。喉咽塌陷主要发生在唐氏综合征患者中,除了有巨舌发育异常、舌后坠等改变外,动态观察该类患者的MRI,还伴有咽后壁的前移。

5. 喉 巨大会厌。

6. 咽旁间隙脂肪沉积 额外的脂肪沉积在咽旁间隙周围也会引起上呼吸道狭窄。

7. 颅面畸形 如颌后缩、上颌或下颌骨后移、舌骨下移。

【诊断思路与诊断要点】

1. OSAHS诊断标准

(1)习惯性打鼾:睡眠中打鼾是由于空气通过口咽部时使软腭振动引起。打鼾意味着气道有部分狭窄和阻塞,OSAHS患者打鼾和单纯打鼾不同:音量大,十分响亮;鼾声不规则,时而间断,常称作"复苏性"鼾声,对诊断OSAHS有重要价值。常每周>5次,OSAHS患者中50%自述有睡觉打鼾史。

(2)嗜睡或疲劳:表现为白天乏力或嗜睡。白天嗜睡,OSAHS人群中30%的人因有意识地缩短睡眠时间而出现白天嗜睡,以致影响日常活动;睡觉不解乏,醒后疲倦,常因打瞌睡而发生事故(受伤)。但不能工作、不能操作机器或社交困难的习惯性嗜睡者较少见,一旦出现,即表明存在较重的睡眠障碍。睡眠呼吸暂停是导致嗜睡、丧失工作能力的主要原因。

(3)睡眠中发生呼吸暂停:较重的患者常常夜间出现憋气,配偶常发现睡眠时呼吸间歇,夜间憋醒,睡眠差,甚至突然坐起,大汗淋漓,有濒死感。

(4)夜尿增多:夜间由于呼吸暂停导致夜尿增多,个别患者出现遗尿。

(5)头痛:由于缺氧,患者出现晨起头痛。

(6)性格变化和其他系统并发症:包括脾气暴躁、智力和记忆力减退以及性功能障碍等,严重者可引起高血压、冠心病、糖尿病和脑血管疾病。

(7)影像学表现:CT/MRI提示上呼吸道狭窄,明确狭窄的位置、程度及病因。

2. OSAHS诊断应包括的内容

(1)是否确诊:根据患者睡眠时打鼾、呼吸暂停、白天嗜睡等病史,肥胖、颈围粗大、下颌畸形、肢端肥大、高血压等体征,结合PSG监测呼吸暂停低通气指数(AHI)≥5,诊断即可成立。

(2)确定病因:根据CT/MRI判断上呼吸道阻塞的位置、程度及病因,更好地指导治疗。

(3)分型和分度:睡眠呼吸暂停事件分为阻塞型、中枢型和混合型3种类型。根据不同类型所占比例判断患者以阻塞型为主,或以混合型、中枢型为主。

(4)病情分度:根据AHI参考夜间最低血氧饱和度分为轻、中和重度。

(5)白天嗜睡程度评估:主观评价多采用Epworth嗜睡量表(ESS)。必要时可增加客观评价,多采用多次小睡潜伏期试验(MSLT)。

(6)有无并发症和合并症:代谢综合征、糖尿病、高血压、肺动脉高压、肺心病、心律失常、脑血管意外、红细胞增多症等。

3. OSAHS 的分度标准

（1）轻度：AHI 5~20；最低 SaO_2≥86%。

（2）中度：AHI 21~40；最低 SaO_2 80%~85%。

（3）重度：AHI>40；最低 SaO_2≤79%。

4. 鉴别诊断　睡眠障碍性疾病的国际分类包括 4 大类共 89 种疾病。OSAHS 只是其中较为常见的一种。

（1）日间嗜睡的鉴别：除 OSAHS 外，日间嗜睡疾病还包括 4 类。①内因性：发作性睡病、周期性嗜睡、原发性嗜睡、外伤后嗜睡、周期性肢体运动障碍；②外因性：睡眠习惯不好、环境因素、睡眠不足、应用镇静催眠药、饮酒；③生物节律紊乱：时差、倒班、睡眠不规律、睡眠时相延迟；④其他：抑郁症、酒精成瘾、帕金森病等。

（2）其他睡眠呼吸障碍疾病的鉴别：包括上气道阻力综合征（UARS）、睡眠低通气综合征（SHS）、慢性阻塞性肺疾病（COPD）患者的睡眠低氧血症，以及神经肌肉病患者的睡眠通气不足、夜间哮喘等。这些患者可能并不表现典型的睡眠打鼾，PSG 未发现频发呼吸暂停，但其基本病理生理改变均为低氧、高二氧化碳血症和/或睡眠结构紊乱，临床后果与 OSAHS 相同，且其与 OSAHS 重叠发生的概率也相当高。

第十一节　咽部常见手术及放疗后影像

【简介】

咽部原发性肿瘤多见，按部位可分为鼻咽癌、口咽癌及下咽癌。

鼻咽癌对放射线有较高的敏感性，放疗是其主要治疗方式。但在部分情况下，如鼻咽部局限性病变经放疗后不消退或复发者、颈部转移性淋巴结经放疗后不消退且鼻咽部原发病变已控制者、鼻咽病变坏死明显且坏死腔邻近颈动脉鞘区者，可选择手术治疗；常见术式为鼻咽原发灶/坏死灶切除、转移淋巴结清扫术等。

对于早期的口咽癌和下咽癌，手术治疗是常用治疗方法，晚期常见的治疗方式为手术+放化疗，手术术式因肿瘤原发部位、分期不同而不同。

术后随访关系到患者的生存率及生存质量，通过适当的影像学检查，早期诊断病灶复发及转移，是延长患者生存期的重要手段。

放疗会诱发组织改变，包括预期反应和放疗并发症。通过影像学检查，及时对并发症作出诊治以改善预后，提高患者生存质量。

【病理基础】

由于手术对局部结构造成损伤、小血管破裂及淋巴回流障碍等原因，术区早期以水肿、反应性炎症和出血等改变为主，之后通过纤维结缔组织修复，较大损伤后期转化为纤维性瘢痕。

放疗在对病灶进行照射时，照射路径的所有组织都不可避免受到辐射，从而引起放射反应与损伤。急性反应主要以全身反应，黏膜充血、水肿、上皮细胞脱落，腺体功能下降，毛细血管充血、水肿、血管通透性增加等改变为主；慢性反应主要以毛细血管的损伤造成局部血供不足及营养障碍、组织结构变化及器官功能障碍、骨坏死、神经损伤为主。

【影像学表现】

咽部病变的诊断常依靠 CT、MRI。恶性肿瘤手术切除后，宜于术后 4~6 周行第 1 次基础 CT 或 MRI 扫描，此时术区局部出血、水肿或反应性炎症应已完全吸收。放疗后可出现炎性肿胀和纤维性瘢痕形成。这些改变在放疗后3个月内即可出现,持续2年或更长。基础CT或MRI扫描检查后,每隔4~6个月复查1次,随访时间依肿瘤性质而定。

1. 术后改变影像表现 术后改变与术中切除组织的多少及重建方式有关,故检查前了解手术及修复方式对术后影像诊断至关重要。如手术切除组织范围较小,切除的组织通过再生修复,影像检查可无明显阳性改变。较大的术后缺损一般由黏膜、肉芽肿和瘢痕组织取代,表现为不规则形片状异常密度/信号灶,边界较清,密度/信号均匀,均匀强化。若切除的结构范围较大,影像表现随修复方式不同而有所不同。如使用皮瓣修复,CT图像上局部可见修复体软组织影,MRI图像上表现为短T_1长T_2信号灶,勿认为是肿瘤复发;如下咽癌使用游离胃肠段修复,咽喉部可见管状结构,其周围见边界清楚的脂肪层。

术后早期术区皮下脂肪层由于水肿而变模糊、消失,组织结构层次紊乱;水肿吸收后,皮下脂肪层内可见纤维化或瘢痕组织形成的小条状影。

2. 术后肿瘤残留、复发影像表现 与前片对比,渐进性增大的软组织结节或肿块是肿瘤复发的直接征象。如无前片对比,则肿瘤残留或复发难以与肉芽、瘢痕组织及修复皮瓣鉴别。肿瘤复发的较可靠征象是原肿瘤发生部位、手术切缘、皮瓣周围或皮瓣内的强化肿块,有时肿块内可见坏死。如肿块周围组织受侵或骨质破坏,更能提示肿瘤复发可能。由于皮瓣一般应用在较晚期肿瘤切除后的缺损修复,术区切缘可能有肿瘤细胞残留,故皮瓣周围或皮瓣内发生肿瘤复发的概率较高。

3. 术后并发症

(1) 出血:CT上可无阳性改变,急性期表现为稍高密度;MRI上信号多样,依据出血时期的不同而表现不同。如形成血肿,可有占位效应。

(2) 感染:可依据临床表现、生化检查等诊断,不需要CT或MRI检查。如形成脓肿,影像学检查可了解病变的具体位置、范围、与周围组织的关系,为引流和其他治疗提供信息。

(3) 咽瘘:咽部术后最常见的并发症,多发生在术后1周左右。食管造影可发现造影剂外漏,于食管外聚集,形成咽-皮肤瘘时造影剂可经窦道流出到皮肤外。平扫CT较难显示瘘管或窦道,合并感染时可显示周围软组织肿胀、脂肪密度增高并模糊。MRI可显示瘘管或瘘道内的积液,也可显示周围软组织水肿。对迟发的咽瘘,CT或MRI检查可提示有无肿瘤复发表现。

4. 放疗后影像学表现 放疗后改变是治疗过程中受到辐射引起的放射反应,严重程度主要与放疗剂量、放疗时间相关。放疗后患者可出现炎性肿胀和纤维性瘢痕形成,肿胀变硬的颈部,增厚的皮肤,有时伴疼痛感。

在放疗初期,肿瘤可见消退,皮下、黏膜和咽旁的脂肪和肌肉可见水肿。黏膜水肿CT表现为黏膜增厚,呈均匀的低密度,皮下水肿表现为皮下脂肪密度增高,呈细网状。CT可表现为颈前区皮下脂肪增厚,声门上结构、咽后壁、咽后间隙对称性增厚。在CT上软组织肿胀及纤维化分别表现为密度增高和脂肪间隙内的网状条索影,增强后脂肪间隙可见明显强化。MRI的黏膜水肿表现为T_1WI呈稍低信号,T_2WI为稍高信号,增强后可见强化。随着水肿的消退,纤维性瘢痕的形成,T_1WI上表现为稍低信号并有网状改变,T_2WI上表现为稍低信号,增强后脂肪间隙可见明显强化。这种表现可能在1年后消失,也可长期存在。

5. 放疗并发症 放疗的并发症分为速发效应和迟发效应。速发效应可在放疗后立即出现,而迟发效应则在完成治疗后的几个月或几年中出现。了解放疗后出现的正常影像表现及放射性治疗并发症,可减少对照射组织进行活组织检查,尤其是在病灶愈合不良、感染及瘘管形成的情况,很难进行活组织检查。

（1）放射性脊髓炎:永久性脊髓损伤是放射性治疗后产生的破坏性较大的并发症。大部分病例伴随着对鼻咽癌患者行放疗而产生。在放疗后的半年到 2 年出现。影像学表现主要依赖于症状出现后的时间间隔,在症状出现后 6~8 个月内行 MRI 检查,可见脊髓肿胀,T_1WI 呈低信号,T_2WI 呈稍高信号,增强后出现明显强化。在症状出现后的 3 年以上行 MRI 检查,可见脊髓萎缩,信号未见异常。

（2）放射性脑损伤:鼻咽癌放射性脑损伤主要累及颞叶、额叶、垂体和脑干。放射性脑损伤以白质的脱髓鞘改变为主,病变进行性发展可出现坏死和出血。MRI 和 CT 可在临床症状发生前观察到脑的改变,MRI 较 CT 对放射性脑损伤更加敏感。早期病变 MRI 表现为病变部位肿胀,急性期有占位效应,T_1WI 呈等信号或稍低信号,在 T_2WI 为高信号,增强后可见强化。放射性脑损伤病灶强化的机制在于病变组织血脑屏障破坏、血管通透性增加以及异常血管数目增加。CT 放射性脑损伤主要表现为局部肿胀,密度减低,在脑白质内可呈指状。放射性脑坏死最常见于颞叶,多发生于放疗后 1.5~13 年,脑白质灰质均可发生。坏死病灶呈局限性不规则强化灶,周围见水肿。患者可完全愈合,局部出现脑萎缩或囊状软化灶。垂体受到照射后会发生萎缩,CT 和 MRI 可显示垂体体积缩小,表现为部分空泡蝶鞍。

（3）放射性骨坏死:放疗后,颈椎和颅底的正常红骨髓被富含脂肪的黄骨髓取代,照射范围内骨质在 T_1WI 信号增加。放射性骨坏死通常发生于放疗后 1 年,一旦发生将缓慢进展。颅底放射性骨坏死需和复发鉴别。影像上放射性骨坏死骨质破坏较为广泛,双侧多对称;坏死区形成含气的溃疡可见死骨或骨折;当合并感染时,邻近软组织可增厚、肿胀,增强后可见强化。

（4）软组织坏死:咽部肿瘤放射后 2 年内最常出现软组织坏死,患者常出现疼痛和吞咽困难,CT 和 MRI 检查可以发现软组织坏死,有时可见瘘管和溃疡。

（5）慢性鼻-鼻窦炎:鼻咽癌放疗后常并发鼻-鼻窦炎,放疗后 5~10 年的患者中鼻-鼻窦炎的患病率高达 76.9%,上颌窦、前组筛窦及窦口鼻道复合体是最易受累的区域。CT 和 MRI 检查可发现鼻窦黏膜增厚,可见分泌物,增强后无明显强化。

（6）分泌性中耳炎:分泌性中耳炎是鼻咽癌放疗后常见并发症,放疗后咽鼓管口淋巴组织水肿,导致咽鼓管完全或不完全阻塞,从而影响咽鼓管功能。CT 和 MRI 可见中耳乳突积液。

（7）放射性肉瘤:颈部放疗是肉瘤发生的一个因素,放疗导致的肉瘤可来自放疗部位的骨骼和软组织,大多数为高度恶性肿瘤。最常见的类型为恶性纤维组织细胞瘤、骨肉瘤、纤维肉瘤等。颈部肉瘤的影像学表现无特异性,CT 和 MRI 可见较大的肿块,坏死或者出血,不均匀强化。

（8）肿瘤复发和淋巴结复发:肿瘤复发可以发生在原发部位,也可发生在淋巴结。淋巴结转移可伴或不伴原发肿瘤复发。原发部位的肿瘤复发或淋巴结复发常在放疗后 2 年之内出现。一般来说,头颈部弥漫的病变不认为是肿瘤复发征象,而 CT 或 MRI 上局限性肿块,应警惕肿瘤复发。或者连续检查,新出现的肿块再次异常强化,应怀疑肿瘤复发。

鼻咽癌通常在放疗后 3 个月内就会完全消退,如果 3 个月后肿瘤组织没有完全消退,考虑肿瘤残留。如果放疗后 6 个月肿瘤完全消退后发现肿瘤重新生长,考虑复发。鼻咽癌复发可发生在鼻咽、颈部和颅底。CT 和 MRI 是最常见的影像学检查方法。CT 平扫显示鼻咽部和颈部软组织密度,与放疗后纤维化鉴别困难,增强 CT 扫描和 MRI 随访观察对鉴别诊断有较大帮助。肿瘤复发在形态上通常表现为局部肿块,具有占位效应,增强后肿瘤复发可见强化,大部分不均匀强化,较小的病灶可表现为均匀强化,只有少数肿瘤表现为不强化或轻度强化。而纤维化占位效应不明显,多呈片状改变。成熟的纤维化病变强化不明显,但部分不成熟的纤维化、脓肿和炎性肿块可表现为强化,与肿瘤复发鉴别困难。早期的纤维化和瘢痕组织形成的水肿逐渐吸收和肉芽组织纤维化,其密度不断降低,体积不断缩小或者稳定,强化程度不断减低。影像随访中新出现肿物,应高度怀疑复发肿瘤,需要进一步通过病理活检证实。

　　MRI 比 CT 有更好的软组织分辨率,鼻咽部和颈部肿块在 MRI 的 T_1WI 为中等或稍低信号,T_2WI 为稍高信号,增强扫描可见明显强化。而成熟的纤维化在 T_1WI 和 T_2WI 均表现为低信号,增强后强化不明显。对于放疗后水肿、未成熟的纤维化病灶及肿瘤复发,MRI 仍鉴别困难,影像随访有助于鉴别诊断。鼻咽癌颅底复发指的是单纯的颅底复发,临床常合并脑神经损害。放疗前有颅底骨质破坏的患者,在放疗后 4~6 个月会出现颅底骨质修复,在随访过程中也可减轻或者颅底骨质破坏持续存在,如果在随访过程中见骨质破坏范围增大,或者原来颅底骨质正常而新出现颅底骨质破坏,应高度怀疑颅底肿瘤复发,需与颅底放射性骨坏死鉴别。淋巴结的复发主要表现为原来缩小的淋巴结再次增大,或者新出现的肿大淋巴结。

【典型病例展示】
　　病例 1　男性,47 岁,左耳鸣 1 周,未分化非角化性癌(图 1-11-1、图 1-11-2)。

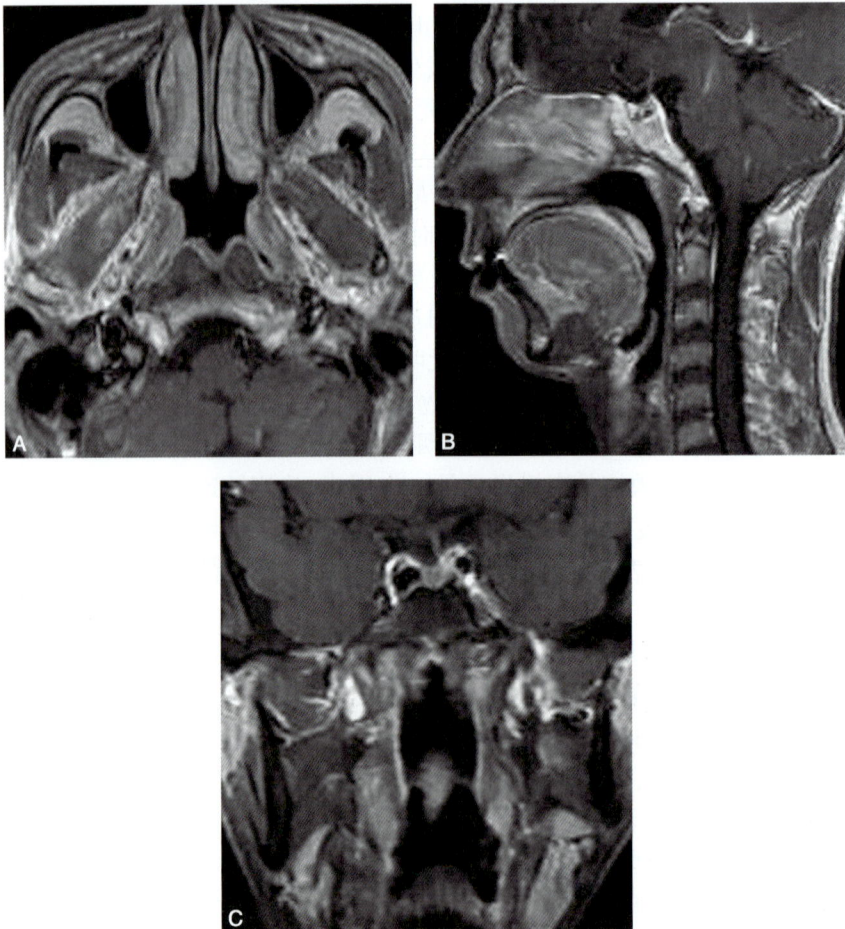

图 1-11-1　早期鼻咽癌,鼻咽壁黏膜增厚、隆起(术前)
A.横断面增强 T_1WI;B.矢状面增强 T_1WI;C.冠状面增强 T_1WI。MRI 示鼻咽顶后壁黏膜粗糙、增厚,右侧咽隐窝较对侧略变窄。

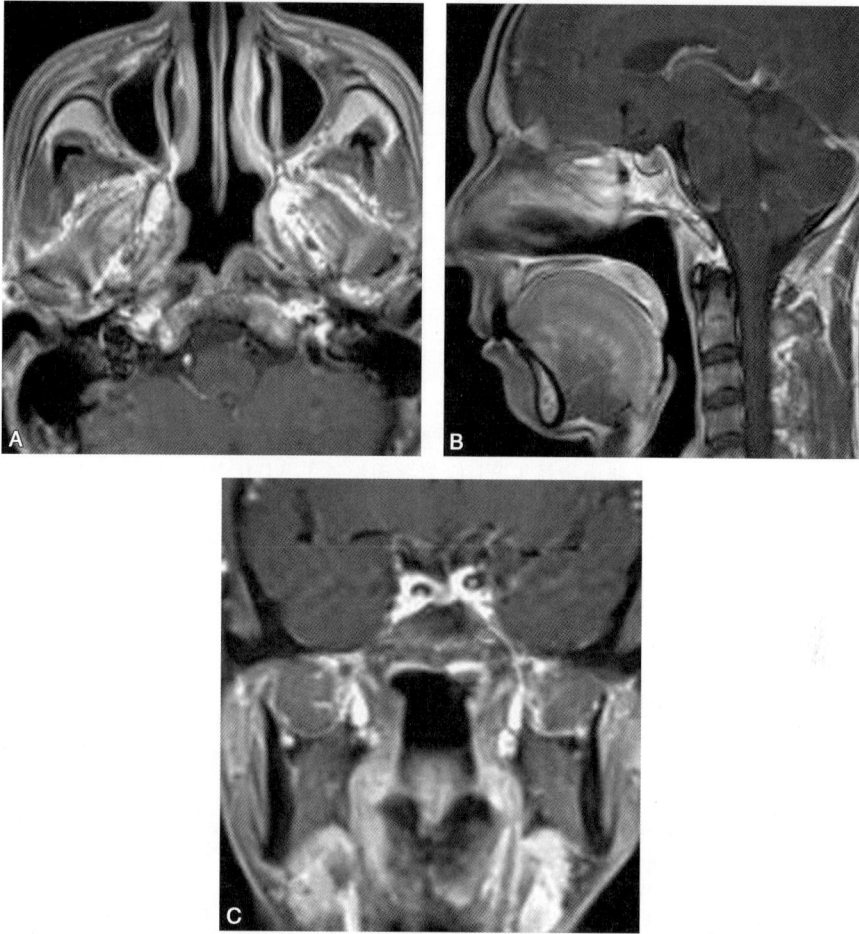

图 1-11-2　早期鼻咽癌术后局部凹陷
A. 横断面增强 T_1WI;B. 矢状面增强 T_1WI;C. 冠状面增强 T_1WI。MRI 示鼻咽顶后壁黏膜僵硬,局部凹陷,增强扫描见黏膜线样强化。

病例 2　男性,36 岁,鼻咽癌综合治疗后 1 年余,鼻咽癌复发 2 周(图 1-11-3)。

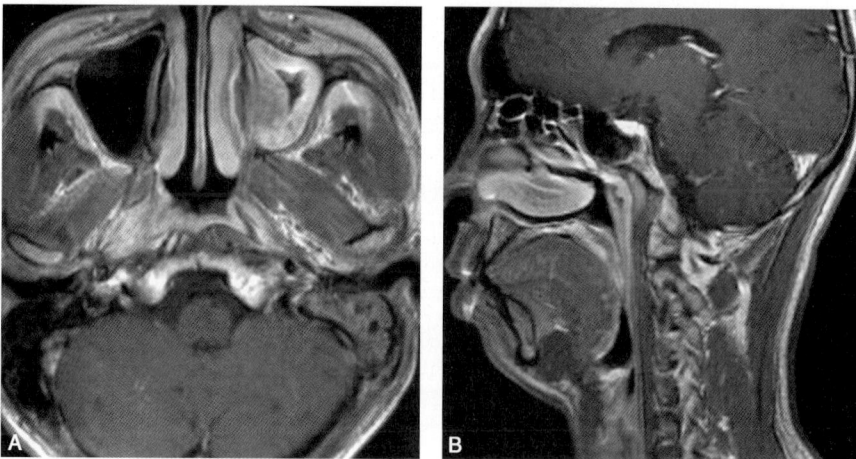

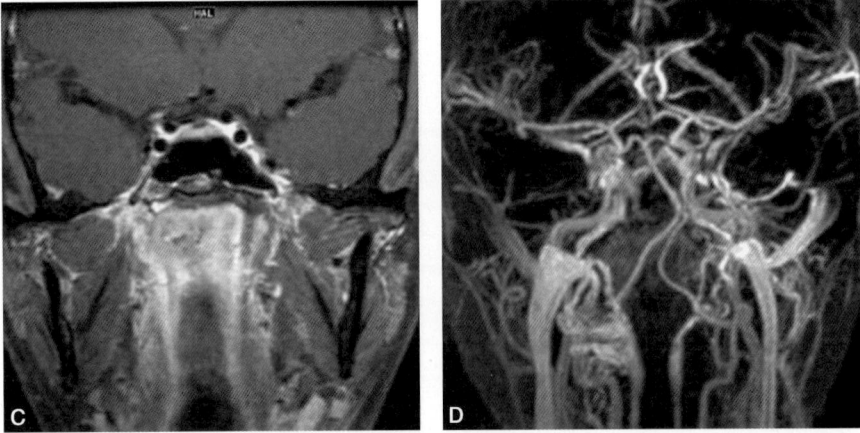

图 1-11-3　鼻咽癌复发

A. 横断面增强 T_1WI；B. 矢状面增强 T_1WI；C. 冠状面增强 T_1WI；D. MVA 血管重建。MRI 示鼻咽各壁不均匀增厚，右侧咽隐窝见不规则软组织灶，双侧腭帆张肌和腭帆提肌、右侧头长肌、双侧咽旁脂肪间隙受侵。病灶侵犯右侧下颌神经伴右侧卵圆孔扩大。

病例 3　男性，40 岁，发现口咽部肿物 1 个月，中分化鳞状细胞癌（图 1-11-4、图 1-11-5）。

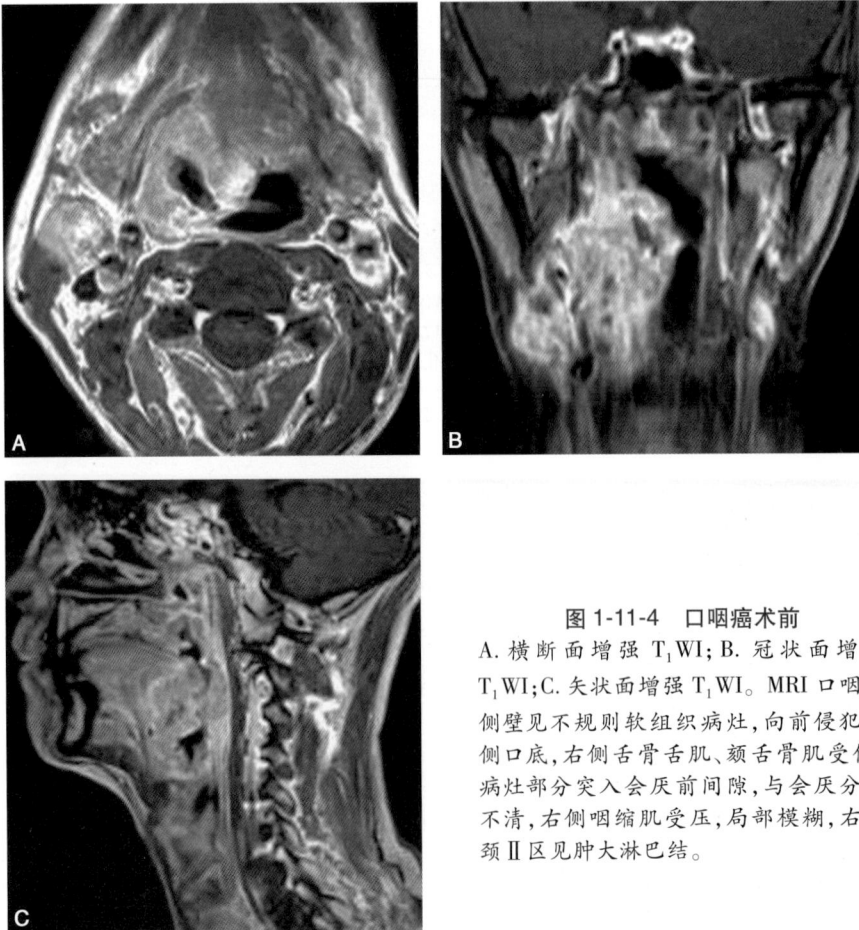

图 1-11-4　口咽癌术前

A. 横断面增强 T_1WI；B. 冠状面增强 T_1WI；C. 矢状面增强 T_1WI。MRI 口咽右侧壁见不规则软组织病灶，向前侵犯右侧口底，右侧舌骨舌肌、颏舌骨肌受侵，病灶部分突入会厌前间隙，与会厌分界不清，右侧咽缩肌受压，局部模糊，右侧颈Ⅱ区见肿大淋巴结。

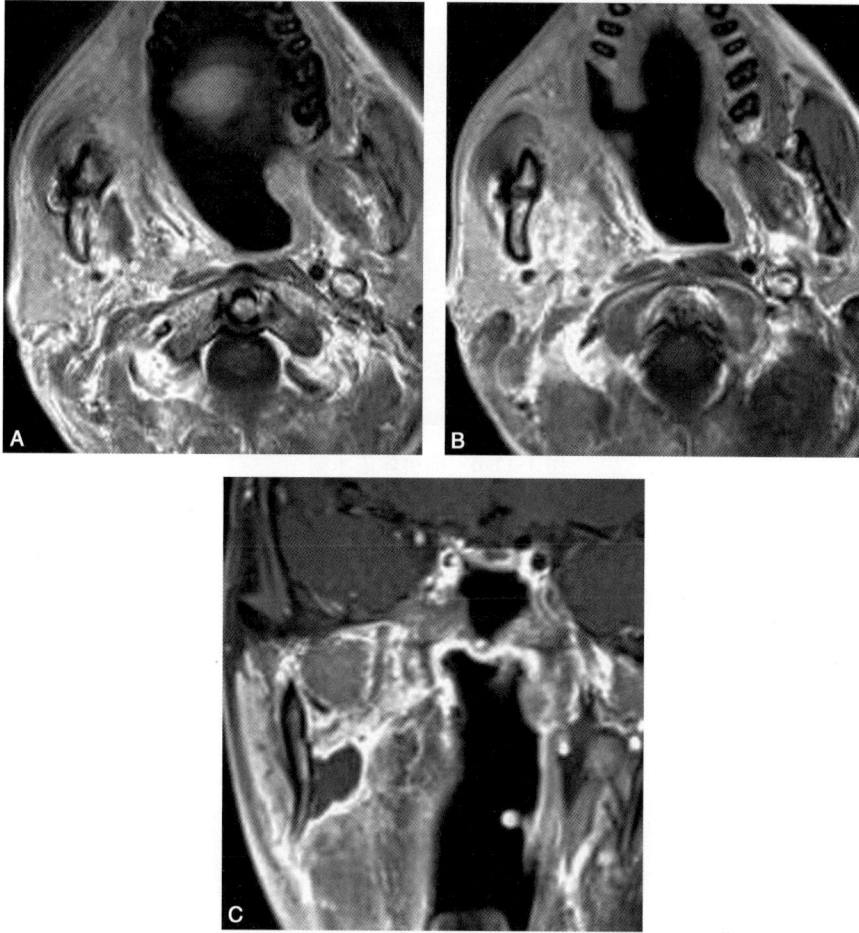

图 1-11-5　口咽癌术后
A、B.横断面增强 T_1WI;C.冠状面增强 T_1WI。MRI 口咽右侧壁缺如,修补皮瓣影,肌肉肿胀,异常信号,术后改变。

病例 4　女性,49 岁,咽异物感 4 个月,中至低分化鳞状细胞癌(图 1-11-6、图 1-11-7)。

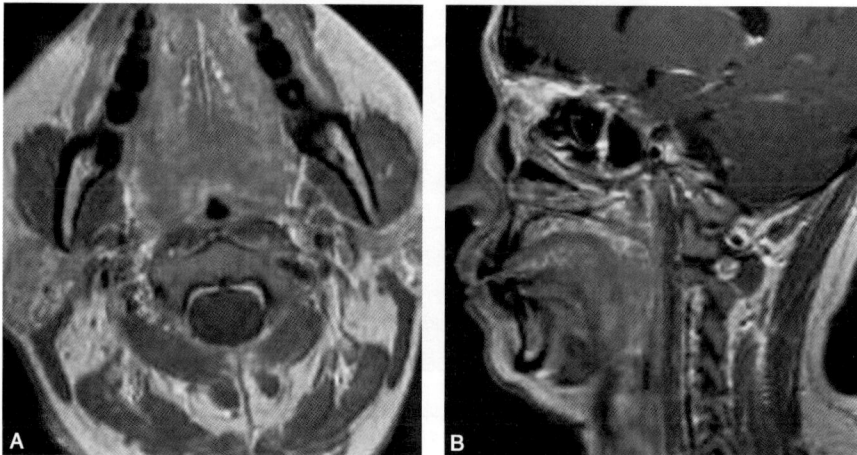

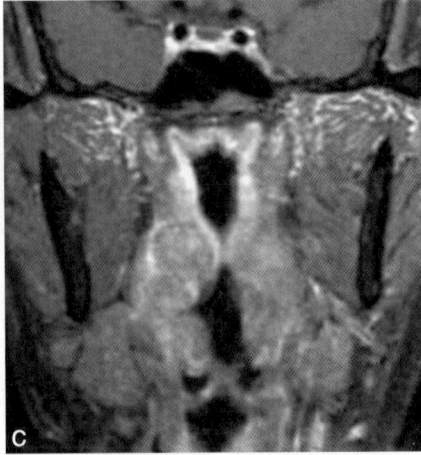

图 1-11-6　扁桃体癌术前
A.横断面平扫 T_1WI；B.矢状面增强 T_1WI；C.冠状面增强 T_1WI。MRI 示右侧
扁桃体窝见肿物占据，与口底右侧分界不清，强化明显。

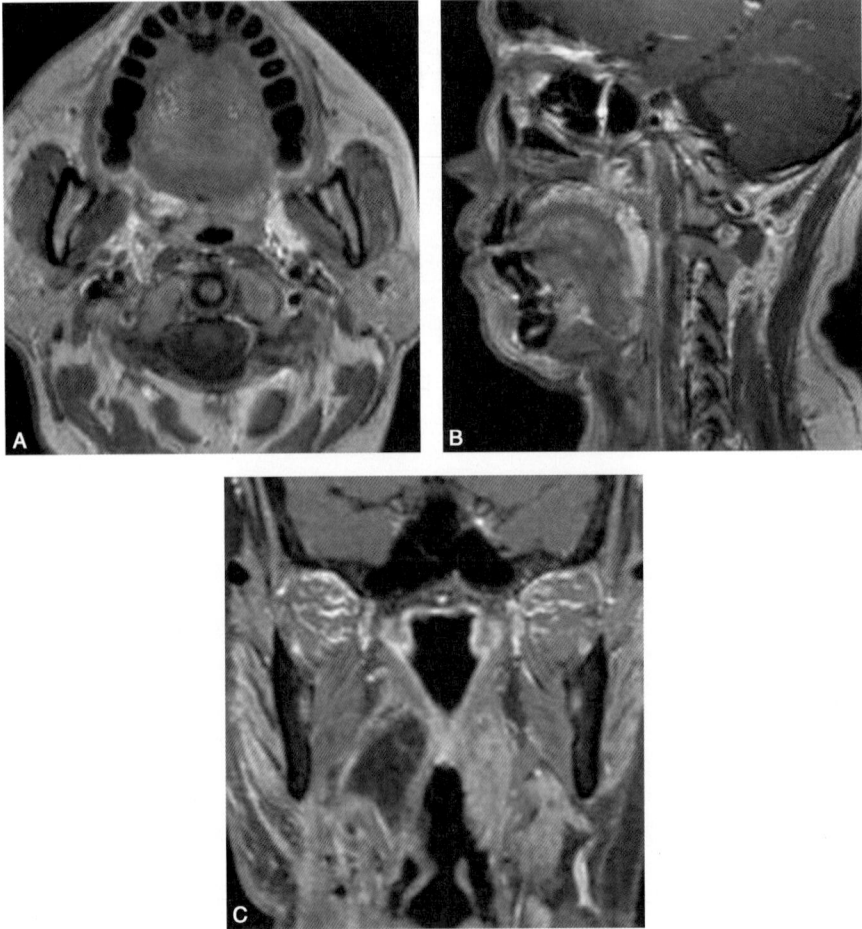

图 1-11-7　扁桃体癌术后，皮瓣影
A.横断面平扫 T_1WI；B.矢状面增强 T_1WI；C.冠状面增强 T_1WI。MRI 示右侧扁桃体窝皮瓣
脂肪信号灶，边界清。

病例 5　男性,44 岁,右颈肿大 2 年,咽痛、声音嘶哑伴饮水呛咳 2 个月,中至低分化鳞状细胞癌(图 1-11-8、图 1-11-9)。

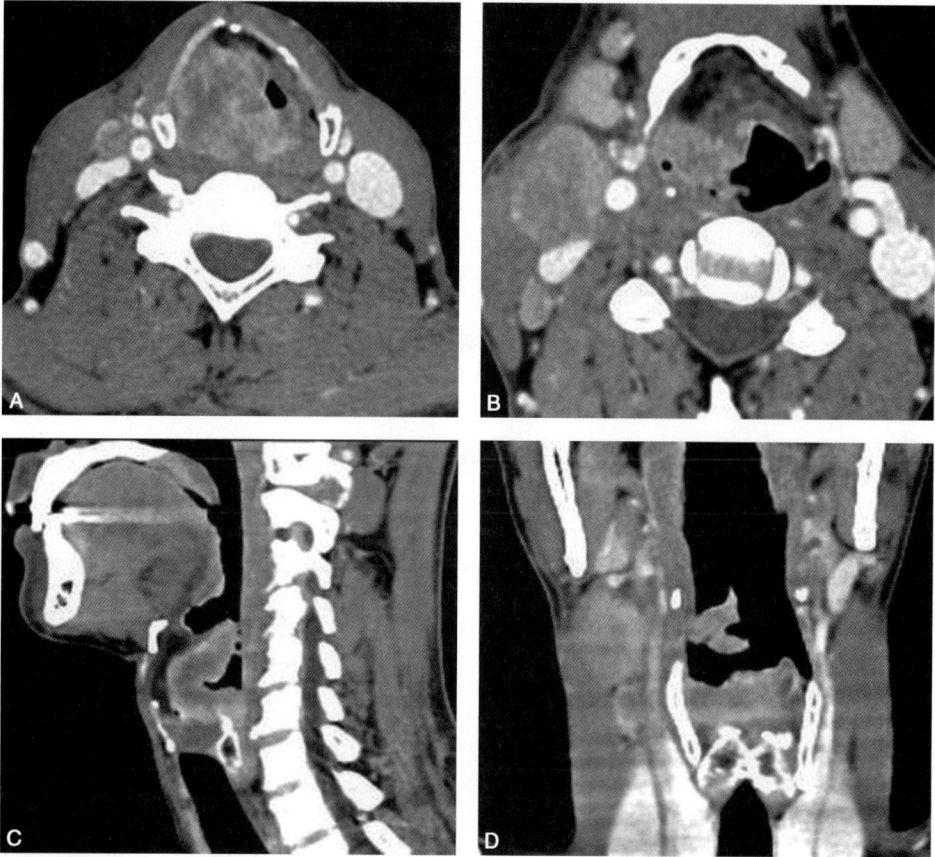

图 1-11-8　喉咽癌(会厌)术前

A、B. 横断面增强;C. 矢状面增强;D. 冠状面增强。CT 示声门上区见软组织灶,侵犯右侧会厌前间隙伴右侧梨状隐窝增厚,与右侧会厌分界不清,右侧喉旁间隙受侵,右侧甲状软骨皮质边缘欠清,增强扫描明显不均匀强化,内见坏死,颈部右侧Ⅱ、Ⅲ区见肿大淋巴结,推挤右侧下颌下腺,部分融合,部分边界模糊。

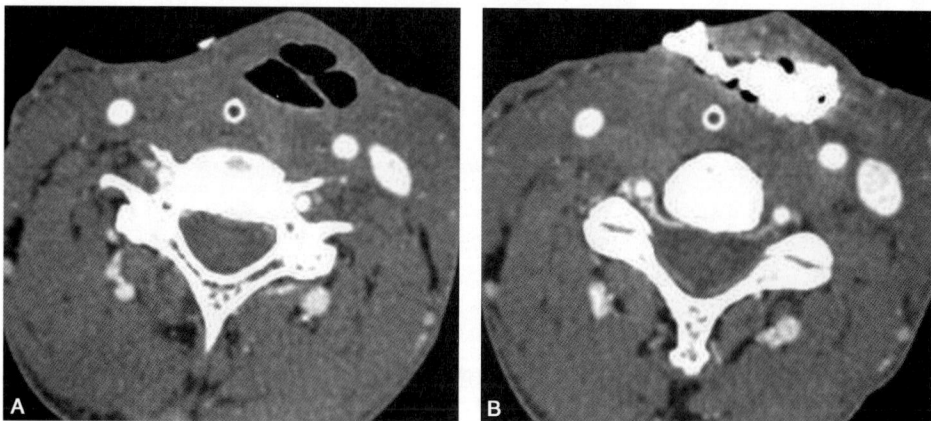

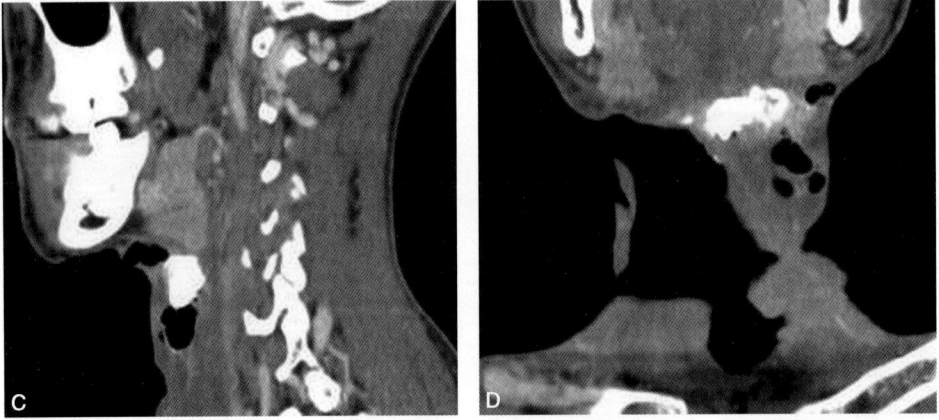

图 1-11-9　喉咽癌(会厌)术后

A、B.横断面增强;C.矢状面增强;D.冠状面增强。CT 示喉咽局部塌陷,结构紊乱,见金属支架从皮下植入喉咽腔内。

病例 6　男性,61 岁,左侧咽部不适伴声音嘶哑 1 个月余,高分化鳞状细胞癌(图 1-11-10~图 1-11-20)。

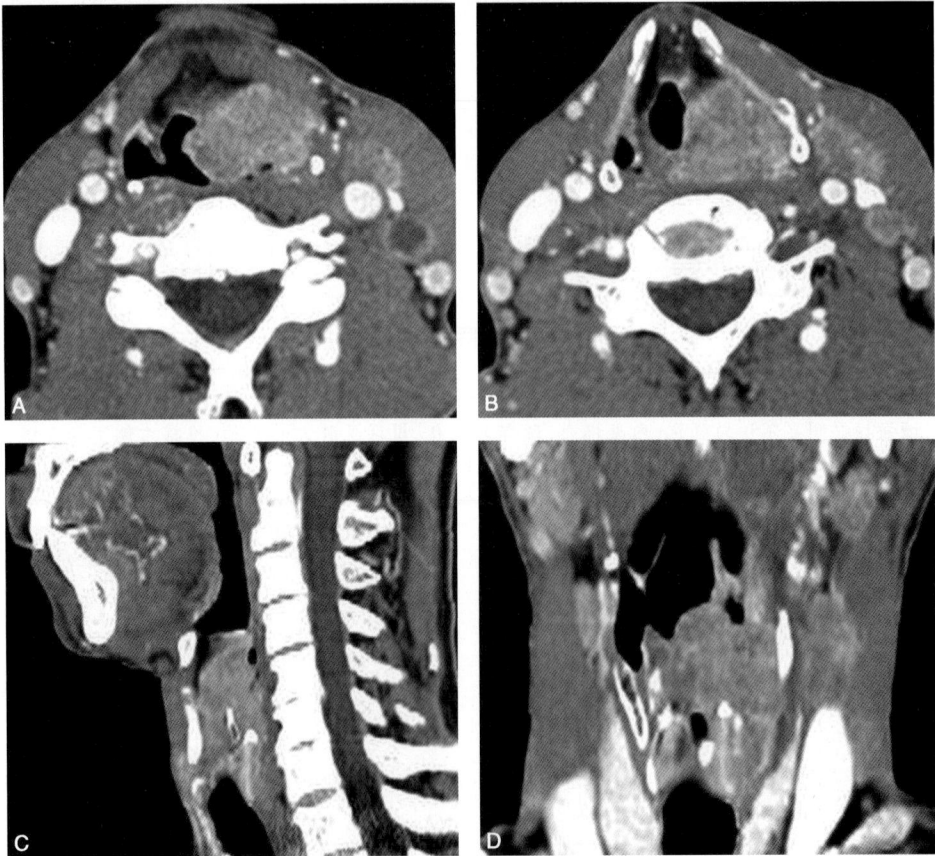

图 1-11-10　喉咽癌(梨状隐窝)术前

A、B.横断面增强;C.矢状面增强;D.冠状面增强。CT 示左侧梨状隐窝前壁及侧壁增厚形成软组织肿块,侵犯左侧会厌前间隙、左侧喉旁间隙,增强扫描明显不均匀强化,颈部双侧Ⅲ区见肿大淋巴结,增强扫描见中央区稍低密度坏死区域。

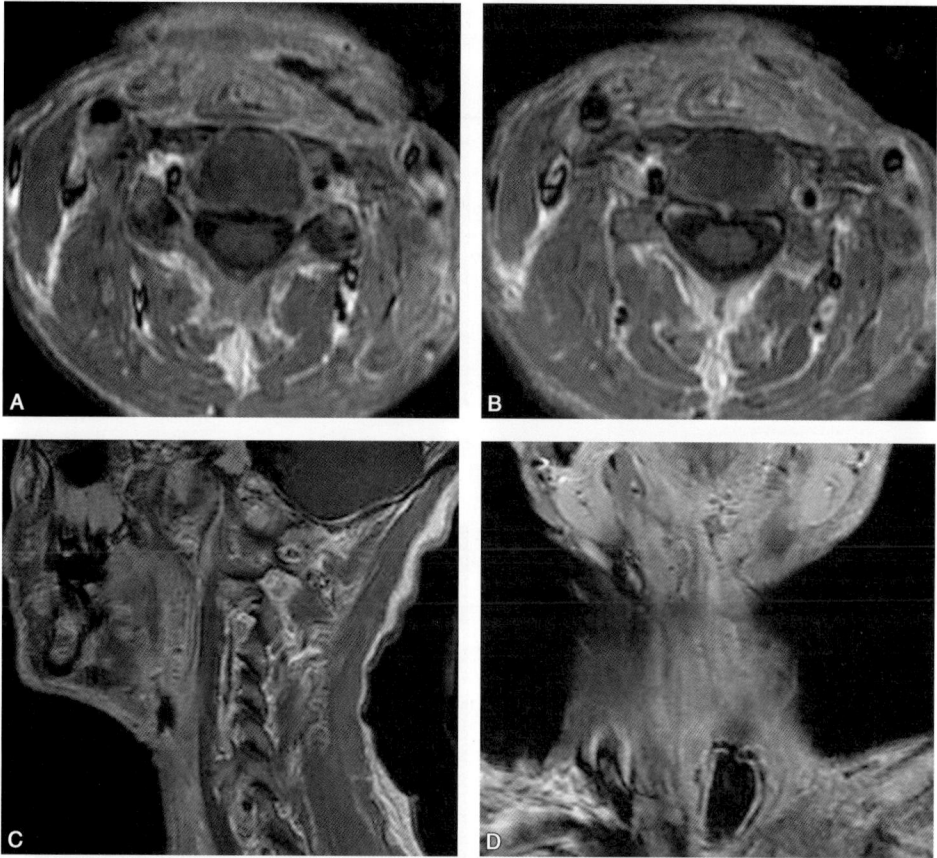

图 1-11-11　喉咽癌（梨状隐窝）术后

A、B. 横断面增强 T_1WI；C. 矢状面增强 T_1WI；D. 冠状面增强 T_1WI。MRI 示左侧喉部结构缺如，造瘘。

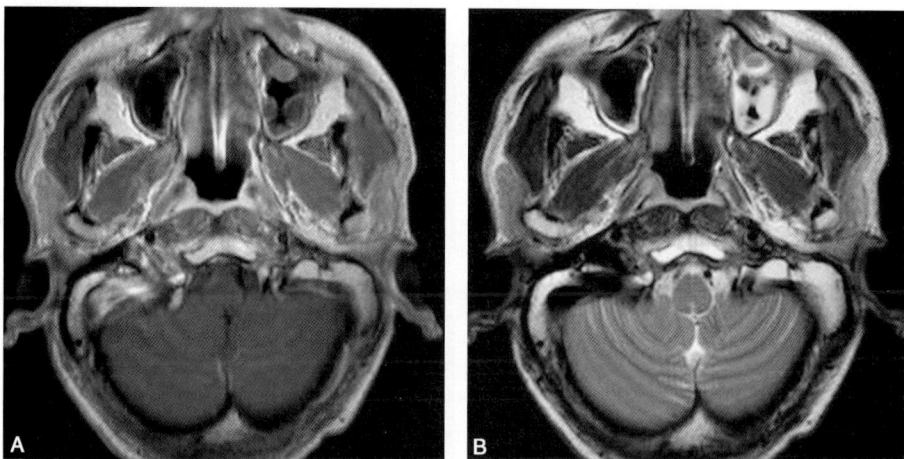

图 1-11-12　黏膜水肿

A. 横断面增强 T_1WI；B. 横断面 T_2WI。MRI 示鼻咽后壁及双侧壁黏膜均匀增厚，强化明显。

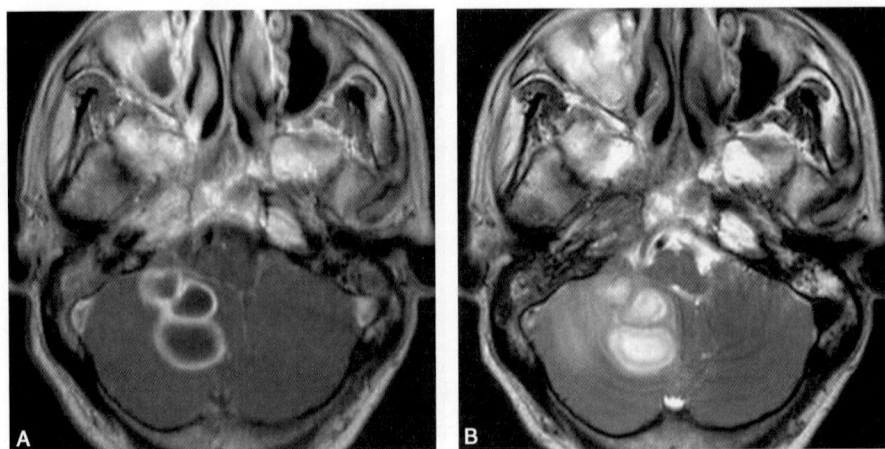

图 1-11-13　放射性脑损伤
MRI 示右侧小脑数个环形强化病灶。

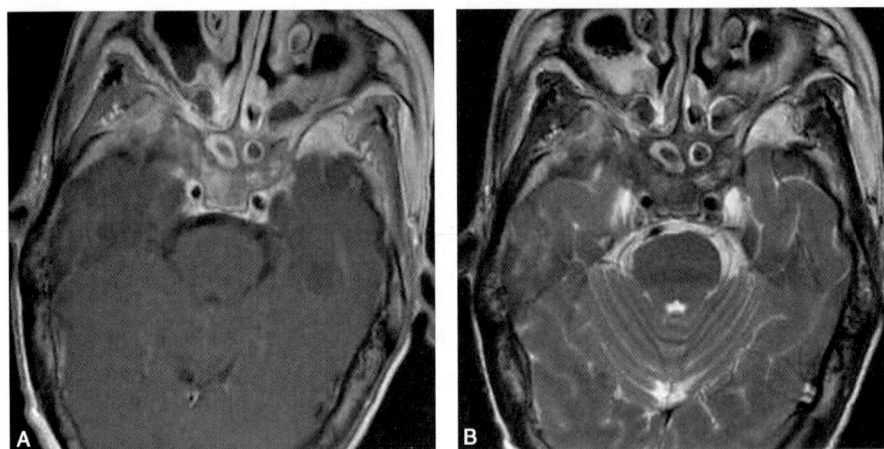

图 1-11-14　放射性骨坏死
A. 增强扫描；B. 横断面 T_2WI。MRI 示颅底斜坡横断面 T_2WI 呈低信号，增强扫描呈斑片状强化。

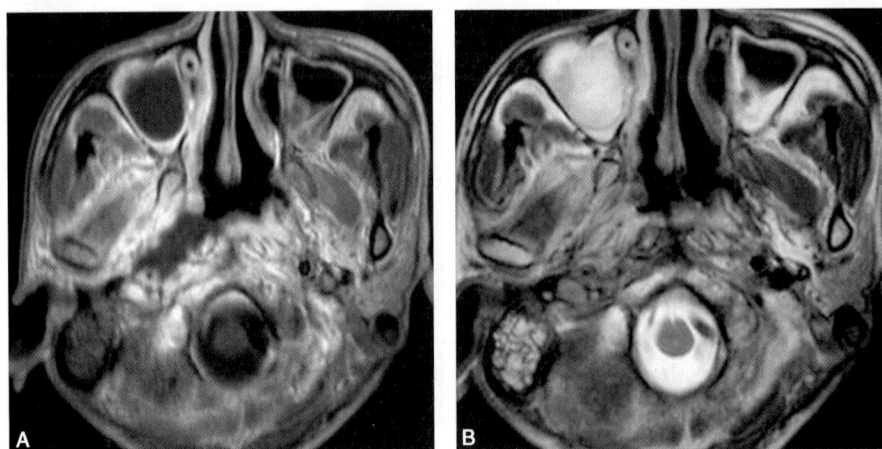

图 1-11-15　软组织坏死
A. 增强扫描；B. 横断面 T_2WI。MRI 示右侧咽旁间隙见片状异常信号灶，横断面 T_2WI 呈稍高信号，增强扫描未见明显强化。

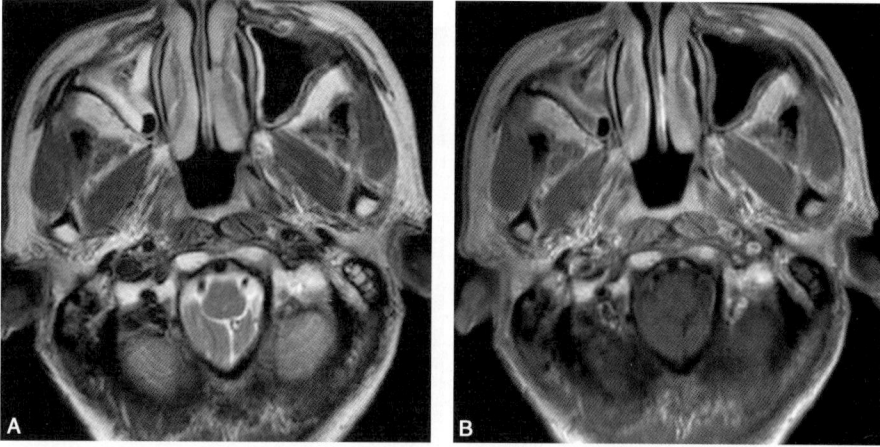

图 1-11-16　鼻窦炎
MRI 横断面示双侧上颌窦黏膜增厚 T_2WI 呈线样高信号(图 A),增强扫描明显强化(图 B)。

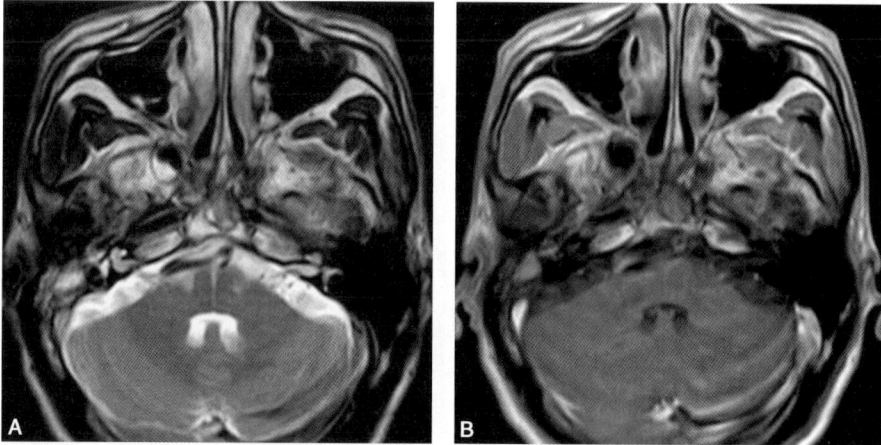

图 1-11-17　分泌性中耳炎
MRI 横断面示右侧乳突区 T_2WI 高信号(图 A),T_1WI 呈稍高信号(图 B)。

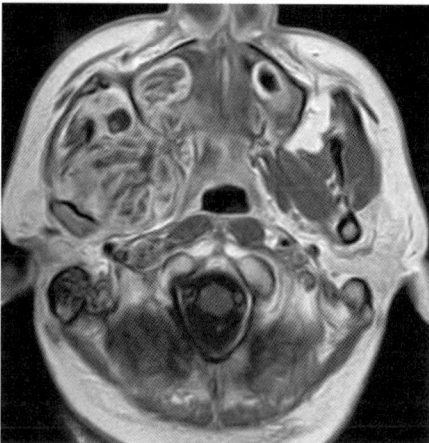

图 1-11-18　放射性肉瘤
MRI T_1WI 增强示右侧咀嚼肌间隙间不规则软组织肿物,边界不清,增强扫描明显不均匀强化。

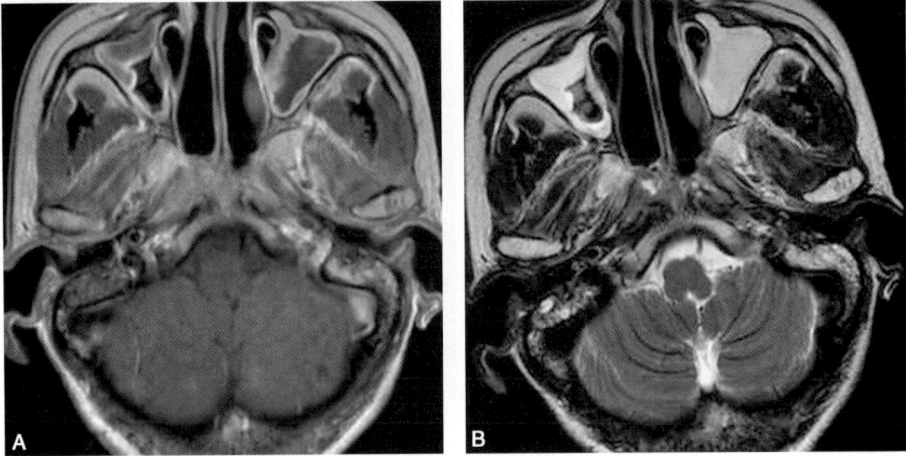

图 1-11-19 肿瘤复发

MRI 示鼻咽顶后壁黏膜增厚形成软组织肿物,信号不均,增强扫描(图 A)明显强化,T$_2$WI(图 B)呈稍高信号。

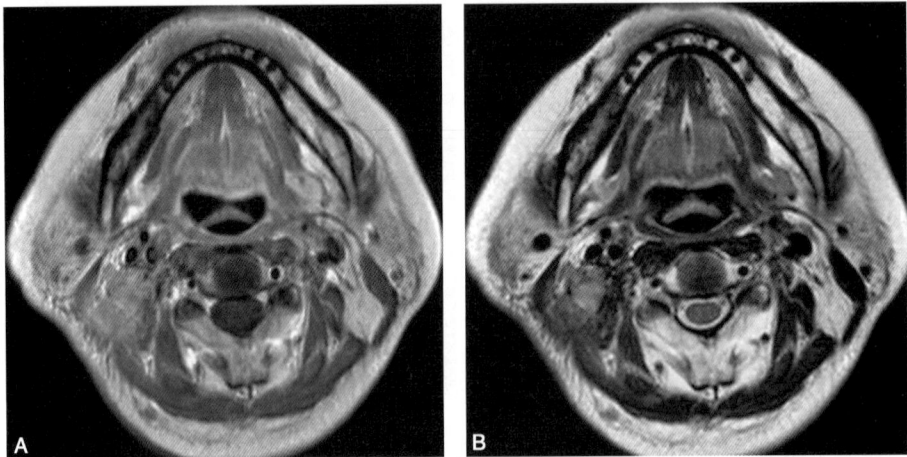

图 1-11-20 淋巴结复发

A. 增强扫描;B. 横断面 T$_2$WI。MRI 示颈部右侧 Ⅱ 区见肿大淋巴结,边界不清,侵犯邻近脂肪及肌肉,横断面 T$_2$WI 呈稍高信号,增强扫描明显强化。

【诊断思路与诊断要点】

手术、放疗后肿瘤残留、复发及并发症是预后的关键。采取适当的影像学检查技术早期发现、早期诊断,并及时处理,才是术后、放疗后影像学的研究目的。

1. 复发早期诊断要点

(1)MRI 定期随访。

(2)仔细观察脂肪抑制增强局灶性强化病灶。

(3)对比前次或更早的 MRI 图像,局灶性强化病灶是否为新发病灶或增大的病灶。

(4)对怀疑复发的病灶穿刺活检或行 PET/CT,对新发小病灶也可密切随访。

2. 放射性骨坏死和肿瘤复发的鉴别点

(1)坏死区形成含气的溃疡可见死骨或骨折。

（2）强化病灶虽然范围较大，但没有明显的软组织肿块。

（3）结构肿胀但无明显的占位效应，正常结构无压位推移。

（4）正常结构的基本轮廓仍然可见。

第十二节　咽部肿瘤及肿瘤样病变诊断思路

【简介】

咽部肿瘤包括发生于鼻咽、口咽及喉咽的肿瘤，其中鼻咽癌是除甲状腺癌外最常见的头颈部恶性肿瘤。在肿瘤筛查、肿瘤诊断、肿瘤治疗及治疗后随访等不同时期，影像学检查发挥着不同的作用。咽部肿瘤的影像学检查应用主要包括以下几个方面：

1. 在肿瘤筛查阶段，影像学检查应用于高危患者或血液肿瘤标志物阳性患者，发现早期肿瘤，或指导内镜对可疑肿瘤病灶进行活检，提高活检阳性率。

2. 在肿瘤患者初诊阶段，影像学检查的作用是对临床发现的占位病变进行诊断和鉴别诊断，包括肿瘤定位、定性和明确肿瘤侵犯范围，其中肿瘤侵犯范围的准确描述特别重要，它是肿瘤分期、放疗靶区勾画、手术及综合治疗方案选择的重要依据，对原发灶不明的颈部淋巴结转移患者，影像学检查还可提供原发灶线索。

3. 在肿瘤治疗阶段，影像学检查可以用于治疗的疗效评价。

4. 在肿瘤随访阶段，影像学检查主要用于监测肿瘤复发转移及肿瘤治疗后副反应。

咽部肿瘤的诊断思路，需围绕临床需求，对肿瘤进行定位、定性分析及明确肿瘤侵犯范围，为临床决策提供依据。

【影像学表现】

影像学检查的主要价值之一是确定肿瘤发生的位置。CT 和 MRI 检查为断面成像，通过多平面成像，较清晰地显示肿瘤和周围结构的关系，确定肿瘤的主体，大多数情况肿瘤定位并不困难。鼻咽癌、口咽癌和喉咽癌分别是鼻咽、口咽及喉咽最常见的恶性肿瘤，三种肿瘤的分期及治疗方案均有差异，对肿瘤的准确定位特别重要。咽部肿瘤的定性诊断在临床上主要依赖内镜检查及定向活检，由于许多肿瘤的影像学表现缺乏明显的特异性，影像学检查对部分肿瘤进行定性仍然存在困难，因此影像学检查在临床并不是肿瘤定性诊断的首选，只是提供临床参考。

1. **鼻咽癌**　鼻咽是咽的上部，位于鼻腔后方，经鼻后孔通鼻腔，上达颅底，下至软腭游离缘。好发于鼻咽侧壁（尤其是咽隐窝）和顶后壁，早期肿瘤定位不难，但鼻咽癌可向前侵犯鼻腔、上颌窦及筛窦，当鼻腔、上颌窦或筛窦肿瘤较大，而鼻咽病灶不明显时，会给肿瘤的定位造成困难。影像学表现为：鼻咽侧壁或顶后壁肿块，肿瘤边界多不清，增强可见中等强化，晚期肿瘤可强化不均匀，出现肿瘤中心坏死；肿瘤常向前侵犯鼻腔、上颌窦及筛窦，向两侧侵犯咽旁间隙、咀嚼肌间隙及颞下窝，向后侵犯椎前间隙，向后外侧侵犯颈动脉鞘区，经颈静脉孔或舌下神经孔进入后颅窝，向上侵犯颅底骨质和蝶窦，经颅底孔道侵犯眼眶及颅内；可沿脑神经周围浸润，表现为脑神经的增粗和强化，脑神经孔道的扩大，其中最常见的是侵犯三叉神经下颌支（V3），经卵圆孔进入海绵窦。鼻咽癌的淋巴结转移率较高，高达80%以上，其中最常见的为咽后淋巴结及颈部Ⅱ区淋巴结，颈部淋巴结有由上向下依次扩展的特征，淋巴结囊变或中心坏死并不少见,淋巴结较明显的病例可见淋巴结的融合和包膜外侵犯。鼻咽癌颈部淋巴结的特征对鼻咽部肿瘤的鉴别诊断有一定帮助。

2. **口咽癌**　口咽位于鼻咽与喉咽中间,向前以舌轮廓乳头为界,经咽峡与口腔相通,上以软腭为界和鼻咽连续,下以舌状软骨上缘为界和喉咽连续,因此口咽部肿瘤指原发于软腭与舌骨水平之间,包括舌根、软腭、扁桃体、咽侧壁、咽后壁及会厌周围等部位。口咽癌最常见的口咽恶性肿瘤,根据其发生部位可分为舌根癌、舌咽腭弓(咽柱)癌、扁桃体癌及软腭癌。口咽癌发生于黏膜上皮,多呈不规则肿块突向口咽腔,往往破坏黏膜,肿块表面多不完整,呈浸润生长。CT 平扫时肿块密度不均匀,内见低密度囊变或坏死区,增强后明显不均匀强化。MRI 表现为 T_1WI 为中等偏低信号,T_2WI 为不均匀高信号,脂肪抑制序列呈以高信号为主的混杂信号,增强后病变明显不均匀强化,一般中心低信号区不强化。由于口咽解剖结构特点,口咽癌易向周围组织侵犯,沿口咽旁间隙、血管旁路或肌束间隙扩散,CT 和 MRI 表现为间隙内的脂肪界面消失,正常结构被异常密度或异常信号的肿瘤取代。

3. **喉咽癌**　喉咽是咽部的最下部分,位于喉的后方,上以舌骨平面为界和口咽连续,下达食管括约肌。下咽分为三个亚区:梨状隐窝、环后或环杓后区和下咽后壁。杓状会厌襞后外侧壁起源的癌属于喉咽癌。梨状隐窝癌属于喉咽癌中常见的一类,梨状隐窝不属于喉结构,但其位于喉部骨架之中。

CT 表现:位于内侧或外侧壁或同时累及内、外侧壁,呈块状或不规则形软组织密度。单侧或双侧梨状隐窝变形、狭窄甚至消失。肿瘤巨大时侵犯环后区和咽后壁。梨状隐窝癌分化差,颈淋巴结转移多见。

MRI 表现:侵犯肌层形态改变、受推压或移位,并呈长 T_2 信号,两侧梨状隐窝尖不对称或病变侧正常结构消失,黏膜层破坏显示为正常线样长 T_2 信号减低或缺失,均在脂肪抑制 T_2WI 上比较明显。黏膜下脂肪层的破坏表现为在 T_1WI 上黏膜层下方正常的短 T_1 信号消失。侵犯下咽腔表现为在 T_1WI 及 T_2WI 上信号均增强。软组织肿块显示为等 T_1、稍长 T_2 信号,增强扫描后明显强化。

【典型病例展示】

病例1　男性,52 岁,右侧头痛半年,未分化型非角化性癌(图 1-12-1)。

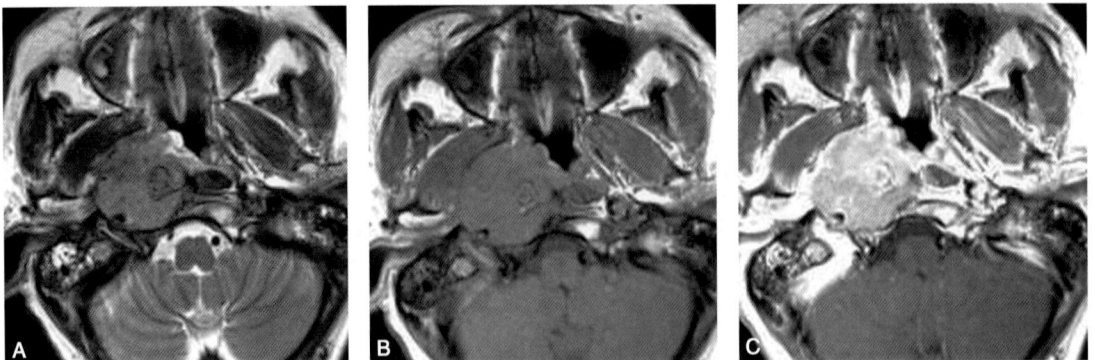

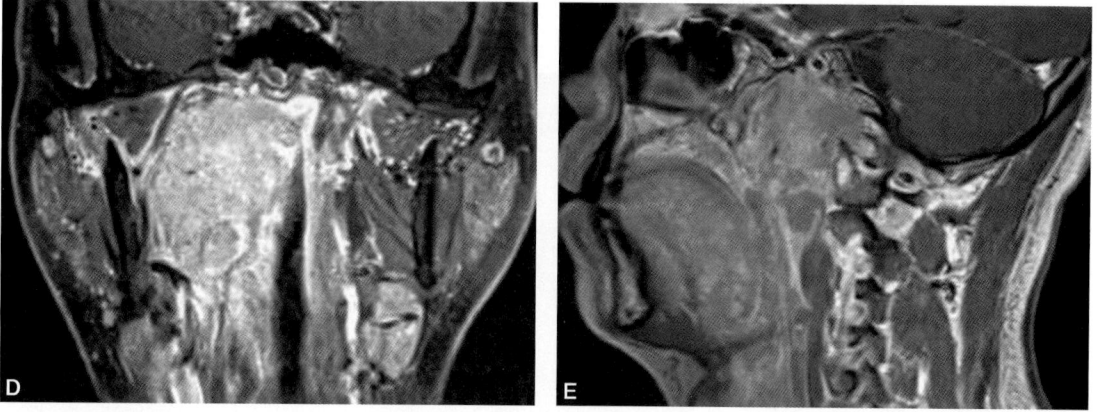

图 1-12-1　未分化型非角化性癌

A.横断面 T_2WI；B.横断面平扫 T_1WI；C.横断面增强 T_1WI；D.冠状面增强 T_1WI；E.矢状面增强 T_1WI。MRI 示右侧咽隐窝见肿物,推挤并侵犯右侧咽旁脂肪间隙,包绕右侧颈动脉鞘区,强化明显。

病例 2　女性,25 岁,痰中带血 5 个月余,乳头状腺癌(图 1-12-2)。

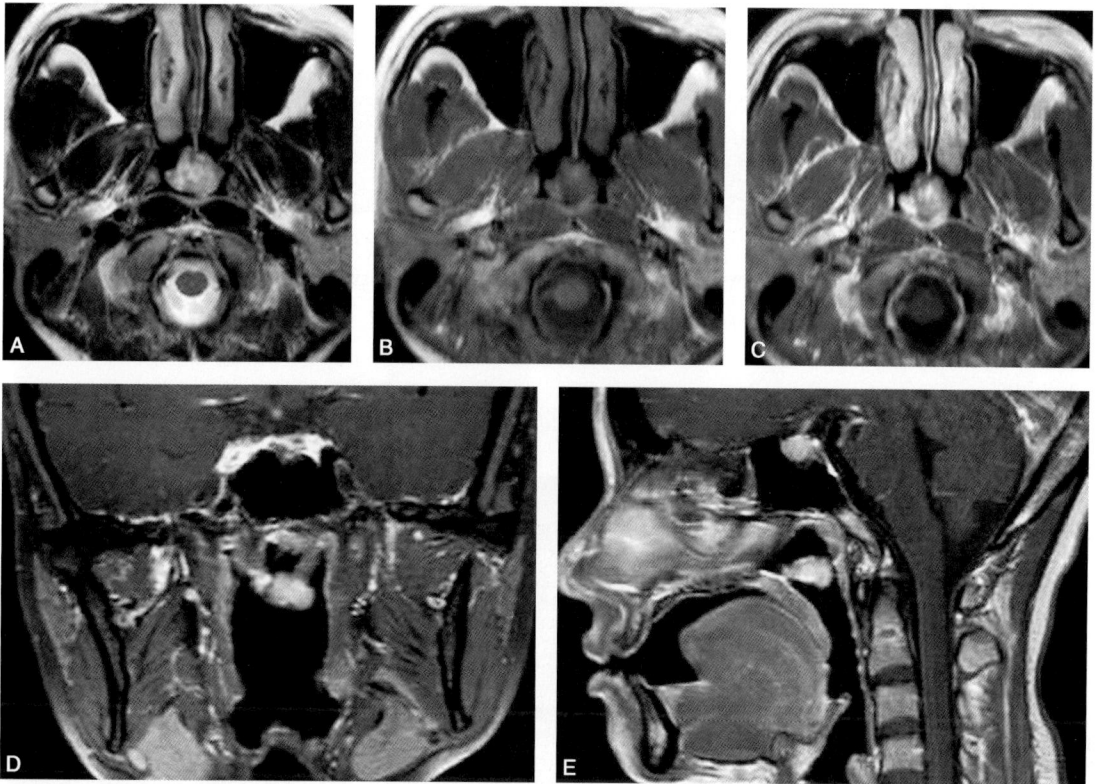

图 1-12-2　乳头状腺癌

A.横断面 T_2WI；B.横断面平扫 T_1WI；C.横断面增强 T_1WI；D.冠状面增强 T_1WI；E.矢状面增强 T_1WI。MRI 示鼻咽后壁见不规则带蒂结节,突向鼻咽腔,信号不均,强化明显。

病例 3　男性,23 岁,左侧鼻面部疼痛 1 个月余,(腺泡状)横纹肌肉瘤(图 1-12-3)。

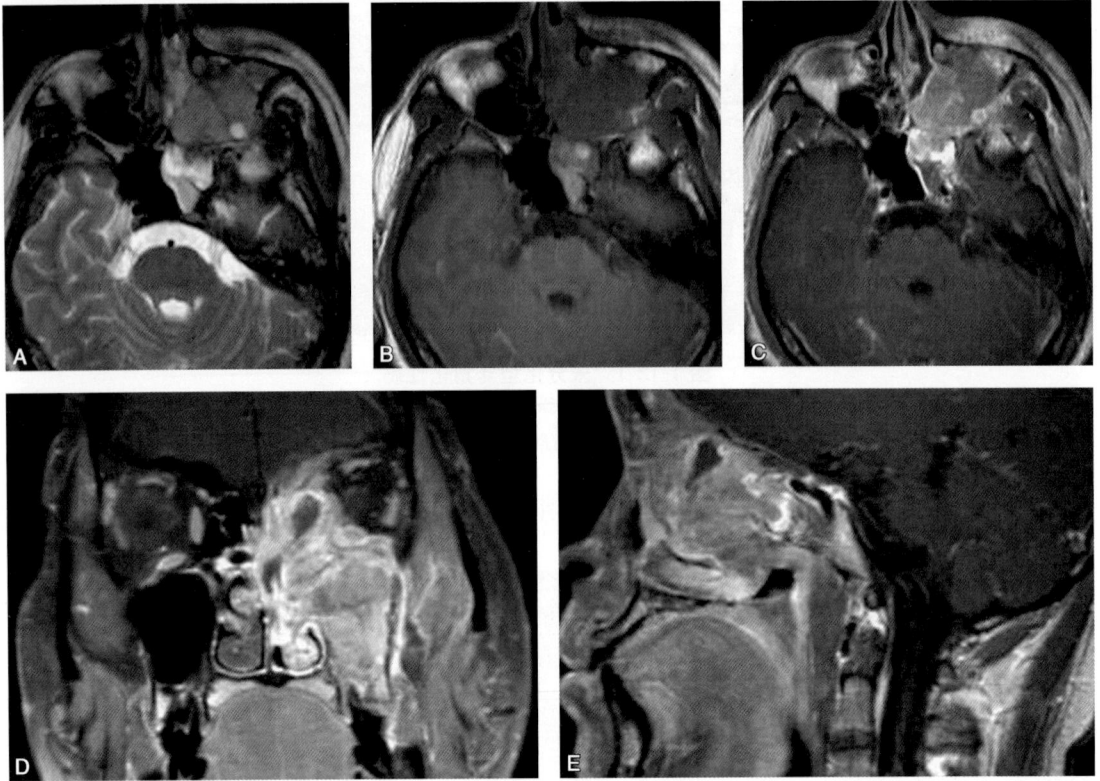

图 1-12-3　(腺泡状)横纹肌肉瘤

A. 横断面 T_2WI;B. 横断面平扫 T_1WI;C. 横断面增强 T_1WI;D. 冠状面增强 T_1WI;E. 矢状面增强 T_1WI。MRI
示左侧鼻腔见不规则软组织肿物,侵犯至左侧上颌窦、左侧筛窦及蝶窦,内见囊变区域,强化不均,伴有左
侧颞肌肿胀。

病例 4　男性,20 岁,间歇性头痛 3 年,加重 3 个月,脊索瘤(图 1-12-4)。

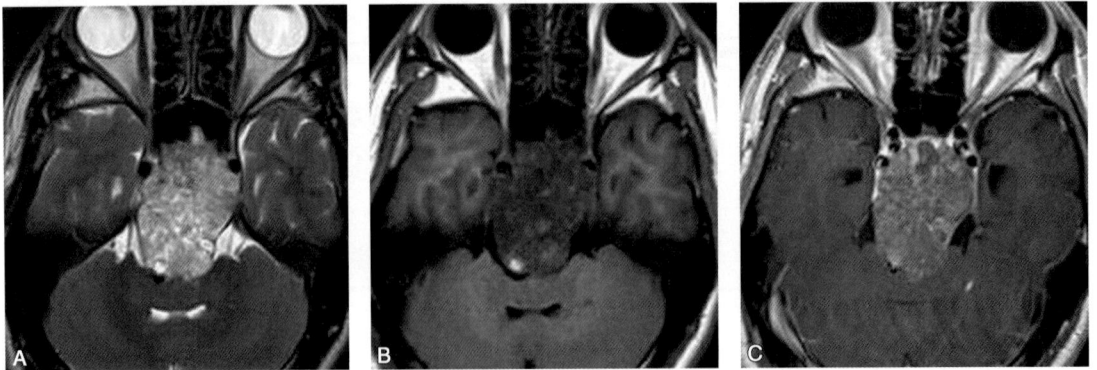

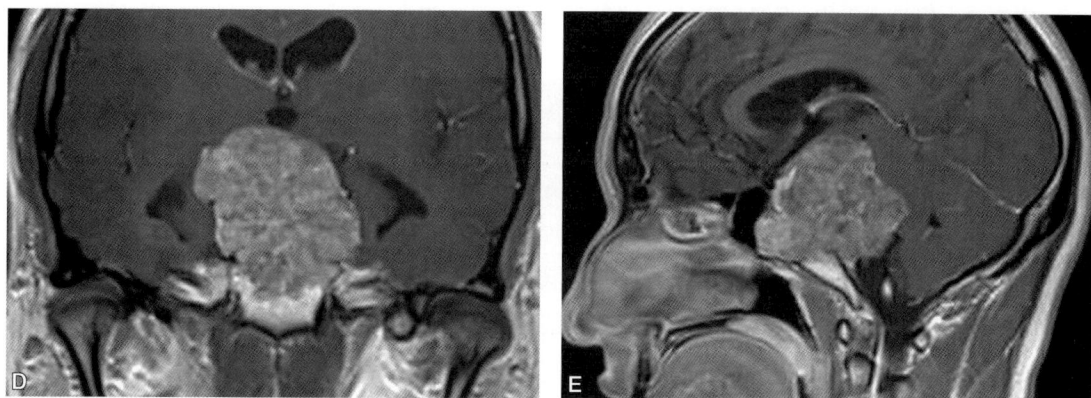

图 1-12-4　脊索瘤
A. 横断面 T_2WI；B. 横断面平扫 T_1WI；C. 横断面增强 T_1WI；D. 冠状面增强 T_1WI；E. 矢状面增强 T_1WI。MRI 示颅底斜坡见分叶状软组织肿块，边界清，内见多发索条状低信号影，推挤脑干，轻度强化。

　　病例 5　女性，48 岁，右眼、鼻部肿胀 2 个月余，结外 NK/T 细胞淋巴瘤，鼻型（图 1-12-5）。

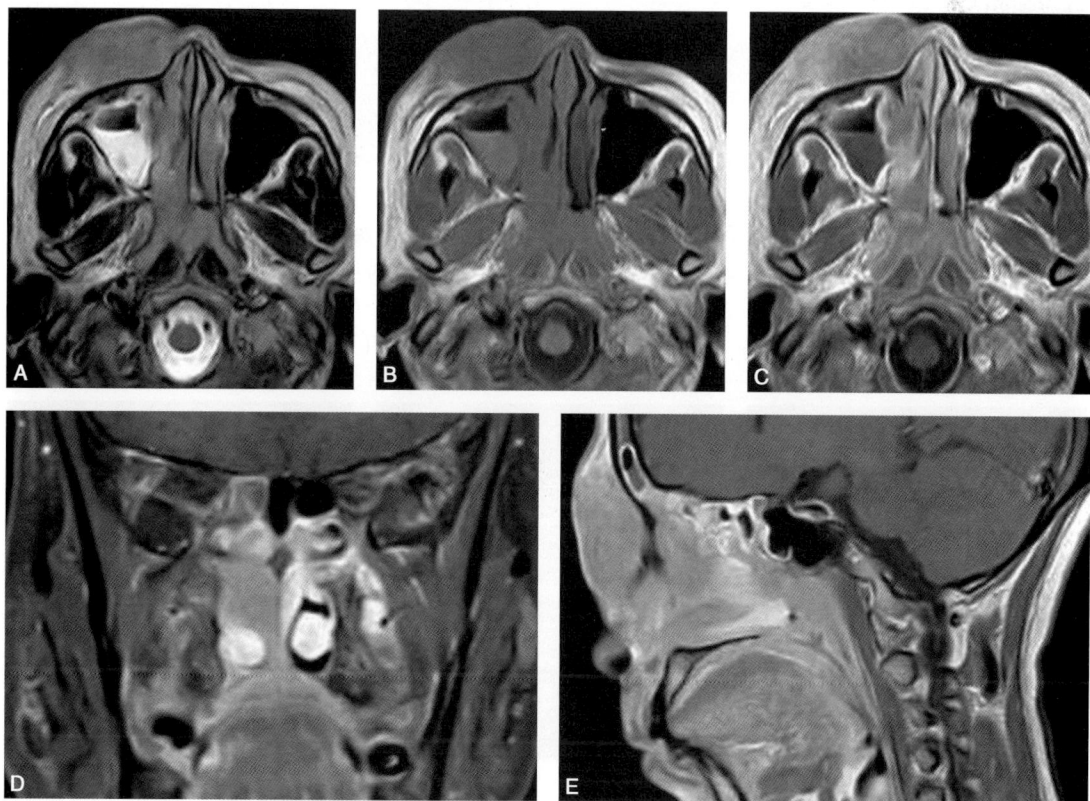

图 1-12-5　结外 NK/T 细胞淋巴瘤，鼻型
A. 横断面 T_2WI；B. 横断面平扫 T_1WI；C. 横断面增强 T_1WI；D. 冠状面增强 T_1WI；E. 矢状面增强 T_1WI。MRI 示右侧鼻腔及鼻咽部见不规则软组织肿物，平扫及增强信号均匀。

病例6 男性,18 岁,右鼻腔流鼻血 10 余年,加重 2 年余,纤维血管瘤(图 1-12-6)。

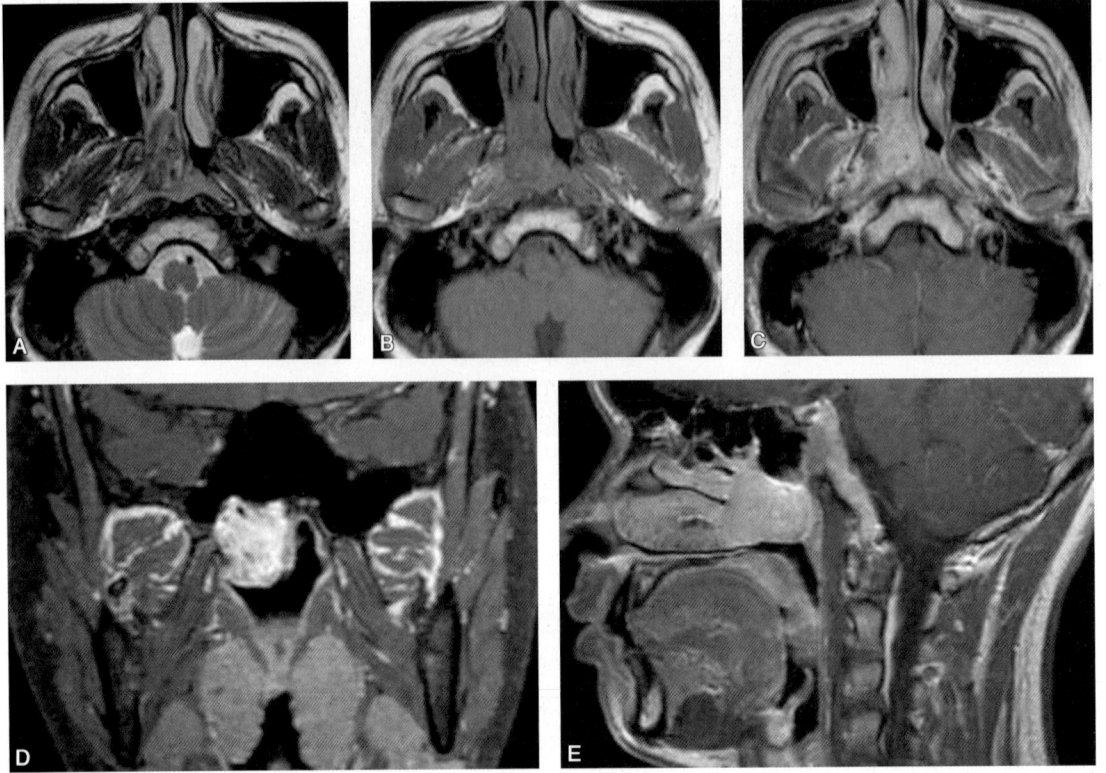

图 1-12-6 纤维血管瘤

A. 横断面 T_2WI;B. 横断面平扫 T_1WI;C. 横断面增强 T_1WI;D. 冠状面增强 T_1WI;E. 矢状面增强 T_1WI。MRI 示右侧鼻腔见不规则软组织肿物,突入右侧鼻腔,平扫 T_1WI 内见流空血管影,强化明显。

病例7 男性,57 岁,鼻塞、头痛、耳鸣 2 个月,腺样囊性癌(图 1-12-7)。

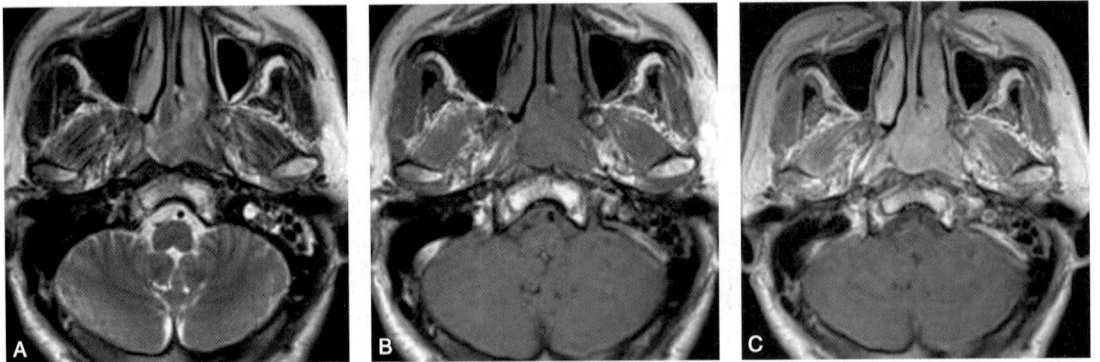

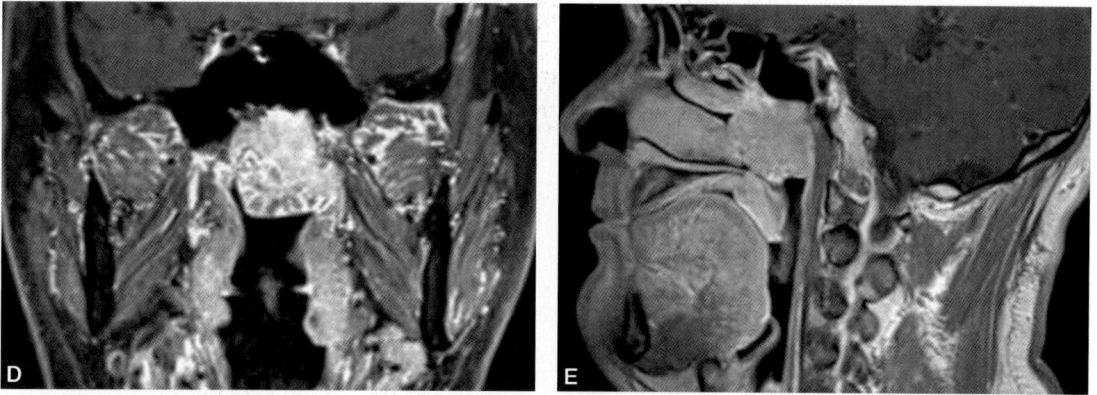

图 1-12-7 腺样囊性癌

A. 横断面 T_2WI；B. 横断面平扫 T_1WI；C. 横断面增强 T_1WI；D. 冠状面增强 T_1WI；E. 矢状面增强 T_1WI。MRI 示左侧鼻腔见不规则软组织肿物，突入鼻咽及右侧鼻腔，鼻中隔受压推移，信号不均。

病例 8 女性，39 岁，右耳闷塞感 2 余年，黏液表皮样癌（中分化）（图 1-12-8）。

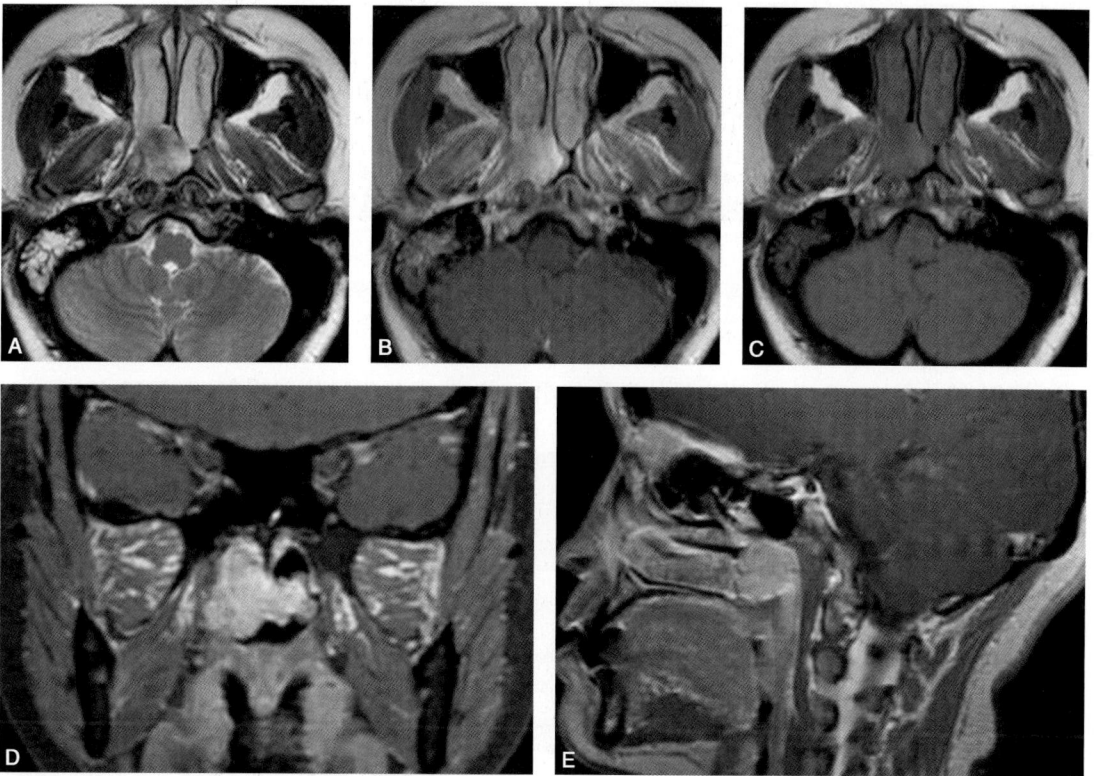

图 1-12-8 黏液表皮样癌（中分化）

A. 横断面 T_2WI；B. 横断面增强 T_1WI；C. 横断面平扫 T_1WI；D. 冠状面增强 T_1WI；E. 矢状面增强 T_1WI。MRI 示鼻咽右侧壁见分叶状软组织肿物，侵犯右侧腭帆提肌，向前突入右侧鼻腔，增强扫描内见稍低强化坏死区域。

病例 9　男性,35 岁,发现右侧肿物 2 个月余,鼻咽癌合并腺样体增生(图 1-12-9)。

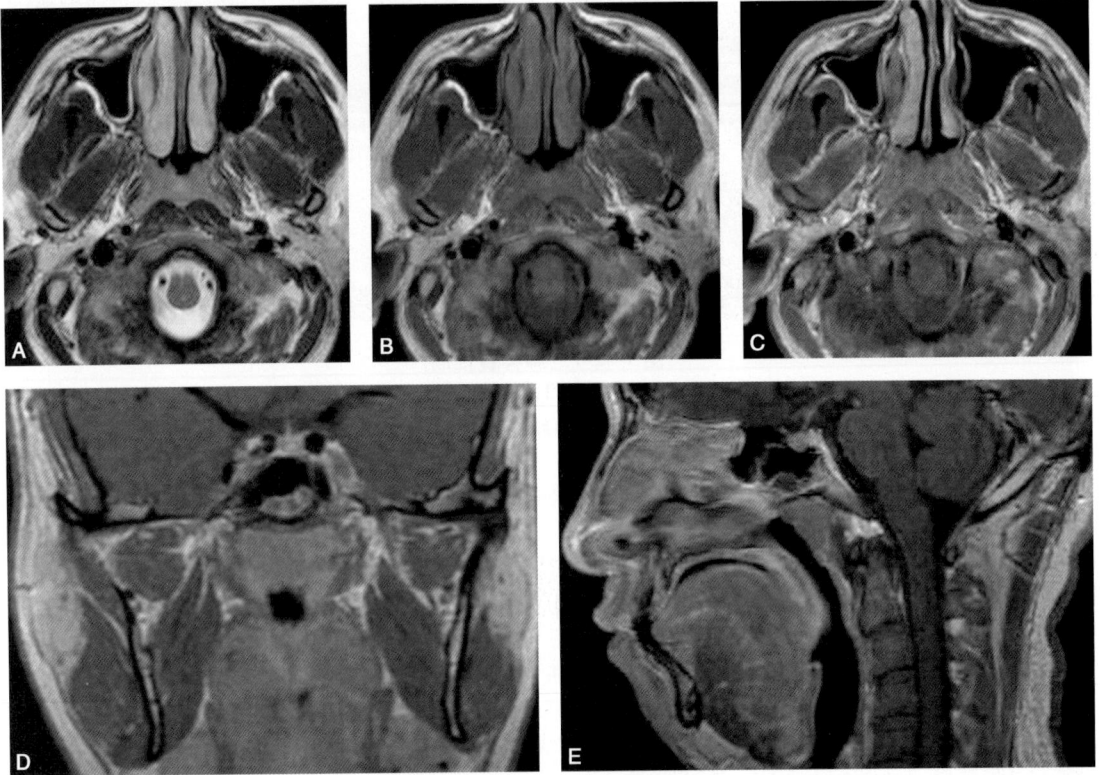

图 1-12-9　鼻咽癌合并腺样体增生
A.横断面 T_2WI;B.横断面平扫 T_1WI;C.横断面增强 T_1WI;D.冠状面增强 T_1WI;E.矢状面增强 T_1WI。MRI 示鼻咽顶后壁黏膜增厚,双侧咽隐窝消失,增强扫描呈栅栏状强化。

病例 10　男性,57 岁,左侧扁桃体肿物伴出血半年,中分化鳞状细胞癌(图 1-12-10)。

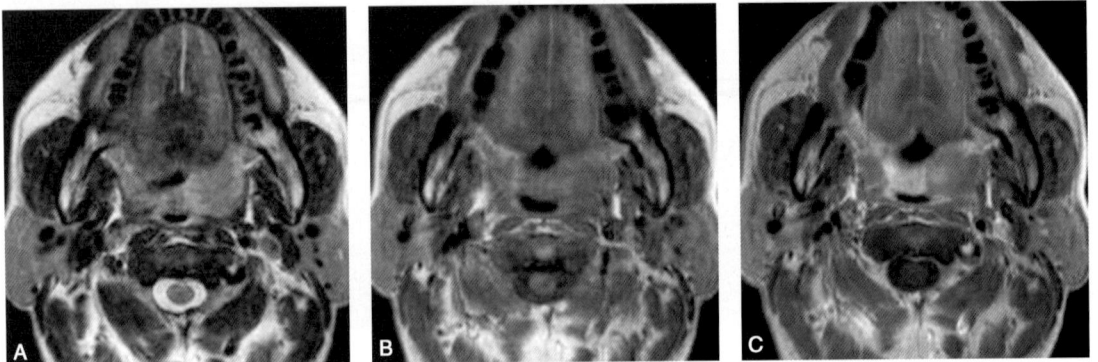

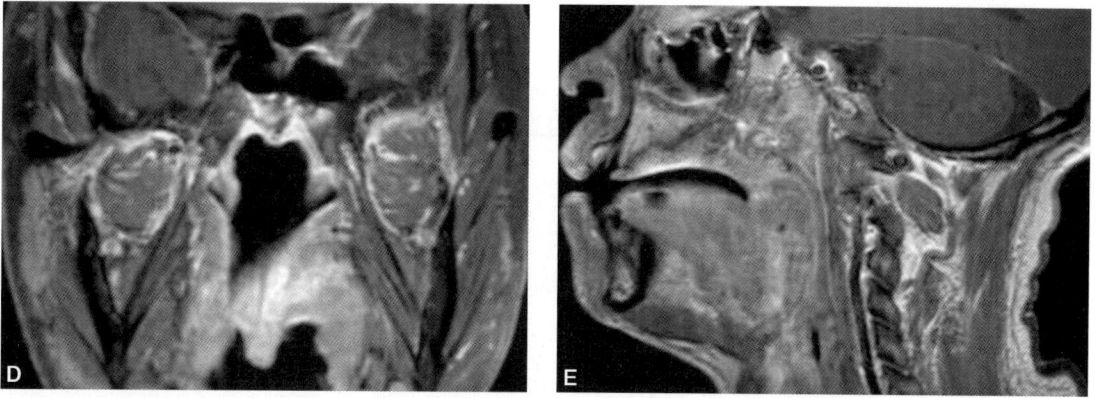

图 1-12-10　中分化鳞状细胞癌
A. 横断面 T_2WI；B. 横断面平扫 T_1WI；C. 横断面增强 T_1WI；D. 冠状面增强 T_1WI；E. 矢状面增强 T_1WI。MRI 示左侧扁桃体窝见肿物占据，边界部分模糊，信号不均，左侧翼上颌裂区域受侵。

病例 11　女，65 岁，右侧扁桃体，弥漫大 B 细胞淋巴瘤（非 GCB 亚型）（图 1-12-11）。

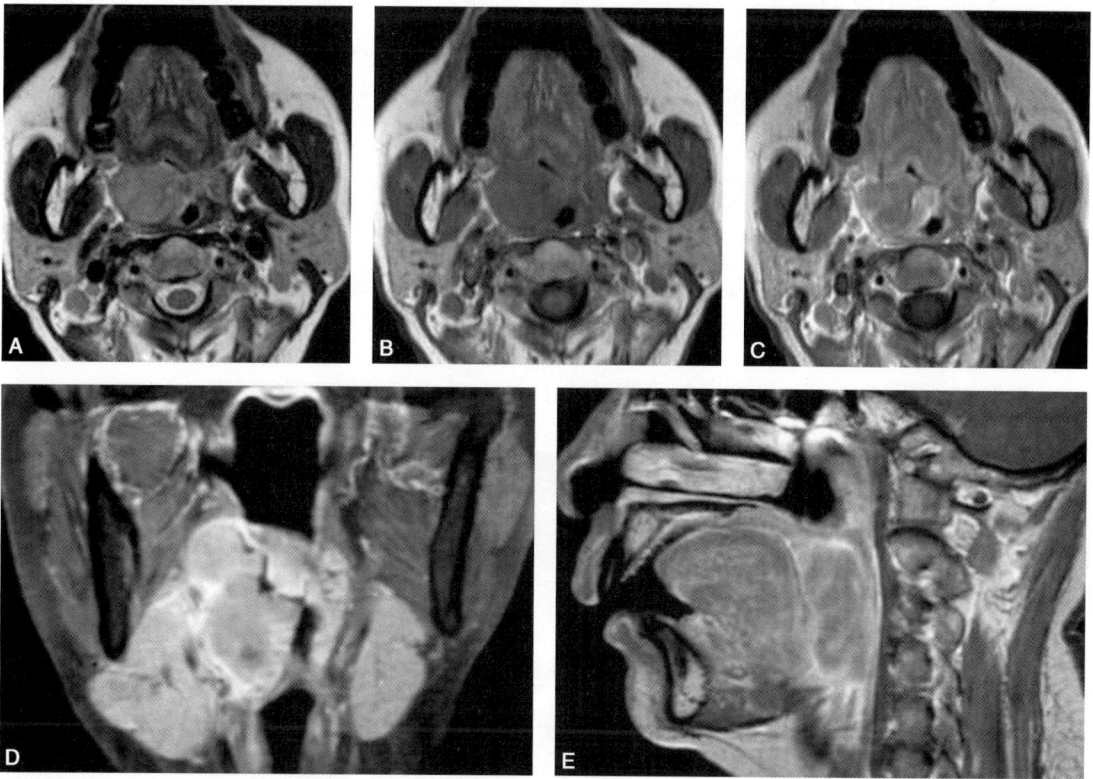

图 1-12-11　弥漫大 B 细胞淋巴瘤（非 GCB 亚型）
A. 横断面 T_2WI；B. 横断面平扫 T_1WI；C. 横断面增强 T_1WI；D. 冠状面增强 T_1WI；E. 矢状面增强 T_1WI。MRI 示右侧扁桃体窝见肿物占据，形态不规则，强化不均匀。

病例 12　男性,67 岁,舌根溃疡性肿物,中分化鳞状细胞癌(图 1-12-12)。

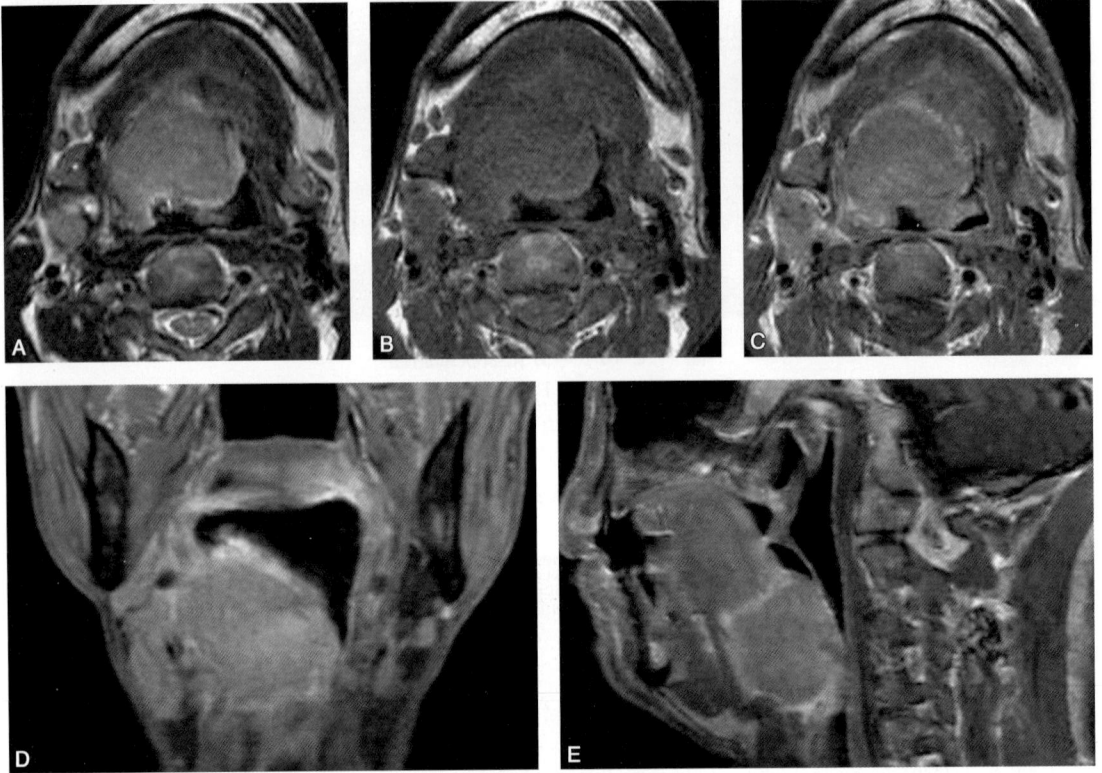

图 1-12-12　中分化鳞状细胞癌(一)

A. 横断面 T_2WI;B. 横断面平扫 T_1WI;C. 横断面增强 T_1WI;D. 冠状面增强 T_1WI;E. 矢状面增强 T_1WI。MRI 示右侧舌根见不规则软组织肿物,边界尚清,平扫及强化信号均匀。

病例 13　男性,60 岁,发现右侧颈部肿物 1 个月,中分化鳞状细胞癌(图 1-12-13)。

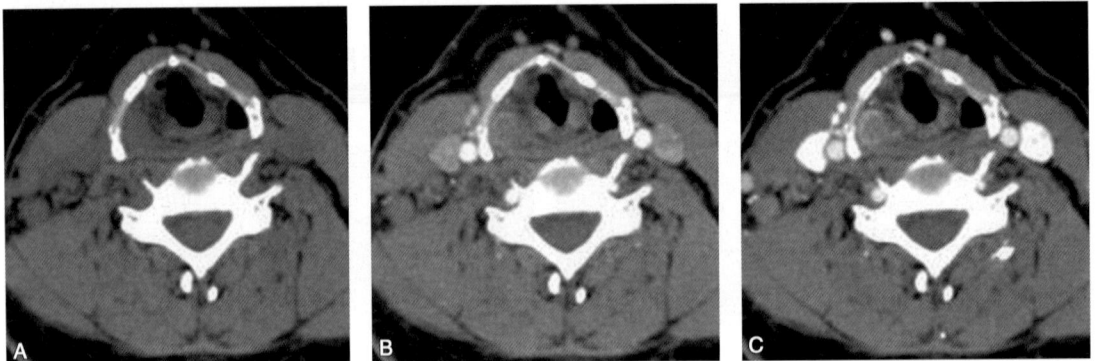

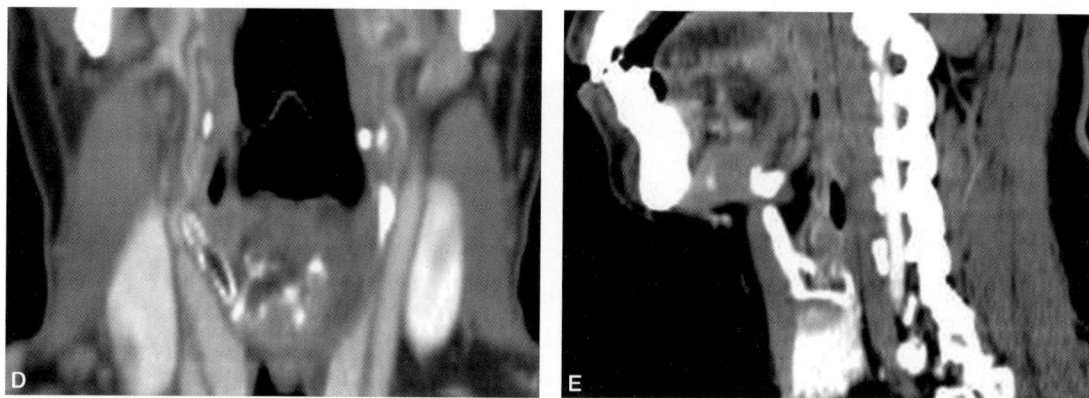

图 1-12-13 中分化鳞状细胞癌(二)

A、B、C. 横断面增强;D. 冠状面增强;E. 矢状面增强。CT 示喉咽右侧壁见结节状软组织病灶,环后脂肪间隙清晰,密度欠均匀,增强扫描边缘强化。

病例 14 男性,47 岁,咽部疼痛加重月余,中分化鳞状细胞癌(图 1-12-14)。

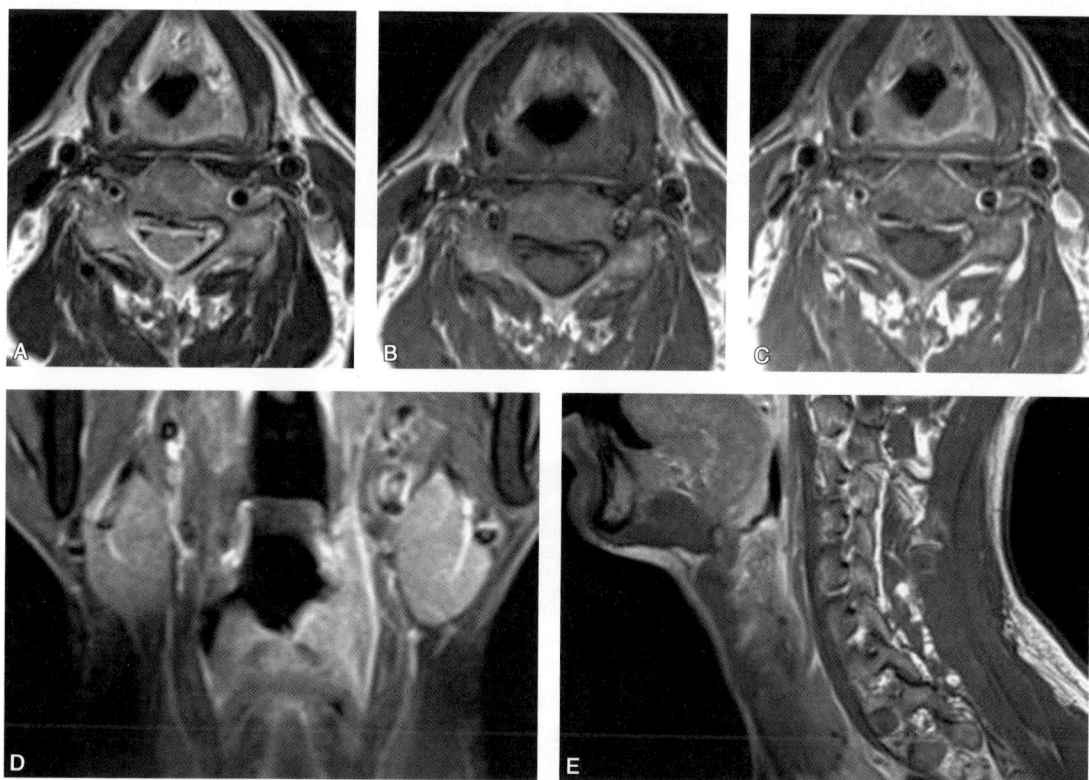

图 1-12-14 中分化鳞状细胞癌(三)

A. 横断面 T_2WI;B. 横断面平扫 T_1WI;C. 横断面增强 T_1WI;D. 冠状面增强 T_1WI;E. 矢状面增强 T_1WI。MRI 示左侧喉咽侧壁及后壁增厚,累及左侧喉旁间隙,环后间隙清晰。

病例 15　男性,50 岁,喉部疼痛伴吞咽困难 1 个月余,高分化鳞状细胞癌(图 1-12-15)。

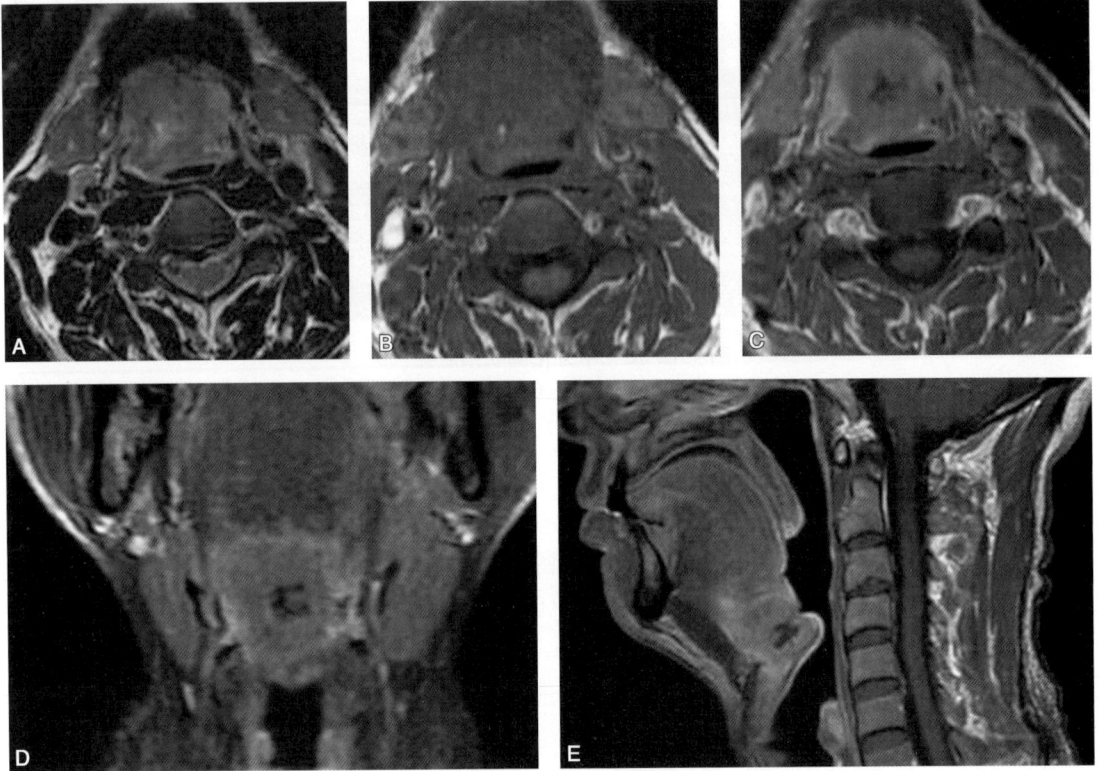

图 1-12-15　高分化鳞状细胞癌

A. 横断面 T_2WI;B. 横断面平扫 T_1WI;C. 横断面增强 T_1WI;D. 冠状面增强 T_1WI;E. 矢状面增强 T_1WI。MRI 示会厌前间隙见软组织肿物,信号不均,边界尚清,增强扫描内见无强化坏死区域。

病例 16　男性,70 岁,会厌肿物,中分化鳞状细胞癌(图 1-12-16)。

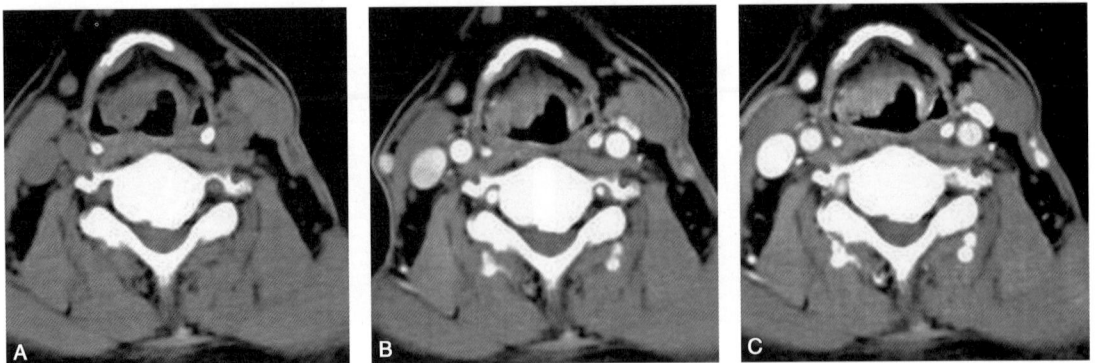

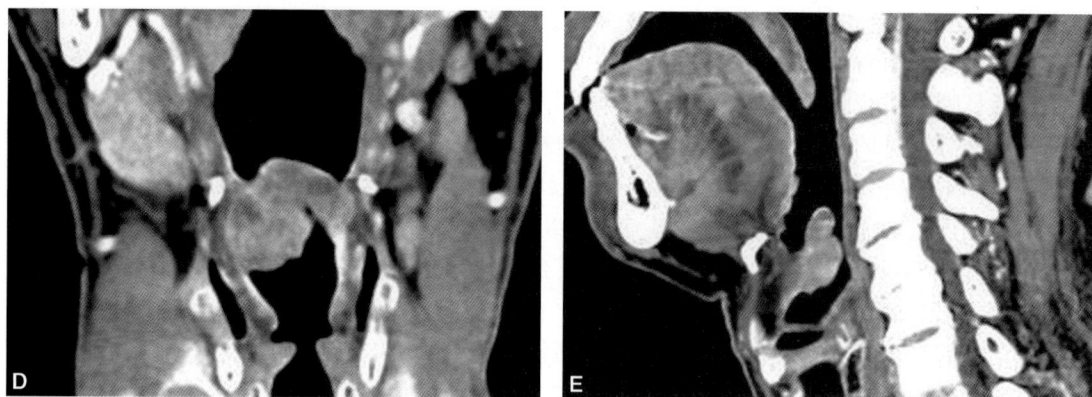

图 1-12-16　中分化鳞状细胞癌(四)

A、B、C.横断面增强;D.冠状面增强;E.矢状面增强。CT 示会厌喉面不规则增厚形成软组织肿物,右侧梨状隐窝变窄。

【诊断思路与诊断要点】

1. 肿瘤的定位分析　影像学检查的主要价值之一是确定肿瘤发生的位置。CT 和 MRI 检查为断面成像,通过多平面成像,较清晰地显示肿瘤和周围结构的关系,确定肿瘤的主体,大多数情况肿瘤定位并不困难。鼻咽癌、口咽癌和喉咽癌分别是鼻咽、口咽及喉咽最常见的恶性肿瘤,三种肿瘤的分期及治疗方案均有差异,对肿瘤的准确定位特别重要。

鼻咽癌好发于鼻咽侧壁和顶后壁,早期肿瘤定位不难,但鼻咽癌可向前侵犯鼻腔、上颌窦及筛窦,当鼻腔、上颌窦或筛窦肿瘤较大,而鼻咽病灶不明显时,会给肿瘤的定位造成困难。鼻腔和鼻旁窦癌约 80% 为鳞状上皮细胞癌(角化型),和 EB 病毒关系不大;鼻咽癌在我国 95% 以上为未分化型非角化性癌,又称鼻咽未分化癌,和 EB 病毒相关。因此,对鼻咽和鼻腔同时受侵病例,如果 EB 病毒相关免疫组化检测(如 EBER)阳性,应该诊断为鼻咽癌,其肿瘤的分期及治疗遵照鼻咽癌。

口咽癌是最常见的口咽恶性肿瘤。大部分口咽癌为鳞状上皮细胞癌,其发病和吸烟及饮酒相关,但有一亚型和人乳头状病毒(HPV)相关,又称 HPV 相关性口咽癌(HPV-related oropharyngeal carcinoma)。与普通鳞状细胞癌相比,其发病年龄更年轻,对放化疗更敏感,预后更好,临床可通过 P16 蛋白免疫组织化学检测来判断口咽癌是否与 HPV 相关;为方便指导治疗,美国癌症联合会(AJCC)第 8 版对 P16 阳性口咽癌的 TNM 分期进行了较大修订。由于口咽癌的分期和治疗必须参考病理 P16 检查结果,而喉咽癌的分期目前并不需参考 P16 结果,因此准确区分口咽癌和喉咽癌,就显得特别有重要。

喉咽是咽部的最下部分。杓状会厌襞后外侧面构成梨状隐窝内侧壁,前内侧面属于喉腔,后外侧壁起源的癌属于下咽癌,前内侧壁起源的癌属于喉癌,两者侵袭性有明显差异。喉咽癌较喉癌更易淋巴结或远处转移,侵袭性更强,预后更差。因此同为杓状会厌襞起源的肿瘤,仍需进一步精准定位,明确是声门上区肿瘤或是梨状隐窝肿瘤。

咽旁或颅底的肿瘤紧邻咽部,观察 CT/MRI 增强后咽部黏膜是否完整对于鉴别咽旁及咽部黏膜起源肿瘤会有一定帮助。

2. 肿瘤的定性分析　咽部肿瘤的定性诊断在临床上主要依赖内镜检查及定向活检,由于许多肿瘤的影像学表现缺乏明显的特异性,影像学检查对部分肿瘤进行定性仍然存在困难,因此影像学检查在临床并不是肿瘤定性诊断的首选,只是提供临床参考。咽部肿瘤的影像定性分析需结合肿瘤的临床特征、生物学特性、扩展及转移规律及影像学表现进行综合分析。

（1）鼻咽部肿瘤：鼻咽部最常见的恶性肿瘤是鼻咽癌，其他较常见的鼻咽恶性上皮起源肿瘤包括鼻咽乳头状腺癌及唾液腺型癌。咽部淋巴瘤是除鳞状细胞癌外，最常见的咽部恶性肿瘤。鼻咽部常见的良性肿瘤或肿瘤样病变包括鼻咽纤维血管瘤和腺样体增生。

1）鼻咽癌：好发于中老年，男性多于女性，由于国内大多数鼻咽癌和EB病毒相关，90%以上的鼻咽癌患者血浆中可检测到EB病毒-DNA。鼻咽癌的临床症状和体征包括涕血、鼻塞、头痛、脑神经损害和颈部淋巴结肿大；与其他头颈部癌相比较，鼻咽癌颈部淋巴结转移率最高，大约40%患者以颈部淋巴结肿大为首发症状。由于MRI较CT有更好的软组织分辨率，目前鼻咽癌治疗前影像学检查首选MRI。鼻咽癌恶性程度高，呈侵袭性生长。在进行鼻咽癌定性诊断时，需结合鼻咽癌的临床表现、实验室检查，根据鼻咽癌的扩展规律，综合分析其影像学特征。

2）除外鼻咽癌的鼻咽上皮起源的恶性肿瘤：根据当前WHO组织病理分类，鼻咽上皮起源的恶性肿瘤除鼻咽癌外，还包括鼻咽乳头状腺癌和鼻咽唾液腺型癌。根据文献报道，鼻咽乳头状腺癌的发病率和腺样囊性癌基本相当，而黏液表皮样癌最低，均为低度恶性肿瘤，肿瘤生长缓慢，临床症状以涕血及鼻塞为主。腺样囊性癌的脑神经侵犯发生率接近40%，明显高于乳头状腺癌和黏液表皮样癌；乳头状腺癌的淋巴结转移率较高，达25.8%；唾液腺型癌（腺样囊性癌和黏液表皮样癌）的淋巴结转移较少见。腺样囊性癌和鼻咽癌均可见肿瘤沿神经周围侵犯，表现为神经增粗强化、脑神经孔道扩大，与鼻咽癌比较，腺样囊性癌沿神经周围侵犯发生率更高，侵犯范围更广，因此通过高分辨MRI检查，明确肿瘤沿神经侵犯的范围对于确定手术范围及放疗靶区的勾画有较大帮助；腺样囊性癌和黏液表皮样 T_2WI 呈不均匀高信号，有小囊变区，而鼻咽癌信号更均匀，原发灶囊变区罕见；同时，腺样囊性癌淋巴结转移率低，而血行转移到肺、肝和骨更常见。

3）其他少见的恶性肿瘤

①横纹肌肉瘤：占儿童恶性肿瘤的3%~4%，是最常见的儿童及青少年实性肿瘤，占所有儿童实体肿瘤的35%~40%，有两个发病高峰，分别是2~4岁及12~16岁。头颈横纹肌肉瘤根据发病部位分为脑膜旁（parameningeal tumor）和非脑膜旁（nonparameningeal tumor），这两大类肿瘤在分期、预后及治疗方式选择方面有较大差异。脑膜旁肿瘤近颅底，主要包括眼眶、鼻咽、鼻腔及鼻旁窦，这一类肿瘤较易侵犯颅底骨质和颅内，手术创伤大且不易完整切除肿瘤，因此临床治疗以放化疗为主。横纹肌肉瘤在CT及MRI上大多数为边界欠清的软组织肿块，多有骨质破坏，较少发生出血及钙化，在MRI的 T_2WI 上多为不均匀的高信号，增强多为不均匀明显强化，淋巴结转移发生率约20%。

②鼻咽脊索瘤：起源于胚胎残留脊索组织的恶性肿瘤。颅颈部脊索瘤多发生于颅底的鞍背、斜坡，可向鼻咽扩展，影像表现和鼻咽癌侵犯颅底骨质有时较难区别。脊索瘤位于中线区，边界较清楚，斜坡呈膨胀性骨质破坏，瘤体内常见钙化及骨碎片，由于脊索瘤内含黏液样或胶样物质，因此 T_2WI 呈明显高信号，增强扫描强化不明显或轻度强化。与鼻咽癌不同，脊索瘤较少发现淋巴结转移。

4）鼻咽纤维血管瘤：鼻咽部肿瘤的良性肿瘤发生率不高，鼻咽纤维血管瘤最常见的是良性肿瘤，占头颈部肿瘤的0.5%，由于其生物学特性具有一定的侵袭性，可以发生骨质破坏，需和鼻咽癌鉴别。其鉴别点包括：发病以男性青少年为主，病灶血供丰富，增强CT/MRI可见明显强化，在MRI T_2WI 可见流空血管，病灶内有大量纤维基质，T_2WI 信号不均匀，除高信号外可见条片状低信号;与鼻咽癌虫蚀状骨质破坏为主不同,鼻咽纤维血管瘤发展较慢,骨质受压变形更明显。鼻咽纤维血管瘤的活检易发生鼻咽大出血,临床一旦怀疑此病,切记避免钳取活检。

5)鼻咽腺样体增生:临床上多见于儿童及青少年,部分成年人也可见残留的腺样体。体积较大的腺样体增生可引发临床症状,如鼻塞、张口呼吸及打鼾等,常可引发鼻窦炎及中耳炎等并发症。腺样体增生部分特征与鼻咽部的肿瘤类似,如:鼻咽顶后壁软组织肿块,增强可见强化,DWI 也可表现为高信号,ADC 图表现为低信号。MRI 较 CT 有更好的软组织分辨率,能较好地诊断鼻咽肿瘤和腺样体增生。在鼻咽癌患者中,鼻咽癌和腺样体可同时共存,如何根据两者的信号特征差异,区分两种不同组织,对于指导活检部位、放疗靶区勾画及治疗后肿瘤消退情况评估均有临床应用价值。根据文献报道,腺样体增生的 T_1WI 增强或 T_2WI 可见纵行的条状分隔,而鼻咽癌条状分隔缺如或变形;鼻咽癌除少数位于中心的病例外,多偏于一侧,左右不对称,而腺样体多对称;T_1 期鼻咽癌 T_1WI 增强可见深部黏膜线,位于癌组织深部边缘,呈线样强化,也可表现为深部黏膜线局部缺失;鼻咽癌的信号及强化均不对称,而腺样体多对称。

(2)口咽部肿瘤:口咽部原发肿瘤较少见,以恶性为主,可分为舌根癌、舌咽腭弓(咽柱)癌、扁桃体癌及软腭癌,各部发病和病理类型不尽相同。据统计,口咽部恶性肿瘤占全身恶性肿瘤的 1.3%,占头颈部恶性肿瘤的 4.2%。

1)口咽癌:口咽癌好发于 50~70 岁的男性,早期症状轻微,易被忽略,常见症状为咽部不适、异物感。肿瘤增大或破溃感染后出现咽痛,进食时加重,固定于病变侧,也可有舌咽神经反射的耳内痛。如肿瘤在扁桃体咽侧壁,向深侵及鼻咽部,可造成一侧耳闷、听力减退。肿瘤如向咽侧侵犯,侵及翼内肌则引起张口困难。舌根部肿瘤向深部侵犯,侵及舌神经和舌下神经后出现半舌麻木,伸舌困难,言语时似口中含物。患者常有唾液带血、口臭、呼吸不畅等。肿瘤增大后会造成吞咽困难,呼吸道阻塞。软腭肿瘤绝大多数发生在口咽面,晚期才穿透至软腭背面。在进行口咽癌的定性诊断时,需结合口咽癌的临床表现、实验室检查,根据口咽癌的扩展规律,综合分析其影像学特征。

2)口咽良性肿瘤:口咽良性肿瘤不多见,主要包括口咽部息肉、乳头状瘤及其他的良性增生物。有时可在悬雍垂、软腭、腭弓及扁桃体表面见到灰白色或淡红色乳头状瘤。纤维瘤常发生于扁桃体、软腭、咽后壁等处,呈圆形突起,表面光滑,质地较硬。原起于颈深部的神经鞘瘤,偶可在咽侧壁黏膜下出现椭圆形隆起。小者多无任何自觉症状。如肿瘤长大,除有异物感外,还可因压迫、阻塞而引起吞咽、呼吸或发声等功能障碍。

(3)喉咽部肿瘤:喉咽恶性肿瘤多发生在梨状隐窝,其次为喉咽后壁,环后区最少,根据其发生部位可分为梨状隐窝癌、喉咽后壁癌、环后癌。喉咽良性肿瘤甚少见。

1)喉咽恶性肿瘤:好发年龄为 50~70 岁。梨状隐窝癌和喉咽后壁癌多发生在男性,而环后癌多发生在女性。早期常见症状为喉咽部异物感,吞咽疼痛。下咽癌侵犯喉咽腔或侵犯食管入口时常出现进行性吞咽困难,合并颈段食管癌时更明显。肿瘤侵犯喉部,累及声带;或侵犯声门旁间隙;或侵犯喉返神经时均可出现声音嘶哑,且常伴有不同程度的呼吸困难。因声带麻痹、喉咽组织水肿或肿瘤阻塞,在吞咽唾液或食物时可误入气管而引起呛咳,严重时可发生吸入性肺炎。肿瘤组织坏死或溃疡时常出现痰中带血。约 1/3 的患者因颈部肿块作为首发症状就诊。肿块通常位于中颈或下颈部,多为单侧,少数为双侧。肿块质硬,无痛,且逐渐增大。喉咽恶性肿瘤晚期时,患者常有贫血、消瘦、衰竭等恶病质的表现。肿瘤侵犯颈部大血管时可发生严重的恶病质表现。肿瘤侵犯颈部大血管时可发生严重的出血。

2）喉咽良性肿瘤：少见，包括血管瘤、脂肪瘤、神经纤维瘤及食管平滑肌瘤等。

（4）咽部淋巴瘤：分为原发性及继发性淋巴瘤，原发性淋巴瘤又分结内及结外两大类。大部分结外淋巴瘤位于韦氏环，最常见的发生部位依次为扁桃体、鼻咽和舌根，且绝大多数为非霍奇金淋巴瘤，霍奇金淋巴瘤则罕见，咽部黏膜相关组织（MALT）可以是这类淋巴瘤的起源。咽部癌和淋巴瘤在生物学行为存在差异，通常淋巴瘤多表现为大肿块，向咽腔内或沿黏膜浸润，边界清晰，而癌更倾向于向深部浸润，肿瘤边界不清晰；咽部癌的淋巴结转移基本遵循按淋巴引流方向由近及远依次转移规律，癌偏于一侧时，可先一侧淋巴结增大，再对侧淋巴结增大，如鼻咽癌先出现同侧咽后淋巴结或Ⅱ区淋巴结增大，再出现Ⅲ区及Ⅳ区或对侧淋巴结增大，而淋巴瘤的淋巴结受侵并不遵循以上规律，可同时双侧颈部或非淋巴引流区域淋巴结肿大，并可同时出现多个不相邻解剖结构的受累，如咽部和唾液腺可同时发生淋巴瘤。由于淋巴瘤细胞密集，血供不丰富，较少坏死，因此影像上也有区别于癌的不同特征，比如淋巴瘤较癌在MRI/CT 图像上信号/密度比较均匀，增强扫描强化程度较低，DWI 明显高信号。

头颈部肿瘤淋巴结的定性诊断在临床中占据非常重要的位置，直接影响肿瘤分期、手术方式、放疗靶区勾画及综合治疗方案制订。头颈部肿瘤淋巴结的诊断包括影像诊断及病理诊断，影像诊断检查技术包括超声、CT、MRI、PET/CT 以及影像引导下的穿刺活检。头颈部癌的颈部淋巴结转移影像诊断标准包括：

1）颈部淋巴结最小轴径（minimal axial diameter，MID）≥10mm，Ⅱa 区淋巴结≥11mm，咽后淋巴结≥5mm。

2）淋巴结出现环形强化、中心坏死或囊变。

3）淋巴结呈簇状，即3 个及以上相邻或融合的淋巴结且最小轴径（MID）均≥8mm。

4）出现包膜外侵犯的任何大小的淋巴结，其影像上表现为淋巴结边缘模糊，形态不规则的包膜强化，侵犯邻近肌肉或脂肪组织。

在使用此标准时需明确小于以上标准的淋巴结也可能是恶性转移淋巴结，大于该标准的淋巴结也可能是良性淋巴结增生，只是用这个标准在判断淋巴结良恶性时其准确性最高。以上标准只适用于已经明确咽部癌诊断的前提下，对CT 或MRI 上观察到的淋巴结进行良恶性分类，并以此为依据对肿瘤进行分期及制订治疗方案，并不适用于对不明原因的颈部淋巴结进行良恶性诊断。

在进行喉咽癌的定性诊断时，需结合喉咽癌的临床表现，实验室检查，根据喉咽癌的扩展规律，综合分析其影像学特征。

3. 肿瘤侵犯范围、预后及分期 随着肿瘤治疗模式的进步，特别是以调强放疗及放化疗为基础的综合治疗的开展，鼻咽癌、口咽癌和喉咽癌的治疗效果明显提高，表现在复发率明显降低，但远处转移率仍然较高，通过影像学检查方法，精确显示肿瘤侵犯范围对于肿瘤分期、预后预测及治疗方式选择有重要意义。

鼻咽癌影像相关预后因素主要包括原发灶及区域淋巴结两大类。咽颅底筋膜位于腭帆张肌内侧，根据肿瘤是否突破该筋膜将鼻咽癌分为腔内及腔外两大类，一旦肿瘤突破咽颅底筋膜则肿瘤远处转移风险明显增加，因此判断该筋膜是否受侵在肿瘤分期及预后上有重要意义，在MRI 图像上，T_1WI 平扫或增强显示腭帆张肌与腭帆提肌之间脂肪间隙消失表示肿瘤突破咽颅底筋膜侵犯咽旁间隙，应归为 T_2 期；除咽旁间隙外，翼内肌、翼外肌及头长肌等软组织的侵犯也归为 T_2，如果肿瘤侵犯超过翼外肌的外侧缘则为明显软组织侵犯，则归为 T_4。肿瘤向上可侵犯颅底骨质，MRI 对颅底骨质侵犯的诊断较 CT 更敏感，可发现更多的颅底骨质破坏，表现为骨髓脂肪信号消失,增强可见强化,选择脂肪抑制 T_1WI 序列能够更好地显示肿瘤强化。肿瘤侵犯鼻旁窦、眼眶及颅内均表示肿瘤为局部晚期,预后较差。以环状软骨下缘为界将颈部淋巴结分为上颈及下颈,单侧上颈及咽后淋巴结转移为 N_1 期,双侧上颈淋巴结转移为 N_2 期,下颈淋巴结转移不论单双侧均为 N_3,淋巴结最长径大于 6mm 也归为 N_3。近期的研究发现淋巴结出现囊变或坏死的鼻咽癌患者预后更差。

HPV 相关性口咽癌其预后显著好于非 HPV 相关性口咽癌,美国肿瘤联合会(AJCC)发布的第 8 版癌症 TNM 分期系统对口咽癌 TNM 分期进行了许多修改,最大的变化是纳入了 HPV 病因学因素,口咽癌被拆分为 HPV 相关性口咽癌和非 HPV 相关性口咽癌两部分。对于 HPV 相关性口咽癌的诊断,推荐使用简便、经济和有效的 P16 免疫组化检测方法,用 P16 表达情况判断肿瘤是否伴有 HPV 感染。其标准为:P16 阳性表达细胞百分率≥75%,阳性细胞染色强度至少中度(+2/3),且在细胞质和细胞核中均有表达。对于 P16 染色仅局限于细胞质者,被认为是非特异性,而不具有诊断性(阴性)。由于 P16 阳性口咽癌对放化疗敏感,相对于 P16 阴性口咽癌,许多预后相关因素在分期中被降级。比如对非 HPV 相关性口咽癌,T_4 则分为中等晚期局部疾病(T_{4a},肿瘤侵犯喉、舌的外部肌肉,翼内肌、硬腭或下颌骨)和非常晚期局部疾病(T_{4b},肿瘤侵犯翼外肌、翼板、鼻咽侧壁,或颅底和/或包绕颈内动脉),而 HPV 相关性口咽癌 T_4 期只包含肿瘤侵犯喉、舌的外部肌肉,翼内肌、硬腭或下颌骨等因素,在 P16 阴性口咽癌中的非常晚期原发病灶则不再纳入分期。对淋巴结转移而言,HPV 相关性口咽癌 N 分期更接近鼻咽癌的 N 分期,如单侧淋巴结不论数目多少,都为 N_1 期,双侧或对侧淋巴结则归为 N_2 期;对于非 HPV 相关性口咽癌,N 分期不但考虑淋巴结的单双侧及大小,还需考虑淋巴结数目(单个或多个),以及是否有包膜外侵犯。

下咽癌不同发生部位其肿瘤侵犯和转移的路径会有差异。梨状隐窝癌是最常见的下咽癌,其中发生于梨状窦前内侧壁及梨状窦角癌可向前侵犯声门旁间隙,进而侵犯喉室及会厌前间隙,梨状隐窝癌也可直接穿过杓状会厌襞侵犯喉室;梨状窦侧壁离颈动脉鞘非常近,发生于这个位置的癌更容易侵犯颈动脉鞘;环后区癌可沿黏膜下生长,常见颈段食管侵犯;咽后壁癌多沿黏膜表面生长,同时侵犯口咽及下咽,常侵犯椎前间隙,表现为椎前软组织增厚。当颈总动脉被肿瘤包绕或侵犯时,手术需切除该段动脉,风险明显增加,多选择放化疗,因此下咽癌需仔细观察肿瘤和颈总动脉的关系。晚期的下咽癌可侵犯声门下区、喉软骨、舌骨、甲状腺、颈段气管、肺尖、上纵隔、气管食管沟及食管,当肿瘤侵犯喉返神经时,可出现声带活动减弱或声带固定。

第十三节　咽旁间隙肿瘤及肿瘤样病变诊断思路

【简介】

咽旁间隙是位于头颈部的一个潜在的筋膜间隙,形态类似一个倒置的三角金字塔,其基底部为颅底骨质,尖部为舌骨大角,前方由颊咽筋膜与咽黏膜间隙相隔,后方由椎前筋膜与椎前间隙相隔,侧面由薄分隔筋膜与每一侧咽旁间隙茎突后腔分开,该间隙被进一步划分为茎突前间隙、茎突后间隙,以茎突及其附属的肌肉、筋膜(腭帆张肌茎突筋膜)为界。

茎突前间隙(前外侧间隙)包括上颌内动脉和静脉、下牙槽、舌和耳颞神经。另外还包括脂肪、内侧和外侧翼状肌、腮腺深叶和许多淋巴结。该区域的病变可引起翼状肌受累从而导致牙关紧闭,扁桃体窝膨出和软腭无力,以及损伤三叉神经的第三支,引起运动和感觉神经受累。

茎突后间隙(后内侧间隙)包含颈内动脉,它穿过颈动脉鞘到达位于颅底部的颈动脉管。

颈内静脉也流经茎突后间隙,位于颈总动脉的深部。脑神经从舌咽神经到舌下神经也存在于茎突后间隙。交感神经链和大量淋巴结也存在于茎突后间隙。目前,咽旁间隙的分区变得越来越重要,因为先进的成像技术使基于咽旁间隙亚分区解剖基础上的精准术前诊断成为可能,同时伴随外科技术的进步,咽旁间隙肿瘤的手术入路更加简易安全。

【影像学表现】

尽管咽旁间隙肿瘤以良性居多,但由于病种的多样性以及解剖结构的复杂性,使准确诊断和治疗有一定的困难。在对肿瘤准确定位的基础上,结合肿瘤形态及内部影像特征,可对大多数肿瘤进行准确定性。常见的肿瘤如下:

1. **唾液腺肿瘤** 唾液腺肿瘤占咽旁间隙病变的 40%~50%,位于茎突前间隙。这些肿瘤可能起源于腮腺深叶、异位唾液腺或者咽侧壁的小唾液腺。最常见的茎突前间隙病变为多形性腺瘤,占咽旁间隙中唾液腺肿瘤的 80%~90%。其他良性唾液腺病变,包括腺淋巴瘤、嗜酸细胞瘤以及一些恶性的唾液腺肿瘤,也发生在茎突前间隙。大约 20% 的咽旁间隙的唾液腺肿瘤为恶性,腺样囊性癌最常见。

(1) 多形性腺瘤:通常发生在茎突前间隙,多来自腮腺深叶,少数源自异位小唾液腺组织,以结构多形性为特征,可发生于任何年龄,30~60 岁多见,女性发病率稍高于男性。

CT 表现:类圆形软组织肿块,平扫呈等或略低密度,病灶较小时密度均匀,较大时则可见低密度灶;增强扫描均匀强化或环形强化,肿瘤内部有囊变时,平扫及增强扫描可显示其内的液性密度。

MRI 表现:T_1WI 较低信号,T_2WI 较高信号,周围可见低信号薄壁包膜,中等程度强化,小的病变在形态上是典型的均匀信号病灶;当增大至直径 2.5cm 以上时,内部信号多不均匀,可见大小不等囊样病灶或局灶性中央低信号不强化区,表现为栅栏状,形成原因可能为营养不良性钙化或局部纤维化。发生坏死、囊变时呈长 T_1 长 T_2 信号,增强扫描不强化。

(2) 腺样囊性癌:位于茎突前间隙的肿块,其生长较慢,周围很少有包膜,有很强的向神经周围淋巴结和血管周围间隙侵犯的倾向。临床症状隐匿,晚期易出现局部侵犯,也可出现远处转移。

CT 表现:平扫主要为不均匀等、低密度,内见小斑片状、筛孔状低密度区,低密度区域少且散在,少数为均匀等密度;增强扫描为不均匀强化,少数为均匀强化。

MRI 表现:多数 T_1WI 为不均匀或均匀等、低密度,T_2WI 为混杂高信号,内见斑片状、筛孔状更高信号区域,少数 T_1WI 为等低信号,T_2WI 为均匀高信号;增强扫描多为不均匀强化,内见小斑片状、筛孔状无强化区,少数为均匀强化。

(3) 黏液表皮样癌:较少见,咽旁间隙的黏液表皮样癌位于茎突前间隙。它主要来源于腺管上皮细胞,多数形状不规则,呈分叶状,边缘不光整。低度恶性肿瘤呈良性特征,可囊变,占据肿瘤大部分,还可有边界清楚的出血,显微镜下有浸润,其表现与多形性腺瘤相似;这种肿瘤看似良性,但数年后易发生转移。中等程度的恶性肿瘤很少囊变;高度恶性肿瘤是富细胞的、实性的和浸润性的,其复发转移率高。

CT 表现:平扫多为高密度或不均匀密度,部分呈等密度或低密度,增强扫描轻至中度强化甚至明显强化,肿瘤有囊变时,平扫及增强可显示其液性低密度。

MRI 表现:T_1WI 为低信号,T_2WI 为稍高或高信号,增强扫描轻至中度强化甚至显著强化。高度恶性肿瘤 T_1WI 为低信号,T_2WI 信号也相对较低。

2. **神经源性肿瘤** 神经源性肿瘤多来自颈交感神经链或周围感觉神经,其次来自第 Ⅸ~Ⅻ 对脑神经的颅外段或膈神经。神经鞘瘤和神经纤维瘤均可发生,以神经鞘瘤、副神经节瘤多见。

（1）神经鞘瘤：神经鞘瘤起源于神经鞘的施万细胞并形成典型质硬的纤维结构和凝胶状结构，这两种结构可同时出现在一个瘤体上。它多发生于茎突后间隙，在此区域的神经鞘瘤多来源于迷走神经或交感干，少部分情况下来源于邻近的神经纤维。

CT 表现：平扫呈等或稍低密度，密度可均匀或不均匀，增强扫描均匀或不均匀强化，强化程度较邻近肌肉高，呈圆形或椭圆形、边缘清晰。较大的肿瘤内可出现坏死、囊变区。当瘤体在颈静脉孔水平增长时，局部骨质边缘受压呈扇状。

MRI 表现：与邻近肌肉相比，T_1WI 为等信号，T_2WI 为高信号，增强扫描可轻中度强化，内部信号均匀，呈圆形或椭圆形、边缘清晰。发生坏死、囊变区呈长 T_1 长 T_2 信号，增强扫描不强化。

（2）副神经节瘤：副神经节瘤包括颈静脉球瘤、颈动脉体瘤、迷走神经球瘤，多位于茎突后间隙；在组织学上，副神经节主要由主细胞（Ⅰ型）和支持细胞（Ⅱ型）构成，前者胞质内可见神经内分泌颗粒；后者数量很少，位于主细胞周边。这两种成分排列呈细胞巢团或腺泡状，瘤细胞巢之间有丰富的血管网，血管周围广泛透明变或瘤组织间见宽带硬化。

CT 表现：边界清楚，可见瘤体推挤颈内动脉向前移位，增强扫描明显均匀强化。

MRI 表现：卵圆形，轮廓清楚，与邻近软组织分界清楚，较大的病变可呈分叶状。与邻近肌肉相比，T_1WI 为等信号或稍高信号，T_2WI 为稍高信号，增强扫描明显强化。此外，瘤体内存在迂曲或点状极低信号，可认为是血管信号，形成流空效应。流空效应可清楚显示肿瘤实质内碎屑状低信号流空血管（代表高速血流）和斑点状高信号（慢速血流）形成的"胡椒盐征"，是该肿瘤的特征性 MRI 表现。

3. 少见的良性肿瘤

（1）鳃裂囊肿：先天性疾病，常见于青壮年，多继发于呼吸道感染或外伤。小的囊肿无症状，较大的病变可出现鳃裂膨出、吞咽困难或不定向的颈部不适感。它位于茎突前间隙，检查时口咽后外侧壁表现为内壁膨隆。

影像学表现：在 CT 和 MRI 上表现为薄壁、壁光滑呈液体密度或信号的囊性结构，从腭扁桃体的深部向颅底方向的咽旁脂肪的延伸。偶尔出现的 T_1 高信号可能是高蛋白成分或囊内出血。

（2）血管瘤：血管瘤是来源于内皮细胞的良性肿瘤，按血管形状分为毛细血管型、海绵型、硬化型。血管瘤（毛细血管型）常见于婴幼儿、女性，50% 的毛细血管瘤可发生自发退变，尤其在 2~3 岁常见。海绵状血管瘤（海绵型）常发生于较大儿童，常见静脉石并有自愈趋势，海绵状血管瘤不发生退变，需外科切除。咽旁间隙等常被浸润的病变部位多能跨越筋膜屏障形成多间隙受累。

CT 表现：相对的密度增高区，典型表现为明显强化。

MRI 表现：T_1WI 和质子权重像上表现为中等信号强度，T_2WI 上表现为异常高信号。注射钆对比增强剂后，呈常规信号强度，在相应的血管结构内可识别出信号流空区，而高灌注病变内更常见到血管流空。

（3）巨淋巴结增生：巨淋巴结增生又称 Castleman 病，临床根据肿大淋巴结的分布和器官受累情况分为单中心型和多中心型；病理可分为透明血管型、浆细胞型和混合型。发生于咽旁间隙的 Castleman 病多为单中心型，青年好发，以透明血管型多见。

CT 表现：有特征性，CT 平扫显示病灶轮廓清楚。边缘可有分叶，密度均匀，可伴有点状、分支结节状钙化。增强 CT 扫描在病变早期强化明显，几乎与胸、腹主动脉同步，均匀或不均匀,外周可有点状异常增强的小血管。其强化表现与病理滤泡内和滤泡间有丰富的毛细血管、小血管增生有关。

MRI 表现:DWI 为较高信号,平扫 T_2WI 脂肪抑制像呈高信号,T_1WI 脂肪抑制像呈略低信号,增强扫描均有明显持续强化。

4. 其他恶性肿瘤　横纹肌肉瘤为起自横纹肌或具有分化为横纹肌多潜能的间充质细胞的恶性肿瘤,恶性程度高,进展快。多见于儿童,可以起源于咀嚼肌,多见于茎突前间隙。

影像上表现为咽旁间隙或咀嚼肌间隙的圆形或卵圆形软组织肿块,表面光滑,呈分叶状;邻近的骨质结构受压迫或吸收破坏;常合并颈部淋巴结肿大。

CT 表现:平扫时肿块密度与其旁肌肉组织相等或稍低,增强后呈中度强化,较大的肿块中央可出现液化、坏死区,无强化。

MRI 表现:T_1WI 呈低信号,T_2WI 为稍高信号,增强扫描可轻度至中度强化。未强化区表示坏死或出血区域。

【典型病例展示】

病例 1　女性,34 岁,健康体检发现左颈肿物 2 年余(图 1-13-1)。

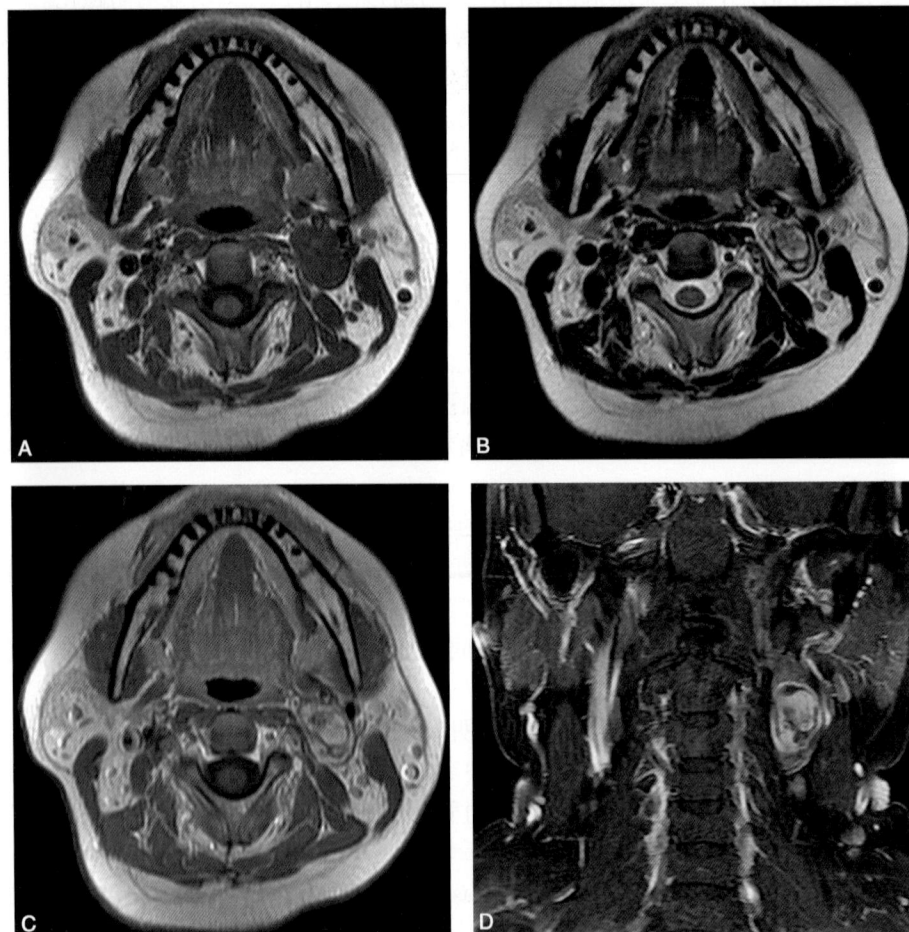

图 1-13-1　神经鞘瘤

MRI 示左侧Ⅱ区水平颈动脉鞘区见一类圆形肿物,横断面 T_1WI(图 A)呈稍低信号,横断面 T_2WI(图 B)呈稍高信号,增强扫描(图 C、图 D)不均匀明显强化,内见囊变区未见强化。术后病理诊断明确为神经鞘瘤。

病例2　男性,21岁,头晕、呕吐1个月(图1-13-2)。

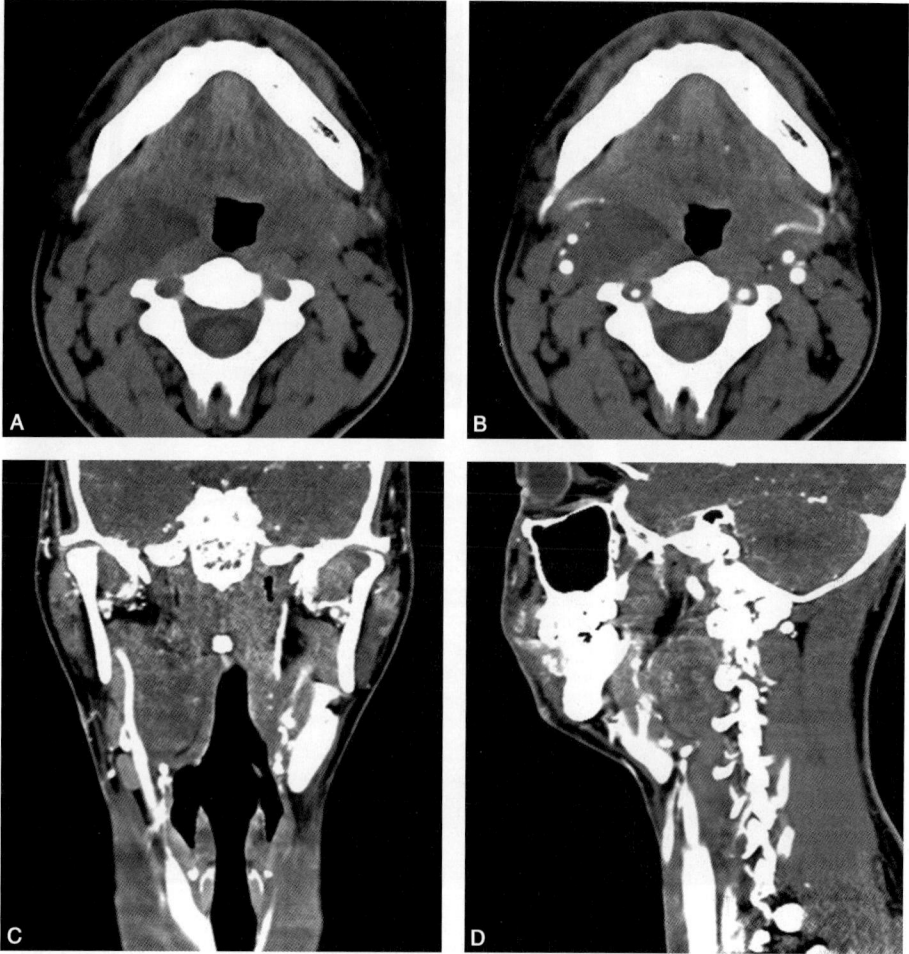

图1-13-2　神经鞘瘤

CT示右侧咽旁间隙见一椭圆形肿块,边界欠清,平扫呈稍低密度(图A),增强扫描呈渐进性强化(图B~图D),口咽右侧壁受压向内移位,右侧舌根部及右侧颌下腺受压向前移位,右侧颈动脉鞘区血管受压向后移位。术后病理诊断明确为神经鞘瘤。

病例3 男性,41岁,发现口腔内肿物半年余(图1-13-3)。

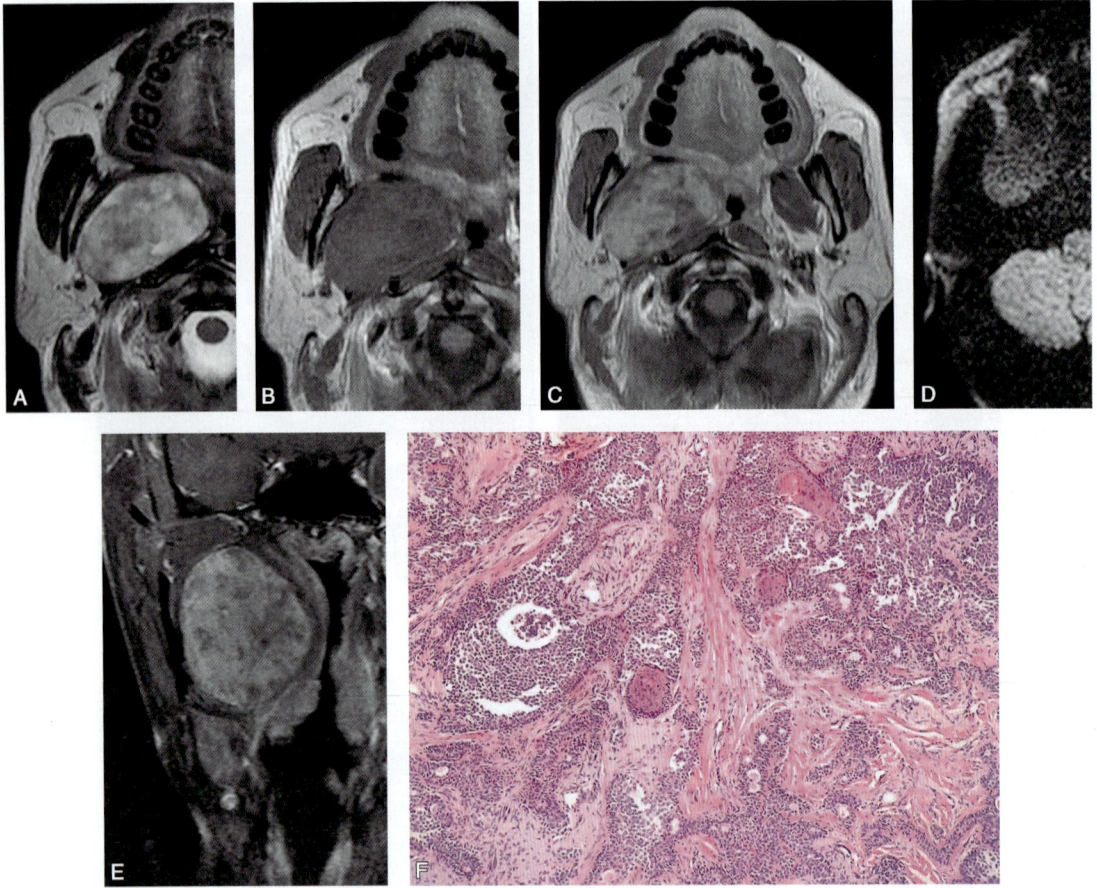

图1-13-3 多形性腺瘤

MRI示右侧咽旁翼内外肌间隙内见一巨大肿块影,横断面 T_2WI(图A)呈稍高信号,横断面 T_1WI(图B)呈等信号,DWI(图D)呈高信号,增强扫描(图C、图E)不均匀明显强化,推移鼻咽、口咽及右侧颈动脉鞘区血管。术后病理(图F)提示肿瘤细胞呈小巢状、梁索状、小管状或实性排列,胞质丰富、红染,间质见黏液样或软骨样基质,符合多形性腺瘤。

病例 4　女性,13 岁,右颞下窝横纹肌肉瘤外院切除术后 2 个月(图 1-13-4)。

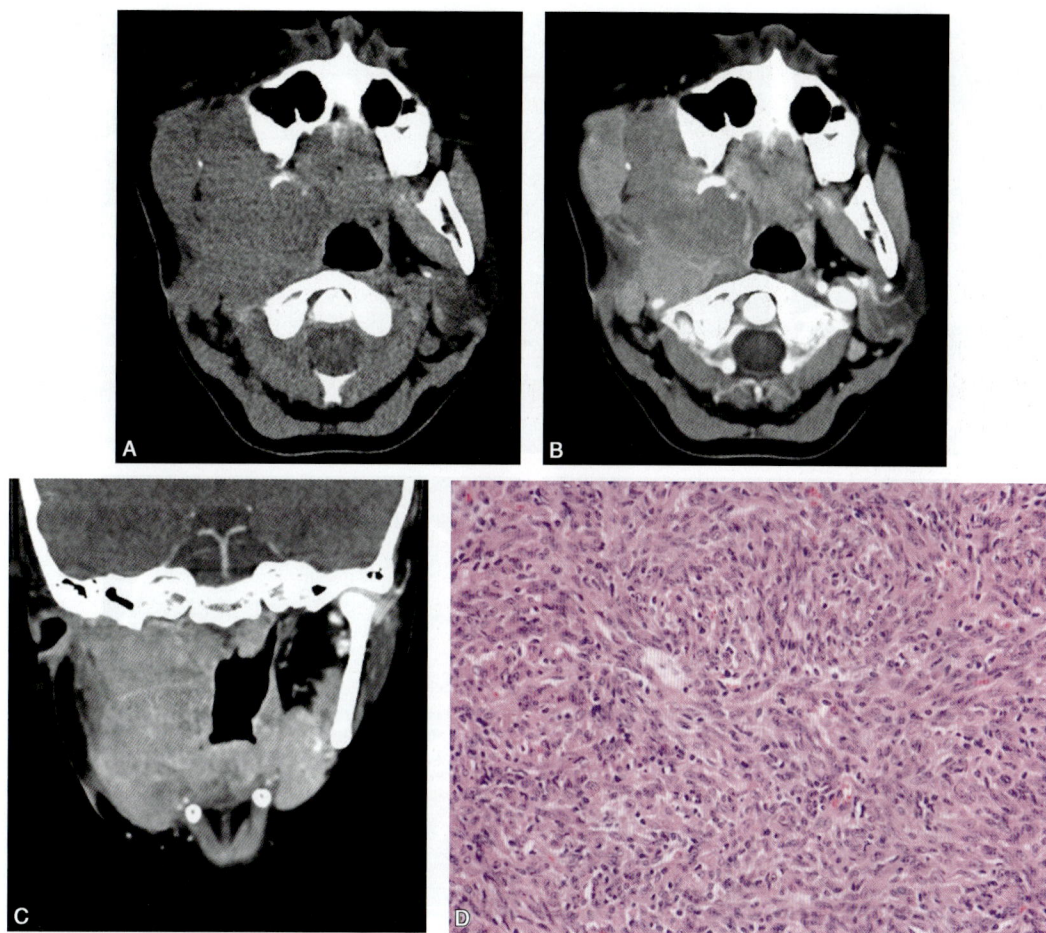

图 1-13-4　横纹肌肉瘤

CT 示右侧颌面部见一肿物,内部密度尚均匀(图 A),增强扫描(图 B、图 C)呈轻至中度强化,累及右侧咽旁间隙、翼突内外肌、右侧腭帆张肌、翼突基底部及内外侧板、上颌后脂肪间隙及右侧下颌下腺。镜检(图 D)为小圆细胞性肿瘤,浸润神经组织,结合免疫组化结果,符合横纹肌肉瘤(以腺泡状横纹肌肉瘤为主)。

病例 5 男性,6 岁,右耳血性分泌物 1 个月(图 1-13-5)。

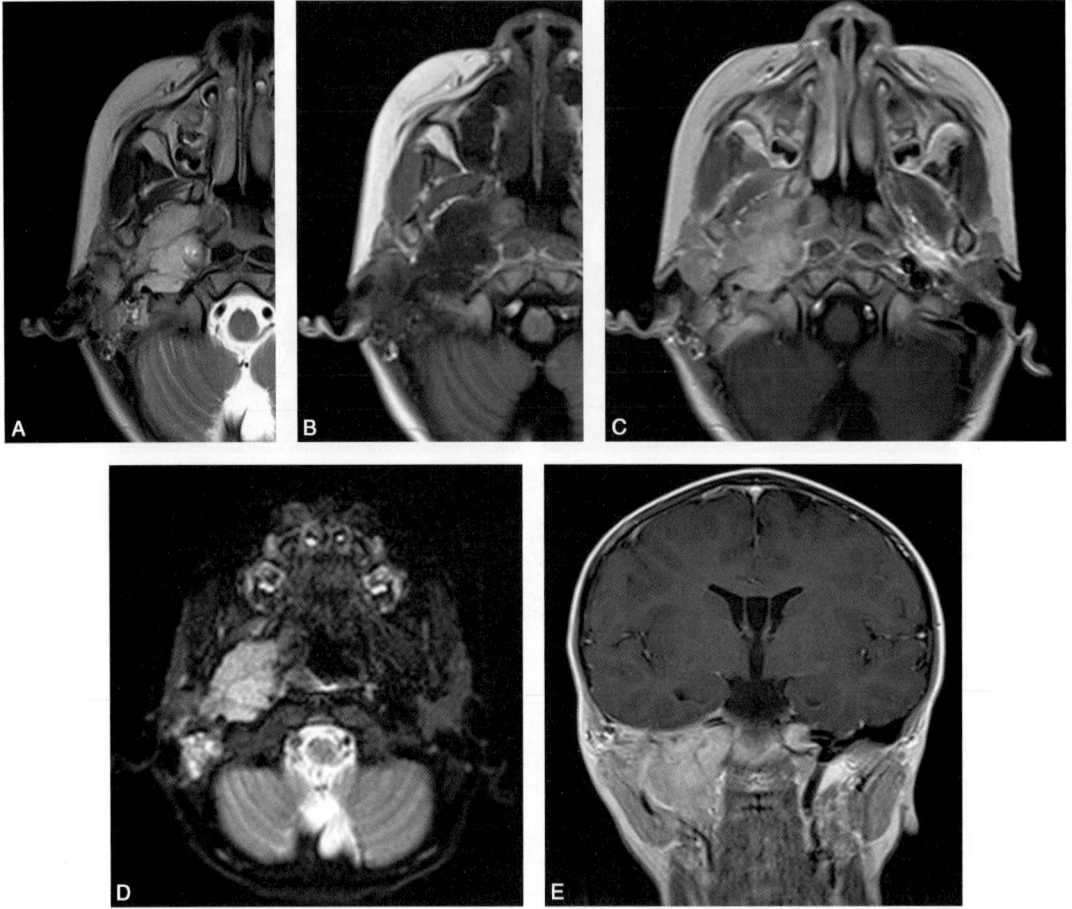

图 1-13-5 腺样囊性癌

MRI 示右侧颞部-咽后间隙-咽旁间隙可见不规则异常信号影,边界不清,横断面 T_2WI(图 A)呈高信号,横断面 T_1WI(图 B)呈低信号,DWI(图 D)呈高信号,增强扫描(图 C、图 E)明显强化。术后病理符合胚胎型横纹肌肉瘤。

病例 6 女,51 岁,右口咽肿物 20 余日,病理:腺样囊性癌(图 1-13-6)。

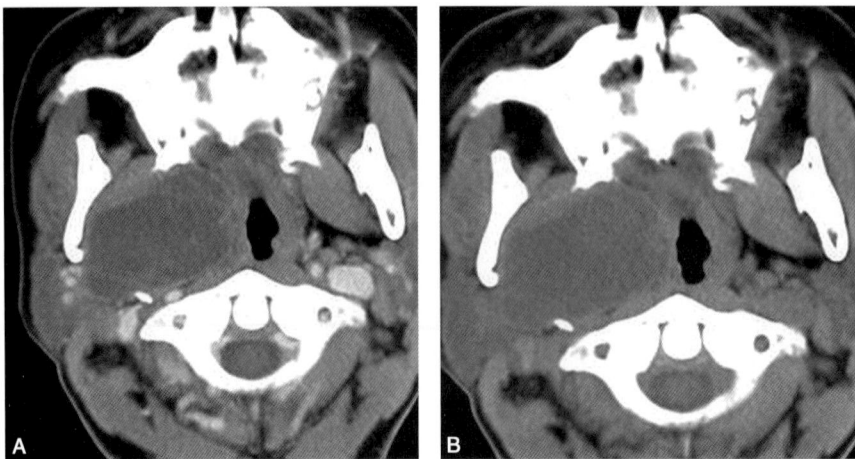

图 1-13-6 腺样囊性癌

CT 示右侧咽旁间隙见类圆形病灶,边界清,横断面(图 B)呈低密度,增强扫描(图 A)呈边缘强化,病灶强化不明显。术后病理符合腺样囊性癌。

病例7　男性,51 岁,夜间呼吸困难 1 年余,发现口咽肿物 1 年。病理:高分化黏液表皮样癌(图 1-13-7)。

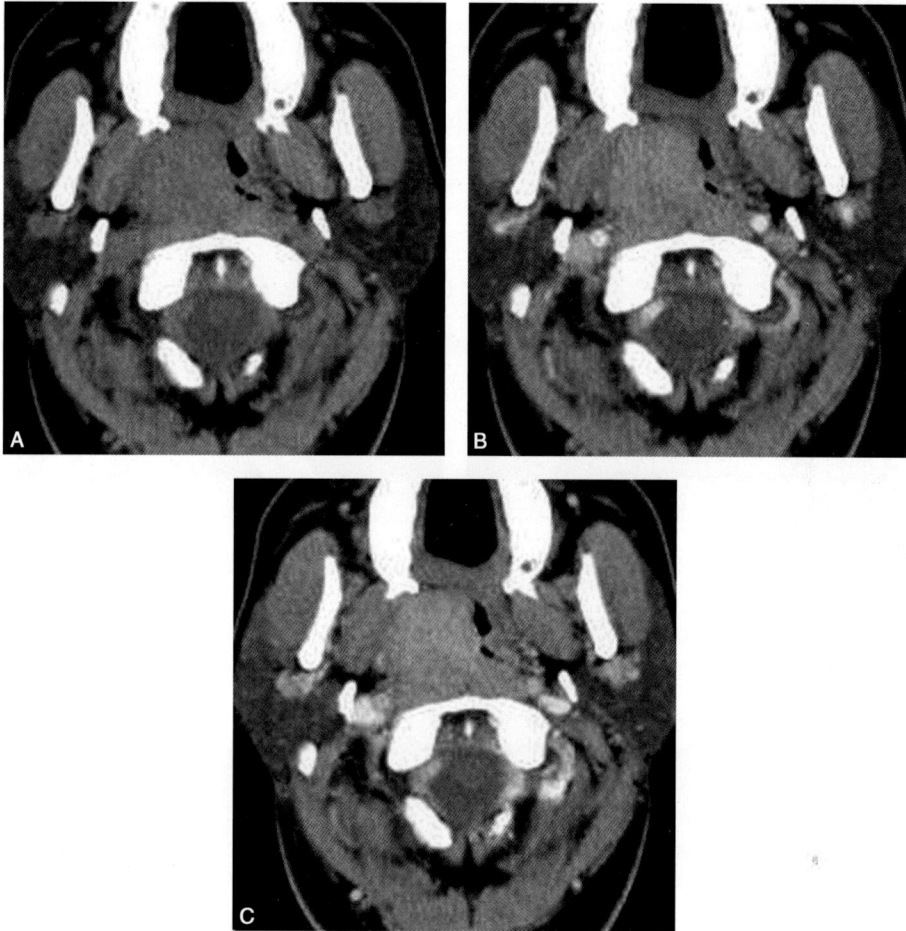

图 1-13-7　高分化黏液表皮样癌

CT 示右侧口咽旁-咽后间隙见类圆形病灶,边界不清,横断面(图 A)呈低密度,增强扫描(图 B、图 C)呈渐进性均匀强化。术后病理符合高分化黏液表皮样癌。

病例 8　女性,52 岁,发现右上颈肿物 4 年,增大 1 年。病理:副神经节瘤(图 1-13-8)。

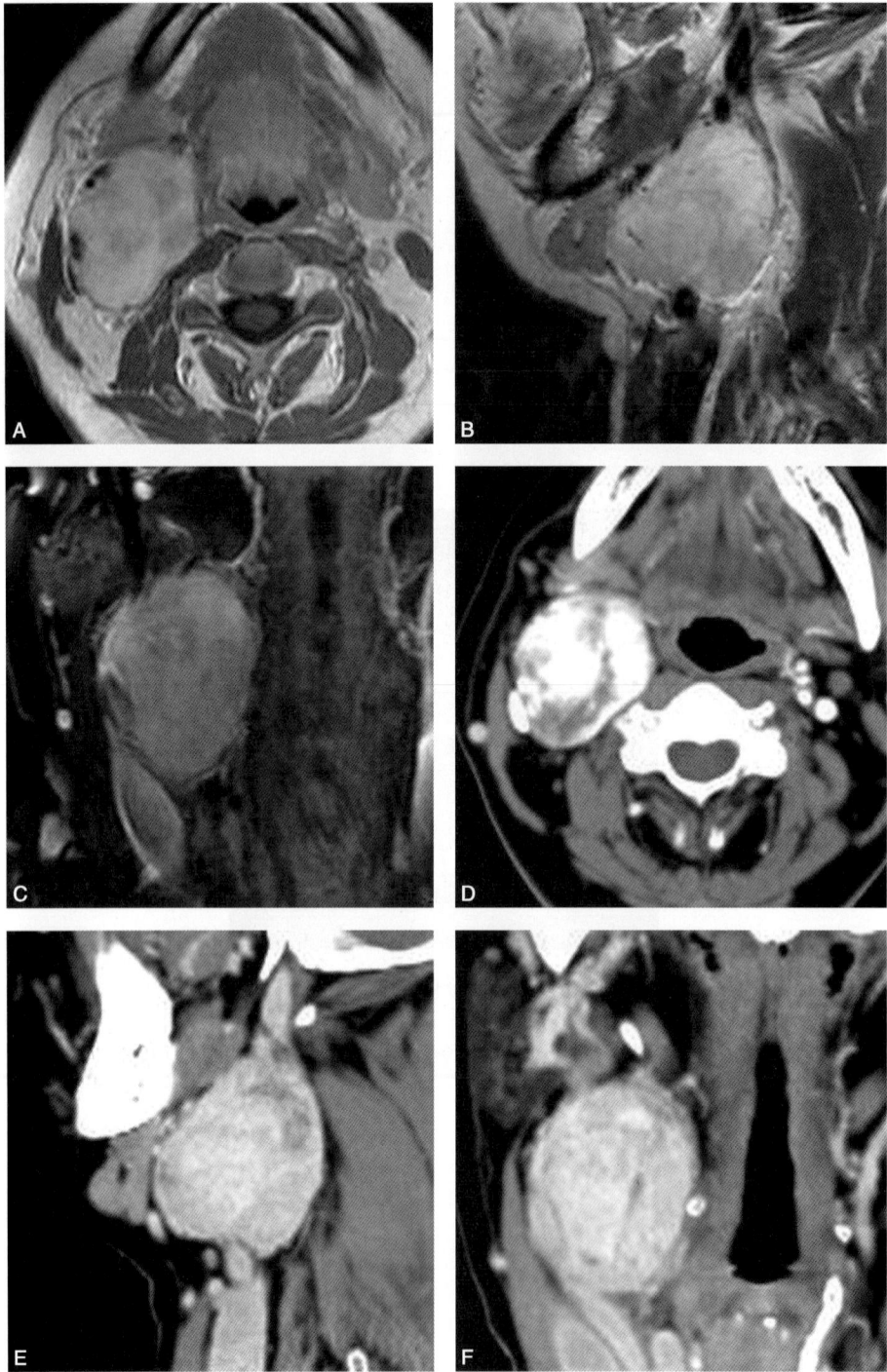

图 1-13-8　副神经节瘤

MRI、CT 示右侧咽旁间隙见类圆形病灶,横断面及冠状面 T₁WI(图 A、图 B)呈高信号,信号不均,增强扫描冠状面 T₁WI(图 C)、横断面 CT(图 D)明显强化,病灶向外推挤颈内动脉及颈内静脉(图 D)。术后病理符合副神经节瘤。

病例9　女性,39 岁,发现右颈肿物半年。病理:鳃裂囊肿(图 1-13-9)。

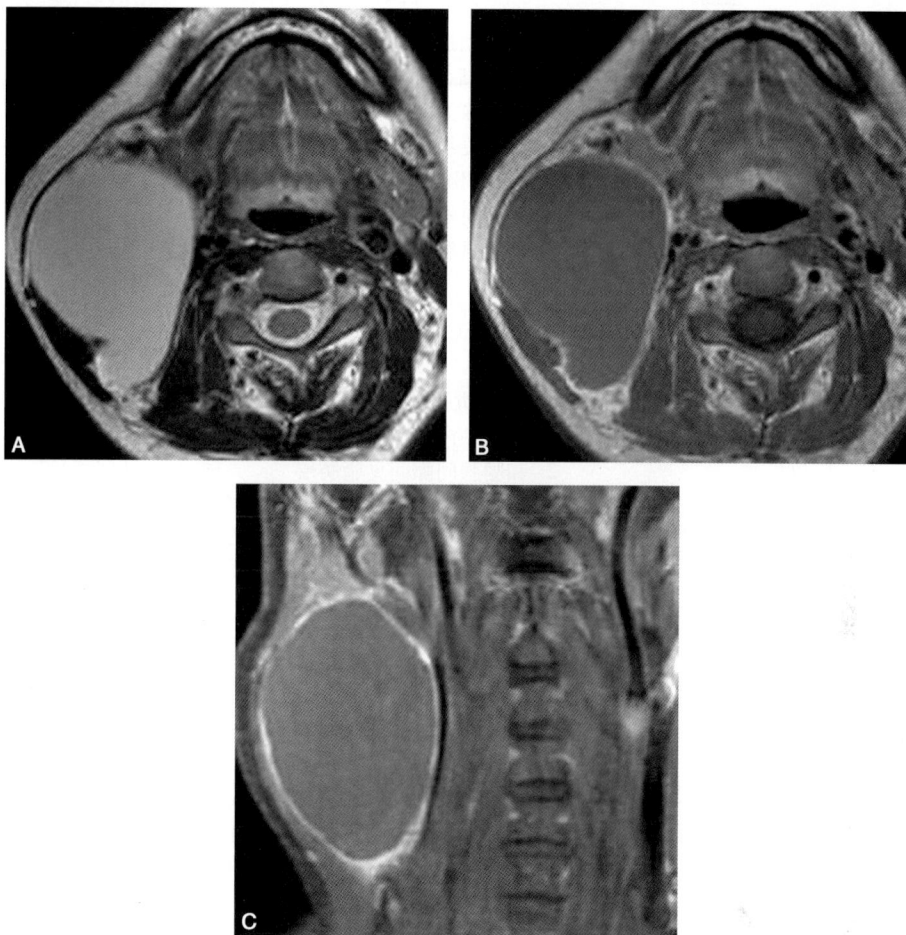

图 1-13-9　鳃裂囊肿

MRI 示右侧咽旁间隙见类圆形病灶,边界清晰,形态规则,横断面 T_2WI(图 A)呈高信号,横断面 T_1WI(图 B)呈低信号,增强扫描(图 C)未见明显强化。术后病理符合鳃裂囊肿。

【诊断思路与诊断要点】

先根据影像对肿瘤进行准确定位,再结合肿瘤形态及内部影像特征对肿瘤进行定性。

1. 咽旁间隙肿瘤的定位分析　茎突前间隙及茎突后间隙的组织结构有差异,其常见的肿瘤类型也不同,明确肿块是起源于茎突前间隙还是茎突后间隙,对于病灶的鉴别诊断有较大帮助。茎突前间隙肿瘤以小唾液腺或腮腺来源肿瘤多见,肿瘤位于茎突前内方,咽旁脂肪垫位于茎突前间隙,肿块可引起咽旁脂肪垫的内侧移位,并且位于颈动脉鞘血管前方,引起血管后移;而茎突后间隙的肿瘤以神经源性肿瘤多见,肿瘤位于茎突后内侧,引起咽旁脂肪垫向前外侧移位,颈内动脉和颈内静脉分开或颈内动脉外移。

通过对肿瘤周围结构关系的分析可以对肿瘤进行准确定位,进而辅助肿瘤的定性诊断,具体分析思路见表 1-13-1。

表 1-13-1　咽旁间隙肿瘤的定位分析

分类	组织	定位征象	常见肿瘤
茎突前间隙	1. 脂肪 2. 三叉神经下颌支分支 3. 小唾液腺 4. 下颌内动脉、咽升动脉 5. 翼状静脉丛	1. 颈内动脉和颈内静脉向后内(后)移位 2. 和腮腺关系密切 3. 茎突关系:多位于茎突前 4. 脂肪间隙多向后内移位,凹面向外 5. 二腹肌后腹内移	良性 1. 多形性腺瘤 2. 神经鞘瘤 3. 鳃裂囊肿 4. 血管瘤、淋巴管瘤 恶性 1. 腺样囊性癌 2. 黏液表皮样癌 3. 邻近间隙肿瘤扩展:鳞状细胞癌、肉瘤、淋巴瘤
茎突后间隙	1. 交感神经链 2. 后4组脑神经 3. 淋巴结 4. 颈内动脉 5. 颈内静脉	1. 颈内动脉和颈内静脉分开或颈内动脉外移 2. 和腮腺间隙见脂肪层 3. 和茎突关系:多位于茎突后 4. 脂肪间隙多两侧移位或前移位 5. 二腹肌外移	良性 1. 非嗜铬性副神经节瘤(颈静脉球、颈动脉体瘤) 2. 神经鞘瘤 3. 巨淋巴结增生 恶性 1. 周围(如鼻咽)恶性肿瘤侵犯 2. 侵袭性纤维瘤病 3. 淋巴瘤 4. 转移淋巴结

2. 咽旁间隙肿瘤的定性分析　咽旁间隙肿瘤并不常见,占所有头颈部肿瘤的 0.5%~1%。良性和恶性肿瘤均可源自咽旁间隙的任何结构。其中,良性肿瘤占 70%~80%,其余 20%~30% 为恶性。大多数咽旁间隙肿瘤属于唾液腺肿瘤、神经源性肿瘤(尤其是神经鞘瘤和副神经节瘤)、淋巴网状病变。其他病变包括脂肪瘤、脂肪肉瘤、血管瘤、血管外皮细胞瘤、血管内皮瘤、脑膜瘤、横纹肌肉瘤、软骨肉瘤、恶性纤维组织细胞瘤和转移性病变。

(1) 唾液腺肿瘤

1) 良性肿瘤:包括多形性腺瘤、单形性腺瘤、嗜酸细胞瘤、腺淋巴瘤。

2) 恶性肿瘤:包括黏液表皮样癌、腺样囊性癌、腺癌、除外多形性腺瘤恶变的癌、恶性腺淋巴瘤、腺泡细胞癌、唾液腺导管癌、鳞状细胞癌、未分化癌。

咽旁间隙最常见的肿瘤是唾液腺起源的肿瘤,占咽旁间隙病变的 40%~50%,位于茎突前间隙。这些肿瘤可能起源于腮腺深叶、异位唾液腺或者咽侧壁的小唾液腺。发生在腮腺深叶肿瘤的发生率与腮腺浅叶肿瘤相同,然而,只有小部分腮腺深叶肿瘤累及咽旁间隙。最常见的茎突前间隙良性病变为多形性腺瘤,其次为腺淋巴瘤和嗜酸细胞瘤,大约 20% 的咽旁间隙的唾液腺肿瘤为恶性,腺样囊性癌最常见。

(2) 神经源性肿瘤:神经源性肿瘤占咽旁间隙病变的 25%~30%,是茎突后间隙最常见的肿瘤。神经鞘瘤最常见,其次是副神经节瘤和神经纤维瘤。这三种神经源性肿瘤包括良性和恶性。良性肿瘤包括神经鞘瘤、副神经节瘤、神经纤维瘤、神经节细胞瘤;恶性肿瘤包括恶性副神经节瘤、神经纤维肉瘤、神经鞘瘤、神经节母细胞瘤。

副神经节瘤是一种起源于副神经节或肾上腺外的神经嵴组织的良性富血供的肿瘤。副神经节作为化学感受器受体与茎突后间隙中的颈动脉体、颈静脉球以及迷走神经相关。颈动脉体肿瘤、颈静脉球瘤和迷走神经瘤是缓慢生长的副神经节瘤,可能无临床症状,但随瘤体增大可引起脑神经功能丧失、骨质侵蚀,或颅内蔓延。

　　大约2%的头颈部副神经节瘤分泌儿茶酚胺,可能引起阵发性的儿茶酚胺过度症状。10%的副神经节瘤是多发性的,伴发其他部位的副神经节瘤。10%的副神经节瘤是遗传性,与副神经节瘤综合征相关。遗传性副神经节瘤的患者,其多中心发生的概率为35%。高血压和颜面潮红均提示功能性副神经节瘤或嗜铬细胞瘤。神经鞘瘤是最常见的神经源性肿瘤,起源于任何被施万细胞包围的周围神经。在咽旁间隙中,最常见的来源是迷走神经与交感神经链。

　　(3)淋巴网状组织起源的肿瘤:淋巴网状组织起源的肿瘤主要包括原发的淋巴瘤、继发的淋巴结转移瘤。

　　咽旁间隙和咽后间隙主要引流口鼻、下咽、后鼻道、鼻旁窦以及口腔后部的淋巴,分为外上组和内下组2组。淋巴瘤是最常见的恶性淋巴起源肿瘤,然而由甲状腺癌、鳞状细胞癌、肾细胞癌和骨源性肉瘤转移而来的淋巴结也可发生在咽旁间隙。

　　(4)其他少见的咽旁间隙肿瘤:各种各样的罕见病变也可发生在咽旁间隙,占所有咽旁间隙病变的10%~15%。这些罕见病变往往需要病理学确诊,最重要的是要认识到血管性病变,如血管瘤、动静脉畸形和颈内动脉瘤。在尝试活检或切除肿瘤前,务必要有完整的影像学资料。此类肿瘤包括:先天性(鳃裂囊肿、皮样囊肿、血管瘤、淋巴管瘤、动静脉畸形)、肌源性(平滑肌瘤、横纹肌瘤、横纹肌肉瘤)、血管源性(血管外皮细胞瘤、血管肉瘤)、结缔组织源性(脂肪瘤、纤维瘤、纤维肉瘤、软骨肉瘤)、脑膜源性(脑膜瘤、脑膜肉瘤)。

===== 练习题 =====

一、选择题

1. 关于咽肌的描述,**错误**的是

　　A. 咽缩肌共同收缩可使咽腔缩小

　　B. 咽提肌收缩可使咽喉上举、咽部松弛、开放梨状隐窝

　　C. 环杓肌收缩可使咽腔扩大

　　D. 腭帆肌的作用主要是控制鼻咽峡启闭和咽鼓管咽口开放

　　E. 咽提肌收缩可使喉口封闭

2. 慢性咽炎临床表现特征**不包括**

　　A. 一般无明显全身症状　　　　　　B. 咽部有异物感或灼热感

　　C. 扁桃体肥大充血　　　　　　　　D. 咽后壁常有黏稠分泌物附着

　　E. 一般无明显疼痛

3. 诊断慢性扁桃体炎的主要依据是

　　A. 咽部疼痛　　　　　　　　　　　B. 扁桃体肥大程度

　　C. 扁桃体表面有脓　　　　　　　　D. 颌下淋巴结肿大

　　E. 反复急性发病史

4. 对慢性扁桃体炎病因的描述,**错误**的是

　　A. 多由急性扁桃体炎反复发作所致

　　B. 因扁桃体隐窝引流不畅,窝内细菌、病毒滋生感染演变

  C. 扁桃体增生肥大或萎缩纤维化失去正常功能

  D. 葡萄球菌为本病的主要致病菌

  E. 链球菌也为本病的主要致病菌

5. 与慢性扁桃体炎鉴别诊断**无关**的是

  A. 扁桃体生理性肥大   B. 扁桃体角化症

  C. 扁桃体良性肿瘤   D. 咽峡炎

  E. 扁桃体恶性肿瘤

6. 下列关于腺样体说法，正确的是

  A. 腺样体位于口咽顶部

  B. 腺样体在出生时即存在，6 岁时最明显

  C. 腺样体一般不萎缩

  D. 腺样体肥大不影响呼吸及面容

  E. 腺样体不属于咽淋巴环

7. 下列鼻咽癌的早期症状**不包括**

  A. 涕血 B. 耳鸣 C. 耳闭 D. 鼻塞 E. 头痛

8. 鼻咽癌治疗的首选方案是

  A. 手术   B. 放疗

  C. 化疗   D. 手术+放疗

  E. 手术+化疗

9. 下列关于鼻咽癌的说法，**错误**的是

  A. 60% 的患者首发症状为颈淋巴结肿大

  B. NPC 常发生于咽隐窝

  C. 颈淋巴结肿大一般表现为渐进性增大，质硬，不活动，无压痛，且常早期以双侧发生

  D. EB 病毒血清学检查可帮助诊断

  E. 早期易发生头痛

10. 下列哪一软骨损伤后易引起喉狭窄

  A. 甲状软骨   B. 杓状软骨

  C. 环状软骨   D. 小角软骨

  E. 会厌软骨

11. 组织较疏松、炎症时易发生肿胀的会厌部位是

  A. 会厌喉面   B. 会厌游离缘

  C. 会厌舌面   D. 会厌茎

  E. 会厌结节

12. 喉腔中最狭窄的部位是

  A. 喉入口   B. 喉室间

  C. 室带间   D. 声门下区

  E. 声门区

13. 喉部淋巴管最丰富的部位是
     A. 喉入口　　　　　　　B. 声门下区
     C. 声门上区　　　　　　D. 喉室
     E. 声门区

14. 喉部最容易长息肉的部位是
     A. 声带　　B. 喉室　　C. 室带　　D. 杓区　　E. 声门下

15. 喉部最容易长囊肿的部位是
     A. 声带　　B. 会厌　　C. 室带　　D. 杓区　　E. 声门下

16. 闭合性喉外伤时,想要了解有无喉软骨骨折移位最好的检查方法是
     A. 喉的触诊　　　　　　B. 喉 MRI
     C. 喉的 X 线正侧位片　　D. 喉 CT
     E. 电子喉镜

17. 喉腔横截面积相对固定的部位是
     A. 喉前庭　　　　　　　B. 声门间
     C. 室带间　　　　　　　D. 声门下区
     E. 喉室间

二、名词解释

1. 咽峡　2. 咽淋巴环　3. 咽隐窝　4. 声门上区　5. 声门区　6. 声门下区　7. 喉入口
8. 喉创伤性肉芽肿　9. 环甲膜　10. 岩蝶综合征　11. 鼻咽癌　12. Trotter 三联征
13. 咽旁间隙　14. 放射性肉瘤　15. 睡眠呼吸暂停综合征　16. 茎突综合征

三、问答题

1. 简述咽部的解剖结构。
2. 简述咽部正常的影像学表现。
3. 简述咽部异常的影像学表现。
4. 简述不同成像技术在咽部病变中的应用。
5. 鼻咽部的恶性上皮性肿瘤的组织学分型有哪些?
6. 鼻咽癌的临床表现有哪些?
7. 鼻咽癌头痛的特征及头痛原因是什么?
8. 鼻咽癌颅底骨质破坏影像学表现有哪些?
9. 鼻咽癌颅内侵犯途径有哪些?
10. 转移淋巴结具有什么特征?

选择题答案: C C E C D D B D B C C C E C C B D D

第 二 章

喉部常见疾病影像诊断

喉（larynx）既是呼吸管道，又是发音器官。喉以喉软骨为支架，借关节、韧带和肌连接而成。上界是会厌上缘，下界为环状软骨下缘。借喉口通喉咽，以环状软骨气管韧带连接气管。成年人的喉在第 3~6 颈椎前方。喉的前方有皮肤、颈筋膜和舌骨下肌群等自浅入深成层排列，后方为咽，两侧有颈血管、神经和甲状腺侧叶。喉可随吞咽或发音而上下移动。

第一节 喉部影像检查方法

随着成像技术的发展，内镜等直接可视化的检查方法也在发展。几乎所有的黏膜病变都能通过内镜技术进行有效地评估。然而，在某些情况下，上喉部较大的病变可以阻挡下喉部的视野，喉部最下部的肿瘤常被声带所遮蔽而难以看到，内镜技术由此受到一定的限制，难以确定疾病下端的范围。

影像学能提供重要信息，尤其是对于累及深层软组织和软骨的病变优势更为明显。这些是内镜技术无法获得的。因此，影像学检查的目的主要是评估喉部深层组织以及直观显示病变侵及的范围。喉部 X 线检查在喉部成像中的能力相对有限，但其可通过正位体层摄影呼吸相和发音影像评价声带活动情况。CT 已成为喉部病变的常规检查技术。多层螺旋 CT 能够在几秒内扫描整个喉部，基本克服了因运动而产生伪影的难题，较薄的扫描层厚使得重建图像与直接成像图像质量相当，并能进行冠状面、矢状面等任意剖面的多平面重建，重建图像已达到与原始横断面图像质量一致的多向同性。因为扫描速度快，所以可进一步进行增强扫描以更好地显示解剖及病理特征。MRI 在评估软组织方面具有一定的理论优势，MRI 对各种软组织的鉴别能力略优于 CT，可以更好地分析潜在软骨侵犯，在确定肿瘤-肌肉界面方面具有优势。造影剂通常用于肿瘤成像。钆对比剂与脂肪抑制扫描结合可以增强肿瘤边缘显示。T_2 加权图像的脂肪抑制有助于评估软骨受累。

一、X 线检查

颈正、侧位扫描。自喉结后方 2cm 处开始向后断层，摄取平静呼吸及发"咿"声两种状态断层片，以观察喉内结构及运动状况。随着 CT、MRI 技术的发展，此项检查大部分已被 CT、MRI 检查取代。

二、CT 检查

以横断面为基本扫描方法，扫描范围应包括全部病变，对于怀疑肿瘤患者，扫描范围应自颅底上方至胸廓入口处。FOV 为 14~20cm,矩阵≥512×512,同时行软组织窗及骨窗重建,软组织窗窗宽 300~400HU,窗位 40~50HU,骨窗窗宽 1 500~3 000HU,窗位 150~400HU。电压≥120kV,电流≥200mA,准直器宽度 1~2mm,重建间隔小于或等于准直器宽度的 50%。如果没有碘造影剂过敏史,应常规行增强扫描。对比剂注射流速 2.0~3.0ml/s,总量 80~100ml(儿童适当减速、减量)。延迟扫描时间依病变、设备情况等决定。软组织算法重建。

多平面重建、三维重建及仿真内镜技术已广泛应用于喉部病变的评价及诊断。冠状面成像可直观显示构状会厌襞、假声带、喉室、真声带、喉旁间隙等;矢状面成像对舌根、会厌、舌会厌谷、咽后壁及会厌前间隙等显示良好。

三、MRI 检查

颈部线圈,横断面常规 T_1WI、T_2WI 及 DWI(b 值 = 0,600s/mm^2)扫描,后处理得到 ADC 图;层厚 3~5mm,结合脂肪抑制技术及冠状面、矢状面扫描;必要时进行增强扫描。

四、扫描方法新进展

双能量 CT 在头颈部肿瘤中的应用已成为日益受到关注的领域。双能量 CT 的一系列衍生图像能进行物质的定量及定性分析,可以为喉部病变,尤其是喉癌的诊断提供更多功能信息,有助于疾病的纵隔评估。近期的几项研究表明,碘特征和虚拟单能图像在头颈部肿瘤的检测和勾画,转移性颈部淋巴结、炎性淋巴结和良性颈部淋巴结的鉴别,或评估软骨浸润方面具有优势。

第二节　喉部解剖及生理

一、喉部

喉是由软骨框架支撑的黏膜褶皱系统,它既是呼吸的管道也是发声的器官。成年人的喉在第 3~6 颈椎前方,女性略高于男性,小儿比成人高。其上界为会厌上缘,借喉口通喉咽,下界是环状软骨下缘。

(一) 黏膜与皱襞

喉部的内黏膜表面形成的皱襞系统是主要的功能器官。两个突出的平行褶皱沿着气道两侧从前向后延伸,主要包括真、假声带。真声带是声音产生的关键功能结构,其内侧面较光整。假声带褶皱位置越高,内侧面略钝。喉室位于这两个声门褶皱之间,是喉部最重要的标志之一。喉室是真假声带之间的一个薄裂缝,从褶皱的最前端延伸到靠近喉后部边缘的一点。

在假声带黏膜褶皱上方,喉黏膜向上、向外形成构状会厌襞,向下覆盖真声带进入声门下区域,最终与气管黏膜相连。

真声带、假声带和声门这三个平行结构将喉部分为三个区域:声门上区、声门区和声门下区。声门区从真声带的上表面延伸到声门水平以下 1cm 的任意一条线。声门下区位于这条任意线与环状软骨下缘之间,即喉下部。没有明确的黏膜结构代表声门和声门下区域的确切边界。声门上区是声门上方喉部的一部分,这个区域包括假声带、会厌和构状会厌襞。

（二）喉软骨

喉软骨是喉的支撑框架,喉软骨主要有九块,主要包括不成对的环状软骨、甲状软骨、会厌软骨,以及成对的杓状软骨、小角软骨和楔状软骨,小角软骨和楔状软骨位于杓会厌褶皱。

1. **甲状软骨**　位于舌骨下方,为喉部最大的软骨,形成喉的前壁大部及侧壁。由左右对称的四边形软骨板合成,向后开放,其前缘下份在前正中线融合前突形成喉结。前缘上份分开形成甲状软骨上切迹,为临床辨识颈前正中线的标志。板的外侧面有斜线供肌肉附着,斜线的上下端分别称为甲状软骨的上、下结节。板的后缘游离向上、下延伸,称为上角和下角,上角较长,借甲状软骨侧韧带与舌骨大角相连。下角较短,其内侧面由关节面与环状软骨形成环甲关节。

2. **环状软骨**　是喉的基础,位于甲状软骨下方,质地坚硬,是喉与气管中唯一完整的环形软骨,对支撑呼吸道保持通畅起重要作用。后部比前部大,使软骨呈现后向印戒的形状。环状软骨的上缘向中线前下方倾斜。环状软骨较大后部的上缘位于环杓关节和真声带的水平。环状软骨的下缘几乎水平,借环气管韧带与第一气管环相连,一般以环状软骨下缘作为咽与食管、喉与气管的划分标志,代表喉部的最下缘。

3. **杓状软骨**　位于喉后部,环状软骨后部的上缘,垂直穿过声门水平。在真声带水平,声带突由杓状软骨的最下部向前突出形成。由于其特殊的形状和位置,杓状软骨可以帮助定位声门的横断面扫描,这对 CT 扫描非常有帮助,因为可直接显示声带突。杓状软骨的上缘位于声门正上方的假声带下部水平。声带突正是位于声门下方的真声带水平。事实上,真声带内侧缘的声韧带与声带突相连。

4. **会厌软骨**　除其上部尖端外,也属于喉的软骨框架。这种软骨主要由弹性纤维软骨构成,不会骨化。大体上,会厌软骨有多个穿孔,更像一个网状物,而不是实心板,因此会厌软骨不会屏蔽肿瘤的扩散。会厌软骨通过甲状会厌韧带与甲状软骨前部的内表面相连。

5. **小角软骨**　左右各一,位于杓状软骨顶部的圆锥形小结节状软骨,包纳在杓状会厌襞内,有时也与杓状软骨融合。

6. **楔状软骨**　左右各一,位于小角软骨的前方,也包纳在杓状会厌襞内。

（三）肌肉和韧带

喉的肌肉分为内、外两组,均属横纹肌。喉外肌组将喉与周围的结构相连,其作用使喉上升或下降及固定。升喉的肌肉包括颏舌骨肌、二腹肌、甲状舌骨肌、下颌舌骨肌和茎突舌骨肌。降喉的肌肉包括胸骨舌骨肌、胸骨甲状肌和肩胛舌骨肌。喉内肌组起止点均附着于喉,收缩时使有关的喉软骨发生运动,除环甲肌外均位于喉内。环甲肌起于环状软骨在喉外,两侧呈扇形附着于甲状软骨,与咽下缩肌连接。

软骨由肌肉和韧带系统连接。甲杓肌从杓状软骨延伸至甲状软骨前部的内表面,该肌肉与真声带平行,构成了真声带的大部分。在成像过程中,可通过该肌肉的形态特征来定位真声带水平。

喉部诸软骨和舌骨或气管软骨借纤维膜及韧带相互连接,纤维膜在颈深部组成诸间隙。环甲膜和甲状舌骨膜跨越环状软骨、甲状软骨和舌骨之间的大部分间隙,与软骨一起构成喉部的外侧边界。值得注意的是,环甲膜在前中线的外侧是不完整的。

弹性圆锥(又称环状韧带或环状外侧韧带)从声韧带延伸到环状软骨的上缘,也有称"该膜连接于环状软骨的内表面"。此膜与环甲韧带前部在前中线区合并。

扇形的舌骨韧带从会厌延伸至舌骨,将声门上区分为舌骨上区和舌骨下区。

二、喉周间隙

主要包括会厌前间隙、声门旁间隙和声门前间隙。

1. **会厌前间隙** 上界为舌骨会厌韧带,前方为甲状舌骨膜,两侧为方形膜,后方为会厌前缘。舌骨下会厌软骨有许多穿行神经和血管的小孔与该间隙相通,故会厌癌易沿这些小孔向会厌前间隙扩展。

2. **声门旁间隙** 位于侧面,构成喉部的大部分软组织壁。该间隙的内侧边界是弹性圆锥和四角肌膜。外侧边界为喉部的外侧骨架,主要由甲状软骨的内侧皮层构成。在声门上水平,声门旁间隙主要由脂肪组织填充,声门下水平,声门旁间隙内为甲杓肌。

3. **声门前间隙** 位于后部的会厌和前部的甲状软骨和甲状舌骨膜前之间。舌骨韧带构成了声门旁间隙和声门前间隙的顶部。

三、喉部血管、淋巴及神经

1. **血管** 包括甲状腺上动脉的喉上动脉和环甲动脉。喉上动脉主要供应喉上部分的血运,环甲动脉主要供应环甲膜周围的血供。甲状腺下动脉的分支喉下动脉和喉返神经伴行,在环甲关节的后方进入喉内,主要供应喉下部分的血供。喉部的静脉和同各动脉伴行,分别汇入甲状腺上、中、下静脉,最终汇入到颈内静脉。

2. **淋巴** 喉的淋巴以声门区为界,分为声门上区组和声门下区组。声门上区的组织中有丰富的淋巴管,汇集于杓状会厌襞后形成较粗大的淋巴管,穿过舌甲膜与喉上动脉及静脉伴行,主要进入颈内静脉周围的颈深上淋巴结。声门区的声带组织内淋巴管甚少。声门下区组织中的淋巴组织较少,汇集后通过环甲膜,进入喉前淋巴结、气管前和气管旁淋巴结,再进入颈深下淋巴结。

3. **神经** 喉的神经为迷走神经的分支,均为混合神经,含运动和感觉纤维。在喉部分为喉上神经和喉返神经。喉上神经是迷走神经在节状神经节下缘发出的分支,在舌骨大角处分为内、外两支。内支是感觉神经,外支是运动神经。喉返神经是喉的主要运动神经。迷走神经进入胸腔后在胸腔部分出喉返神经,左侧喉返神经绕主动脉弓,右喉返神经绕锁骨下动脉,继而上行,行走在气管食管沟,在环甲关节后方进入喉内,支配除环甲肌以外的喉内各肌运动,但也有一些感觉支负责声门下区的感觉。

第三节 喉部正常影像学表现

X 线片可显示部分喉室的结构,但对较小的病变和周围软组织内部情况难以显示。

CT 可清楚显示喉部和周围结构的异常,明确病变部位、范围,对病变来源、性质及肿瘤分期提供依据,能清楚显示周围喉软骨的破坏。

MRI 可以直接显示喉部矢状面、横断面和冠状面的影像,喉软骨在未钙化前在 T_1WI、T_2WI 呈中等信号,钙化后呈不均匀低信号;喉肌在 T_1WI 和 T_2WI 呈偏低信号;喉黏膜在 T_1WI 呈中等信号,T_2WI 呈明显高信号;喉旁间隙在 T_1WI 和 T_2WI 均呈高信号影;喉前庭、喉室和声门下区则均呈极低信号。

1. **会厌层面**(图 2-3-1) 最前方为口底肌肉及舌根部。两侧圆形骨点为舌骨小角。舌根

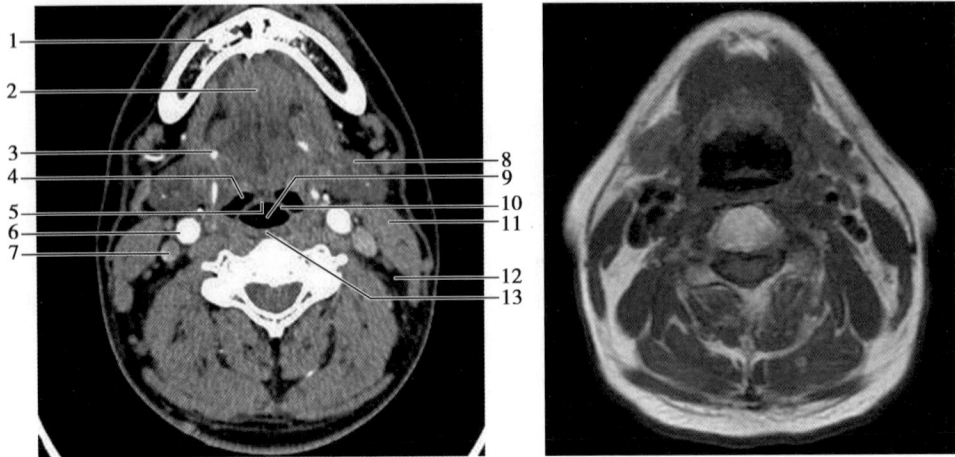

图 2-3-1 会厌层面(增强 CT)、MRI 横断面 T$_1$WI

1. 下颌骨;2. 舌;3. 舌骨小角;4. 会厌谷;5. 会厌;6. 颈内动脉;7. 颈内静脉;8. 颌下腺;
9. 下咽;10. 杓状会厌襞;11. 胸锁乳突肌;12. 颈后间隙;13. 咽后间隙。

后方有一弧形软骨为会厌的游离缘,其前方空隙为会厌谷,会厌谷之间为舌会厌正中皱襞,后方空隙为喉入口,两侧壁为咽侧壁软组织。喉前、外侧卵圆形软组织为颌下腺,后外侧为颈动脉间隙。颈椎骨前方软组织为颈长肌和头长肌。

2. **梨状隐窝层面**(图 2-3-2) 前端可见"八"字形甲状软骨板,中央缺损为甲状软骨切迹,会厌两侧向外后呈弧形软组织皱襞为杓状会厌襞,该皱襞的外侧间隙为梨状隐窝,梨状隐窝后外侧由舌甲膜及咽缩肌组成。杓状会厌襞内侧为喉前庭。梨状隐窝与喉前庭由杓状会厌襞完全分开,形成两个分隔的腔隙。

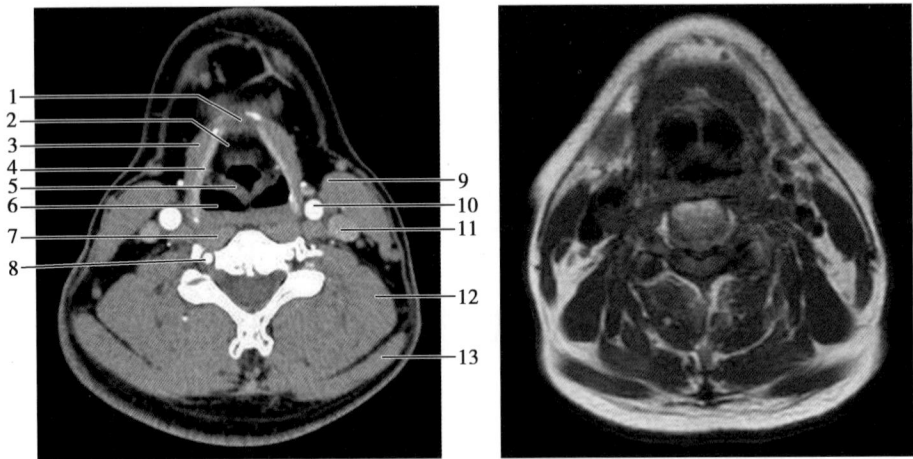

图 2-3-2 梨状隐窝层面(增强 CT)、MRI 横断面 T$_1$WI

1. 胸骨舌骨肌;2. 会厌前间隙;3. 甲状舌骨肌;4. 甲状软骨;5. 杓状会厌襞;6. 梨状隐窝;7. 椎前肌;8. 椎动脉;9. 胸锁乳突肌;10. 颈内动脉;11. 颈内静脉;12. 肩胛提肌;13. 斜方肌。

3. **声襞层面**(图 2-3-3) 甲状软骨后端出现环状软骨部分的背板,以及其前方的三角形杓状软骨的底部,三角形底部前角为声带突,外侧角为肌突。自杓状软骨声带突至甲状软骨交

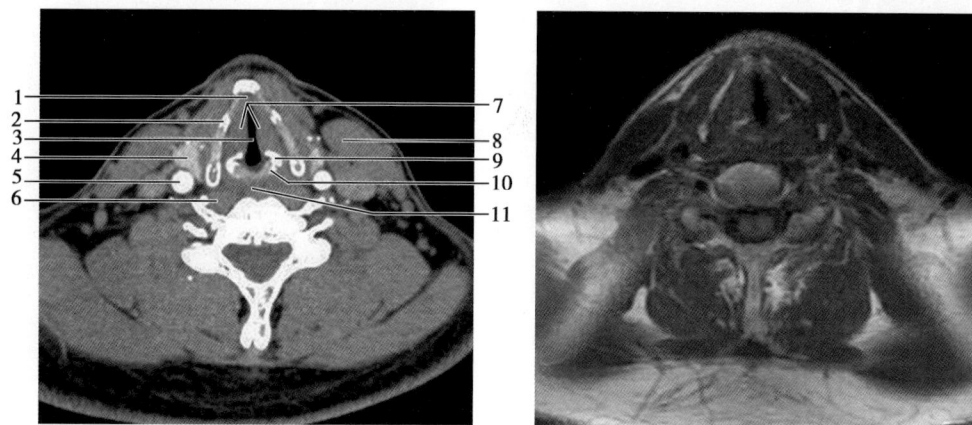

图 2-3-3　声襞层面(增强 CT)、MRI 横断面 T_1WI

1. 前连合；2. 甲状软骨；3. 声门；4. 甲状腺；5. 颈内动脉；6. 椎前肌；7. 声带；8. 胸锁乳突肌；9. 杓状软骨；10. 环状软骨；11. 声门后间隙。

角间的软组织为声带，声带内缘呈平直状，声带与甲状软骨板间低密度条形区为喉旁间隙，主要为环甲肌构成，表现为较低的软组织密度。两侧声带间三角形空隙为声门裂，两侧声带前端汇合处为前连合，该处在甲状软骨交角后的正常软组织厚度为 $1\sim2mm$，后方为后连合。

4. **甲状腺层面(图 2-3-4)**　声门下区层面两侧甲状软骨板下部"八"字形软骨逐渐消失，环甲膜由向下连接的环状软骨前弓所取代，最终气道由环状软骨所包绕，双侧甲状腺可见。声门下气道呈椭圆形，前后径大于横径，腔面光滑。

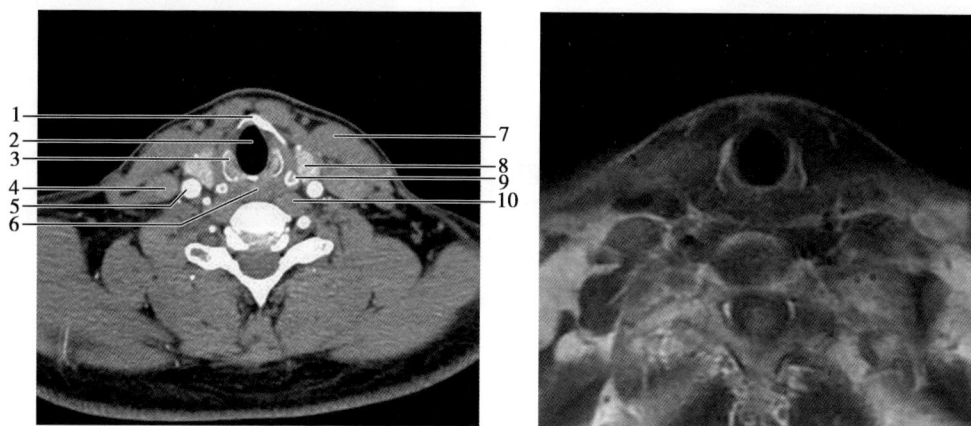

图 2-3-4　甲状腺层面(增强 CT)、MRI 横断面 T_1WI

1. 甲状软骨下缘；2. 气管；3. 环状软骨；4. 颈内静脉；5. 颈内动脉；6. 气管后间隙；7. 胸锁乳突肌；8. 甲状腺；9. 甲状软骨下角；10. 椎前肌。

5. **冠状面正中层图像(图 2-3-5)**　自上而下可见声带、喉室及其两侧的喉旁间隙。假声带的上方可区分杓会厌和会厌，真声带的下方为声门。骨及软骨结构自上而下为舌骨、甲状软骨、杓状软骨、环状软骨。

6. **喉矢状面正中层面(图 2-3-6)**　自上而下的软组织为舌根、会厌、杓状会厌襞、声带，舌根与会厌之间为舌会厌谷，真、假声带之间的含气腔隙为喉室。

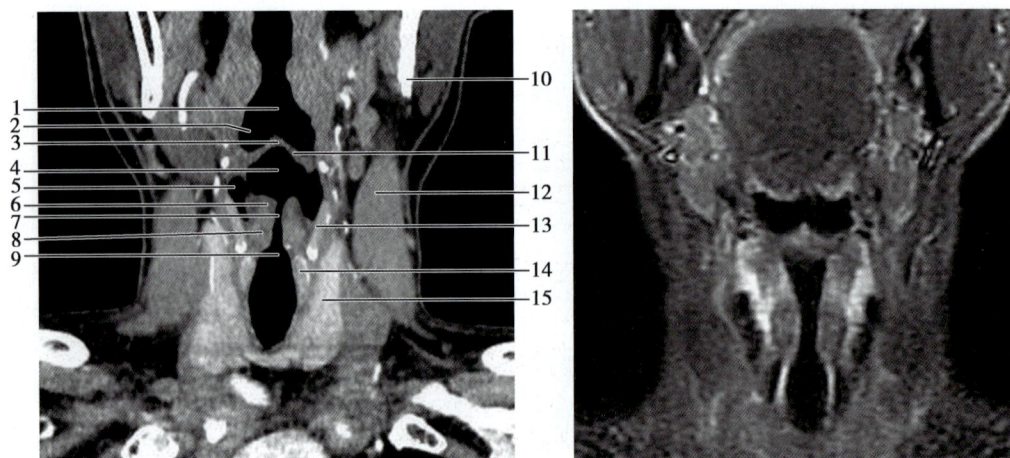

图 2-3-5　冠状面(增强 CT)、MRI 冠状面 T$_2$WI

1. 口咽;2. 会厌谷;3. 会厌;4. 喉前庭;5. 梨状隐窝;6. 前庭襞;7. 喉室;8. 声带肌;9. 声门下腔;
10. 下颌骨;11. 杓状会厌襞;12. 胸锁乳突肌;13. 甲状软骨;14. 环状软骨;15. 甲状腺。

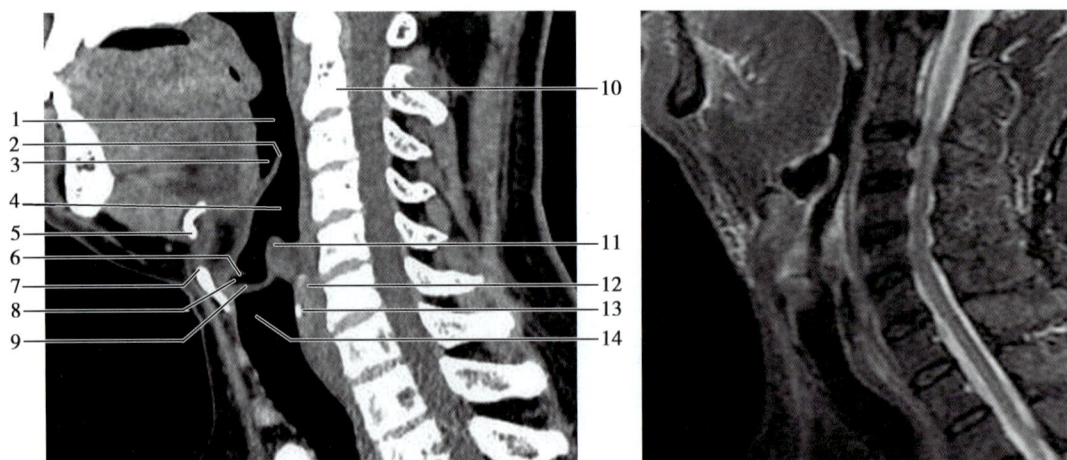

图 2-3-6　矢状面(增强 CT)、MRI 矢状面 T$_2$WI

1. 口咽;2. 会厌;3. 会厌谷;4. 喉前庭;5. 舌骨大角;6. 前庭襞;7. 甲状软骨;8. 喉室;9. 声带肌;
10. 颈 2 椎体;11. 杓状会厌襞;12. 食管上段;13. 环状软骨;14. 声门下腔。

第四节　喉部先天发育异常

一、先天性喉鸣

【简介】

先天性喉鸣是指婴儿出生后发生的吸气性喉鸣,可伴吸气性三凹征,即吸气时胸骨上窝、锁骨上窝、剑突下出现凹陷。常发生于出生后不久,喉软骨发育不良所致。先天性喉软骨发育不良又称先天性喉软化症,是指喉部组织(会厌、杓状软骨和杓状会厌襞)过度软弱、松弛,吸气时喉组织塌陷,堵塞喉腔上口而发生喉鸣。由于妊娠期营养不良,胎儿钙缺乏,导致喉部软骨发育不良,吸气时负压增大,使会厌软骨两侧边缘向内卷曲接触,或会厌软骨过大而柔软,两侧杓状会厌襞互相接近,喉腔变窄,形成活瓣震颤而发生喉喘鸣。大多数患儿出生即有气促、发绀、呼吸困难、喘鸣等症状,其喉组织软弱可能系妊娠期营养不良、缺钙或电解质不平衡所致。随年龄稍大,软骨逐渐发育,喉鸣也逐渐消失。

【影像学表现】

喉侧位 X 线片表现正常。直接喉镜检查时可见会厌软骨长而尖,而两侧向后卷曲,互相接触;或会厌大而软,会厌两侧和杓状会厌襞互相接近;亦有杓状软骨上的松弛组织向声门突起而阻塞声门。

MRI 和 CT 一般不作为该病的检查手段,但必要时可用于与其他疾病的鉴别。

【诊断思路与诊断要点】

根据出生后吸气性喉鸣声,伴三凹征,无声音嘶哑,吞咽正常,可初步作出诊断。有条件者可行直接喉镜检查,如发现会厌两侧向后卷曲或会厌大而软,或杓状会厌襞组织松弛,用喉镜直接将会厌挑起,喉鸣声消失,即可确诊本病。纤维喉镜检查也可以通过观察会厌软骨、杓会厌壁的形态、活动来确诊本病。

二、先天性喉蹼

【简介】

在喉腔间有一先天性膜状物,称为先天性喉蹼,大者可占喉腔之大部,称为喉隔。喉蹼薄厚不一,为结缔组织,少数有毛细血管、覆有喉部黏膜上皮层。喉蹼分声门上、声门及声门下三型,发生于声门区者多见,也较薄;发生于声门上、声门下及喉后部者极少。

当胚胎第 10 周左右,胚胎长 30mm 时,第 4、5 对鳃弓各发生一突起形成披裂,以后喉上部之管腔逐渐开放,并形成喉室和声带;若在此期发育受到障碍,致两侧声带的前部未能分开,则形成喉蹼。婴幼儿喉蹼症状随喉蹼的大小而异。范围较大的喉蹼患儿,出生后无哭声、有呼吸困难或窒息,有呼噜样喉鸣音,吸气时有喉阻塞现象,常有口唇发绀及不能吮乳的症状。喉蹼中度大者,喉腔尚可通气,但声音嘶哑,伴吸气性呼吸困难。喉蹼较小者,则哭声低哑,无明显呼吸困难。

按发生部位区分:发生于两侧声带间为声门部(约占 72.5%);发生于两侧室带间为声门上部(约占 1.5%);声门下者约占 7.5%。喉蹼大部分位于喉前部。

【影像学表现】

颈部 X 线正侧位片常无异常表现。高分辨率薄层 CT 横断面扫描可显示声门区薄膜位置、形态和大小,在声带或室带的前端有纤维膜连接,冠状面重建亦可在两侧声带或室带间显示薄的纤维带。MRI 冠状面或矢状面图像可更清晰显示上述病变,纤维带富含纤维组织,在 T_1WI 像呈等或略低信号,T_2 加权像呈等或略高信号。

【诊断思路与诊断要点】

根据患儿典型临床表现及影像学检查可明确诊断;或在直视喉镜下可见喉腔内室带或声带间存在膜样蹼或分隔,后缘平齐,呈半圆形,少数呈三角形,白色或淡红色。婴幼儿先天性喉蹼应与其他先天性喉发育异常,如先天性声门下梗阻及先天性喉鸣等相鉴别。对儿童或成人,还应根据病史鉴别喉蹼为先天性还是后天性。先天性喉蹼患者常伴有其他部位先天性异常,诊断时应注意。

三、喉气囊肿

【简介】

喉气囊肿是由于喉室小囊的病理性异常囊状扩张或疝出所导致的喉部病变,又称喉膨出或喉憩室,其与喉腔相同,充满空气。喉气囊肿属罕见病,各年龄均可发病,以50～60岁年龄段居多,本病可发展迅速,存在猝死的风险。临床表现为声音嘶哑,呼吸困难,颈部肿物,质软,憋气时增大,按压时缩小并有气体自喉内排出。

喉气囊肿病因尚不完全清楚。目前多数文献将喉气囊肿的病因分为先天性和后天性。婴幼儿的喉囊一般为6～8mm,少数可达10～15mm,若喉囊先天性异常扩张,可形成先天性喉气囊肿。关于喉气囊肿的确切定义尚不统一。有学者认为当喉囊超过甲状软骨上缘即可定义为喉气囊肿。

喉气囊肿按发生的部位分为喉内型、喉外型与混合型:喉内型喉气囊肿局限于喉部;喉外型指从甲状舌骨膜随喉上神经和血管突向颈部达皮下不穿出甲状舌骨膜;若两者共存则为混合型,指喉气囊肿既突向喉内和颈部,又在甲状舌骨膜处有一峡部相连。

【病理基础】

喉气囊肿病理学特点:囊壁内层为假复层纤毛柱状上皮,偶见灶性复层鳞状上皮。基底膜薄弱,囊壁由含有细小血管网的纤维组织束、腺体、平滑肌纤维、散在的淋巴细胞团及少数杯状细胞组成,囊内可含有液体、气体,当引流不畅时可继发感染。

【影像学表现】

由于喉气囊肿可随喉腔压力的变化而发生充气、排气,影像学检查常需进行多次重复检查才有可能显示出病变。

X线片:可显示喉部类圆形透亮区,提示含气囊腔。瓦尔萨尔瓦(Valsalva)动作可使病变增大。压迫肿物常可使病变变小,提示与喉室相通。

CT:可见病变与喉室相通;病变内含液体及气体,CT值为负值;增强扫描不强化,少数如合并感染性病变可见不规则强化;常无骨质破坏及肿大淋巴结。CT检查可明确病变的定位、分型、病变范围及与邻近组织结构的关系。

MRI:气体在MRI序列中均呈低信号,增强扫描无强化,多方向成像可见病变与喉室相同,此为特征性影像表现。

【典型病例展示】

病例　女性,25岁,发现颈部包块伴声音嘶哑1年余(图2-4-1)。

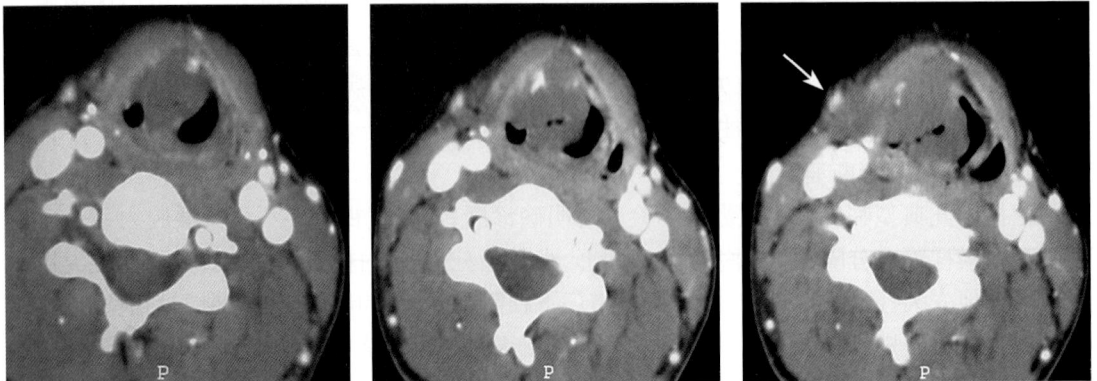

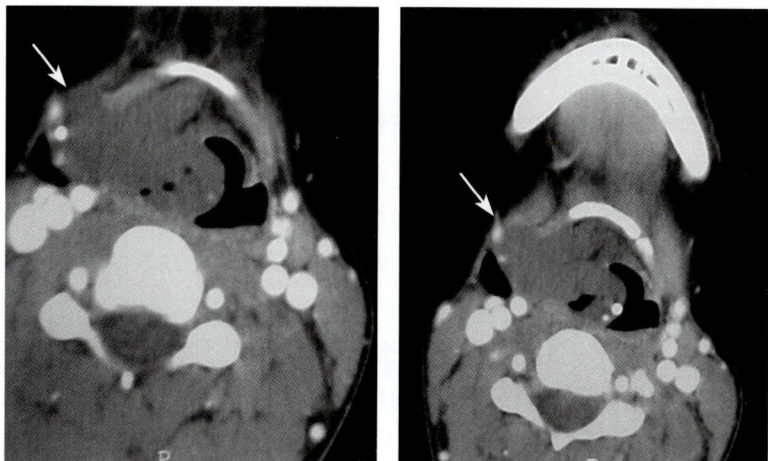

图 2-4-1　混合型喉气囊肿

增强 CT 会厌顶部、舌骨层面示喉腔见不规则含气低密度灶,向右前方穿过甲状舌骨膜向外局部突出(箭头所示)。

【诊断思路与诊断要点】

喉气囊肿临床罕见,为良性病变。先天性喉喘鸣或进行性可逆性上呼吸道梗阻时需考虑本病。影像学检查可提供有力的诊断依据,影像学所见包块,直视喉镜下空针抽吸出气体可确诊;或喉镜下观察肿物动态变化亦可确诊。

本病罕见发生,临床认识不足,主要应与喉囊肿相鉴别。①临床特点:前者做 Valsalva 动作,包块可增大,后者无此表现;②影像学特点:前者与喉腔相通,后者与喉腔不相通;③辅助检查(穿刺):前者囊内一般含气体,也可含部分液体,后者囊内一般为黏液;④病理学特点:前者囊壁主要内衬假复层纤毛柱状上皮,后者主要内衬鳞状上皮。喉气囊肿如含部分液体时(如脓液),应注意与颈部的鳃裂囊肿、神经鞘瘤、甲状舌管囊肿、颌下囊肿及颈静脉畸形等软质包块相鉴别。

第五节　喉　创　伤

一、医源性

【简介】

医源性喉创伤(iatrogenic laryngeal injuries)是指在诊疗过程中如内镜、气管插管器械操作不当、放射性治疗等引起的喉创伤。气管插管、食管超声心动图等插管可直接损伤喉,可能发生于气管插管和拔管时气管导管的创伤性穿刺,也可能发生于术中气管导管坚硬部分的压力和刺激。患者通常在拔管后立即出现声音嘶哑或声音改变,但在某些情况下,声音仅在数月后才会受到影响。喉镜下最常见的首先是声带血肿,其次是黏膜增厚伴水肿,再次是黏膜撕裂伤、黏膜下血肿、声带肌撕裂伤和杓状软骨半脱位。插管后也可发生喉部接触性溃疡和纤维化。这些损伤通常通过重新上皮化愈合,但在某些情况下溃疡会导致肉芽肿形成。一些明显的单侧和双侧喉返神经麻痹的病例实际上可能是由于慢性炎症过程中环杓关节瘢痕固定所致。喉返神经的咽内部分(支配喉部除环甲肌外的固有肌肉)也容易受到位于声带下方的气管袖带的压迫。单侧声带麻痹应被认为是短时间插管患者嗓音改变的原因。双侧喉返神经麻痹罕见,但可导致喘鸣和气道阻塞。

【影像学表现】

CT 平扫可以明确喉软骨损伤的位置、形态及气道情况,有无异物存留,喉创伤范围、血肿部位和大小等,为急性喉创伤最常用的检查方法。由于呼吸、吞咽及颈动脉搏动的影响,运动伪影较重,喉部 MRI 检查难以获得高质量的图像,故在喉部外伤应用中并不广泛。但MRI 组织分辨率高,且可进行多平面成像,在观察软组织病变的累及范围及深度方面有独特的优势。

1. **环杓关节脱位** CT 平扫时患侧声带居旁中位,杓状软骨向内前移位,有时可向外侧移位,横断面图像表现为杓状软骨向内后旋转,杓环关节内外间隙不等宽。

2. **声门及声门下瘢痕** CT 检查见声门或声门下条状索条,气道变形、狭窄。

3. **喉软骨坏死** CT 横断面可显示甲状软骨板断裂,断面彼此重叠,而喉腔内黏膜也因断裂软骨重叠而增厚,喉腔变形。MRI 可显示损伤部位的软组织水肿及血肿情况,黏膜水肿表现为 T_1WI 呈低信号,T_2WI 呈高信号,黏膜下血肿表现为 T_1WI 呈高信号。

【典型病例展示】

病例 男性,56 岁,外伤(图 2-5-1)。

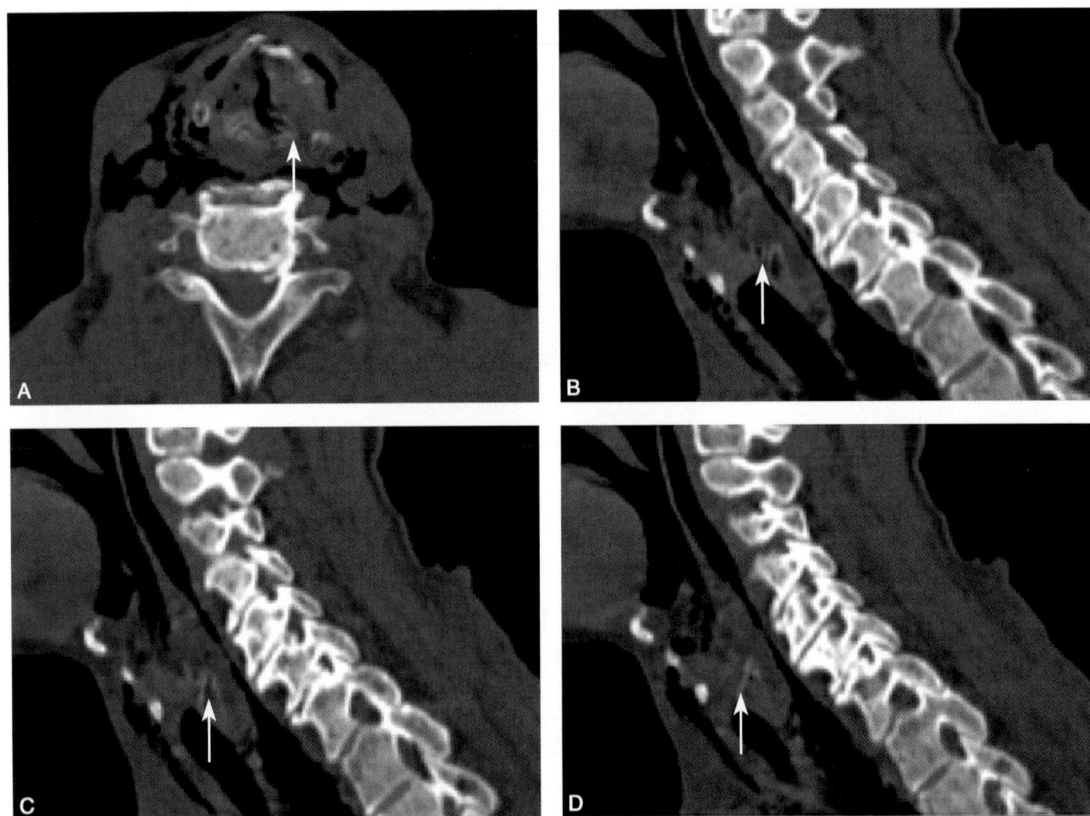

图 2-5-1 喉外伤喉软骨脱位

A. CT 显示左侧杓状软骨移位,向内后旋转,环杓关节内外间隙不等宽,颈部软组织积气;B~D. 矢状重组图可显示杓状软骨向前倾斜、环杓关节面不平行,关节间隙宽窄不一。

【诊断思路与诊断要点】

结合临床病史,CT、MRI 显示:患侧黏膜增厚、肿胀,黏膜下血肿,声带肌肿胀;患侧杓状软骨半脱位;双侧声带不对称;喉部穿孔;颈部软组织积气。

二、外伤性

【简介】

由于下颌骨在前方很大程度上提供了保护作用,在后方喉部受颈椎的保护,外伤性喉创伤(traumatic injury of the larynx)不常见。喉创伤的方式有多种。外部钝性伤:机动车事故、"晾衣绳"事故、勒伤、跌倒、运动损伤;外部穿通伤:刺伤、射伤;内部钝性伤:医源性损伤,如气管插管或纤维内镜检查时,经声门间隙在甲状软骨声带附着处水平可能受到损伤。经声门损伤通常是由钝器或扁平物体以直角撞击甲状软骨造成的。喉外伤较严重者常见喉软骨骨折(fracture of laryngeal cartilage)和喉软骨脱位(dislocation of laryngeal cartilage),多由直接暴力作用引起。喉软骨骨折常见甲状软骨和/或环状软骨骨折;喉软骨脱位常见环杓关节或环甲关节脱位。以下喉结构可单独或联合损伤:喉水肿、血肿和/或黏膜撕裂;甲状软骨和/或环状软骨骨折;喉环破裂、气管环分离;颈部气管损伤。

喉部的创伤通常符合创伤机制的特征。喉创伤的机制可分为钝性损伤(包括晾衣绳损伤、挤压损伤和绞窄性损伤)、穿透性损伤、吸入损伤以及因腐蚀性物质摄入而造成的伤害。声带损伤的机制:①中央静脉导管插入术;②对食管牵拉;③创伤性气管插管直接导致声带损伤或麻痹;④气管内管袖口大小不当压迫喉返神经或气管食管沟前支所致的创伤;⑤鼻胃管插入错误;⑥胸骨正中切开术和/或胸骨牵拉术,向两侧牵引锁骨下动脉;⑦心脏直视手术中心脏的直接操作和收缩;⑧冰沙低温损伤。

急性喉创伤按严重程度分为五型:①轻微喉内血肿或撕裂伤,未见骨折;②有较严重的水肿、血肿、轻微的黏膜破裂,无软骨外露,或无移位性骨折;③喉部水肿、黏膜撕裂、软骨外露、移位性骨折或声带不动;④与③组相同,但较严重,前喉断裂、不稳定骨折、两条或以上骨折线,或黏膜严重损伤;⑤喉气管完全分离。声门上损伤时,甲状软骨在水平方向被破坏。会厌和前庭韧带从前连合处撕裂。咽后壁也经常受伤。黏膜损伤、喉软骨的骨折或脱位。

急性喉外伤可表现为呼吸困难、喘鸣。吸气性喘鸣提示声门上梗阻,可能由水肿或血肿引起;呼气性喘鸣通常来自声门下,如气管损伤;双期喘鸣(吸气和呼气)意味着声门水平的损伤。另外也可表现为咯血、颈部皮肤瘀斑、皮下气肿、正常突出的喉结消失、喉的偏移、喉部捻发音消失。

喉外伤虽然不常见,但可能危及生命,及时干预可以预防立即死亡。喉创伤的当务之急是建立和维持稳定的气道。气道评估应包括柔韧性纤维喉镜检查和彻底的头颈部检查。此外,还应进行后续连续评估,因为喉血肿或水肿可能随时间的推移而进展或恶化,导致气道狭窄或阻塞,造成非常严重的后果。

【影像学表现】

1. X 线　通常有助于排除气胸、气管偏移或纵隔气肿(提示气道损伤)。颈椎侧位片可显示钙化软骨骨折、喉部结构变形,以及喉、气管腔狭窄;喉造影检查可清晰地显示喉细小软骨脱位,但目前均很少使用。

2. CT　是评估损伤最重要的方法,可清楚显示喉部血肿和水肿,以及喉部软骨骨折和移位,可观察环甲膜肿胀、不连续,气管环不连续并可准确判断气道狭窄程度。薄层分辨率 CT

可清楚显示喉软骨骨折和环杓关节脱位,以及声带损伤情况。环杓关节脱位直接征象是患侧杓状软骨声带突指向异常或环杓关节间隙增宽,间接征象有声带固定、患侧杓状会厌襞增厚并向前内移位、双侧梨状隐窝不对称。明确诊断喉部骨折,有助于喉部骨折修复和重建的手术计划。

3. MRI 在急性喉创伤的应用并不广泛,在 CT 显像不足以观察软组织受累情况时,或者需要详细观察血肿、水肿范围及边界时,可行 MRI 检查以辅助临床治疗。黏膜水肿表现为 T_1WI 呈低信号,T_2WI 呈高信号,黏膜下血肿表现为 T_1WI 呈高信号。

【典型病例展示】

病例 1 男性,56 岁,外伤后出现声音嘶哑(图 2-5-2)。

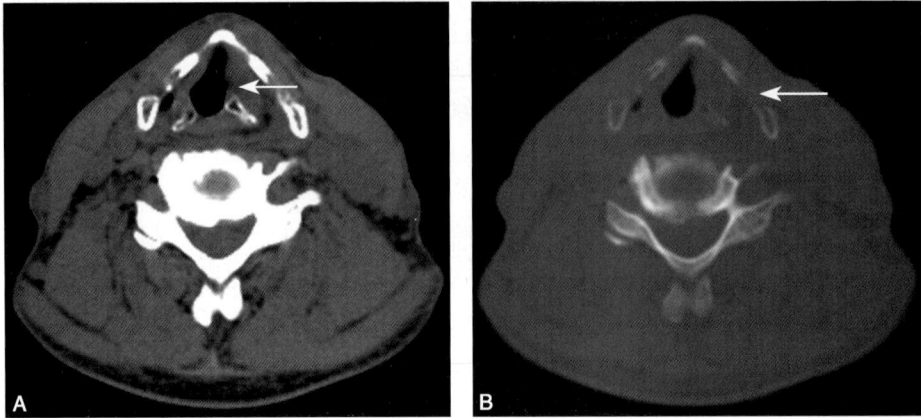

图 2-5-2 喉外伤

CT:双侧杓状软骨位置欠对称,左侧杓状软骨前移,左侧声带形态不规则伴周围软组织增厚。
A. 软组织窗;B. 骨窗。

病例 2 男性,29 岁,颈部外伤后疼痛,呼吸困难 4 小时(图 2-5-3)。

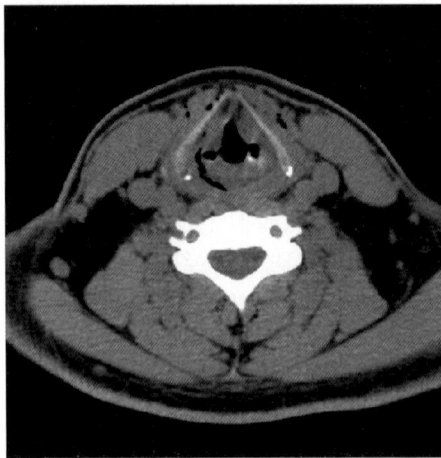

图 2-5-3 喉部软组织损伤

CT:双侧杓状会厌襞、声带软组织肿胀伴颈部皮下及双侧声门旁间隙气体密度影。

病例3　男性,14岁,颈部闭合性外伤术后为拔管检查(图2-5-4)。

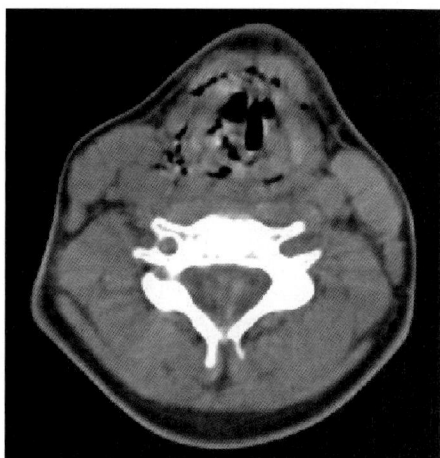

图2-5-4　喉部软组织损伤

CT:右侧室带显示不清,右侧杓状会厌襞增厚、可见团状稍高密度影。喉咽部周围软组织间隙可见多发气体密度影。

病例4　男性,31岁,颈部外伤后憋气、呼吸困难(图2-5-5)。

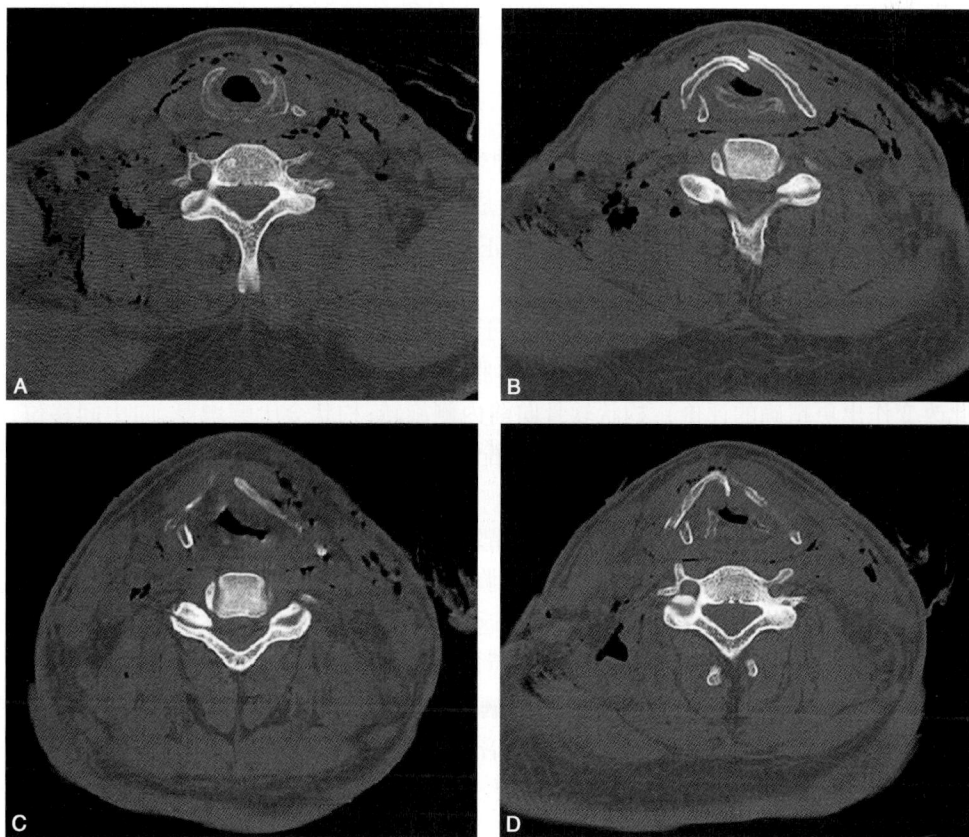

图2-5-5　喉软骨骨折

CT:环状软骨(图A)、甲状软骨(图B～图D)可见多发骨折线影,部分断端移位,右侧杓状软骨向内侧移位(图D),喉腔受压变窄,喉咽部周围软组织间隙可见多发气体密度影。

【诊断思路与诊断要点】

结合外伤病史,临床症状和体征。CT 表现为喉部软组织肿胀、积气、血肿和水肿;喉部软骨骨折伴/不伴有移位;皮下气肿;颈部和纵隔气肿。

第六节　喉返神经麻痹

【简介】

喉返神经(recurrent laryngeal nerve,RLN)是迷走神经的第 3 个分支,两侧的起始点和走行略有不同。右侧喉返神经在右锁骨下动脉的前表面离开迷走神经,向后环绕该动脉上行于右侧颈部内脏间隙的气管食管沟内;左侧喉返神经于主动脉弓的前方分出,通过主-肺动脉窗,向上亦走行于左侧气管食管沟。所有双侧喉返神经在最终到达喉的过程中都紧贴甲状腺的后缘。喉返神经支配除环甲肌外的所有喉内肌,有多个终末支分布于甲杓肌、声带和杓会厌肌。喉返神经麻痹(recurrent Laryngeal nerve paralysis)病因较为复杂,双侧喉返神经走行区的病变都有可能累及喉返神经而出现临床症状。因喉返神经大部走行于颈部区域,甲状腺疾病(包括甲状腺全切除术)、颈部及上胸段气管食管沟的转移性淋巴结等一些颈部的疾病是临床上喉返神经麻痹的主要病因,另外还有感染性病变和神经源性病变。喉返神经的损伤能引起全喉或半喉麻痹,临床上会有声音嘶哑、误吸等症状。双侧麻痹可引发呼吸困难,是甲状腺术后最严重的并发症之一。

【影像学表现】

喉返神经麻痹导致其支配的肌肉发生去神经麻痹表现,主要影响杓状会厌襞内的杓会厌肌、杓横肌、杓斜肌,表现为肌肉萎缩、松弛,造成皱襞前移,带动杓状软骨及环杓关节向前移动。声带麻痹后,因患侧声带不能像健侧一样正常外展或内收,故最可能的是停留且固定在旁正中位。

CT 表现双侧声带不对称。患侧声带固定于旁正中位,患侧甲杓肌萎缩、变薄及肌肉内脂肪变性出现低密度透亮影(MRI 因其对肌肉内脂肪浸润而产生的信号改变的高度敏感性,可以对此改变作出更精确的评价);杓状软骨向前内侧旋转;杓会厌襞增厚,向中间移位;喉室扩大;梨状隐窝扩大。由于喉返神经有分支支配颈段食管处肌肉,麻痹情况下肌肉松弛,食管会出现相应征象即充气扩张。

对于喉返神经麻痹患者,必须对胸部和颈部进行准确的影像学检查,从喉返神经起始区至颈部分支区逐步寻找病因。胸部 CT 可以明确胸腔内的病因,在胸部病变中,喉返神经麻痹最常见的原因是恶性胸部肿瘤。另外,需观察喉返神经走行区有无肿大淋巴结或其他占位性病变。如果胸部 CT 检查阴性,再进行颈部和颅后窝 MRI 检查(在实践中,通常很难区分迷走神经和喉返神经麻痹),颈部需重点关注甲状腺病变。如果仍为阴性,应考虑内镜检查,包括支气管镜检查。需要注意的是,即使患者没有声音嘶哑的病史,放射科医生也可以通过常规颈部 CT 可靠地提示声带麻痹的存在,这一点很重要。因为一些浸润或包围喉返神经的生长缓慢的肿瘤可能在导致临床出现声带麻痹症状之前在 CT 上已出现喉返神经受累的表现。所以,在确认临床发现声带麻痹或无喉返神经麻痹但 CT 发现喉返神经受累后,应仔细分析喉部和下咽部以及同侧喉返神经的整个行程。

【典型病例展示】

病例 1　女性,76 岁,声音嘶哑半年(图 2-6-1)。

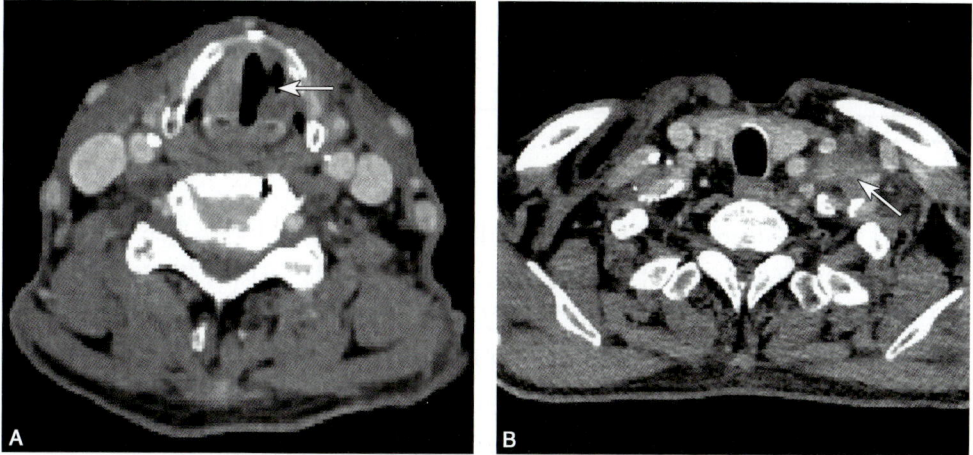

图 2-6-1　左侧声带麻痹

CT:左侧声带形态不规则,喉室扩大(图 A);左侧锁骨上区可见软组织密度影,边界不清(图 B)(提示声带麻痹可能是由此区病变累及迷走/喉返神经所致)。

病例 2　男性,30 岁,声音嘶哑 1 周(图 2-6-2)。

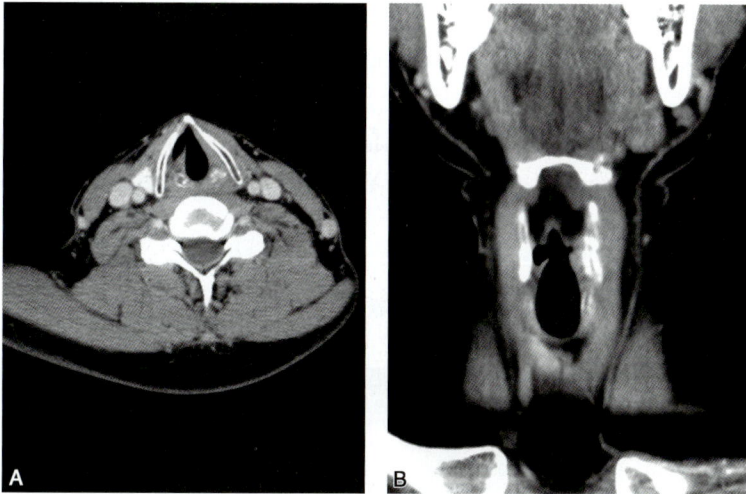

图 2-6-2　右侧声带麻痹

CT:右侧声带形态不规则(图 A);右侧喉室、杓状会厌襞扩大(图 B)。

【诊断思路与诊断要点】

CT 表现:双侧声带不对称,受影响的声带靠近中间位置。常规 CT 扫描时患者大多处于平静呼吸状态,不太可能去判定声带是外展还是内收障碍,如果正常侧声带亦处于旁正中位时两侧声带较对称,则可能会出现假阴性表现;而双侧声带均麻痹却仍呈较对称改变亦较难判断。所以在熟悉上述解剖及病理基础上,条件允许时行吸气相、呼气相、发音相多期声带扫描,将会对声带麻痹的类型、程度作出最大可能的客观评价。

喉室扩大,杓状软骨向前内侧旋转,杓状会厌襞增厚,向中间移位,梨状隐窝扩大,是喉返神经麻痹的典型表现。

第七节 喉 部 感 染

一、小儿急性喉炎

【简介】

小儿急性喉炎(pediatric acute laryngitis)是以声门区为主的由上呼吸道至下呼吸道蔓延的喉黏膜的急性炎症,好发于 6 个月~3 岁婴幼儿,冬春季节多发。可因病毒或细菌感染引起,多继发于上呼吸道感染(急性鼻炎、咽炎),也可为某些急性传染病的前驱症状或并发症,易发生喉阻塞,引起呼吸困难。临床表现为起病急,白天症状轻,夜间加剧;声音嘶哑、犬吠样咳嗽;吸气性喉喘鸣、吸气性呼吸困难;严重时出现三凹征,如治疗不及时则患儿面色苍白、发绀、神志不清,最终因呼吸循环衰竭而死亡;全身症状可有发热、烦躁不安、无力等。

喉镜检查示喉黏膜弥漫性充血,尤其是声带充血,声带由白色变为粉红色或红色。有时可见声带黏膜下充血,声带因肿胀而变厚,但两侧声带运动正常。

【病理基础】

声门下腔黏膜充血水肿,黏膜下蜂窝织炎、化脓性炎或伴有坏死性改变,间质内可见中性粒细胞、淋巴细胞浸润。被覆上皮脱落后可发生溃疡。

【影像学表现】

CT 表现:喉黏膜肿胀增厚,双侧声带增厚密度减低,邻近声门旁间隙密度增高,严重者可有喉腔变窄。

MRI 表现:喉黏膜弥漫性增厚,T_1WI 呈低信号,T_2WI 呈高信号,声门旁间隙受累时可有同样的表现。小儿急性喉炎一般 CT 可诊断,MRI 因扫描时间较长且小儿配合困难应用不多见。

【典型病例展示】

病例 1 男,11 个月,急性呼吸困难,声音嘶哑(图 2-7-1)。

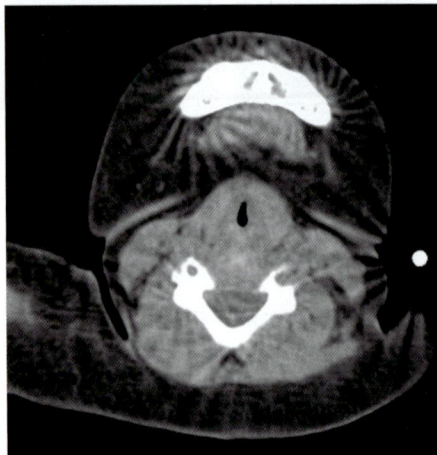

图 2-7-1 急性喉炎
CT:双侧声带广泛增厚、密度减低,喉腔变窄。

病例2　男,10 个月,急性喘鸣,呼吸困难(图 2-7-2)。

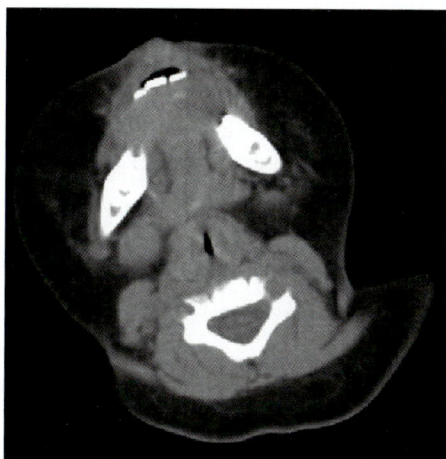

图 2-7-2　急性喉炎
CT:双侧声带弥漫增厚,喉腔明显变窄。

病例3　男,1 岁,急性呼吸困难 1 日(图 2-7-3)。

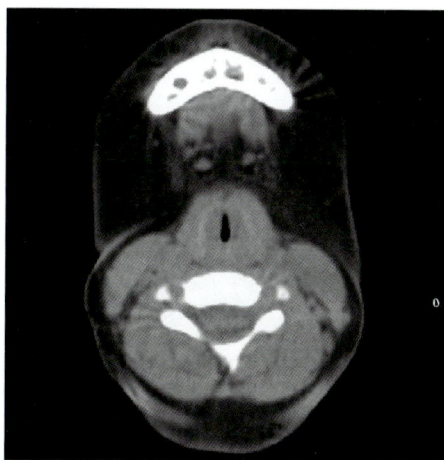

图 2-7-3　急性喉炎
CT:双侧声带广泛增厚,声门旁间隙密度增高。

【诊断思路与诊断要点】
结合临床症状、体征及喉镜检查,可明确诊断。CT 显示声带、室带弥漫性增厚。

二、急性会厌炎

【简介】
急性会厌炎(acute epiglottitis),又称急性声门上喉炎,是以会厌为主的声门上组织的急性炎症。儿童 2~4 岁为发病高峰,随着 B 型流感嗜血杆菌疫苗的广泛应用,儿童发病率大幅下降。成人好发于 20~49 岁,男性多见。最常见的症状为咽痛、吞咽疼痛和吞咽困难,可伴有反射性耳痛、胸闷、发音含糊或低沉,严重时出现呼吸困难、喘鸣等症状。该病起病急,发展迅速,可在短时间内阻塞气道,导致窒息死亡。任何有咽喉痛和吞咽困难伴其他症状,如声音嘶哑或流涎的成人,均应诊断为急性会厌炎(或声门上喉炎)。常见并发症有会厌脓肿、急性喉阻塞、颌下蜂窝织炎、颈部坏死性筋膜炎和颈部脓肿等。

【病理基础】

组织学改变分3型。①急性卡他型:黏膜弥漫性充血、水肿,有单核细胞及中性粒细胞浸润,会厌呈炎性肿大;②急性水肿型:会厌显著增大,间质组织水肿、充血,炎性细胞浸润增加,局部可发生脓肿;③急性溃疡型:较少见,病情发展迅速而严重,病菌常侵及黏膜下层及腺体组织,局部区域可见溃疡形成,血管壁腐蚀致糜烂出血。

【影像学表现】

CT 表现:会厌、杓状会厌襞、假声带和真声带、颈阔肌和椎前筋膜增厚,会厌谷消失。当脓肿形成时,CT 表现为以低密度为核心的软组织肿块,边缘强化。脓肿可多房,也可以单房。邻近颈部间隙可见密度增高,呈网格影。可伴有淋巴结肿大。

MRI 表现:根据病变累及范围不同,可表现为相应区域的 T_1WI 呈低信号,T_2WI 呈高信号影。伴有脓肿形成时,脓腔内呈液体信号影。病变累及颈部间隙或淋巴结时亦表现为 T_1WI 低信号、T_2WI 高信号影。

【典型病例展示】

病例 1　男性,62 岁,咽痛伴憋气 10 小时(图 2-7-4)。

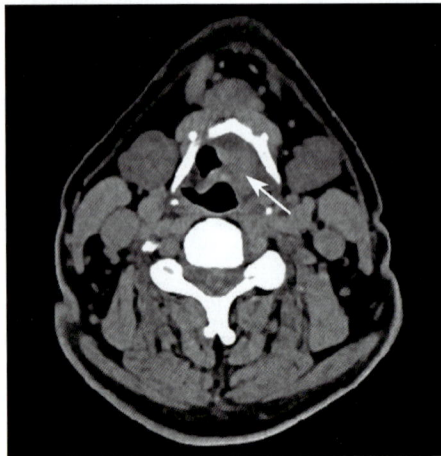

图 2-7-4　急性会厌炎
CT 示左侧梨状隐窝软组织团块样增厚,边界不清,范围约 28mm×17mm,CT 值约 38HU,左侧梨状隐窝变窄、变浅。

病例2 男性,31 岁,咽部疼痛 2 个月,进食时加重(图 2-7-5)。

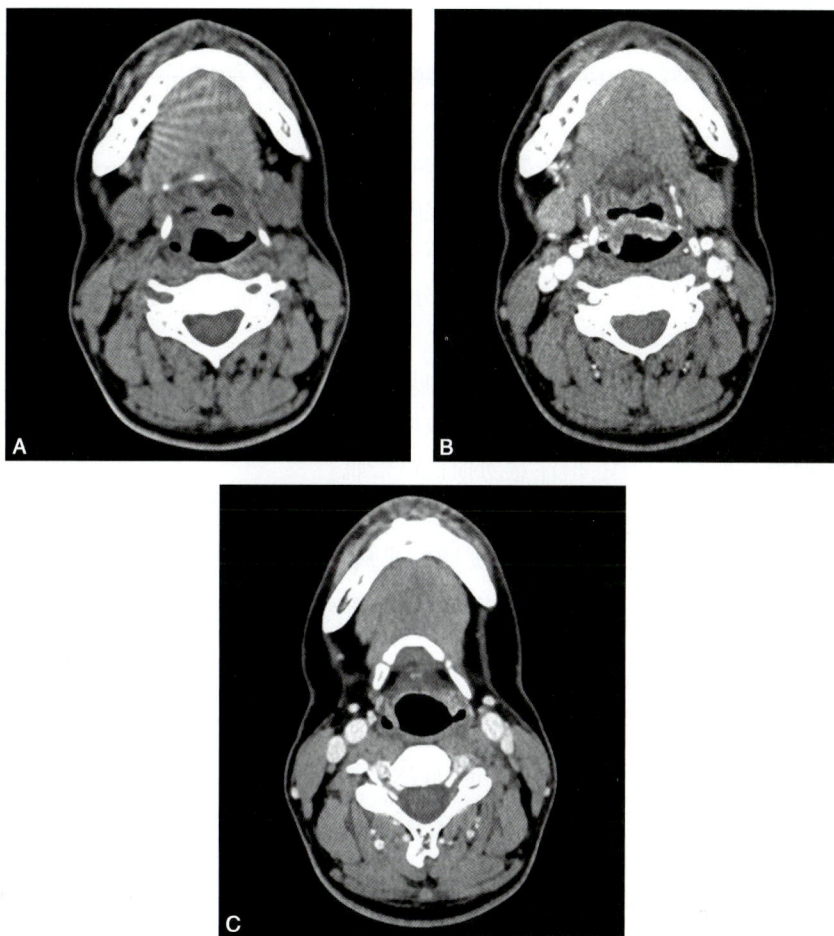

图 2-7-5 急性会厌炎

CT 示会厌软组织增厚影,CT 值约为 36HU(图 A),增强扫描呈明显强化,动脉期 CT
值约为 67HU(图 B),静脉期 CT 值约为 60HU(图 C)。

【诊断思路与诊断要点】

结合临床病史,CT 表现为会厌、会厌皱襞、假声带和真声带增厚,颈阔肌和椎前筋膜弥漫性增厚,伴有颈部脓肿形成,可明确诊断。MRI 表现为病变区 T_1WI 呈低信号,T_2WI 呈高信号,伴有脓肿形成时,脓腔内 T_2WI 呈液体信号影。增强扫描脓肿壁可见明显强化。

三、慢性增生性喉炎

【简介】

慢性增生性喉炎(chronic hyperplastic laryngitis),又称慢性肥厚性喉炎,为喉黏膜的慢性炎性增生性疾病,多由慢性单纯性喉炎病变发展所致。病因主要包括:①鼻、鼻窦、扁桃体、咽、气管或肺部等邻近部位炎症直接向喉部蔓延或脓性分泌物的刺激,如鼻窦炎、牙槽溢脓等脓液下流,肺部脓痰经喉部咳出。②鼻腔阻塞,经口呼吸,使咽喉黏膜血管扩张、喉肌紧张疲劳产生炎症。③有害气体(如氯气、氨、硫酸、硝酸、二氧化硫、一氧化氮等)吸入损害及烟、酒、灰尘等长期刺激。④胃食管反流及幽门螺杆菌感染。有学者认为,胃食管反流是慢性增生性喉炎的基本病因,尤其是幼儿;幽门螺杆菌的逆行性感染亦可能与喉炎的发生有关,而且经质子泵抑制剂和抗生素治疗有效。⑤发音过度或不当。⑥全身性疾病,如糖尿病、肝硬化、心脏病、肾炎、风湿病、内分泌紊乱等使全身抵抗力下降或影响喉部的疾病。

声音嘶哑是慢性增生性喉炎的主要症状,声音嘶哑程度可轻重不等。部分患者晨起时发声尚正常,讲话过多后出现声音嘶哑,部分晨起时声音嘶哑较重,讲一段时间话后或喉部分泌物咳出后声音嘶哑反而减轻。大多数患者噤声一段时间后声音嘶哑缓解,但讲话多了声音嘶哑又加重。喉部不适、干燥感。部分患者喉部分泌物增加,形成黏痰,讲话时感费力,需咳出后发声才感轻松。

治疗主要包括:对声带过度增生的组织早期可加用直流电药物离子(碘离子)导入或音频电疗,局部理疗有助于改善血液循环,软化消散增生组织。重者可在手术显微镜下手术或激光烧灼,切除肥厚部分的黏膜组织,但注意勿损伤声带肌。

【病理基础】

喉黏膜明显增厚,黏膜上皮伴不同程度增生或鳞状化生、角化,间质内见淋巴细胞和浆细胞浸润,以及黏膜下纤维组织增生、玻璃样变性等表现。

【影像学表现】

CT 表现:喉黏膜弥漫性或局限性增厚、表面粗糙不平、局部可有结节状或息肉形成。室带、声带也呈不对称增厚,边缘不平。增强后病变无明显强化或轻度强化。

MRI 表现:喉黏膜弥漫性或局限性 T_1WI 低信号, T_2WI 高信号影。增强后病变无明显强化或轻度强化。

【典型病例展示】

病例 女性,49 岁,吞咽阻塞感 3 个月(图 2-7-6)。

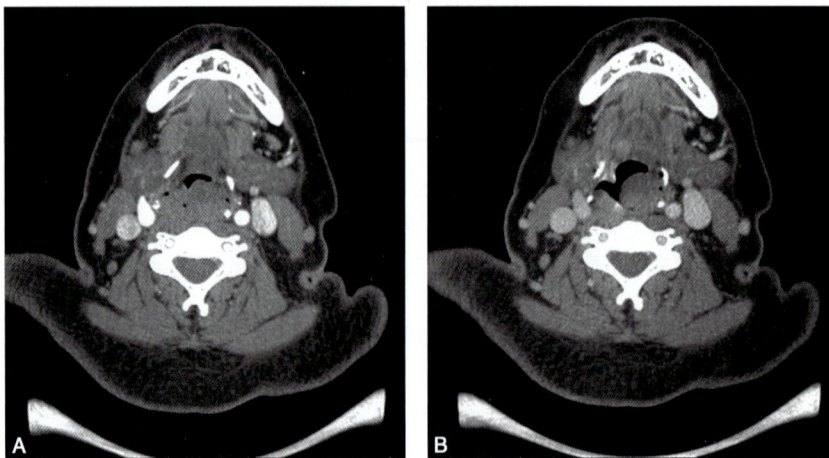

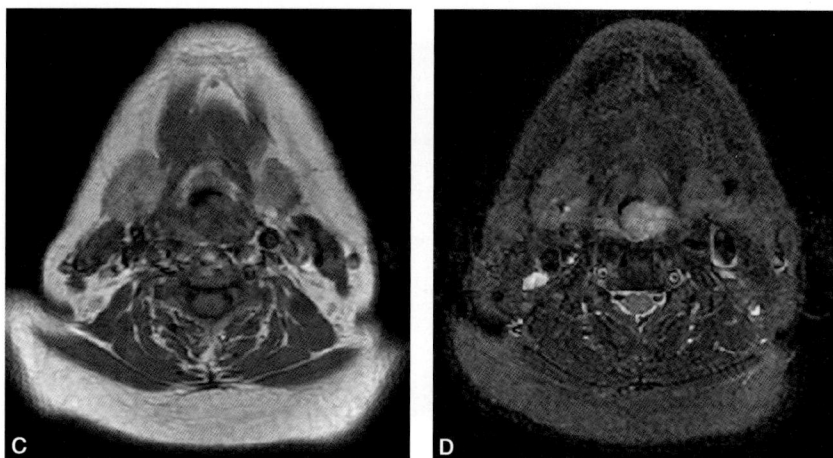

图 2-7-6　慢性增生性喉炎

CT 示左侧杓状会厌襞增厚伴软组织密度影,增强后轻度强化(图 A、图 B)。MRI 示病变区 T_1 呈等信号(图 C),DWI 呈高信号(图 D)。

【诊断思路与诊断要点】

结合临床症状和体征,CT 可见喉黏膜弥漫性或局限性增厚、表面粗糙不平、局部可有结节状或息肉形成、增强后无明显强化或轻度强化,MRI 可见病变区 T_1WI 低信号,T_2WI 高信号影。

四、声带息肉

【简介】

声带息肉(vocal polyps)是喉部慢性炎症的结果,属于假性肿瘤,是喉部常见病,最常见于有过度用声和大量吸烟史的男性。可分为局限性声带息肉和弥漫性声带息肉。通常为单侧、带蒂病变,多见于声带的前 1/3 和中 1/3 交界区。主要临床症状为声音嘶哑,息肉垂落于声门下腔者常伴有咳嗽;息肉巨大时可致完全失声,甚至呼吸困难和喘鸣。治疗方式主要为手术切除治疗。若经治疗好转后,患者仍暴露于用声过度、用声不当、吸烟等危险因素中,则声带息肉可再次出现。术后要继续避免或治疗可能的致病因素。

【病理基础】

息肉可见黏膜固有层水肿、出血、血浆渗出、血管扩张、毛细血管增生、间质纤维蛋白样物沉着、玻璃体变性、黏液样变性或纤维化,还可见少量炎性细胞浸润,偶见钙化、软骨化生等。依其成分多少可分为 4 型:纤维型、血管型、水肿型、黏液型。

【影像学表现】

CT 表现:一侧声带前中游离缘的带蒂肿块,突入声门裂,密度均匀,边缘清楚光滑。弥漫型表现为一侧或双侧声带肥厚,边界清晰,无强化。

MRI 表现:肿胀组织在 T_1WI 呈较肌肉组织低的信号,T_2WI 呈等或略高信号,不同组织类型的表现略有差异,纤维型 T_2WI 一般呈等信号,血管型、水肿型和黏液型 T_2WI 一般呈略高信号。增强扫描病变均无强化。

【典型病例展示】

病例　男性,61 岁,咽部异物感 20 日(图 2-7-7)。

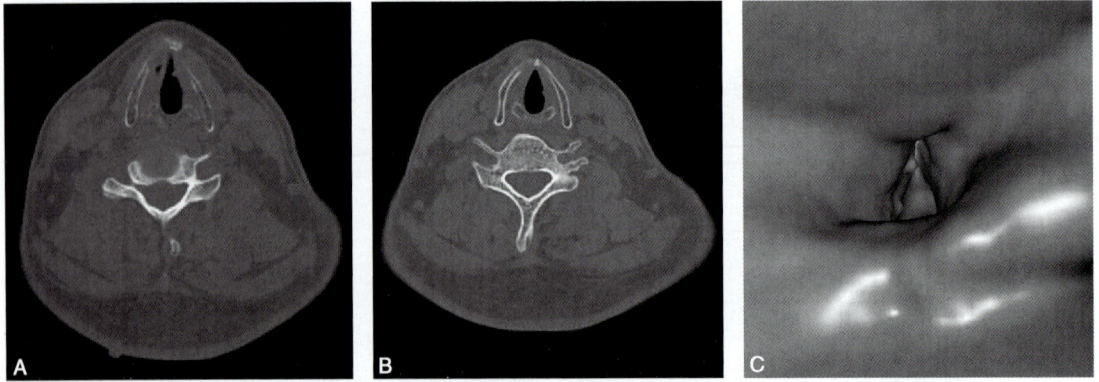

图 2-7-7　左侧声带息肉

CT 示左侧声带前 1/3 及中段可见小结节样突起(图 A、图 B);CT 仿真内镜(CTVE)直观显示左侧声带小结节(图 C)。

【诊断思路与诊断要点】

声带前中部带蒂结节,CT 图像特征为结节密度均匀,边缘清楚光滑;MRI 图像特征为 T_1WI 呈低信号,T_2WI 呈高信号,信号均匀;增强扫描后病变无强化。

五、喉结核

【简介】

喉结核(laryngeal tuberculosis)是一种罕见的肺外结核,原发者少见,多继发于严重的肺部活动性结核或其他器官结核感染。多数学者认为,喉结核由于肺部咳出大量带结核分枝杆菌的痰液直接接触黏膜或聚集在黏膜褶皱处所致,也可通过血运或淋巴途径传播引起。喉结核好发于中老年患者,最常见的症状是声音嘶哑,其次是咳嗽、咽痛和呼吸困难(少数)。仅部分患者可表现为结核病的一般症状。病变最常见于声带,其次为会厌、室带和喉室、杓状软骨、后连合和声门下区。喉结核对抗结核化疗反应良好。经过适当治疗,病灶和患者症状通常在 1~2 个月内消失,几乎没有残余纤维化。然而,如果对多重耐药结核分枝杆菌患者治疗不充分,可发生不可逆喉狭窄或环杓固定。

【病理基础】

喉结核患者单侧或双侧声带黏膜溃疡形成,呈鼠咬状,黏膜表面粗糙、结节状隆起、充血水肿。镜下结核病灶常常很小,典型的结核结节者不多见,可表现为增生性、渗出性和变质性改变,以增生性改变为主,表现为淋巴细胞和上皮样细胞呈中、小灶状增殖,渗出和变质性改变不多见。有报道喉结核时抗酸染色多数(64.6%)阳性。改良的抗酸染色或免疫组化检查可以检测到 L 型菌。

【影像学表现】

CT 表现:喉结核的影像学表现取决于该病的分期和程度。急性期病变常为渗出性、弥漫性;CT 表现为喉黏膜弥漫性、不规则增厚,以杓状会厌襞、会厌、杓状区常见,多累及双侧(不一定对称),声门旁间隙几乎都是双侧受累的,会厌前间隙和喉旁间隙可受累或不受累,声门下区多无明显异常。慢性期病变通常是局限性的;CT 表现为声带或会厌局灶性增厚,局限于声带者喉室表现为正常或变窄,局限于杓状软骨者可表现为软组织肿胀,严重者可导致喉部气道受侵、偏移、气管狭窄或气管壁强化。颈部淋巴结肿大,较大病灶中心有坏死,增强时边缘有强化。异常淋巴结最大直径 1.5 ~ 2.0cm(范围 0.7 ~ 2.7cm,平均 1.8cm)。颈内淋巴结和脊柱副淋巴结最常累及。结核淋巴结炎的 CT 特征是中央低密度和边缘强化的淋巴结。

【典型病例展示】

病例 1 男性,72 岁,声音嘶哑 2 个月余(图 2-7-8)。

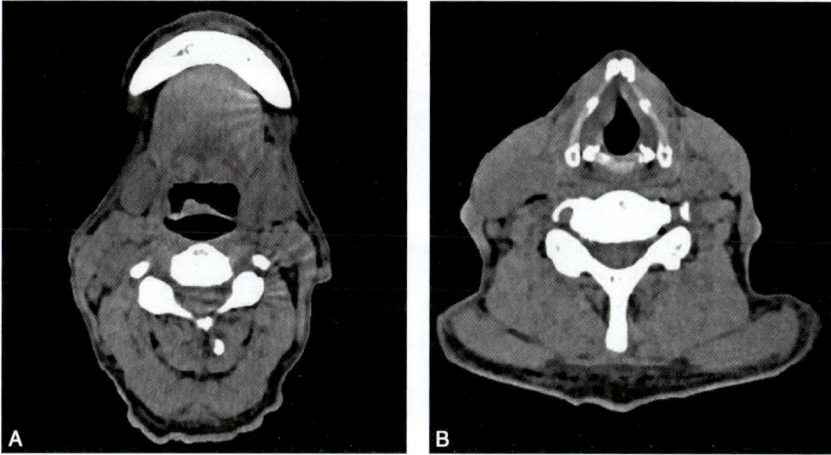

图 2-7-8 右侧声带结核
CT 示右侧会厌舌面增厚(图 A),声带增厚,可见局部隆起(图 B),最厚处约 6.9mm,CT 值 46HU。

病例 2 男性,50 岁,声音嘶哑 1 个月余(图 2-7-9)。

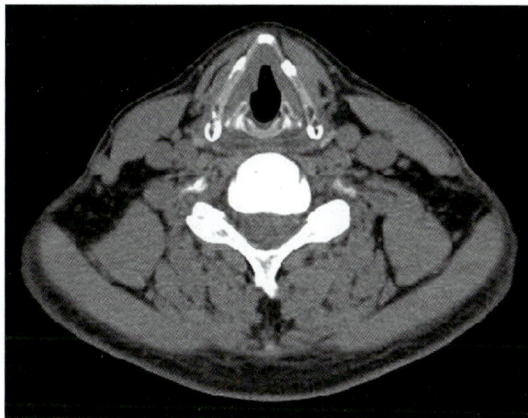

图 2-7-9 右侧声带结核
CT 示右侧声带前 1/2 增厚。

病例3 男性,47岁,声音嘶哑4个月余(图2-7-10)。

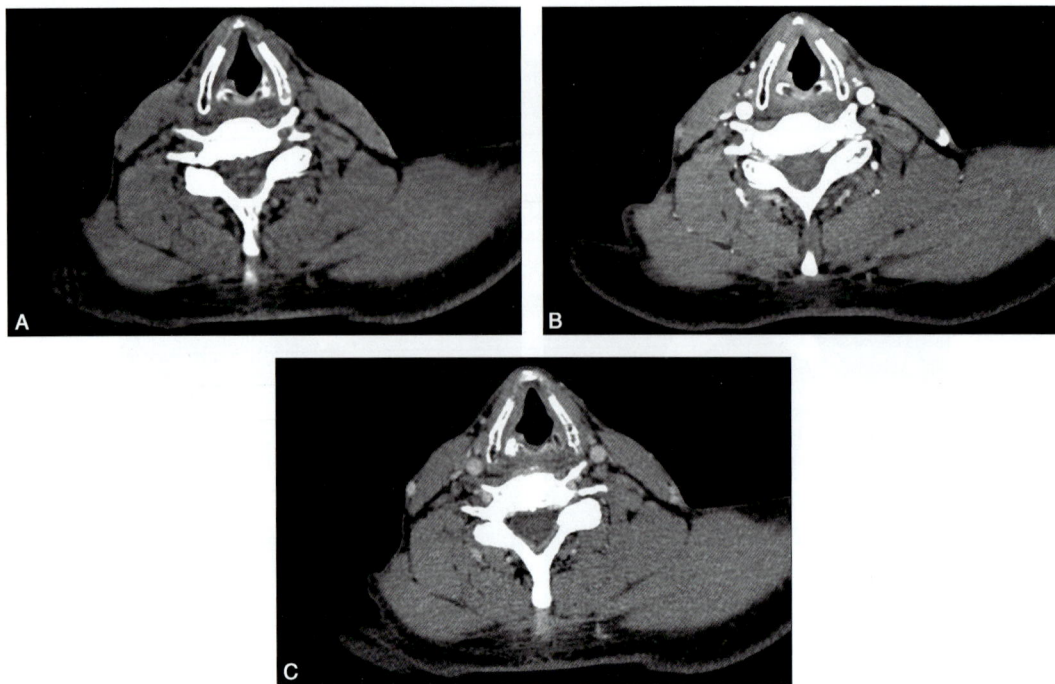

图2-7-10 右侧声带结核

CT示右侧声带欠规则,前部略增厚,表面不光滑,平扫密度欠均匀(图A)增强可见明显强化(图B为动脉期,图C为静脉期)。

【诊断思路与诊断要点】

结合临床症状和病史,进行性声音嘶哑和吞咽困难,伴有活动性肺结核。CT表现为双侧声带弥漫性肿胀增厚,可累及会厌、杓状会厌襞、前连合及咽旁间隙,喉结构基本完整。通过喉活检组织病理学检查发现抗酸杆菌,确定诊断。

第八节 喉部肿瘤与肿瘤样病变

一、喉乳头状瘤

【简介】

喉乳头状瘤(laryngeal papilloma)是由人乳头状瘤病毒(HPV)感染引起的良性上皮肿瘤,是影响喉部和上呼吸道最常见的良性肿瘤,可能恶变为鳞状细胞癌,但罕见。与病毒相关的主要风险是,随着时间的推移,肿瘤的大小可能会增加呼吸受损的程度。喉乳头状瘤最常见于儿童和婴儿。症状可能包括弱或嘶哑的哭泣,吞咽困难,有时还有咳嗽。肿瘤生长阻塞呼吸道时,呼吸可能伴有呼啸声。成人通常会表现出儿童常见的症状,如声音嘶哑和咳嗽。虽然乳头状瘤是良性的,但其快速生长,可导致气道阻塞,如不治疗可导致窒息。乳头状瘤可以影响声带和/或会厌,偶尔可以向远端扩散,累及气管或支气管。

治疗通常包括频繁的喉镜检查,并使用二氧化碳(CO_2)激光手术切除。由于病毒存在于乳头状瘤周围的正常组织中,病变可能复发,通常需要重复内镜切除。部分患儿可能需要每月切除 1~2 次(通常作为门诊患者进行)。乳头状瘤可能在青春期自发消退,许多儿童需要终身治疗。影像学的准确诊断、定位对于制订治疗方案具有重要意义。喉乳头状瘤的治疗方法包括抗病毒药物治疗和手术治疗。在气道有被阻塞的危险情况下,通常首先进行手术,进而抗病毒药物治疗。在疾病的早期阶段,通常首先尝试抗病毒治疗,以期避免手术。

【病理基础】

1. 大体病理 乳头状瘤的外观呈颗粒状或菜花状,大小不等,直径 0.5~1.2cm,苍白色、粉红或暗红色,质脆,易出血。通常分为幼年型和成人型。幼年型表现为真声带上多发性乳头状瘤,可扩展到假声带、会厌、声门下区,甚至气管和支气管。病变范围广泛时可造成呼吸困难和致死。而成人型炎症反应不明显,病变不扩散,不易复发。通过电镜、免疫组化及核酸分子杂交技术证实为 HPV 感染所致,以 6、11 型为主。

2. 镜下表现 光镜下为分化良好的鳞状上皮呈乳头状生长,可出现核分裂象,有一定的不典型性及角化不良,易被误诊为原位癌。上皮下伴有慢性炎症及充血。有时可见上皮中存在挖空细胞,为 HPV 感染所致。有时在电镜下可见细胞核内有大量的病毒颗粒。

【影像学表现】

1. X 线片 一般情况下 X 线难以直接显示瘤体,侧位像可见病变部位气道变窄。

2. CT 喉乳头状瘤有时与喉癌很难鉴别,需依赖病理学诊断。早期微小病变不易发现,随着病变发展,CT 上可见喉前庭处或声门下区边界清楚的软组织肿块影,病灶内可有钙化。受累声带和室带可见不规则增厚或形成软组织肿块。病灶周围声门旁间隙多正常,常不向深部浸润,成人型如有深部浸润则提示有恶变可能。

3. MRI 病变呈 T_1WI 低信号、T_2WI 高信号的结节影;于冠状面可清楚地显示瘤体与声带及声门的关系。

【典型病例展示】

病例 女性,28 岁,音哑 3 个月余(图 2-8-1)。

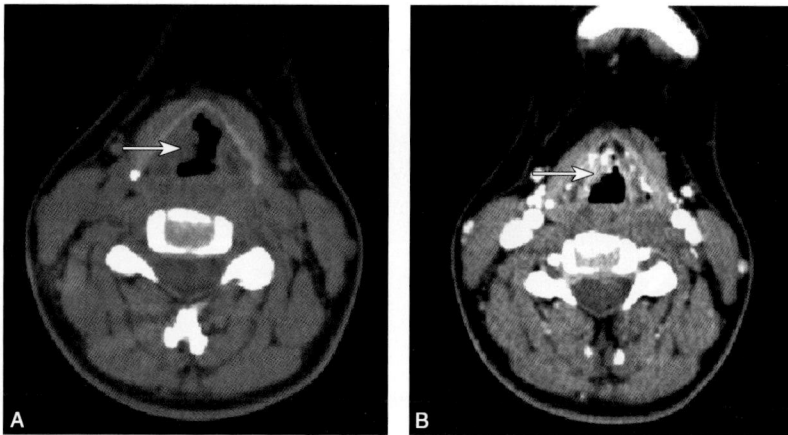

图 2-8-1 右侧声带乳头状瘤

CT 示右侧声带不规则增厚,呈软组织密度肿块影,平扫密度较均匀(图 A),增强扫描示病变明显强化(图 B),右侧声门旁间隙尚清晰。左侧声带形态尚可,未见明显增厚或异常强化。

【诊断思路与诊断要点】

1. 声带和室带可见不规则增厚或软组织肿块。边界清楚,病灶可有钙化。

2. 病灶周围喉旁间隙多正常,常不向深部浸润,成人型如有深部浸润应提示有恶变可能。

3. 增强检查可见明显强化。

二、喉血管瘤

【简介】

喉部血管瘤发病率低,分为毛细血管瘤和海绵状血管瘤。毛细血管瘤境界清楚、呈分叶状,血管内皮细胞肿胀,其外有明显的周细胞,小叶间含有较多纤维黏液间质,多见于成人。海绵状血管瘤是由多量的、扩张的、大薄壁血管构成,之间间隔以少量的纤维间质,柔如海绵,弥漫性生长于黏膜下,多见于婴幼儿。

【病理基础】

1. 大体病理 喉部血管瘤多为海绵状血管瘤,也有毛细血管瘤,静脉石是喉血管瘤的特点之一。1921 年 Sweeter 将喉血管瘤划分为婴儿型及成人型。婴儿型血管瘤多为毛细血管瘤,而成人型则多为海绵状血管瘤。毛细血管瘤:喉镜检查见肿瘤生长于声带,有蒂或无蒂,红色或浅紫色,大小不一,也可发生于喉的其他部位。海绵状血管瘤:喉镜检查见肿瘤柔软如海绵,弥漫生长于室带、喉室、杓状会厌襞的黏膜下,暗红色,表面高低不平。

2. 镜下表现 毛细血管瘤:镜下可见增生的毛细血管呈小叶状结构,在不成熟的病变区域,密集排列的内皮细胞形成无血管腔的实性区,常常可见炎性细胞浸润。海绵状血管瘤:血管呈丛状增生,管壁薄而扩张,腔内充满血液,腔内壁由扁平的内皮细胞被覆,常有血栓、机化和钙化形成,血管壁间为数量不等的结缔组织。

【影像学表现】

影像学检查的目的是了解病变范围、侵及黏膜下的深度和周围组织结构的情况。

1. CT 表现为圆形光滑的软组织团块或不规则肿块,毛细血管瘤呈单发局限性,海绵状血管瘤呈多发弥漫性。平扫呈等密度或略低密度,增强扫描可无强化或显示中度至明显强化,延迟扫描呈渐进性强化。部分血管瘤常伴有静脉石,是确诊的典型征象。

2. MRI 病变规则或不规则,边界清晰,T_1WI 信号同肌肉或略高于肌肉信号,T_2WI 呈高信号,其内信号均匀或混杂,部分可见斑片影。瘤体较大时,于 T_1WI 可见点、线样高信号影,增强后呈渐进性持续强化。钙化区呈低信号。

【典型病例展示】

病例 男性,45 岁,吞咽困难 3 个月余(图 2-8-2)。

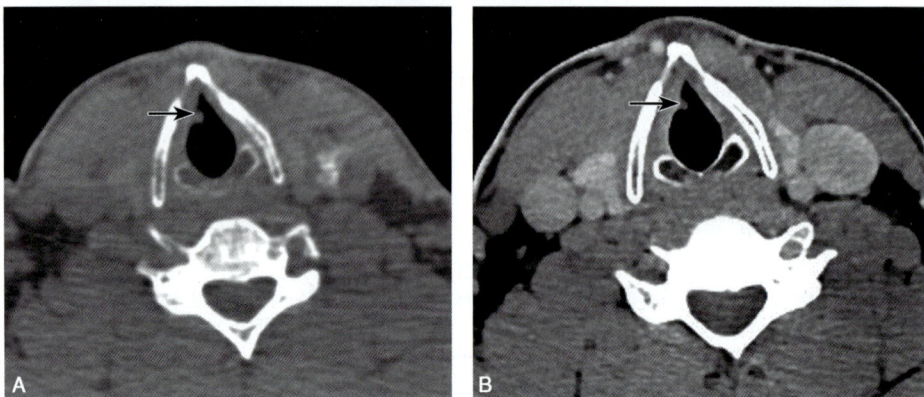

图 2-8-2 喉血管瘤

CT 示右侧声带前部局限性结节样软组织密度影(图 A),边界清晰,邻近黏膜光滑,未见增厚或不规则改变,增强中度强化(图 B);咽旁、咽后及椎前间隙清晰。病理为喉血管瘤。

【诊断思路与诊断要点】

咽喉部的良性肿瘤主要是海绵状血管瘤,且比较少见,其主要临床症状为不同程度呼吸困难、发音障碍、吞咽困难、呛咳、痰中带血、咯血等。发生于婴幼儿(尤其是新生儿期时)常可能导致致命性的窒息。患者喉咽、会厌部血管瘤还可与颈部肌群内血管瘤相延续。

影像学检查显示单发肿块或多发的弥漫性病灶,边界清晰,无明显强化或显示极显著的强化,延迟扫描呈渐进性强化,若病灶内见静脉石可确诊。本病主要与乳头状瘤、息肉或恶性肿瘤鉴别,其强化程度均不如血管瘤显著,且一般无钙化;另外,乳头状瘤 T_2WI 一般呈中等信号,息肉通常较小且无明显强化,恶性肿瘤边界一般不清晰且常见周围结构侵犯。

三、喉软骨瘤

【简介】

喉软骨瘤(chondroma)较为罕见,迄今病因不清,分类方法亦不一致。可发生于任意喉软骨,但以环状软骨最易受累,甲状软骨、杓状软骨、会厌软骨次之;亦可原发于声带和室带,表现为带蒂的喉内肿块。喉软骨瘤可起源于正常软骨或软骨外的胚胎残余,故有内生型和外生型之分。肿瘤由透明软骨构成,在瘤内如有骨质形成,则称为骨软骨瘤。内生型喉软骨瘤早期即可出现声音嘶哑,重者可失声;若肿瘤较大阻塞喉腔可致呼吸困难,压迫食管则会出现吞咽困难。外生型喉软骨瘤主要表现为颈部肿块,大小不等、质硬、边界清楚,无压痛,位于颈前中线或稍偏两侧,可随吞咽上下移动。若不浸润或压迫喉腔,喉镜检查喉腔无异常改变;若侵及喉内,则可出现声音嘶哑。喉软骨瘤的治疗原则是手术彻底切除,放疗及化疗效果均不明显。

【病理基础】

1. **大体病理**　喉软骨瘤直径一般为 2~3cm,而喉软骨肉瘤直径一般超过 3cm。喉软骨瘤的肿瘤为圆形或分叶状结构,质硬,切面呈浅灰绿色或灰白色、实性或发生囊性变,有的刮出物主要为钙化和骨化软骨。

2. **镜下表现**　显微镜下软骨瘤由良性的、产生透明软骨的软骨细胞组成,形态一致,单一,细胞成分少,软骨细胞分布均匀,核无多形性,无核分裂象,每个软骨陷窝内有一个核。透明软骨细胞多少不等,一般每高倍视野不多于 30~40 个细胞。低度恶性的喉软骨肉瘤与喉软骨瘤镜下形态较难鉴别。对于完全切除的小标本,诊断为软骨瘤时应慎重,应该进行充分观察。

【影像学表现】

1. **X 线片**　喉部软组织内阴影,常有散在性钙化,呈小梁状或斑点状,较有特异性。X 线对其内部结构、组织层次显示不清楚。

2. **CT**　是喉软骨瘤最主要的诊断方法。肿瘤区域可见形态不规则的团块影;正常软骨框架结构消失,可见环形、粗条索状、斑点状或斑片状软骨样钙化影,钙化影周围可有或无软组织影包绕。3D 重建能更清晰显示气道情况。

3. **MRI**　病变 T_1WI 呈低信号,T_2WI 呈稍高信号,高 b 值 DWI 呈高信号,ADC 值图上信号减低,可提示肿瘤的侵犯。

【诊断思路与诊断要点】

X 线片:喉部软组织内阴影中的散在性钙化对于喉软骨瘤的影像学诊断有一定的特异性。

CT:平扫时病变 CT 值接近软骨组织,可见不规则形钙化,增强检查瘤体强化不明显,说明该肿瘤血管不丰富,且 CT 显示肿瘤边界清楚。以上几点均可以与恶性肿瘤易侵袭破坏周围软组织、造成肿瘤边界与周围组织边界不清的特点明显区别。

MRI:可显示肿瘤对周围组织的侵犯范围,可以帮助精准定位。病变于 T_1WI 呈低信号,于 T_2WI 呈稍高信号,于高 b 值 DWI 呈高信号,ADC 值图上信号减低。

四、喉炎性肌成纤维细胞瘤

【简介】

炎性肌成纤维细胞瘤(inflammatory myofibroblastic tumor,IMT)的病因尚未明确,以往认为 IMT 可能是机体对长期存在的外源性刺激(如微生物感染、组织损伤、异物)所发生的一种以肌成纤维细胞增殖为主的异常反应。2013 年最新版 WHO 软组织肿瘤分类将其定义为由肌成纤维细胞和成纤维细胞性梭形细胞组成的肿瘤,伴浆细胞、淋巴细胞和/或嗜酸性粒细胞的炎症浸润。主要发生在儿童和年轻人的软组织和/或内脏中,并将其归类为成纤维细胞或肌成纤维细胞性肿瘤。头颈部 IMT 好发于眼眶、喉、口腔、扁桃体、咽旁间隙、甲状腺、腮腺、泪腺等。IMT 可发生于任何年龄,最常见于儿童和年轻人,喉 IMT 常见于成人声带。男性略多于女性,男女发病比例为 1.3:1。口咽、扁桃体、舌 IMT 可出现吞咽困难;15%~30% 的患者可伴全身症状,包括原因不明的发热、烦躁、消瘦、小细胞低色素性贫血、血小板增多症、多克隆性高球蛋白血症、红细胞沉降率升高、C 反应蛋白升高等。

【病理基础】

1. **大体病理** 喉 IMT 表面光滑,呈孤立或多结节性肿块,棕褐色,切面呈旋涡状或黏液样,局部可见出血、坏死和钙化。肿瘤变化不一,头颈部 IMT 的大小在 0.5~7cm,部分 IMT 可边界清楚,有假包膜;而部分肿块边界不清,尤其是复发性肿瘤,瘤体形态不规则、边界不清,常常侵犯周围肌肉或骨组织,呈浸润性生长。

2. **镜下表现** 肿瘤位于黏膜下,由疏松的梭形细胞至圆形细胞构成,可见成纤维细胞/肌成纤维细胞增生,排列呈束状或旋涡状,间质内有较多淋巴细胞、浆细胞和/或嗜酸性粒细胞浸润,偶见中性粒细胞浸润。间质血管丰富,血管成分变化较大,血栓形成少见。

【影像学表现】

1. **X 线片** 病变区域可见组织密度影,缺乏特异性表现。

2. **CT** 病变为密度不均匀的软组织肿块,少见坏死及钙化灶,增强扫描呈明显强化。当病灶较大时,密度多不均匀,可伴有中央低密度区,多不伴有钙化,增强后呈轻中度不均匀强化。可通过骨质破坏区累及邻近结构。

3. **MRI** 病变多为边界不清楚、形态不规则的软组织肿块,有侵犯邻近肌肉或伴有骨质破坏等征象。T_1WI 呈等信号或稍低混杂信号,T_2WI 呈高信号或等至稍高的不均匀信号,T_2WI 脂肪抑制呈高信号伴有散在斑点的低信号或更高信号。

【典型病例展示】

病例　男性,45 岁,咽部异物感(图 2-8-3)。

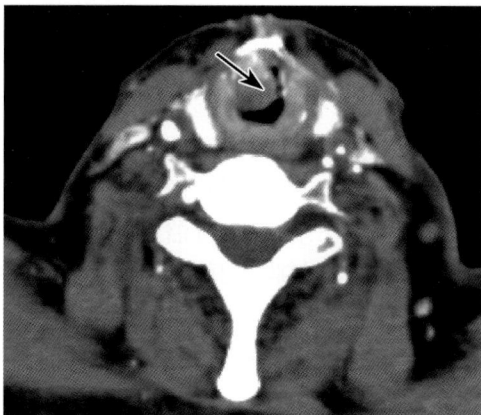

图 2-8-3　喉炎性肌成纤维细胞瘤

CT:杓状软骨水平咽右壁团片状混杂密度影,其内可见小片状低强化区及多发点状高密度影,边界清晰,表面光滑,邻近黏膜未见增厚。病理结果为喉炎性肌成纤维细胞瘤。

【诊断思路与诊断要点】

IMT 的影像学表现缺乏特异性,无论是 CT 还是 MRI 都很难与其他肿瘤鉴别。当诊断困难时,可以结合临床发热、烦躁、消瘦、小细胞低色素性贫血、血小板增多症、多克隆性高球蛋白血症、红细胞沉降率升高、C 反应蛋白升高等症状,进行诊断。

CT 表现:IMT 为均匀或不均匀的软组织密度,增强扫描呈中等或明显强化。当病灶较大时,密度多不均匀,可伴有中央低密度区,多不伴有钙化,增强后呈轻中度不均匀强化。可通过骨质破坏区累及邻近结构。

MRI 表现:病变多为边界不清楚、形态不规则的软组织肿块,有侵犯邻近肌肉或伴有骨质破坏等征象。T_1WI 呈等信号或稍低混杂信号,T_2WI 呈高信号或等至稍高的不均匀信号,T_2WI 脂肪抑制呈高信号伴有散在斑点的低信号或更高信号。

五、喉神经源性肿瘤

【简介】

喉神经源性肿瘤(neurogenic tumors of the larynx)系发生于喉部的神经源性肿瘤,以原发于声门旁的副神经节瘤为主,其次是起源于神经纤维的施万细胞的神经鞘瘤,均罕见。副神经节瘤患病初期患者可无任何不适症状,当肿瘤逐渐增大时,可出现局部症状,如咽部异物感、渐进性声音嘶哑,后期可出现呼吸困难及吞咽困难。如果肿瘤突然破裂或出血,甚至可出现窒息、死亡,少数患者可出现疼痛、咯血等。临床专科检查主要表现为单侧喉室饱满或突出,表面光滑,声带显示不清。神经鞘瘤好发于 21~40 岁男性,多位于一侧杓状会厌襞后方,症状由肿瘤大小及部位决定,早期可出现声音嘶哑、咳嗽,肿瘤增大可致喘鸣、呼吸困难、吞咽障碍等。压迫迷走神经或喉返神经可致声带运动障碍。

【病理基础】

1. **大体病理**　喉神经源性肿瘤常位于黏膜下,质韧,活检取材困难。

2. **镜下表现**　副神经节瘤病理形态特征主要是由主细胞和支持细胞构成,主细胞排列成界限清楚的细胞巢,也可排列成腺泡状或条索状,偶尔排列成实体样结构,周围被支持细胞部分或完全包绕。主细胞常为核大、深染,胞质红染或透明,嗜双色性;少数病例瘤细胞内含大量黑色素颗粒,细胞核较小,圆形、卵圆形,核仁不明显。血管及周围神经侵犯少见,且无预后意义。根据瘤细胞巢内细胞的排列结构以及间质血管的状态,可分实质型、腺泡型、血管瘤样型、色素型。组织学上区别良、恶性较为困难,只有当肿瘤发生局部淋巴结转移或远处转移时才能称之为恶性肿瘤,最常见转移至局部淋巴结、肺及骨骼系统。

神经鞘瘤常呈圆形或结节状,有完整包膜,切面灰白色略透明,可见旋涡状结构,可伴有出血及囊变。组织学上有两种形态:①束状或致密型,瘤细胞呈细长梭形,细胞核呈椭圆形,瘤组织平行排列,较密集,细胞核呈栅样或不规则旋涡状排列;②网状型,细胞稀少,排列稀疏呈网状,细胞间有较多黏液,可伴有小囊。

【影像学表现】

1. **CT 表现**　平扫显示均匀低密度,增强呈均匀或不均匀强化肿块。副神经节瘤多含丰富血管,增强扫描后肿瘤多明显强化或不均匀强化。神经鞘瘤部分可呈囊状,不同组织学类型在瘤体内部构成比例和分布不同,影像表现也各异;强化后可表现为低密度区包绕中央团块状高密度区,或高密度区包绕裂隙状低密度区,或高低密度混合呈斑驳样强化。

2. **MRI 表现**　副神经节瘤肿瘤为实性,边界清晰,形态较规则,血供较为丰富。在 T_1WI 上呈等或稍低信号,T_2WI 呈高信号。部分肿瘤内可见 T_1WI、T_2WI 上的流空信号,是由缓慢的血流或出血引起。增强扫描后病灶可见明显强化。神经鞘瘤瘤体较小时多为均质,T_1WI 呈等信号,T_2WI 呈高信号,较大时瘤体内信号不均匀,与其组织类型有关,常见囊变,增强后不均匀强化。

【诊断思路与诊断要点】

数字减影血管造影(DSA)可消除血管图像上的骨骼、软组织影响,是诊断头颈部副神经节瘤的金标准。由于肿瘤血供丰富,DSA 增强明显,呈"快进快出"样表现。副神经节瘤多含丰富血管,增强扫描后肿瘤多明显强化或不均匀强化。MRI 显示部分肿瘤内可见 T_1WI、T_2WI 上的流空血管影,此即为肿瘤较特殊的"盐和胡椒"征象,其中"胡椒"在 MRI 上代表条状和点状的流空信号,"盐"代表肿瘤间散在局灶性高信号,是由缓慢的血流或出血引起。神经鞘瘤显示为喉部边界清楚光滑的软组织肿块,呈斑驳状高低混杂密度,囊性与实质区相间表现。

六、喉唾液腺型肿瘤

【简介】

喉部大部分唾液腺型肿瘤为恶性的,主要为黏液表皮样癌和腺样囊性癌,其他罕见的有上皮-肌上皮癌、恶性肌上皮瘤、腺泡细胞癌等。喉部良性唾液腺型肿瘤罕见,与恶性肿瘤比较,其发生率较低。多形性腺瘤(pleomorphic adenoma)是一种良性的唾液腺型肿瘤。大多数多形性腺瘤发生在会厌或杓状会厌襞,出现症状之前可生长达数厘米。癌在多形性腺瘤中(carcinoma ex pleomorphic adenoma,CXPA)是指多形性腺瘤中出现恶性肿瘤,这是一个公认的现象,约占所有唾液腺型肿瘤的12%。其主要病理表现是存在良性多形性腺瘤的组织特点和上皮成分的恶性改变。虽然其发病率较低,但其恶性程度较高,复发率高,容易转移。患者的生存率较低,加之诊断较为困难,因此需要引起足够的重视。

【病理基础】

1. **大体病理** 多形性腺瘤形状不规则,表面呈结节状,部分有包膜。大体病理剖面呈乳白色或灰白色,组织致密,富有弹性,类似瘢痕。恶性肿瘤组织呈污灰色或鱼肉状,组织松软易碎,常见出血及大片坏死,边界不清且有广泛的浸润。

2. **镜下表现** 镜下,喉多形性腺瘤、黏液表皮样癌和腺样囊性癌与其他小唾液腺发生的腺瘤相似。癌在多形性腺瘤中:①部分区域呈多形性腺瘤结构,部分区域表现出明确的癌,癌和多形性腺瘤二者间的比例在不同的肿瘤有较大的差异;②恶性多形性腺瘤:癌与黏液样和/或软骨样组织混杂在一起,无良性多形性腺瘤区域。CXPA 的早期变化是肿瘤细胞取代导管的内层细胞,而外围的肌上皮细胞仍完整。癌性成分所占比例与患者的预后相关。在大部分侵袭性癌中,良性成分较少,预后差;在大部分微侵袭性癌中,多形性腺瘤成分占大多数,预后较好。CXPA 癌性成分的组织学类型可以包含所有唾液腺恶性肿瘤的类型,但其最常见的为低分化腺癌(非特异性腺癌或唾液腺导管癌)或未分化癌。

【影像学表现】

1. **CT 表现** 良性多形性腺瘤常呈单发型肿块,圆形或类圆形,边缘清晰,等低密度,增强检查早期强化程度不明显或轻度强化,呈渐进式强化,较大者可有囊变,密度不均匀。恶性者肿瘤部分边缘模糊、不规则,可呈分叶状,密度不均匀,常伴有囊变或坏死性改变,可侵犯周围结构,可伴淋巴结转移。

2. **MRI 表现** 多形性腺瘤主要由导管上皮和肌上皮细胞组成,间质内黏液样和软骨样组织丰富,在 T_1WI 上呈低信号,在 T_2WI、DWI 和 ADC 图上为均匀或不均匀高信号;多形性腺瘤病灶呈现缓慢、持续强化的特征与其病理学上血管结构罕见有关。肿瘤恶性变表现在形态上同 CT 表现,即形态不规则,边缘模糊,可呈分叶状,囊变坏死明显,DWI 图上呈恶性肿瘤样高信号影。若伴有淋巴结转移,淋巴结亦表现为 DWI 高信号。

【典型病例展示】

病例 男性,46 岁,吞咽异物感(图 2-8-4)。

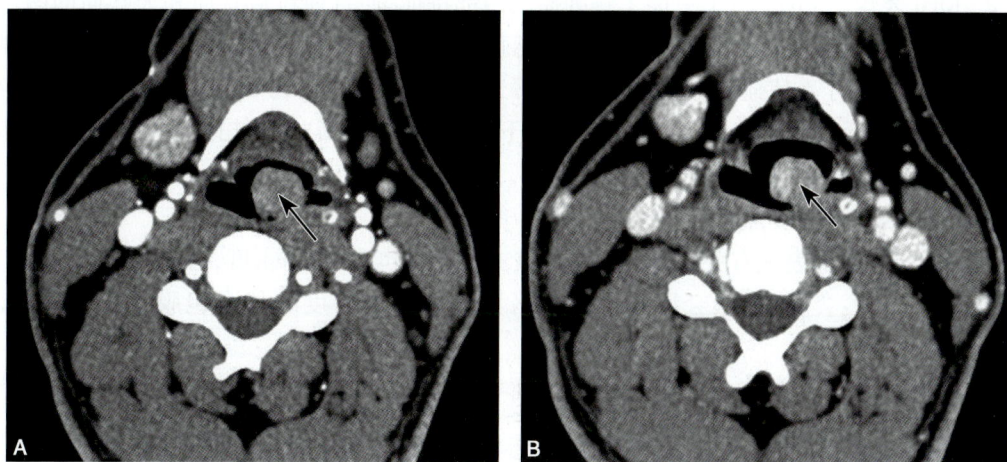

图 2-8-4 喉多形性腺瘤

CT:左侧会厌喉面类圆形肿块,密度均匀,表面光滑,CT 值约为 70HU(图 A),增强后呈明显强化(图 B),CT 值约为 76HU,邻近梨状隐窝存在,杓状会厌襞黏膜完整,考虑为良性。病理结果为喉多形性腺瘤。

【诊断思路与诊断要点】

喉多形性腺瘤罕见,但是 CT 及 MRI 增强扫描时,多形性腺瘤病变边界清晰,呈轻度进行性延迟强化,可考虑诊断,确诊需要病理活检。若病变形态不规则、分叶状、边缘模糊,囊变坏死明显,有或无淋巴结增大,提示恶变。

七、喉脂肪瘤

【简介】

脂肪瘤(lipoma)是一类来源于脂肪组织的良性肿瘤。一般多发于肩、背、臀、四肢的皮下部位,发生于头颈部的脂肪瘤不足 15%。喉脂肪瘤(lipoma of larynx)是非常罕见的喉部良性肿瘤,约占 0.6%,多发生于会厌、杓状会厌襞及喉室;可发生于任何年龄。临床表现视肿瘤部位及大小而定,小者常无症状;大者可有声音嘶哑、吞咽困难、呼吸困难。带蒂的脂肪瘤可阻塞声门致窒息。治疗为手术切除,有蒂而较小者可在间接喉镜或支气管喉镜下摘除,无蒂或有蒂较大者可行喉或咽切开术切除。间接喉镜和电子纤维喉镜下可见光滑、随呼吸上下活动(多为带蒂)的肿物。

【病理基础】

1. **大体病理**　肿瘤质软而有弹性,光滑,有包膜,通常带蒂。大者呈分叶状,分布于声门附近者多可随呼吸上下移动。切面呈淡黄色或黄色,质地柔软。

2. **镜下表现**　肿瘤由成熟的脂肪细胞组成,与周围的正常脂肪组织相似,瘤细胞排列紧密,由纤维间隔分为大小不等的区域,区域内的脂肪细胞在大小、形态上基本一致,呈圆形或多边形。

【影像学表现】

1. **CT 表现**　位于会厌、杓状会厌襞或喉室区,呈独特的脂肪密度和伴有包膜的规则肿块,密度均匀,边界清晰,增强 CT 扫描病变无强化,可显示脂肪瘤典型的均质性、低衰减值,其密度低于水。有些脂肪瘤可能含有纤维组织网状物,病理上称为纤维脂肪瘤。

2. **MRI 表现**　MRI 较 CT 更能了解肿瘤的内部特征,而且通过冠状面和矢状面的图像可以更准确地显示肿瘤的部位、来源和范围,它能直接产生肿块冠状面与矢状面影像,更好界定肿块前后径,从而可清楚显示喉咽脂肪瘤的蒂部。表现为会厌、杓状会厌襞或喉室区肿物,T_1WI、T_2WI 均显示典型的脂肪高信号,近似皮下脂肪,边界清晰,增强扫描无强化。部分病例于 T_2WI 高信号肿块内见低信号纤维条索间隔,为纤维脂肪瘤表现。

【诊断思路与诊断要点】

喉脂肪瘤与影像表现有关的主要病理特点:光滑,有包膜,脂肪密度,通常带蒂。

CT 图像特点:会厌、杓状会厌襞或喉室区独特的脂肪密度和伴有包膜的规则肿块,无强化。

MRI 图像特点:会厌、杓状会厌襞或喉室区 T_1WI、T_2WI 均显示为典型的脂肪高信号,近似皮下脂肪,边界清晰,无强化。

八、喉淀粉样变

【简介】

喉淀粉样变(laryngeal amyloidosis),又称淀粉样瘤,是一种淀粉样物质在喉部沉积的病变,由于病理无肿瘤学结构特点,现已不称其为淀粉样瘤。虽然淀粉样变并非全部表现为良性病变,但发生于头颈部的病变常为良性改变。喉淀粉样变发病率较低,占喉部良性肿瘤0.2%~1.2%,多见于40岁左右人群。可发生于声带、喉室和声门下腔,最常见的受累部位为真声带,其次为假声带、杓状会厌襞及声门下区。头颈部淀粉样变还可发生于鼻咽、唾液腺、鼻窦、鼻腔、眼眶和口咽等。喉淀粉样变多为局部病变,而口腔及鼻咽部淀粉样变多为全身性病变的局部表现。病因尚不清楚,有新陈代谢紊乱学说(主要是蛋白代谢紊乱、球蛋白积聚所致)和组织退行性变学说(即先有局部新生物,如喉息肉、纤维瘤,继而在其内发生退行性变,产生淀粉样物质沉着)。

目前,关于喉淀粉样变的发病机制有两种理论。一种观点认为,是浆细胞对于炎性抗原反应所导致,已经被病理学所证实是混合性浆细胞的多克隆表达构成了淀粉样变组织;另外一种观点却认为,机体不能清除由淋巴组织内的浆细胞所产生的轻链蛋白,导致蛋白质沉积。

根据临床中最为常用的Symmers分类方式,喉淀粉样变分为4型。①原发型:又分局部型和全身型(喉淀粉样变多属于局部原发型);②继发型:继发于各种慢性感染、结核、骨髓炎、狼疮、类风湿性疾病等;③与多发性骨髓瘤有关的淀粉样变;④遗传性和家族性淀粉样变性。临床表现多为声音嘶哑,也可单独或者伴随出现咳嗽、咯血、咽部异物感、呼吸困难等症状。虽然喉淀粉样变是一种良性病变,但是还无能彻底治愈的方法。目前,针对喉淀粉样变的治疗主要包括药物、放疗及手术治疗,手术为首选治疗方式。

【病理基础】

间接喉镜或电子纤维喉镜下主要有以下3类表现:①单个肿瘤样沉积,新生物位于声带、喉室或声门下腔,可见病变呈增厚、隆起、肿块状,位于室带的肿块常增大至将声带掩盖,形似息肉,黏膜表面光滑,颜红;②黏膜下结节状隆起,黏膜光滑,色泽多与正常黏膜无差异,可呈暗红色或橘黄色,可局限于喉或气管内壁,也可呈多发性,在喉、咽、气管内壁等处形成多发性的黏膜下淀粉样沉积;③黏膜下弥散性沉积,可在喉或气管内壁形成弥散性黏膜下淀粉样物沉积,从而导致喉或气管狭窄。

1. 大体病理 病变黏膜肿胀,隆起,表面光滑,质地较硬。活检标本一般量较少,灰白色,有的质地较脆。

2. 镜下表现 在HE染色下,淀粉样物呈粉红或紫红色、均匀一致的无细胞物质,分布在腺体和血管周围,也沉积在疏松结缔组织中,形成云团状,甚至融合为大片状结构。沉积区可见组织细胞、浆细胞及淋巴细胞浸润,有时会出现异物巨细胞反应。偏光显微镜下呈双折光和绿荧光的特殊形态表现。刚果红染色呈橙红色反应是经典、最特异的组织化学表现,选用饱和碱性刚果红效果较好,经饱和碱性刚果红染色的淀粉物在偏光显微镜下呈鲜明的苹果绿色双折光。电镜下其主要成分为原纤维(占90%~95%)和五角形的棒状结构(占5%~10%)。

【影像学表现】

CT、MRI对肿块样的淀粉样变有帮助,可以对病变范围进行评估,有助于选择治疗方式和手术进路,喉部增强CT检查可与恶性肿瘤相鉴别。MRI具有较高的软组织分辨率,以及多参数、多方位的成像能力,可清楚显示淀粉样变的范围。

　　1. CT 表现　CT 平扫可见声带、喉室或声门下腔区软组织增厚,常见多灶性和双侧性,可分为弥漫型和结节型,弥漫型者可累及气管,病灶内常见点状或棉絮状钙化。增强扫描无强化或轻度强化。声带运动可迟缓但一般不出现麻痹,无软骨破坏和淋巴结转移,喉旁间隙正常。

　　2. MRI 表现　声带、喉室或声门下腔软组织增厚,T_1WI 呈近似肌肉信号的均匀中等信号,T_2WI 为高信号。因本病结构与骨骼肌的肌纤维紧密排列相似,淀粉样变的信号在所有序列上均与骨骼肌相近。增强扫描病灶无强化或轻度强化。

【典型病例展示】

　　病例 1　女性,52 岁,咽部异物感 3 个月(图 2-8-5)。

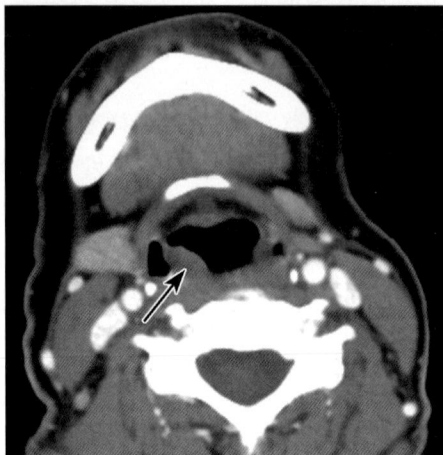

图 2-8-5　喉淀粉样变
CT 示右侧杓状会厌襞不规则增厚,表面光滑,增强扫描未见强化。

　　病例 2　女性,59 岁,声音嘶哑 3 年,加重 1 个月(图 2-8-6)。

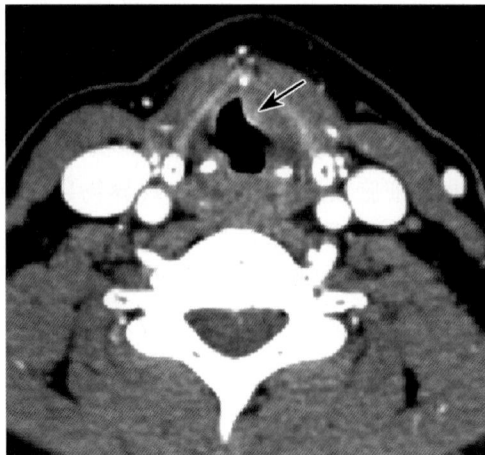

图 2-8-6　喉淀粉样变
CT 示左侧室带、声带前部隆起。

病例 3　女性,71 岁,间断发热 7 日(图 2-8-7)。

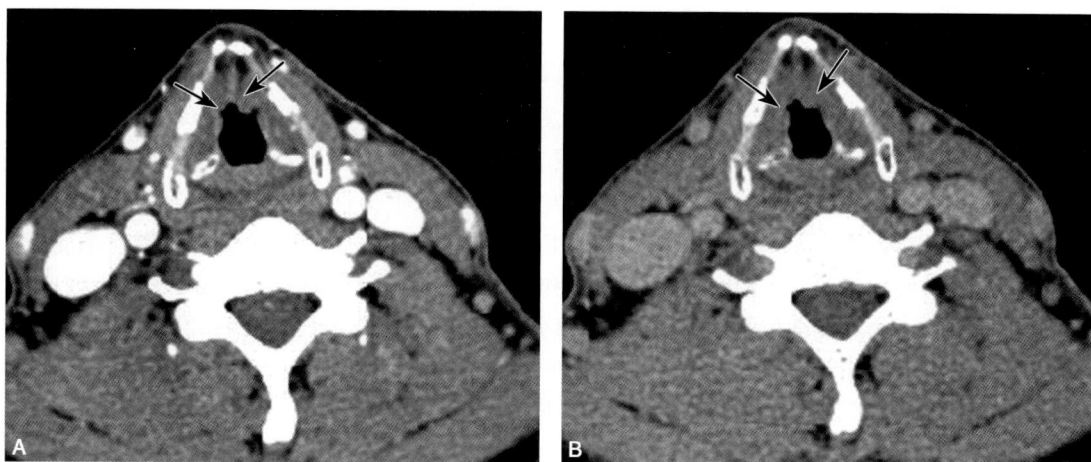

图 2-8-7　喉淀粉样变
CT 示双侧声带前 2/3 增厚,增强扫描未见明显强化。A. 动脉晚期;B. 静脉期。

病例 4　男性,46 岁,声音嘶哑 3 个月余(图 2-8-8)。

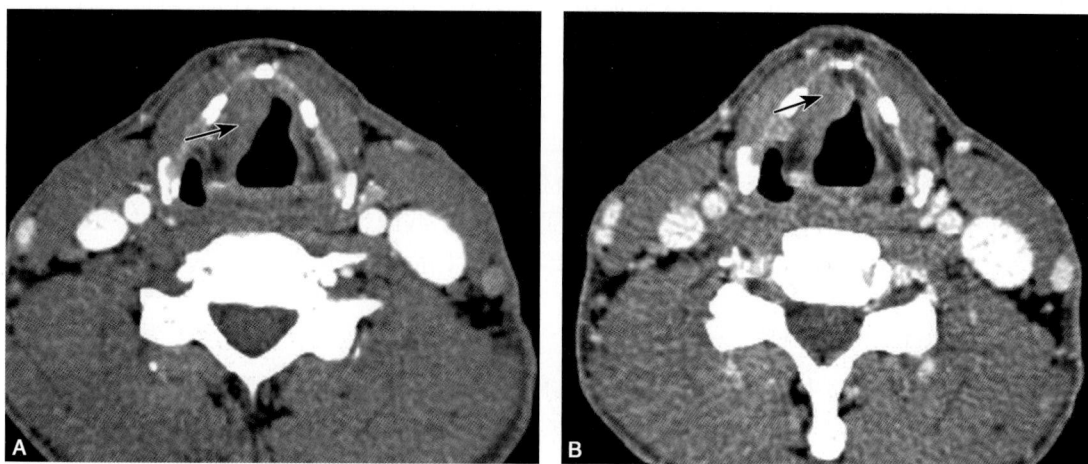

图 2-8-8　喉淀粉样变
CT 示右侧声带增厚,增强扫描后动脉期 CT 值约为 85HU(图 A),静脉期 CT 值约为 91HU(图 B),左侧声带、室带未见异常密度影。

【诊断思路与诊断要点】

对于喉淀粉样变,最主要的诊断手段为电子纤维喉镜及病理检查。单凭肉眼无法与肉芽组织、息肉等肿物区别,需依赖活检后对于淀粉样组织进行染色的显示情况。影像学检查的价值在于确定病变范围,帮助临床选择治疗方式和手术进路,并注意与恶性肿瘤相鉴别。

影像表现为声带、室带或声门下腔弥漫性软组织增厚伴钙化灶,无喉外侵犯,无声带固定。因本病结构与骨骼肌的肌纤维紧密排列相似,故 CT 发现病变密度或 MRI 发现病变信号的所有序列表现与骨骼肌相近,结合病情进展缓慢、病程通常较长的临床特点,应考虑喉淀粉样变的可能。

九、喉癌

【简介】

喉癌(laryngeal cancer)是头颈部较常见的恶性肿瘤,发病率高于咽癌,在我国占耳鼻喉科恶性肿瘤的10%~20%,仅次于鼻咽癌和鼻腔鼻窦癌。喉是人的发声器官,又是呼吸道最狭窄处,因此喉部病变易对患者造成严重伤害。好发于50岁以上男性,多有吸烟、酗酒史,男性患者远多于女性患者,男女发病比例为(7~10)∶1。喉部恶性肿瘤中,96%~98%为鳞状细胞癌,其次为腺癌、基底细胞癌、低分化癌,淋巴肉瘤和恶性淋巴瘤等较少见。喉癌可发生于喉内所有区域,根据肿瘤的原发部位及侵及范围,临床分为声门上喉癌、声门型喉癌、声门下喉癌和贯声门癌。其中以声门型喉癌最常见,约占60%;声门上喉癌次之,约为30%;贯声门癌约占10%;声门下喉癌罕见,仅占1%~2%。声门上喉癌根据肿瘤所在部位又可细分为会厌癌、杓状会厌襞癌、室带癌(假声带癌)、喉室癌和杓区癌。

临床表现根据肿瘤分型不同而异。①声门上喉癌早期常无明显症状,或偶有咽部不适和异物感,肿瘤增大后可表面溃烂,引起持续性咽部疼痛,并可出现痰中带血和吞咽困难,肿瘤侵犯声门区可出现声音嘶哑。较多声门上喉癌患者就诊时发现颈部淋巴结转移,少数患者甚至以颈部肿块为首诊主诉。②声门型喉癌患者早期即出现声音嘶哑,起初声音嘶哑较轻,逐渐加重,甚至不能发声,可伴呼吸困难。③声门下喉癌早期无任何症状,由于其位置较隐蔽,喉镜检查容易遗漏,肿瘤增大往上侵犯声带可引起声音嘶哑,较大者可阻塞气道引起呼吸困难。

喉癌依其原发部位不同,淋巴转移率也不一样。由于声门上区血供和淋巴系统极其丰富,较多声门上喉癌患者就诊时发现颈部淋巴结转移,其转移率为30%~50%;声门区淋巴组织不丰富,且声门型喉癌患者得益于早期声音嘶哑症状能够引起医患双方重视,实现了早发现早治疗,故发生淋巴结转移甚少,转移率为0.4%~2%;声门下喉癌淋巴结转移率低于声门上喉癌,约为26%。

【病理基础】

原发性喉恶性肿瘤中以鳞状细胞癌多见。Ferlito等认为早期浸润性喉癌应限于病变穿透基底膜到固有层而未侵及邻近肌肉及软骨组织。多数学者认为,只要未侵及邻近肌肉、软骨,局限在黏膜上皮内和/或固有层内的喉癌都属于早期喉癌范畴。浸润癌是指突破上皮基底膜向深部浸润的癌,约占所有喉癌的95%。

1. 大体病理　根据形态可分为4型。①溃疡浸润型:癌组织稍向黏膜面突起,表面可见向深层浸润的凹陷溃疡,边界多不整齐,界限不清。②菜花型:肿瘤主要外突生长,呈菜花状,边界清楚,一般不形成溃疡。③结节型或包块型:肿瘤表面为不规则隆起或球形隆起,多有完整的被膜,边界较清楚,很少形成溃疡。④混合型:兼有溃疡和菜花型的外观,表面凹凸不平,常有较深的溃疡。

2. 镜下表现　肿瘤以鳞状细胞癌为主。组织学上分为高、中、低分化三种。高分化者,癌组织角化明显,可见细胞间桥;低分化者,癌组织无角化,细胞较小,细胞间桥不明显,核分裂象多见;介于高、低分化之间的为中分化。一般而言,肿瘤越小,分化越好。

【影像学表现】

1. CT表现　能清楚显示喉内外的组织结构和相邻的颈部软组织、血管及淋巴结情况,对肿瘤局部浸润及肿瘤与周围结构的关系评价更为准确。

（1）声门上喉癌（supraglottic carcinoma）：以会厌癌最常见，多数发生于会厌喉面，表现为会厌、会厌披裂皱襞、室带等结构软组织增厚或不规则肿物，边界不清，增强 CT 扫描常为轻、中度强化。较大者常累及会厌前间隙、杓状会厌襞和假声带等。进一步可侵犯声门区、喉外颈部和声门下区等，可伴喉软骨破坏。

CT 主要评价病变的分期。T_1：肿瘤局限在声门上的 1 个亚区（局限于会厌、杓状会厌襞或者室带），声带活动正常。T_2：肿瘤侵犯声门上 1 个以上相邻亚区，侵犯声门区或声门上区以外（如舌根、会厌谷、梨状隐窝内侧壁的黏膜），无喉固定。T_3：肿瘤局限在喉内，有声带固定和/或侵犯任何下述部位，即环后区、会厌前间隙、声门旁间隙和/或甲状软骨内板。T_4：进展期肿瘤，肿瘤侵犯穿过甲状软骨和/或侵犯喉外组织（如气管、包括深部舌外肌在内的颈部软组织、带状肌、甲状腺或食管）。T_4 期肿瘤通常为贯声门肿瘤。

病例 1 女性，62 岁，咽痛 3 个月，吞咽困难 4 日（图 2-8-9）。

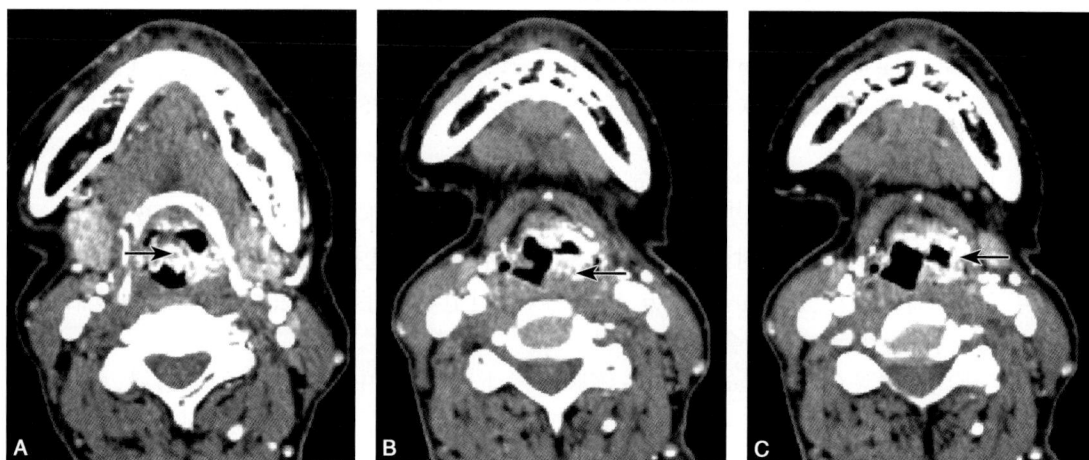

图 2-8-9 喉癌（病例 1）

CT：增强会厌（图 A）、左侧杓状会厌襞及左侧室带不规则增厚，T_2 期（图 B、图 C）。

病例 2 男性，64 岁，声音嘶哑 7 年，咽堵 1 个月（图 2-8-10）。

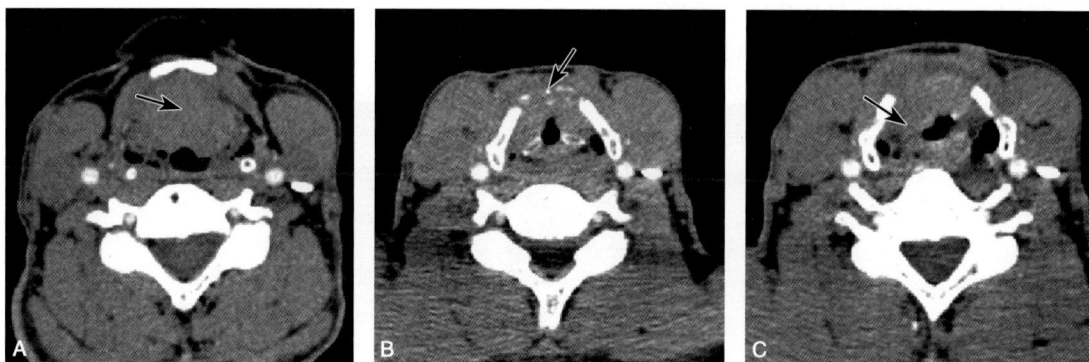

图 2-8-10 喉癌（病例 2）

CT：会厌肿物（图 A）累及双侧室带、甲状软骨板（图 B）及右侧杓状会厌襞（图 C），会厌前间隙变窄（T_4 期）。

病例3　男性,51 岁,咽堵、咽部异物感 1 年(图 2-8-11)。

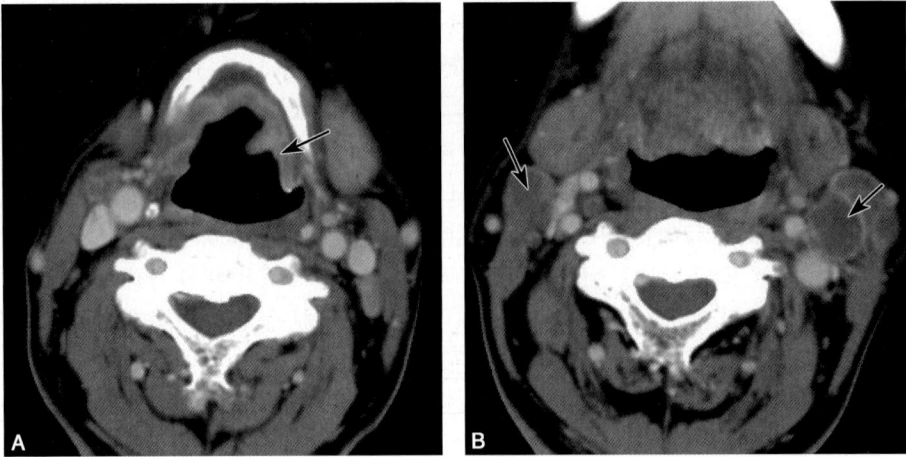

图 2-8-11　喉癌(病例 3)

CT:增强扫描显示会厌增厚,形成软组织肿块,增强明显不均匀强化,会厌前间隙显示清晰
(图 A);双侧Ⅱ区可见多发增大的淋巴结,包膜强化,内部可见坏死(图 B,T_2N_2 期)。

　　声门上喉癌颈部淋巴结转移多见,常位于Ⅱ区和/或Ⅲ区。常有单侧或双侧淋巴结肿大,转移淋巴结表现为淋巴结门消失,边缘强化、内部坏死。包膜外侵犯多见,主要累及颈静脉、胸锁乳突肌。CT 主要评价病变对静脉的侵犯,对于手术方式的选择非常重要。

　　声门上肿瘤,T_1、T_2、T_3 期的手术方式主要以声门上水平半喉切除术,切除范围包括两侧喉室、室带、杓状会厌襞、会厌、会厌前间隙及舌骨。

　　(2) 声门型喉癌(glottic carcinoma):癌肿好发于声带前、中 1/3 交界处的边缘,肿瘤 T_1、T_2 期局限于声带边缘,薄层 CT 扫描多表现为双侧声带不对称,一侧声带前段或前中段增厚突起,或一侧声带全程增厚,密度增高;增强 CT 扫描常为轻、中度强化,表面多不规则,边界不清。仿真内镜显示为声带表面不光滑,呈菜花状,肿瘤局限于黏膜表面,浸润深度小于 2mm。T_3 期肿瘤局限在喉内,但常伴有声带固定和/或侵犯声门旁间隙,和/或甲状软骨内板。T_4 期肿瘤侵犯喉外,侵及软骨或梨状隐窝,或环后区,或皮肤。喉旁间隙受侵 CT 表现为正常脂肪密度被软组织密度病变取代。喉软骨侵犯表现为软骨侵蚀、溶解,亦有软骨硬化表现,髓腔变窄、闭塞消失,或局部骨质连续性中断。

　　病例4　男性,72 岁,声音嘶哑 1 年,加重半年(图 2-8-12)。

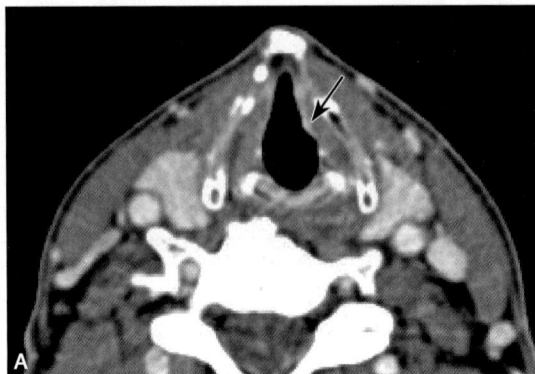

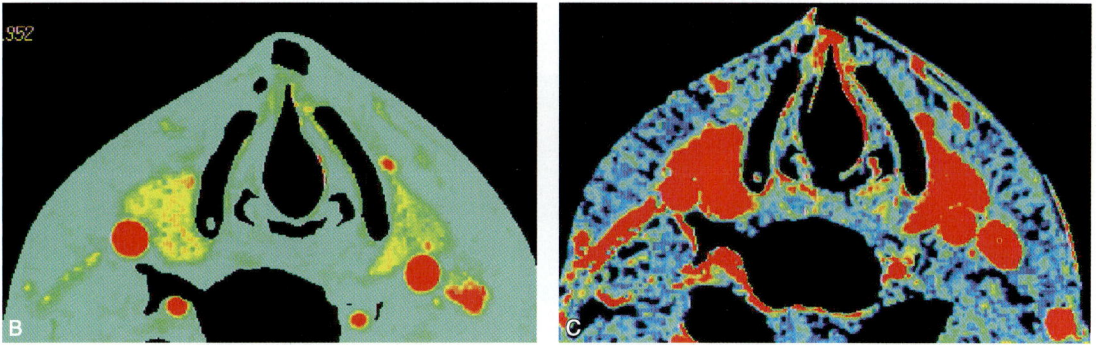

图 2-8-12　喉癌（病例 4）

CT：左侧声带前 2/3 不规则增厚，病变浸润深度小于 3mm，声门旁间隙未见异常，增强扫描呈明显强化（图 A），CT 灌注显示左侧声带黏膜平均通过时间（MTT）略延长，血流量（CBF）升高（图 B、图 C）。病变为 T_1。

病例 5　男性，76 岁，声音嘶哑 4 个月（图 2-8-13）。

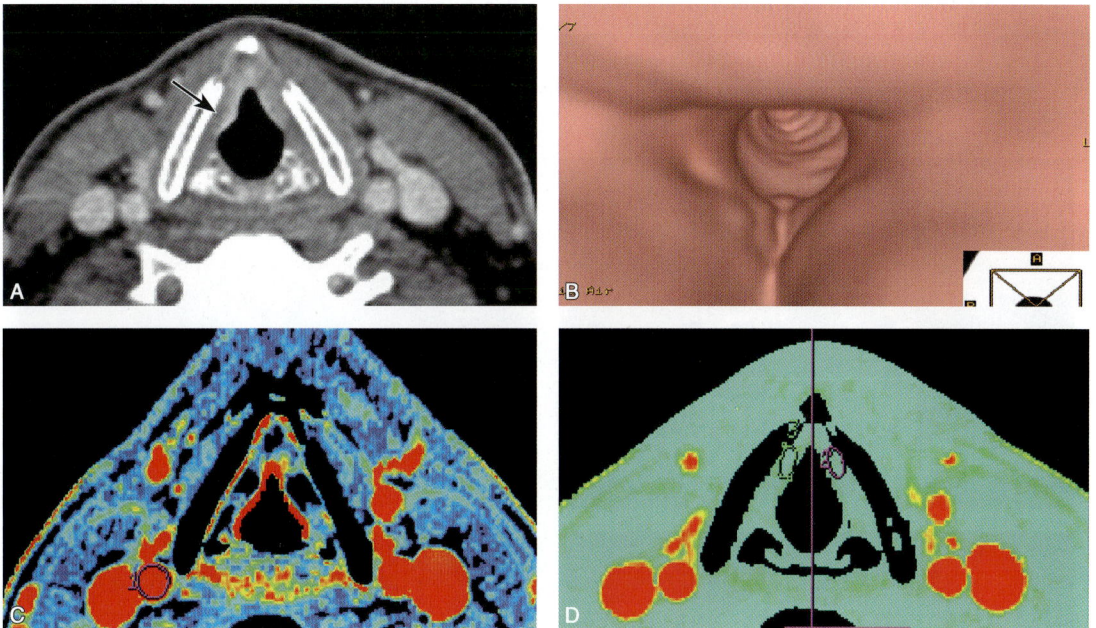

图 2-8-13　喉癌（病例 5）

CT：右侧声带软组织密度结节影，增强扫描呈轻度强化（图 A），仿真内镜显示病变表面不规则，呈菜花状，病变累及右侧声带和室带（图 B），灌注图像显示 CBF（图 C）、MTT（图 D）未见异常。病变为 T_2。

病例 6 男性,79 岁,声音嘶哑 8 个月(图 2-8-14)。

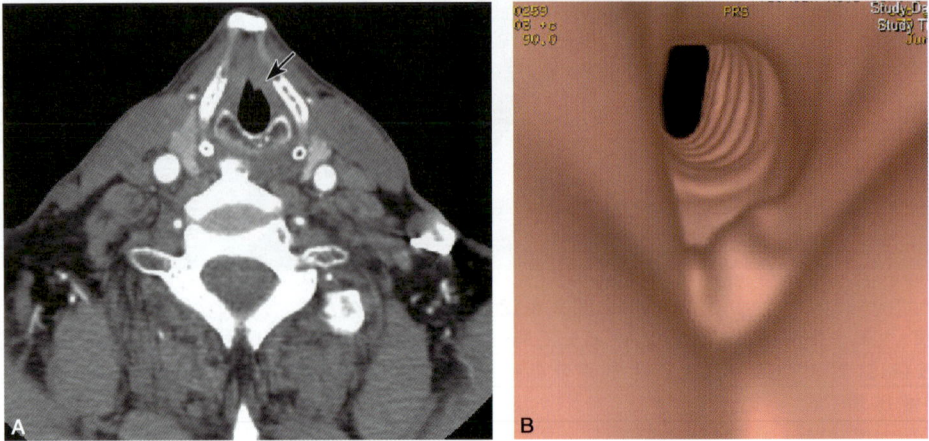

图 2-8-14 喉癌(病例 6)

增强 CT:左侧声带前 1/3 明显增厚,表面形态不规则。前连合亦可见明显增厚(图 A)。CT 仿真内镜显示病变局限于左侧声带,前连合受压右移,未见明显异常,病变表面形态不规则,呈菜花状(图 B)。病变为 T_2。

病例 7 男性,70 岁,声音嘶哑 1 年,加重 5 个月(图 2-8-15)。

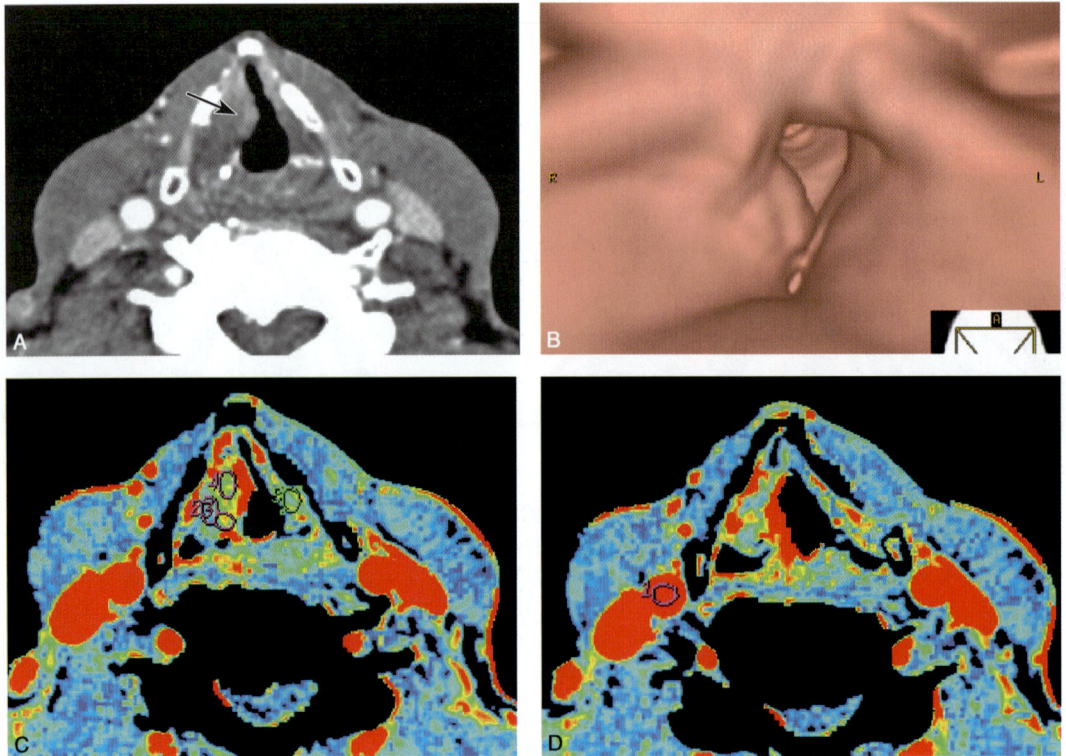

图 2-8-15 喉癌(病例 7)

增强 CT:右侧声带明显增厚,表面形态不规则,增强示明显强化(图 A)。CT 仿真内镜显示病变位于右侧声带,病变表面形态不规则,呈菜花状,右侧喉室消失,室带形态不规则(图 B)。CT 灌注显示 CBF 明显升高(图 C、图 D)。病变为 T_3。

病例 8　男性,58 岁,声音嘶哑 1 年余(图 2-8-16)。

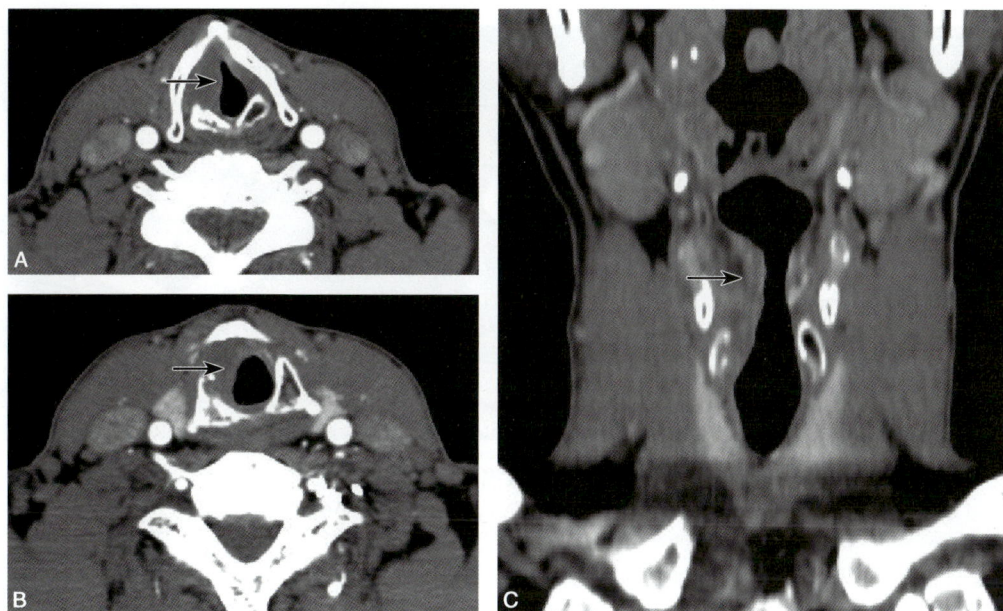

图 2-8-16　喉癌(病例 8)

CT:增强横断面右侧声带(图 A)、环甲膜(图 B)增厚,增强扫描可见强化,增强冠状面(图 C)右侧声带增厚,病变为 T_3 期。

病例 9　58 岁,男性,声音嘶哑 1 年余(图 2-8-17)。

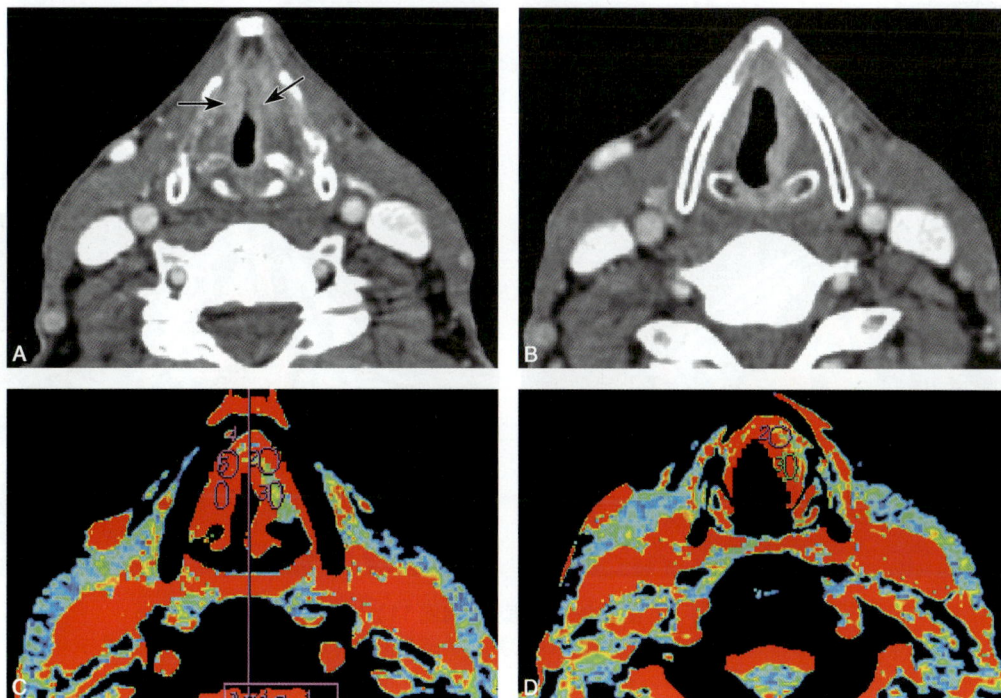

图 2-8-17　喉癌(病例 9)

CT:双侧声带及前连合增厚,增强扫描显示明显强化(图 A、图 B)。CT 灌注显示双侧声带,前连合 CBF升高(图 C、图 D),病变为 T_3。

病例 10 男性,65 岁,声音嘶哑 2 个月余(图 2-8-18)。

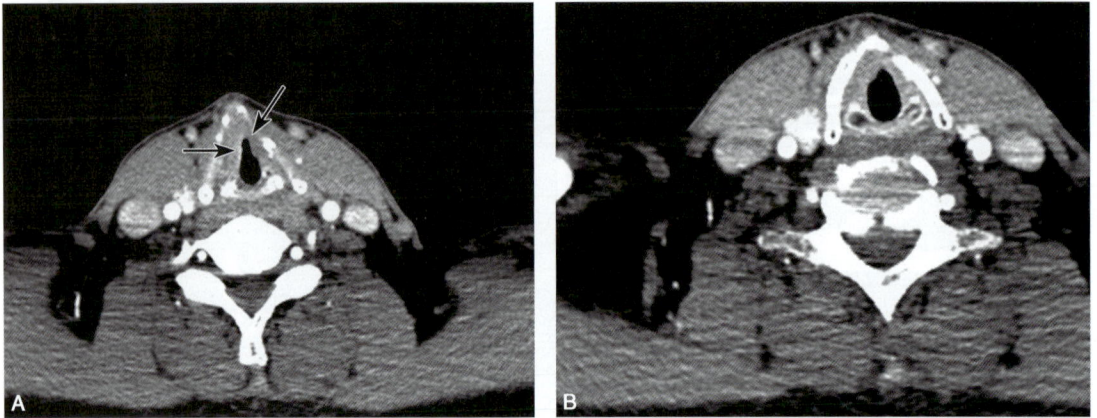

图 2-8-18 喉癌(病例 10)
CT:双侧声带增厚,累及前连合及环甲膜(图 A),双侧声门旁间隙消失(图 B)。病变为 T_3。

病例 11 男性,65 岁,声音嘶哑(图 2-8-19)。

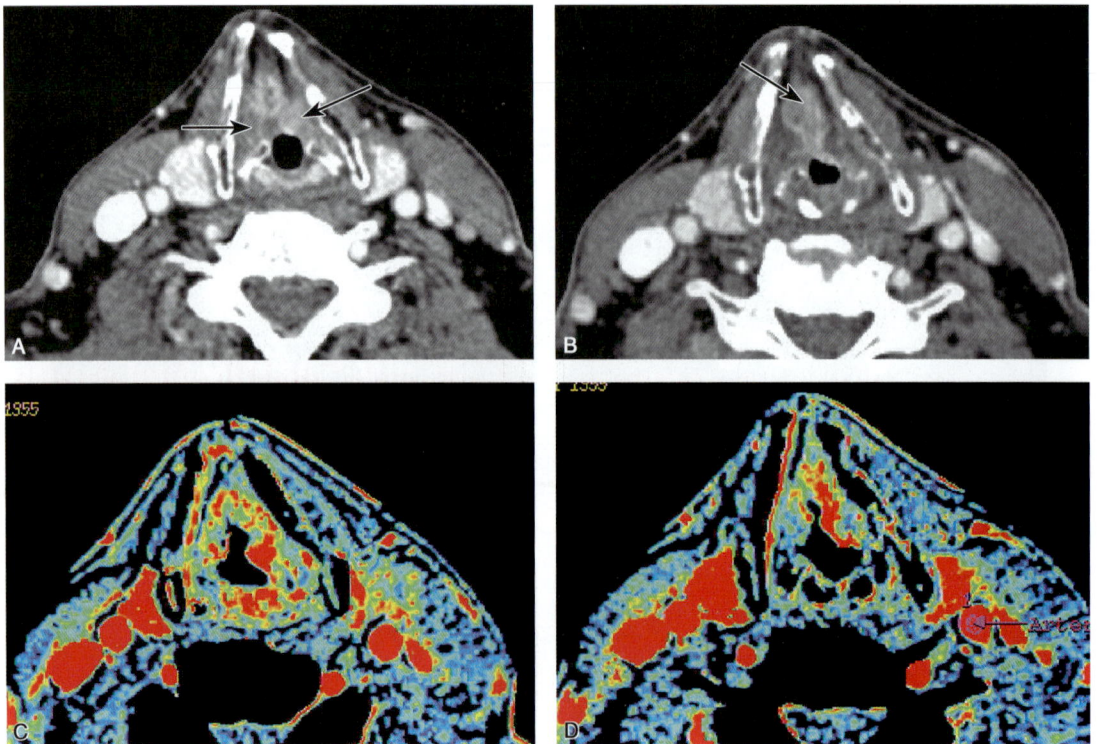

图 2-8-19 喉癌(病例 11)
CT:双侧声带及前连合增厚,增强扫描呈明显强化,声门旁间隙消失(图 A、图 B),CT 灌注显示双侧声带、室带 CBF 明显升高(图 C、图 D)。病变为 T_3。

病例12 男性,74岁,声音嘶哑,吞咽困难(图2-8-20)。

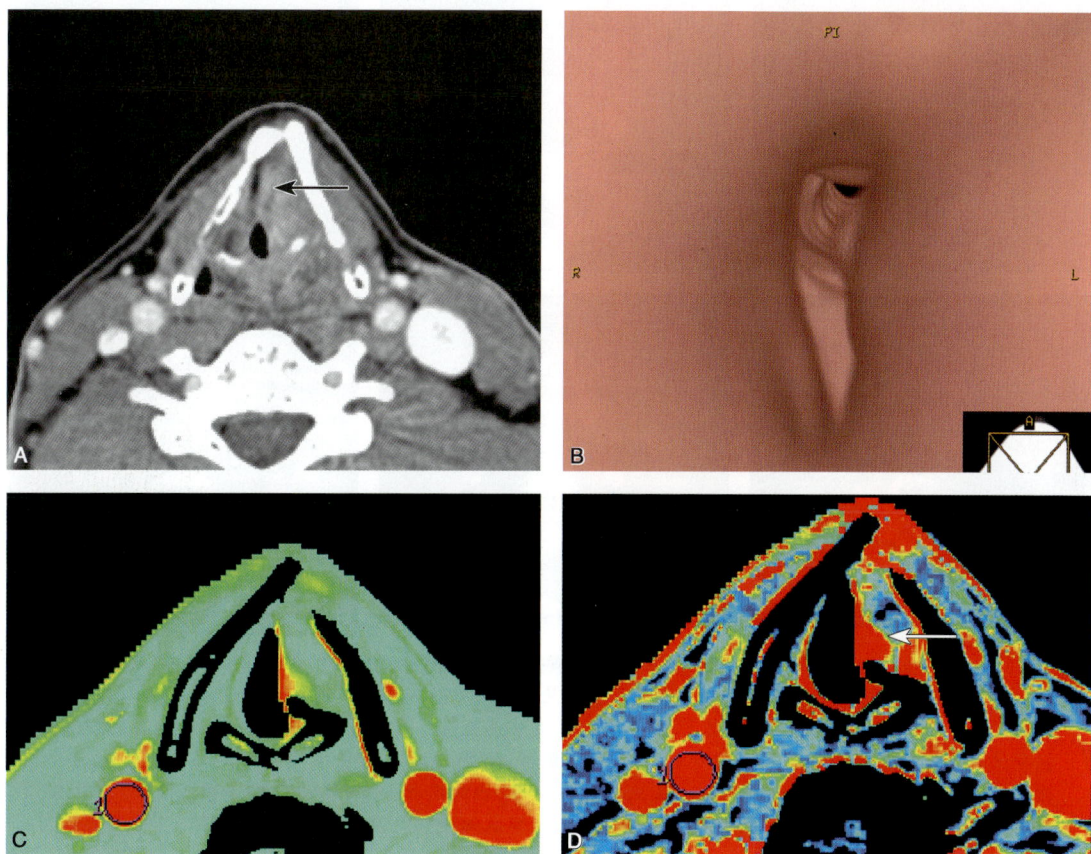

图2-8-20　喉癌(病例12)

CT:左侧声带及前连合增厚,增强扫描呈明显强化,喉室变窄,左侧杓状软骨不规则,密度增高,病变突破甲状软骨,凸向喉外(图A)。CT仿真内镜显示喉腔变窄(图B)。CT灌注显示左侧声带MTT缩短,CBF明显升高(图C,图D,箭头)。病变为T_4。

　声门区淋巴管较少,故肿瘤局限于声门区者一般无颈部淋巴结转移,且在肿瘤累及前连合之前极少发生转移。肿瘤较大累及声门下和声门上区时可发生颈部淋巴结转移,转移部位为颈深淋巴结或喉前、气管前淋巴结,转移淋巴结CT表现与声门上喉癌相似。

　病例13 男性,77岁,咽痛、吞咽痛2个月余(图2-8-21)。

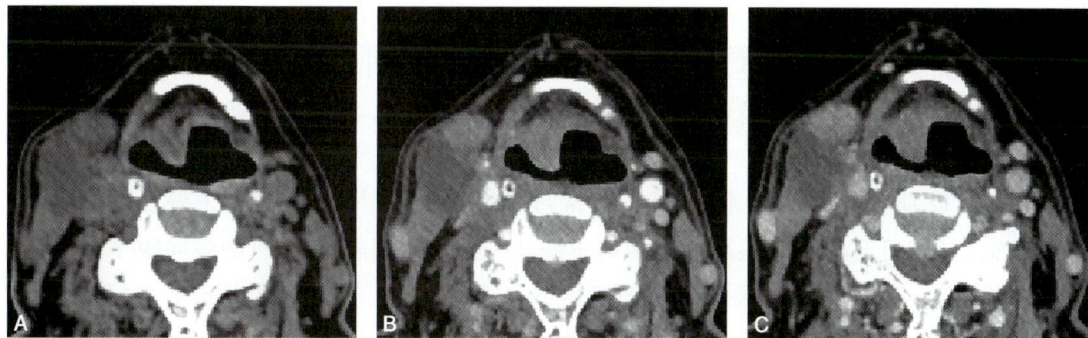

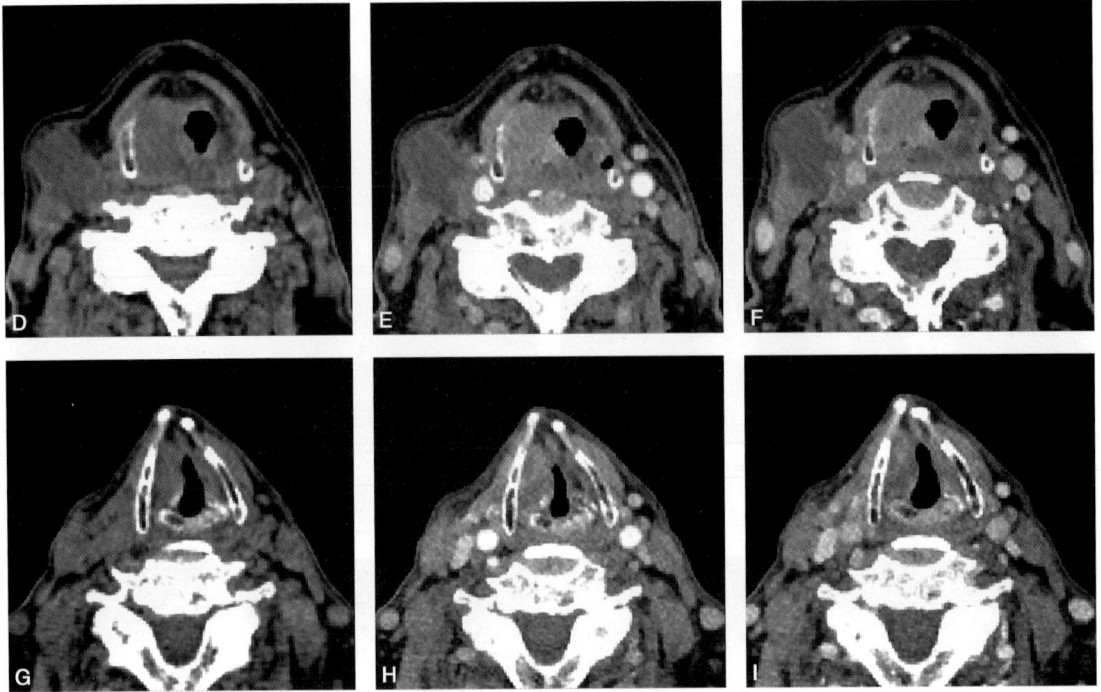

图 2-8-21 喉癌(病例 13)

CT:右侧会厌谷腹侧皱襞可见一肿物影隆起,平扫呈等密度(图 A、图 D、图 G),增强扫描呈明显强化(图 B、图 E、图 H 为动脉期,图 C、图 F、图 I 为静脉期),病变累及右侧室带、右侧声带、前连合、右侧杓状会厌襞、会厌前间隙,咽腔及右侧梨状隐窝受压变窄,增强扫描呈明显强化。右侧颈部 Ⅱ 区可见一肿大淋巴结,大小约 19.7mm×25.3mm,其内密度不均匀,凸向皮外,与胸锁乳突肌边界不清,增强扫描其内可见坏死区。病理回报:(右侧梨状隐窝)乳头状鳞状细胞癌。病变为 $T_4N_3M_0$。

声门区 T_1 肿瘤局限于声带黏膜(可侵犯前连合或后连合),声带活动正常,浸润深度小于 2mm,临床上可采用激光治疗。激光治疗术后 CT 主要表现为声带形态不规则。CT 平扫很难评价病变,需要增强 CT 检查及 CT 仿真内镜。病变复发增强 CT 显示病变明显强化,尤其是静脉期(延迟时间 60 秒)。CT 仿真内镜可辅助评价病变有无复发以及声带的形态。T_2、T_3 肿瘤侵犯至声门上和/或声门下区,和/或声带活动受限,浸润深度大于 2mm,病变累及声门旁间隙达到甲状软骨。临床治疗需要声带切除或垂直半喉切除术。T_4 期肿瘤需要全喉切除术。

(3) 声门下喉癌(subglottic carcinoma):原发于声门下喉癌罕见,其解剖范围为声带上缘以下 1cm 处平面为其上界,下界为环状软骨下缘。此型部位较隐蔽。CT 表现为声门下区环状软骨黏膜的不规则增厚,厚度大于 1mm 提示异常,或出现软组织肿块,边缘不规则,增强后肿瘤常有强化。肿瘤呈环形浸润性生长,可侵犯气管,可伴喉软骨破坏,颈部淋巴结转移概率高。

声门下 T_1 期肿瘤,局限于本区,活动正常;T_1a:肿瘤限于声门下一侧,未侵及声襞下面;T_1b:肿瘤侵及声门下双侧。T_2:肿瘤从声门下侵及一侧或双侧声襞。T_3:肿瘤局限于喉内,一侧或双侧声襞。T_4:肿瘤超越喉外,侵及环后区或气管,或皮肤。声门下肿瘤或者声门上、声门区肿瘤累及声门下区,手术均采用喉全切。

病例 14 男性,84 岁,声音嘶哑 1 年,加重 20 日(图 2-8-22)。

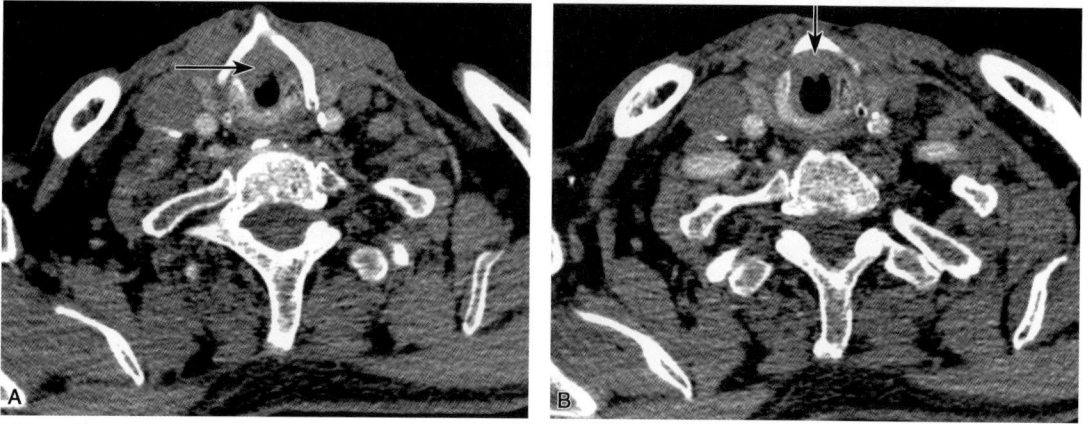

图 2-8-22 喉癌(病例 14)
CT:环甲膜右份(图 A)及前份(图 B)明显增厚,表面不规则,增强检查强化不明显。病变为 T_1。

(4)贯声门癌:多为喉癌的晚期表现,常见于 T_3、T_4 期肿瘤。肿瘤累及声门区、声门上区及声门下区中的两个或两个以上区域,声带和室带多同时受累,伴周围软组织广泛浸润及颈部淋巴结转移。CT 扫描可见肿瘤部位软组织不规则增厚和肿块,以及由此而产生的喉腔形态和功能改变,由于密度相近,无法区分肿瘤与正常肌肉组织,两者均为等密度,表现为边界不清晰、形态不规则的中等密度,较大肿瘤内部可出现坏死、液化的低密度区,周围为水肿区及软组织浸润,增强扫描病变多有不同程度的强化。贯声门癌的手术方式为全喉切除。

病例 15 男性,64 岁,憋气 1 年,发现颈部肿物 6 个月(图 2-8-23)。

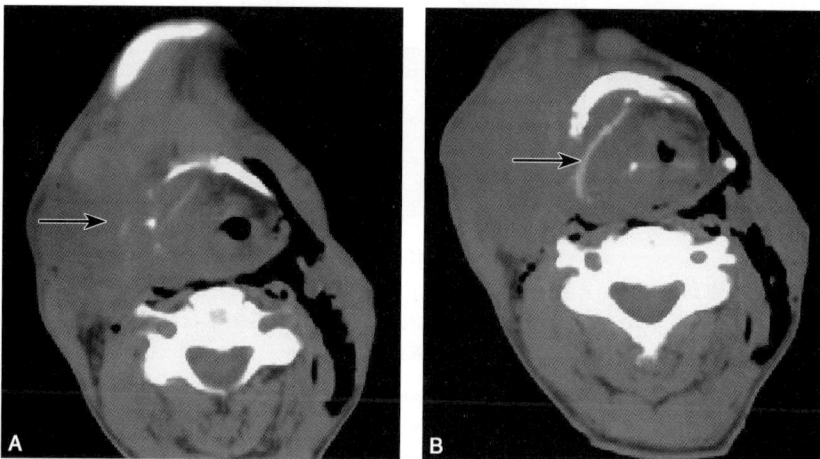

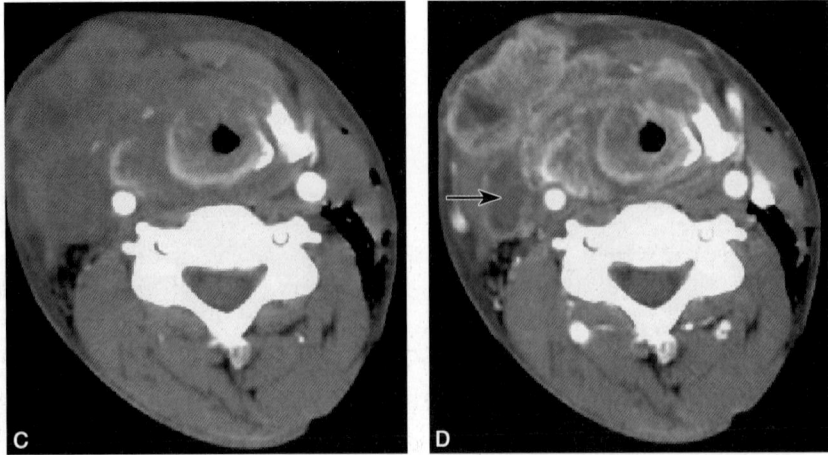

图 2-8-23　喉癌(病例 15)

CT:喉部见广泛软组织肿块影累及声门及声门下区(图 A~图 D),与周围组织界限不清,累及双侧声带、前连合、甲状软骨、环状软骨,肿物可见明显强化(图 C、图 D),伴右侧 Ⅰb 区肿大淋巴结影,其内可见低密度液化坏死。贯声门癌伴右侧颈部淋巴结转移,包绕右侧颈动脉。

病例 16　男性,71 岁,憋气 1 年余(图 2-8-24)。

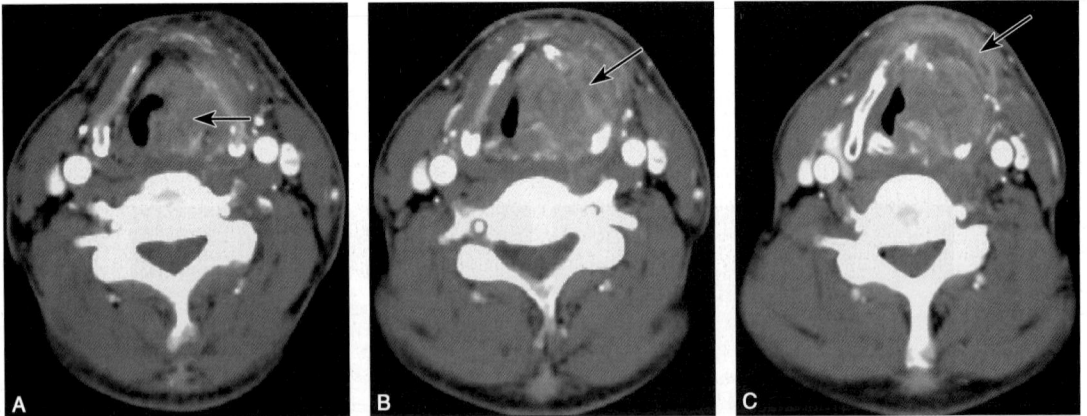

图 2-8-24　喉癌(病例 16)

CT:喉部见广泛软组织肿块影,呈明显强化,左侧声带、前连合、杓状会厌襞广泛增厚呈软组织肿块(图 A~图 C),增强明显不均匀强化,左侧声门旁间隙消失,侵犯左侧甲状软骨板及左侧皮下软组织(图 B、图 C),病变与周围组织边界不清,喉腔受压右移。

2. MRI 表现　MRI 可多方位扫描,软组织对比度好,能明确显示肿瘤的范围及侵及深度,为喉癌极有价值的检查方法。但由于喉部运动伪影的因素,MRI 检查在喉部的应用不如 CT 普遍。

喉癌的 MRI 表现:T_1WI 肿瘤表现为与肌肉相似的等或略低信号,坏死区信号更低;T_2WI 肿瘤为稍高信号,内部有坏死区的组织信号更高,增强后肿瘤呈不同程度的强化。MRI 多平面成像可清楚显示各型喉癌的范围及侵犯情况,不需增强即可发现颈部增大的转移淋巴结。

(1)声门上喉癌:常表现为会厌、会厌披裂皱襞、室带等结构软组织增厚或肿物。MRI 表现为 T_1WI 低信号,T_2WI 中等信号,增强后有不同程度强化;肿物较大累及会厌前间隙、喉旁间隙等重要结构时,T_1WI 表现为正常的高信号脂肪组织为中等信号的肿瘤组织所取代;喉软骨受侵累及时,MRI 的 T_1WI 为低信号,T_2WI 为中高信号,脂肪抑制增强 MRI 有助于早期软骨受侵的显示。

病例 17　男性,59 岁,咽部疼痛 2 个月(图 2-8-25)。

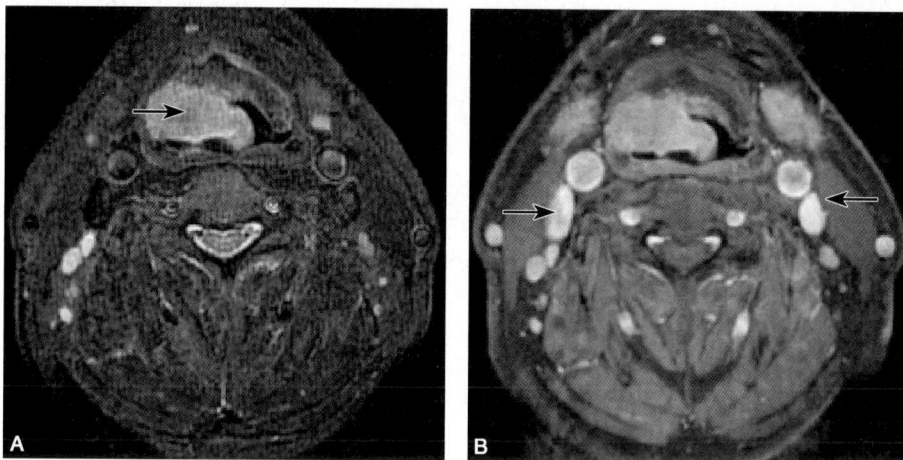

图 2-8-25　喉癌(病例 17)

MRI:右侧杓状会厌襞可见不规则肿块样异常信号影,突入喉腔,T_2 脂肪抑制像呈明显高信号(图 A),增强扫描呈明显强化(图 B),伴双侧颈部 II 区淋巴结转移。病理:声门上区(杓状会厌襞)癌。病变为 T_1N_2。

病例 18　男性,69 岁,咽部肿物(图 2-8-26)。

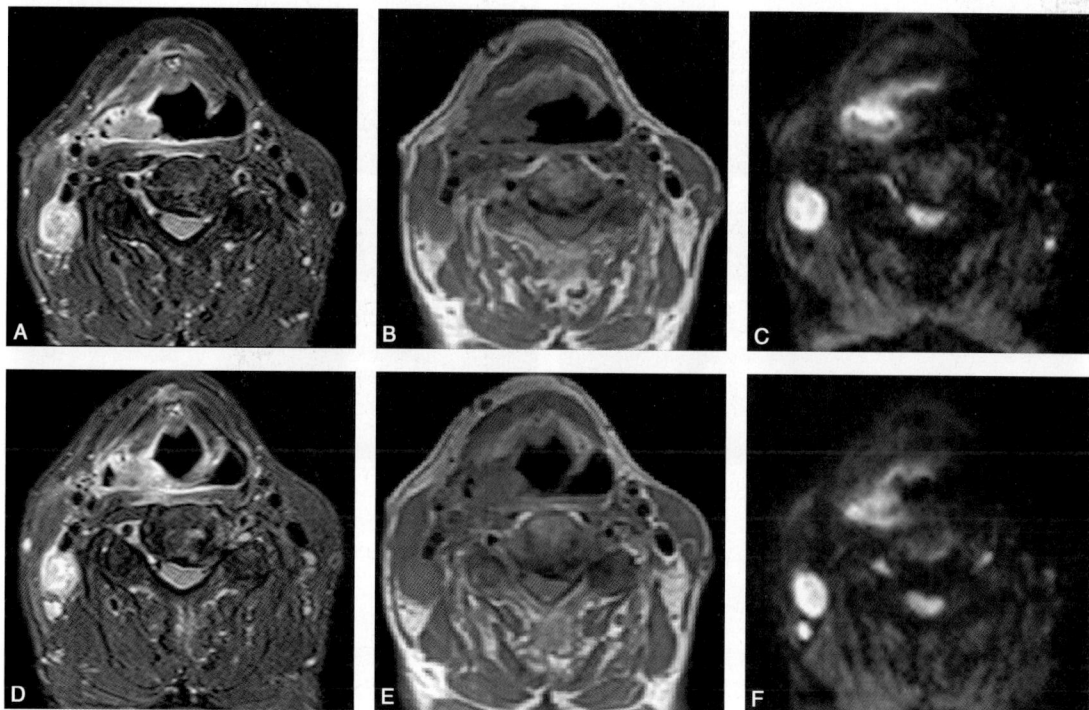

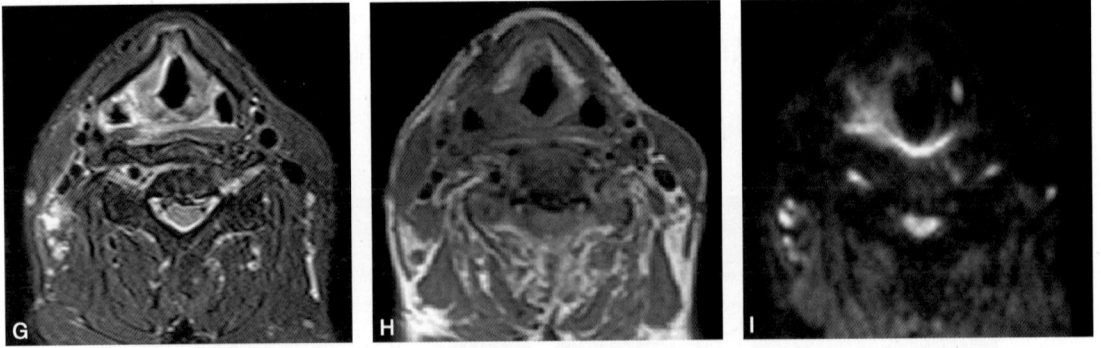

图 2-8-26　喉癌（病例 18）

MRI：右侧杓状会厌襞可见不规则肿块样异常信号影，累及右侧舌根、口咽右侧壁、右侧室带上缘后 1/3、喉前庭前壁、喉咽右后壁、咽后间隙、右侧梨状隐窝、右侧咽旁间隙，T_2 脂肪抑制像呈明显高信号（图 A、图 D、图 G），T_1 像呈等信号（图 B、图 E、图 H）伴颈部右侧 Ⅱ 区、双侧 Ⅲ 区多发淋巴结转移（图 C、图 F、图 I）。病理：声门上喉癌。病变为 T_3N_{2a}。

（2）声门型喉癌：癌肿早期局限于声带边缘，仅见双侧声带不对称，一侧声带毛糙、增厚或局限性的软组织结节影，MRI 表现为 T_1WI 低信号，T_2WI 中等信号，增强后不同程度强化。肿瘤累及周围结构时，也表现为 T_1WI 正常高信号的脂肪为中等信号的肿瘤组织取代。喉软骨累及时，T_1WI 变为低信号，T_2WI 变为高信号。

病例 19　男性，63 岁，出现持续声音嘶哑 2 个月余（图 2-8-27）。

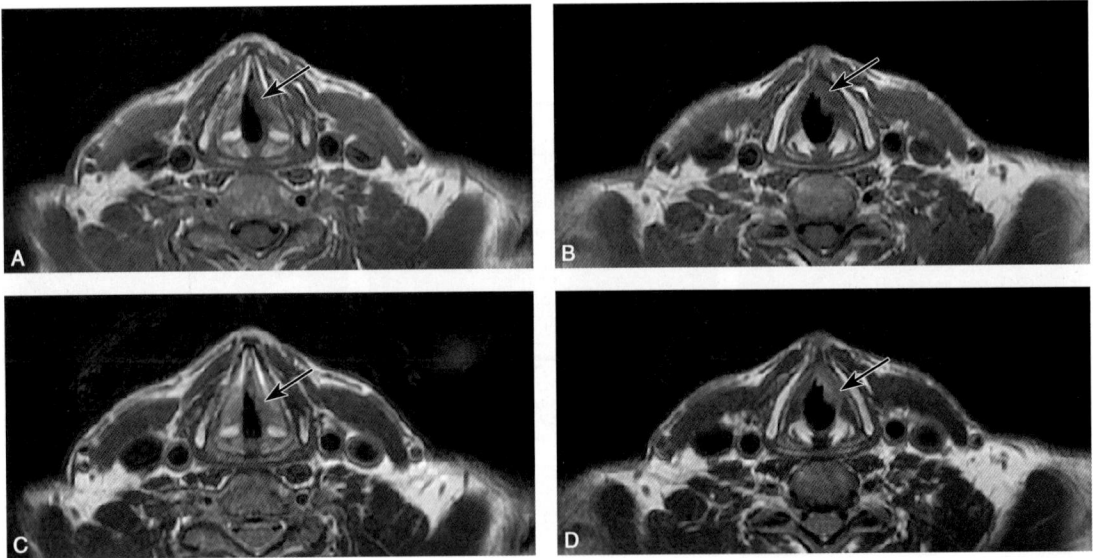

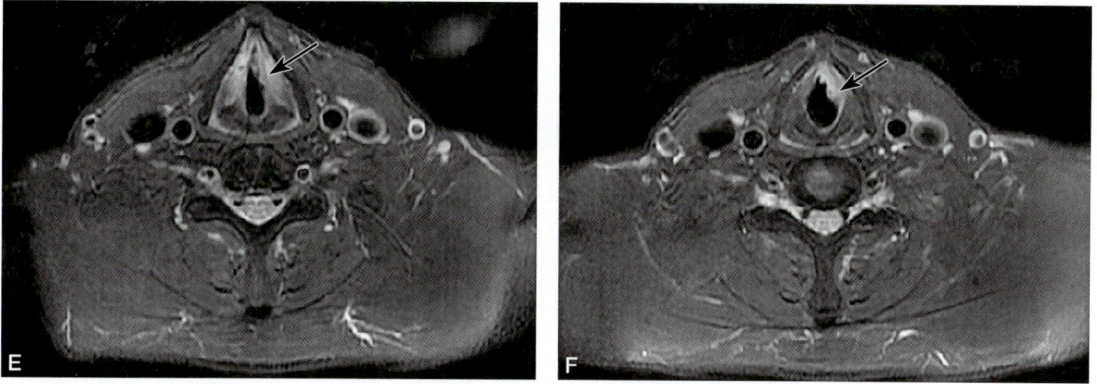

图 2-8-27　喉癌(病例 19)

MRI：左侧声带前 1/2 可见不规则肿物样异常信号影，前连合增厚，T_1WI 呈低信号(图 A、图 B)，T_2WI 呈稍高信号(图 C、图 D)，T_2 脂肪抑制像呈明显高信号(图 E、图 F)。病变为 T_2。

病例 20　男性，49 岁，持续声音嘶哑 3 个月(图 2-8-28)。

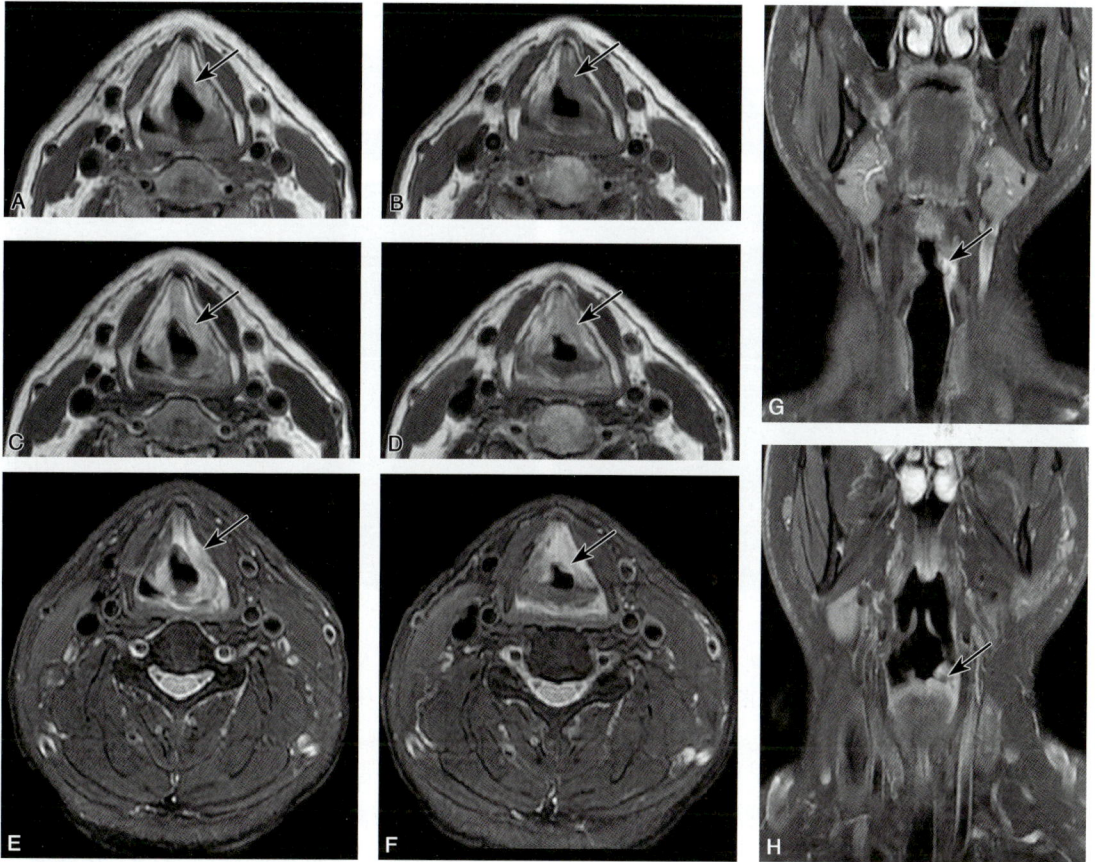

图 2-8-28　喉癌(病例 20)

MRI：左侧声带前份不规则增厚，T_1WI 呈低信号(图 A、图 B)，T_2WI 呈稍高信号(图 C、图 D)，脂肪抑制像呈明显高信号(图 E~图 H)。病变为 T_3。

病例21　男性,62岁,持续声音嘶哑半年(图2-8-29)。

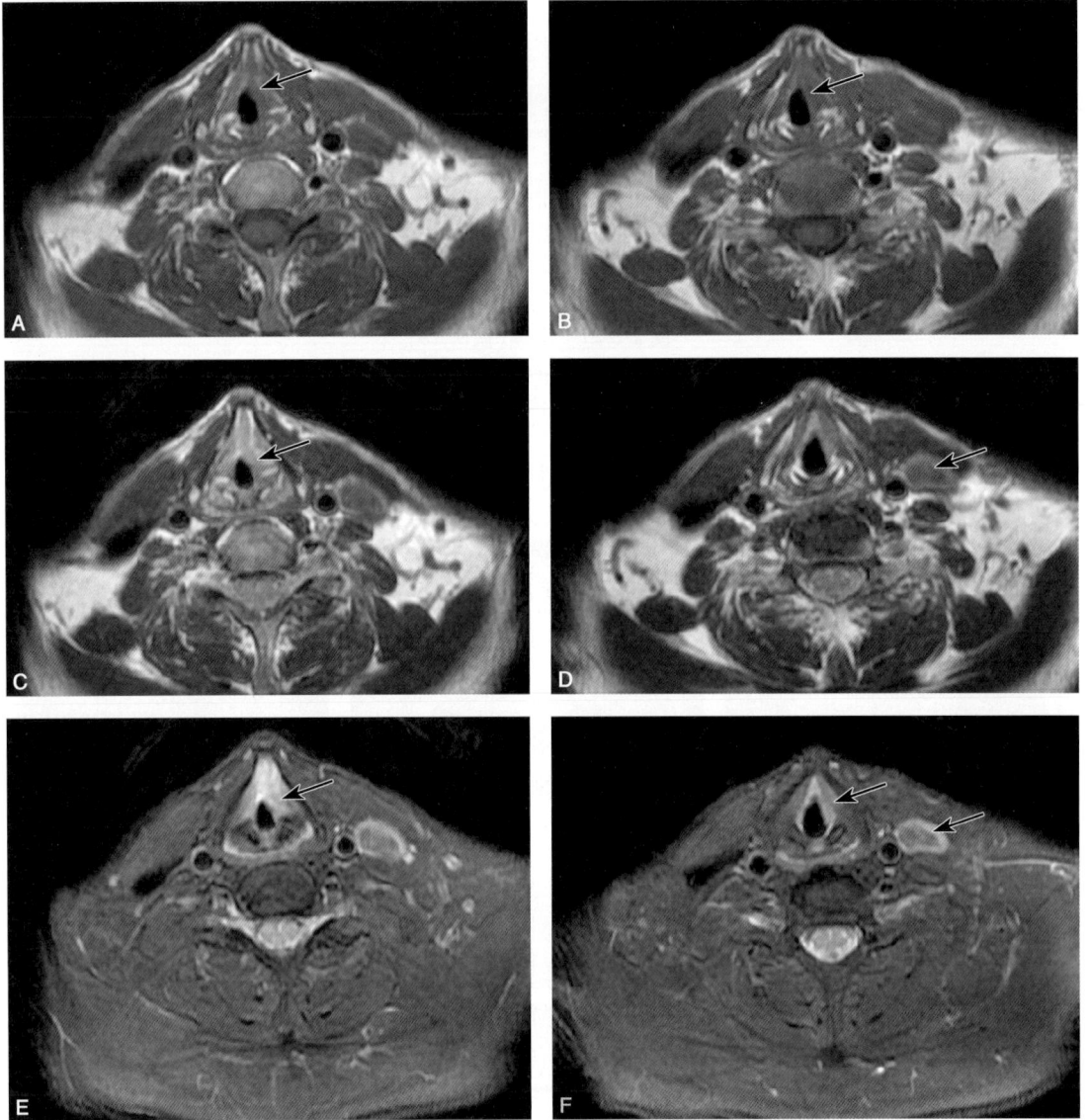

图2-8-29　喉癌(病例21)

MRI:左侧声带增厚、僵直,右侧声带前端稍隆起,T_1WI呈低信号(图A、图B),T_2WI呈稍高信号(图C、图D),脂肪抑制像呈高信号(图E、图F),伴左侧颈部Ⅱ区淋巴结转移。病变为T_3N_1。

(3)声门下喉癌:肿瘤早期可见黏膜增厚,MRI可见环甲膜增厚,毛糙不平,有强化;中晚期呈现黏膜下软组织团块,管壁增厚,管腔狭窄,常见软骨破坏及肿瘤向腔外扩散。癌肿呈T_1WI低信号,T_2WI中高信号,增强后有不同程度强化。肿物侵犯周围间隙时,T_1WI表现为正常高信号的脂肪为中等信号的肿瘤所取代。本型病变更容易累及喉软骨,常可见软骨破坏和肿瘤向腔外扩散累及。喉软骨受侵T_1WI为低信号,T_2WI为中高信号,使用脂肪抑制技术的增强MRI扫描有助于发现早期软骨受侵。

3. 喉癌的淋巴结转移评估　CT、MRI诊断头颈部淋巴结转移的标准目前尚未有统一认识,多数学者比较认可 Vanden Brekel MW 等提出的标准:淋巴结最短径≥10~11mm,或 3 个及以上最短径≥8mm 的淋巴结簇集,或出现中心坏死、包膜外侵。一般认为鳞状细胞癌颈部淋巴结转移以最小径≥8mm 为合适。转移淋巴结典型特征是外形呈类圆形、边缘不完整、模糊、周围脂肪间隙消失等。增强 CT 扫描时皮质显示为不规则强化,内部坏死。CT 或 MRI 矢状面、冠状面重建图像有利于显示多发成簇或串珠状分布的淋巴结特征,这对于在径线增大不明确的情况下判断淋巴结转移非常有帮助。喉癌的淋巴结分期(2017 年国际):

N_x:不能评估有无淋巴结转移。N_0:无区域淋巴结转移。N_1:同侧单个淋巴结转移,最大直径≤3cm,无包膜外侵犯。N_{2a}:同侧或对侧单个淋巴结转移,最大直径≤3cm,无包膜外侵犯;同侧单个淋巴结转移,最大直径≥3cm 并≤6cm,无包膜外侵犯。N_{2b}:同侧多个淋巴结转移,最大直径≤6cm,无包膜外侵犯。N_{2c}:同侧或双侧多个淋巴结转移,最大直径≤6cm,无包膜外侵犯。N_{3a}:淋巴结转移,最大直径>6cm 无包膜外侵犯;N_{3b}:同侧单个淋巴结转移,最大径>3cm,有包膜外侵犯;或同侧多个淋巴结,对侧或双侧淋巴结转移,有包膜外侵犯。

【诊断思路与诊断要点】

喉癌的定性诊断并不困难。影像学检查的价值在于确定肿瘤的范围(声门上、声门或声门下)、与周围重要结构的关系及评价有无颈部淋巴结转移和喉部软骨受侵。对声门型喉癌的影像学评价最重要的是评价肿瘤的下缘,如果肿瘤达到环状软骨的上缘,只能行全喉切除。声带固定提示甲杓肌受侵或因肿瘤涉及杓状软骨、环状软骨或环杓关节。环状软骨和甲状软骨受侵放疗效果差。

诊断要点

(1)声门上喉癌可见会厌、会厌披裂皱襞或室带等结构软组织增厚或肿物,增强 CT 扫描常为轻中度强化;MRI 表现为 T_1WI 低信号、T_2WI 中等信号,增强后有不同程度强化。早期声门型喉癌局限于声带边缘,薄层 CT 扫描显示为一侧声带局部增厚,增强 CT 扫描常为轻中度强化。声门下喉癌表现为声门下区环状软骨黏膜的不规则增厚或出现软组织肿块,边界不清,增强后肿瘤常有强化;肿瘤早期 MRI 可见黏膜增厚,毛糙不平,中晚期呈现黏膜下软组织团块,管壁增厚,管腔狭窄,癌肿呈 T_1WI 低信号,T_2WI 中高信号,增强后有不同程度强化。

(2)声门型喉癌肿瘤可侵及前连合,CT 显示该部软组织厚度超过 3mm 提示受累。

(3)肿瘤较大时侵犯会厌前间隙、喉旁间隙,CT 表现为正常脂肪组织密度被软组织密度病变所取代,MRI 的 T_1WI 表现为正常高信号的脂肪为中等信号的肿瘤所取代。

(4)喉软骨受侵,CT 常表现为软骨侵蚀、溶解,亦可有软骨硬化表现。软骨广泛性溶解、破坏及肿瘤组织穿透软骨侵及软骨外侧为软骨受侵的可靠征象。MRI 表现为 T_1WI 低信号,T_2WI 中高信号。

(5)颈部淋巴结转移,常为单侧或双侧淋巴结肿大。淋巴结转移率:声门上喉癌>声门下喉癌>声门型喉癌。转移淋巴结表现为边缘强化、内部坏死,包膜外侵犯多见。

对于喉癌影像学评估中,重要的是进行喉癌的 TNM 分期,为手术方式的选择和评估患者的预后提供帮助。

十、喉软骨肉瘤

【简介】

喉软骨肉瘤(laryngeal chondrosarcoma)少见,占头颈部恶性肿瘤的比例为 0.07%~0.2%,

占所有喉部肿瘤的比例为1%,是喉部最常见的非上皮源性恶性肿瘤。多发于老年男性,发病年龄为50~70岁,男女比例(3~4)∶1。喉软骨肉瘤几乎都发生于透明软骨而未见于弹性软骨,70%~75%起源于环状软骨,通常为环状软骨后板,15%~20%起源于甲状软骨,也可见于杓状软骨和会厌。

喉软骨肉瘤确切的病因不明,为大多数所接受的是喉软骨的骨化异常,可能与多能干细胞有关,后者导致软骨肉瘤的发生。而发生于软骨瘤的机械性创伤及缺血性改变可能是恶性转化或侵袭性生物学行为改变的前发事件。临床早期不易发现,当肿瘤长至较大,引起气管、食管阻塞,导致声音嘶哑、呼吸困难和吞咽困难,甚至出现颈部肿块时才发现。

喉软骨肉瘤是一种缓慢发展的肿瘤,远处转移发生率<3%,手术切除是最有价值的治疗方法,放疗和化疗的治疗价值不大,无远处转移的软骨肉瘤预后很好。低度恶性肿瘤适于保留功能性手术,即使在环状软骨肿瘤中,当肿瘤未侵过中线时,通过喉切开的功能性手术仍是可行的。喉全切术适用于少量高度恶性及去分化型的、较大的或复发性软骨肉瘤。喉软骨肉瘤治疗恰当则预后良好,五年生存率可达90%以上。肿瘤的复发率为18%~40%。复发取决于肿瘤分级及手术彻底程度。目前认为软骨肉瘤的大小并不影响肿瘤的复发率或长期预后,术后复发也不影响患者生存率。喉镜可见肿瘤表面光滑,有光泽,不同于喉癌的"菜花状"改变。

【病理基础】

喉软骨肉瘤虽然总体罕见,但在喉部恶性间叶组织肿瘤中较常见,来源于喉部软骨组织。绝大多数为低级别或中级别的肿瘤,各区域可有不同改变。因低度恶性软骨肉瘤本身与软骨瘤差异很微小,喉镜下所取活检标本常因标本量太少而难以诊断。有时也会因为肿瘤组织坚硬,活检取材不便,最终多靠手术标本诊断。鉴于肿瘤标本常经过脱钙处理,病理观察必须仔细观察细胞及核的形态,是诊断的基本要点。

1. **大体病理** 肿块体积较大,分叶状,使原发部位膨胀变形,切面质硬,半透明,灰白、灰绿色,有沙粒样钙化。如果出现黏液样变化,则位于呈特征性的软的、有囊腔或胶状区域。去分化软骨肉瘤有鱼肉样区域,类似高分化肉瘤。

2. **镜下表现** 软骨肉瘤在低倍镜下为分叶状肿瘤,边缘挤压周围软组织。肿瘤小叶主要由不典型的软骨细胞和瘤细胞产生的丰富的蓝-灰色软骨基质构成,瘤细胞成群分布,每群细胞大小数量不等(称簇状紊乱);小叶的外缘呈浸润性生长并侵及邻近软组织,或骨化软骨的髓腔。与其他部位的软骨肉瘤相比,喉软骨肉瘤化生骨形成和钙化常见,但黏液样变性不常见。免疫组化染色:S-100蛋白强阳性,vimentin呈灶状阳性。

【影像学表现】

1. **CT表现** CT为首选检查方法。CT可清晰地显示喉部软骨类肿瘤的形态特征、内部结构及与周围组织器官的关系,表现为环状软骨、甲状软骨或杓状软骨、会厌区形态不规则的团块影,密度多不均匀,可见环形、粗条索状、斑点状或斑片状软骨样钙化影,以及钙化样高密度影。增强CT病变呈明显强化。

2. **MRI表现** 环状软骨、甲状软骨或杓状软骨、会厌区异常信号影,形态不规则;T_1WI呈低信号,T_2WI显示很高信号(相对于透明软骨),DWI呈高信号,瘤体内信号不均匀,部分可见钙化低信号影。增强扫描呈明显强化。

【典型病例展示】

病例 男性,49 岁,发现颈部包块 1 个月,部分切除术后 20 日(图 2-8-30)。

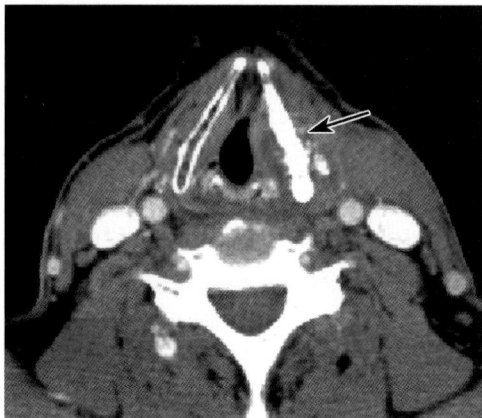

图 2-8-30 喉软骨肉瘤
CT:左侧甲状软骨可见不规则骨质破坏,周围可见软组织肿块影伴其内斑点状钙化。

【诊断思路与诊断要点】

喉软骨肉瘤呈不均匀膨胀性生长伴骨皮质破坏,钙化为其特征性征象,瘤区内见环状钙化及夹杂软组织密度影。

CT 表现:一般可见特征性"爆米花"样粗糙点状钙化以及软骨和/或骨的破坏。

MRI 表现:病变呈 T_2WI 明显高信号。

十一、喉横纹肌肉瘤

【简介】

喉部恶性肿瘤以鳞状细胞癌为主,肉瘤较为罕见,占 0.5%~1%,其病理学可分为纤维肉瘤、恶性纤维细胞瘤、淋巴瘤、网织细胞肉瘤、横纹肌肉瘤和浆细胞肉瘤等。喉横纹肌肉瘤(laryngeal rhabdomyosarcoma)又是最少见的一类。横纹肌肉瘤起源于横纹肌细胞或具有横纹肌分化潜能的间叶细胞,分为胚胎性、腺泡性和多形性,胚胎性最常见。胚胎性好发于头颈部,腺泡性和多形性多发生于泌尿生殖系统及四肢。

起源于头颈部的横纹肌肉瘤占全身 40%,根据其发生部位可以分为 3 个区域:眼眶区域、脑膜旁区域以及非脑膜旁区域。非脑膜旁的横纹肌肉瘤可以发生在喉部,喉横纹肌肉瘤只占头颈部横纹肌肉瘤的 3%,以儿童常见,成人非常少见。成人喉横纹肌肉瘤最常发生于声带及声门上区。患者缺乏常见肿瘤致病因素的病史,如放射线及化学致癌物的暴露和吸烟等。已有研究表明染色体重排、遗传缺陷以及编码细胞黏附、细胞骨架、转录和控制细胞周期的基因异常可能参与横纹肌肉瘤的发生。

喉横纹肌肉瘤临床表现与其他喉部恶性肿瘤类似,可出现声音嘶哑、咽喉部异物感等,体格检查通常可见到声带或声门上区表面黏膜光滑的结节样或不规则肿物。颈淋巴结转移、远处转移较少发生,一般不形成溃疡。手术是治疗喉横纹肌肉瘤的重要手段,对于儿童患者,由于化疗效果较好,一般采用器官功能保存性手术或仅行病理活检术。对于成人患者,主张手术治疗彻底切除肿瘤后辅助化疗和/或放疗。成人横纹肌肉瘤患者预后较儿童差,五年生存率35%～40%。预后好的因素包括:年龄<20岁、肿瘤最大径<5cm、没有淋巴结及远处转移、彻底切除肿瘤且切缘阴性。胚胎性横纹肌肉瘤预后较好,而多形性横纹肌肉瘤预后较差。

【病理基础】

1. 大体病理 肿瘤亚型不同,其外观亦不同。常常以胚胎性和腺泡性为主。胚胎性:肿块边界不清,质地坚实或软,切面呈灰白或灰红色,胶冻样、黏冻样或鱼肉样,常常伴有出血、坏死及囊性变。腺泡性:边界不清,常浸润至周围软组织,平均直径7cm,切面灰白或灰红色,质地坚韧或硬,肿瘤较大者可见出血和坏死。

2. 镜下表现 胚胎性横纹肌肉瘤由各种不同分化阶段的横纹肌细胞组成,分化较为原始的细胞为星状细胞和小圆形细胞(胚基间叶细胞),核呈圆形、卵圆形,核深染,核分裂象易见,胞质稀少,与未分化的原始间叶细胞相似,当瘤细胞逐渐向成熟方向分化时,胞质增多,因肌原纤维聚集而呈深嗜伊红色,瘤细胞从形态上也由星状和小圆形细胞演变为大圆形、梭状、蝌蚪状、网球拍样或带状等各种形态的横纹肌母细胞。与胚胎性横纹肌肉瘤不同的是,在腺泡性横纹肌肉瘤中可见散在的核位于胞质周边排列、胞质淡染或弱嗜伊红染的多核性瘤巨细胞。免疫组化染色检查肌肉特异性肌动蛋白(+),结蛋白(+),肌调节蛋白(+),肌红蛋白(+),肌细胞生成素(+),不表达上皮性抗原。儿童患者的瘤细胞常呈葡萄状,故称葡萄状横纹肌肉瘤。

【影像学表现】

1. CT表现 平扫可见声带及声门上区较均匀的软组织密度肿块,接近肌肉密度,富含黏液成分时可低于肌肉密度。可见分叶征象和多结节融合,部分边界清晰,部分呈浸润性改变,较少出现钙化、出血。增强扫描呈明显均匀或不均匀强化,强化程度高于肌肉而低于邻近血管,呈明显延时增强,较大的肿瘤内可见多发点状、条状异常血管影像(周血管现象),转移淋巴结同样具备此征象。环形致密带:多见于病变较小的结节状软组织密度影,可见中心略低密度(黏液),周围呈环形致密带,增强CT呈厚环形致密强化(环形致密带对应病理的形成层)。多结节融合:肿块可见分叶、多结节融合征象(说明病变具备多中心生长的特点,具有较强侵袭性)。

2. MRI表现 T_2WI上肿块多表现为均匀或不均匀等、高信号,T_1WI呈均匀或不均匀低信号,部分病灶内T_1WI可见斑片状高信号(非出血,而是黏液蛋白)。

【诊断思路与诊断要点】

影像学检查主要明确肿瘤大小和侵及范围,诊断依靠病理免疫组化染色结果。横纹肌肉瘤的影像学特点:肿瘤生长迅速,有明显的侵袭性,为高度恶性,边界欠清,邻近骨质可呈浸润性骨质破坏;极易复发和远处转移,主要为骨和淋巴结转移,其次为远隔器官转移,肺为主要转移脏器。

CT表现:声带及声门上区软组织肿块,密度均匀,可见分叶征象和多结节融合,边界清晰或呈浸润性改变,较少出现钙化、出血。增强扫描呈明显均匀或不均匀强化。

MRI表现:T_2WI显示病变为均匀或不均匀等高信号,T_1WI显示为均匀或不均匀低信号,DWI呈高信号。

第九节　喉部常见手术及放疗后影像

喉部需要手术、放疗的最常见疾病是喉癌。本节着重阐述喉癌常见手术后、放疗后影像学表现。喉癌的治疗方式包括激光、手术、放疗、化疗、生物免疫疗法及各种方式的综合治疗。其中手术或加放化疗是最主要的治疗方式。喉癌治疗后影像学检查目的是评估治疗效果,近期检查主要了解手术切除是否彻底、肿瘤有无残留、手术及放疗的并发症情况,远期检查目的是了解肿瘤有无复发、转移等。喉癌术后放疗后喉部结构发生了改变,治疗后影像学检查需详细了解患者治疗经过、手术方式,包括详细的切除结构及切除范围、放疗剂量及疗程,以帮助判别术后改变与并发症,肿瘤局部残留或复发等异常改变。

喉癌手术后、放疗后的常用的影像学检查方法仍然是以 CT 和 MRI 检查为主,常规平扫及增强扫描,扫描条件与治疗前相同,以便治疗前后片进行对照。普通的颈部 X 线正侧位由于结构重叠,不能显示喉部细微解剖结构,基本被淘汰。在喉癌治疗后如果怀疑咽瘘,食管造影、瘘管造影透视及点片是首选的检查方法。全身的 PET-CT 是全身评估的检查方法。

一、手术后影像表现

【简介】

喉癌术后影像表现与手术方式密切相关,不同的手术方式喉部切除范围、重建方式表现不同。

随着人们生活水平的提高及头颈外科的发展、技术的进步,喉癌的手术原则已经从过去强调根治为主,发展到目前在彻底切除肿瘤的基础上尽可能地采取微创保存或重建喉发音、呼吸及吞咽三大功能,以提高患者的生存率和生存质量。喉癌应根据肿瘤生长部位、肿瘤生物学行为、TNM 分期、患者的文化及全身情况等综合因素采取个体化的手术方式和治疗方案。随着技术的发展,各种保喉、保功能手术方式越来越多。总体来说,根据切除的范围,可分为部分喉切除术和全喉切除术。常见手术方式包括声带切除术、垂直部分喉切除术、声门上及喉环上部分切除术及全喉切除术。

1. 支撑喉镜下声带切除术　适用于肿瘤局限于声带,未引起声带固定的病灶。手术切除声带、声带肌和肌腱。术后切除的组织通过再生而修复。喉软骨支架完整。

2. 垂直部分喉切除术　适用于 T_1 和 T_2 期的声带肿瘤,病变局限于声带,活动度良好,或者 T_2 期、稍向声门上或声门下扩散,或经前连合累及对侧声带前 1/3 的病例。手术于甲状软骨的中线稍偏健侧切开,将患侧声带、喉前庭、室带、前连合及对侧声带的前部分和相应部分的甲状软骨切除,需要时也可切除部分或全部的同侧杓状软骨及小部分环状软骨。

3. 声门上水平半喉切除术　适用于声门上喉癌,手术切除甲状软骨的上半部分、室带、会厌和杓状会厌襞,保留声带和杓状软骨。对发音的影响较少,但对吞咽功能损害较大,较容易引起误吸。一般行甲状软骨舌骨固定术。

4. 喉环上部分切除-环状软骨舌骨固定术　适用于累及声门、前庭或前连合的后期肿瘤。术中需切除甲状软骨、声带、室带、前庭、会厌、会厌前间隙和声门旁间隙,至少要保留一侧的杓状软骨,以防止误吸及保留部分发音功能。通过固定环状软骨舌骨完成重建。

5. 喉环上部分切除-环状软骨舌骨会厌骨固定术　适用于不能通过内镜下声带切除术或垂直部分喉切除术的进展型声门肿瘤。术中需切除的结构与环状软骨舌骨固定术相似,只是会厌只切除舌骨水平及以下部分而保留舌骨水平以上部分。

6. 全喉切除术　适用的范围较广:临床 T_3、T_4 期患者,如癌肿占据一侧或两侧声带,并有声带固定者;前连合有比较明显的侵犯,可能已波及声门下区者;声门上区喉室癌、会厌癌,或声门下区恶性肿瘤,以及放疗失败后、软骨放射性坏死或部分切除术后复发的补救手术。全喉切除术切除整个喉内结构和喉部支架结构,包括舌骨、会厌软骨、杓状会厌襞、声带、室带、甲状软骨、双侧杓状软骨、环状软骨或 1 个或多个气管环,以及部分甲状腺组织。术腔通过缝合周围的软组织关闭,形成一个由舌根部到颈段食管的锥形软组织结构。喉部结构缺如。由于去除喉部对食管的压迫,颈段食管位置靠前,前壁位于皮下脂肪层后方,横断面常呈圆管状结构。由于手术常破坏甲状腺包膜,甲状腺完整性被破坏,残留的甲状腺形态发生变化,有时分离而成圆形、卵圆形或分叶状。分析时需多层面观察,平扫与增强对照,不能误认为是肿瘤残留或复发。呼吸由气管造瘘口进行。

【影像学表现】

1. **支撑喉镜下声带切除术** 如果手术切除部分少,术后再生修复好,可以与正常喉结构类似,影像无特别。范围较大者可以表现为术后新喉变形,声门裂变形缩短,新声带较钝,但表面光滑,声带周围软组织增厚,声门旁脂肪间隙密度增高。喉软骨支架完整,无明显改变。

2. **垂直部分喉切除术** 术后新喉变形,患侧甲状软骨部分缺如,部分病例同侧杓状软骨缺如,声门裂变形,双侧不对称。

3. **声门上水平半喉切除术** 术后新喉变形,上下径缩短,甲状软骨上半部分缺如,室带、会厌和杓状会厌襞缺如,声带和杓状软骨、环状软骨保留。

4. **喉环上部分切除-环状软骨舌骨固定术、喉环上部分切除-环状软骨舌骨会厌骨固定术** 上述两种术式影像表现类似,环状软骨以上喉结构包括甲状软骨、声带、室带、前庭、会厌、会厌前间隙和声门旁间隙缺如,环状软骨与部分残留舌骨相连,后者可见少许会厌软骨。

5. **全喉切除术** 喉部大部分结构缺如,形成一个由舌根部到颈段食管的软组织结构。食管由于失去喉部结构的压迫而成圆管状。残留的甲状腺形态发生变化,有时分离而成圆形、卵圆形或分叶状。

【典型病例展示】

病例 1 男性,60 岁,右侧喉癌部分切除术后复查(图 2-9-1)。

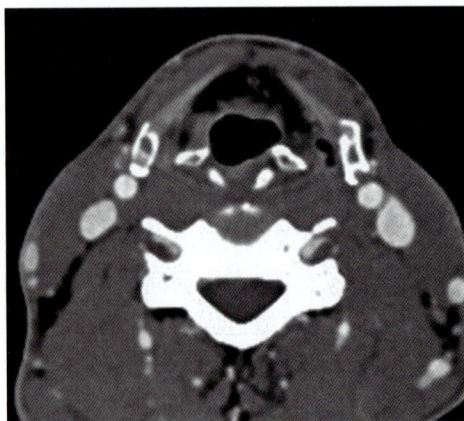

图 2-9-1 声带部分切除术后

增强 CT 横断面显示声带部分切除术后新声门裂变形,前后径缩短,边缘略钝,表面光滑,右侧声门旁间隙后部脂肪减少,喉软骨结构完整。

病例2　男性,65岁,右侧喉癌行右侧垂直半喉切除术后1年后复查(图2-9-2)。

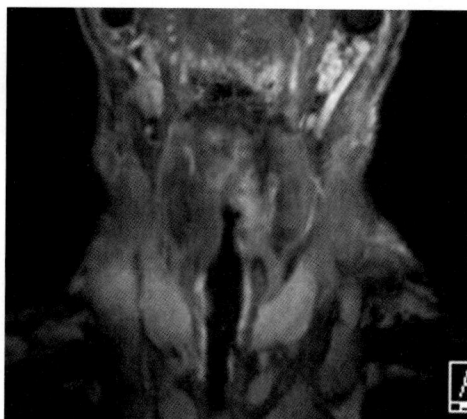

图2-9-2　右侧垂直半喉切除术后
MRI冠状面增强扫描显示右侧垂直半喉切除术后新声门裂变形,右侧声带喉室室带结构缺失,局部瘢痕修复,信号减低,边缘表面光滑,右侧甲状软骨部分缺如。

病例3　男性,70岁,喉癌术后半年复查(图2-9-3)。

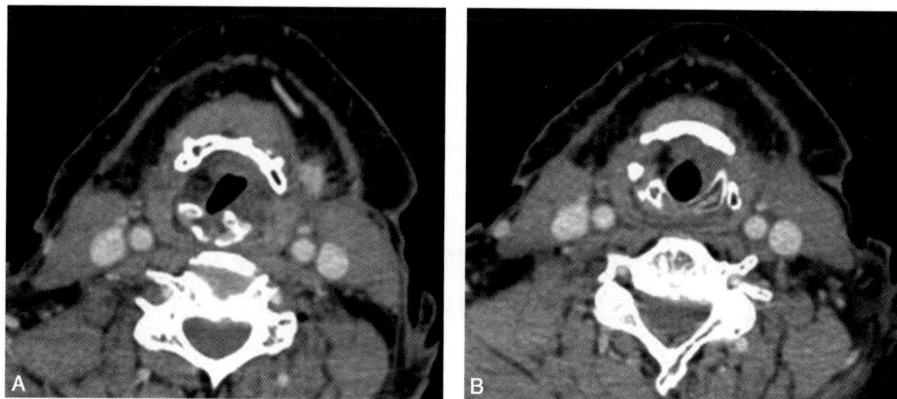

图2-9-3　声门上水平半喉切除术后
图A、图B分别为增强CT横断面相邻层面,声门上水平半喉切除术后新喉变形,上下径缩短,甲状软骨上半部分缺如,室带、会厌和杓状会厌襞缺如,声带和杓状软骨、环状软骨保留。

病例4　男性,63岁,喉癌喉次全切除术后复查(图2-9-4)。

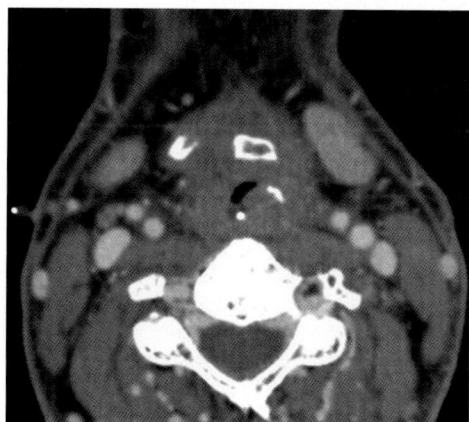

图2-9-4　喉次全切除术后
增强CT横断面,显示喉次全切除术后,环状软骨以上喉结构(包括甲状软骨、声带、室带、前庭、会厌、会厌前间隙和声门旁间隙)缺如,环状软骨与残存的舌骨相连。

病例5　男性,75岁,喉癌全喉切除术后复查(图2-9-5)。

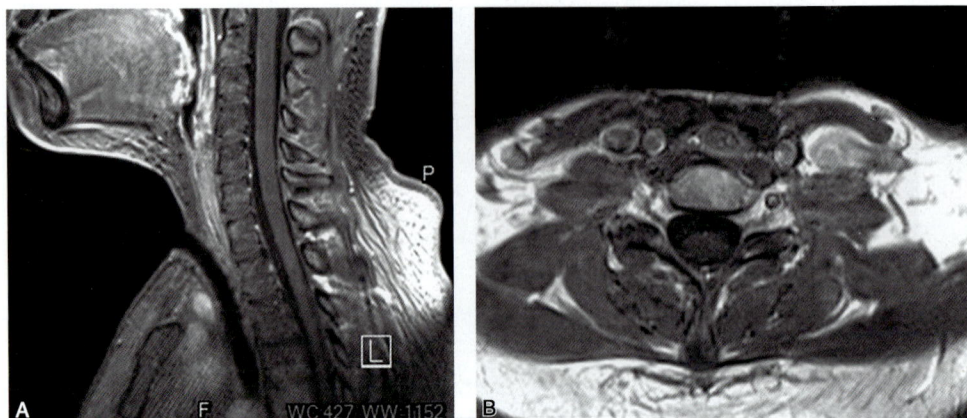

图2-9-5　全喉切除术后

A. MRI 矢状面 T$_1$WI 增强扫描图显示全喉切除术后,会厌、舌骨、甲状软骨、环状软骨、杓状软骨及声门结构均缺如,喉部为肉芽和瘢痕组织等替代;B. 横断面显示正常的喉部结构缺如,为软组织影替代,其后方的食管由于失去喉部结果的压迫而成圆管状。

二、放疗后影像表现

【简介】

放疗是喉部恶性肿瘤较有效的治疗方式。放疗使患者保留喉部结构和功能完整性。放疗后影像表现反映局部病理生理变化。早期局部受照射后主要表现为急性炎性改变,包括炎性细胞浸润、坏死和出血,血管和淋巴管通透性增高而引起间质水肿。放疗后 1~4 个月内,局部胶原纤维硬化,结缔组织透明变性,最终引起小动静脉和淋巴管闭塞,结缔组织内胶原纤维硬化、透明变性进一步发展。放疗 8 个月以后,由于局部毛细血管及毛细淋巴管生成,间质水肿逐渐减轻。由于软骨的细胞密度较高,放疗的早期反应较轻,但放疗 8 个月后,常可见软骨膜的增厚和纤维化。

【影像学表现】

照射区域局部皮肤和颈阔肌增厚,淋巴组织萎缩,包括淋巴结和咽淋巴环。会厌、杓状会厌襞及假声带增厚,会厌前间隙及咽旁间隙及声门旁间隙脂肪密度增高,咽后壁咽后区水肿。前后连合均匀增厚。喉部结构的增厚一般较均匀对称,轻度强化。影像学改变一般在放疗后 2.5 个月出现,在放疗后几个月内表现较明显,并随时间慢慢减轻或消失,但有些改变,如前后连合增厚会长期存在。

【典型病例展示】

病例　男性,75岁,喉癌术后加放疗后复查(图2-9-6)。

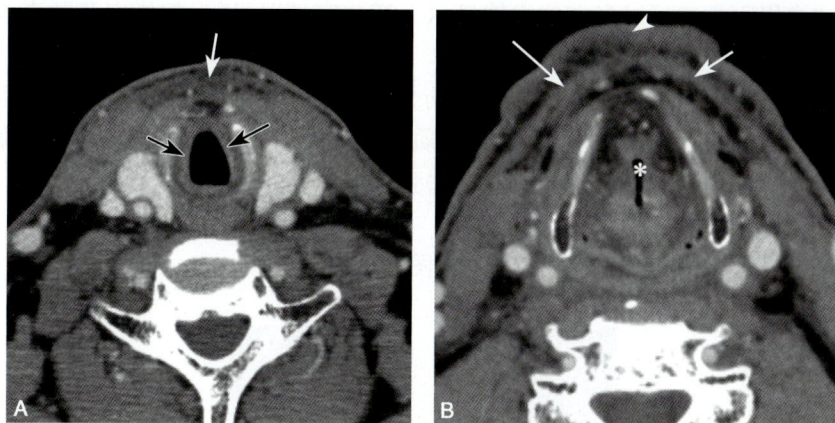

图 2-9-6 喉癌放疗后增强 CT 扫描

A.横断面显示声门下水平喉黏膜均匀增厚强化,密度均匀(黑箭),颈前皮下脂肪密度增高,呈网格样改变(白箭);B.喉前庭水平横断面示颈部皮肤增厚(白箭头),颈阔肌增厚(长白箭),前庭黏膜明显增厚致喉前庭明显变窄(白星号)。

三、常见并发症

【简介】

喉部手术后常见的并发症包括内科并发症和外科并发症。前者包括消化道出血、消化道溃疡、心功能不全、误吸性肺炎、伤口局部感染等,可以经过内科治疗处理;外科并发症多为局部与手术相关的并发症,包括血肿、脓肿、咽瘘。远期并发症常见的是喉膨出、喉狭窄等。放疗的远期并发症还包括广泛纤维化导致的吞咽功能障碍、气道狭窄,放射性动脉病,放射性脊髓病、脑神经麻痹等,与鼻咽癌放疗相同。

影像学检查可以帮助诊断及显示病变范围和程度等,有助于临床的诊断和治疗。

1. **咽皮肤瘘** 简称咽瘘,是喉部术后较常见的并发症,一般在术后 1~2 周内发生,发病率 7%~50% 不等。切开或吻合口处感染、脓液积聚,破溃使咽-食管腔与皮肤相通形成瘘管,咽-食管腔内的唾液、食物可以通过此瘘管溢出到皮肤外。多种因素可导致咽瘘:患者全身状况及营养状况较差、贫血、糖尿病等导致手术创口愈合延长;术腔关闭不严;术前曾行放疗,局部血运差;局部感染等。

2. **喉狭窄** 文献报道喉次全切除术后喉狭窄的发生率 7.0%~29.3%。喉部术后并发喉狭窄是一个复杂的病理生理过程,主要是创面肉芽组织增生、瘢痕组织收缩牵拉和喉部软骨框架失去支撑力等。术后并发喉狭窄的危险因素包括病变大小、甲状软骨支架切除范围、术后放疗、术后肺部感染和胃食管反流等。

3. **喉软骨放射性坏死** 是放疗的远期并发症,文献报道发生率 1%~15%,多发生在放疗后 12 个月左右。高剂量及长时间放疗使软骨膜水肿增厚和纤维化,使软骨膜抵抗创伤和感染的能力下降而容易发生软骨膜炎症,继而引起软骨炎或骨髓炎,导致软骨坏死或喉萎陷。

【影像学表现】

1. **咽皮肤瘘** 口服对比剂咽-食管造影可以显示咽皮肤瘘的大小及走向。瘘管造影后 CT 或 MRI 也可以显示瘘管的内外口及走向。增强扫描可以显示瘘管壁肉芽组织的强化。

2. **喉狭窄** CT 可以直接显示喉狭窄的部位、程度及引起狭窄的原因。利用最小密度投影 VR 重建或多平面重建可以多方位立体显示气道狭窄情况;增强扫描肉芽肿表现为气道内结节样强化,气道内的粘连带表现条状膜。

3. 喉软骨放射性坏死　CT 及 MRI 上可见受累的软骨周围软组织肿胀,可见含气溃疡或瘘管形成。受累的软骨可出现硬化、溶骨性骨质破坏,骨皮质断裂或塌陷。MRI 上则可见软骨周围软组织水肿,正常髓腔内骨髓信号消失,增强扫描可见强化。

【典型病例展示】

病例 1　男性,70 岁,全喉切除术后咽瘘(图 2-9-7)。

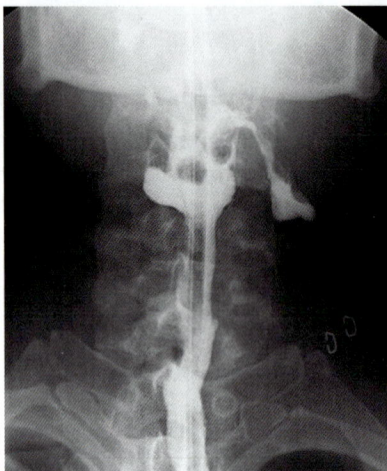

图 2-9-7　全喉切除术后咽瘘
口服对比剂咽-食管造影,显示对比剂
向左侧咽侧壁流出至皮下软组织内,清
楚显示咽皮肤瘘的大小及走向。

病例 2　男性,68 岁,全喉切除术后咽瘘(图 2-9-8)。

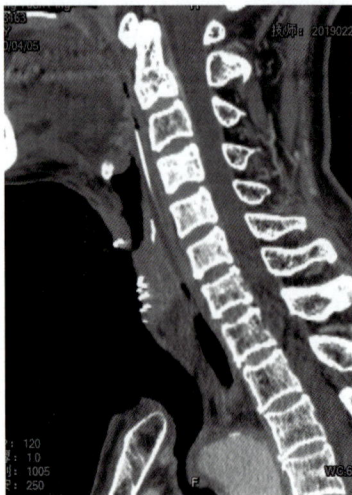

图 2-9-8　全喉切除术后咽瘘
增强 CT 矢状面重建图,显示全喉切除
术后咽瘘,咽与前方皮下瘘管相通。

病例 3　男性,72 岁,喉癌术后喉狭窄(图 2-9-9)。

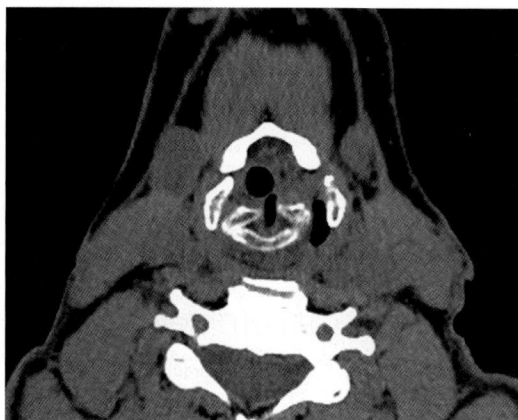

图 2-9-9　喉癌术后喉狭窄

CT 平扫显示喉次全切除术后,声门裂气道狭窄,变形,可见横行气道之间的粘连带。

病例 4　男性,68 岁,喉放疗后喉部疼痛,吞咽时明显(图 2-9-10)。

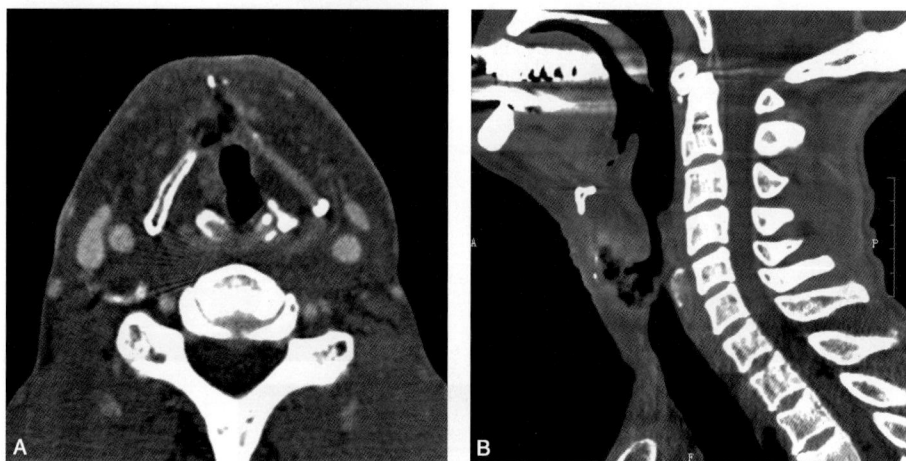

图 2-9-10　喉放疗后甲状软骨坏死

CT:横断面(图 A)及冠状面(图 B)示甲状软骨角部骨质断裂、骨质破坏,周围组织水肿、积气。同时可见颈前皮肤增厚,皮下脂肪网格状,喉黏膜肿胀。

四、肿瘤残留、复发

【简介】

喉癌术后复发率较高,文献报道为 10%~25%,大多发生在治疗后 2 年内。这与肿瘤的分期和手术方式有一定的关系。声门型喉癌局部切除或烧灼术后,常在肿瘤原位或邻近区域发生肿瘤复发。垂直部分喉切除术后,肿瘤复发常发生在新声带。声门上部分切除术后,肿瘤复发常发生在新前庭,形成声门或声门下软组织肿块影,造成声门及新前庭不对称。喉环上部分切除术后,肿瘤复发常发生在环杓关节周围区域和环状软骨舌骨固定术区域。由于术后失去屏障,肿瘤常在黏膜下扩散。环状软骨区域的复发常沿新前庭侧壁生长,向上累及残留的会厌和舌根;也可沿深部组织、声门旁间隙、软骨和咽后椎前间隙生长。而全喉切除术后,复发多发生在原喉床处和造瘘口附近。早期的肿瘤复发较难与术后水肿、肉芽或瘢痕鉴别。一般在术后 6~8 周手术所致的水肿和出血等已基本吸收,而肿瘤的复发尚未发生时行 CT 检查作为基准片,作为后续复查的对照。

【影像学表现】

局部肿瘤残留复发表现为渐进增大的软组织结节或肿块,是肿瘤复发的直接征象。增强扫描肿块不均匀强化,内见坏死的无强化区。残留软骨出现骨质破坏。弥散加权图(DWI)及灌注加权图(PWI)可以帮助诊断。

颈部淋巴结残留是肿瘤复发的根源,复查时需仔细观察,表现为淋巴结增大,中心坏死囊变,不均匀强化,可以多个融合成团。如果怀疑淋巴结转移,需描述其大小、位置、分区、数目、是否融合等。

【典型病例展示】

病例 1 男性,58 岁,因喉癌行喉次全切除术后吞咽时颈前皮肤瘘口液体漏出。喉镜:双侧咽隐窝及圆枕对称,未见新生物;口咽黏膜充血,舌根淋巴组织稍增生;下咽黏膜光滑,未见新生物,可见胃管通过,下咽前部局部见一瘘口。CT 检查如图 2-9-11。

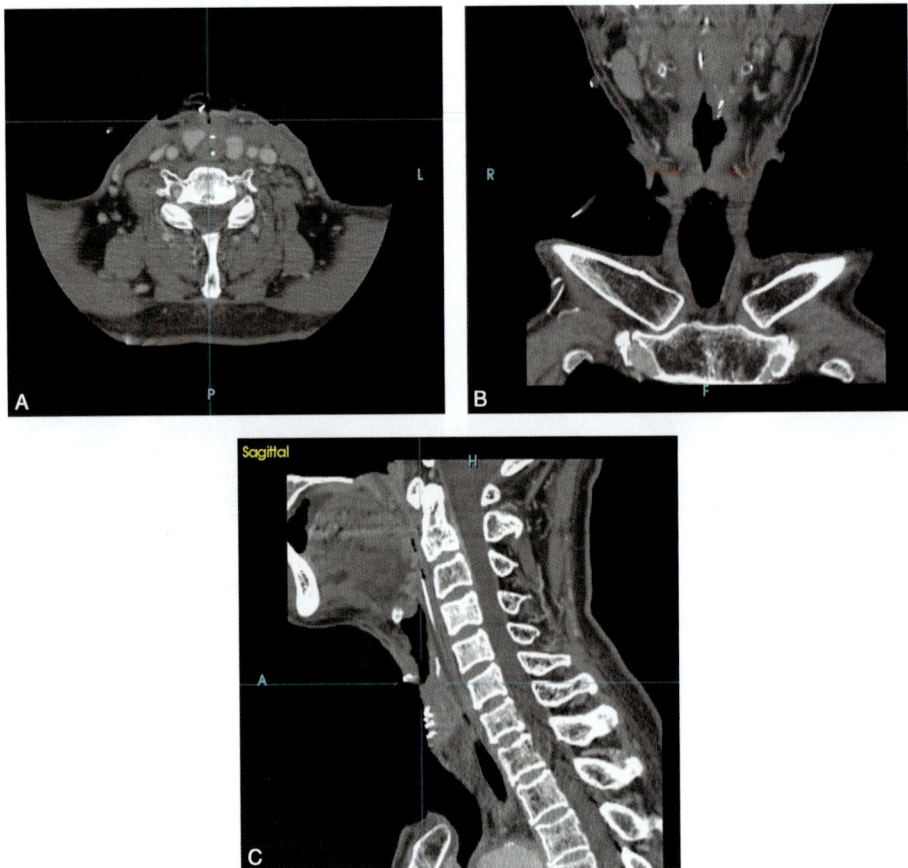

图 2-9-11 喉次全切除术后,咽部皮肤瘘

CT 显示喉次全切除术后,下颈部气管造瘘,喉结构大部分缺如,下咽前部与颈前部皮肤皮下见一裂隙样管道相通。A. 横断面;B. 冠状面;C. 矢状面。

病例 2　男性,50 岁,喉癌术后 2 年,复查。CT 检查如图 2-9-12。

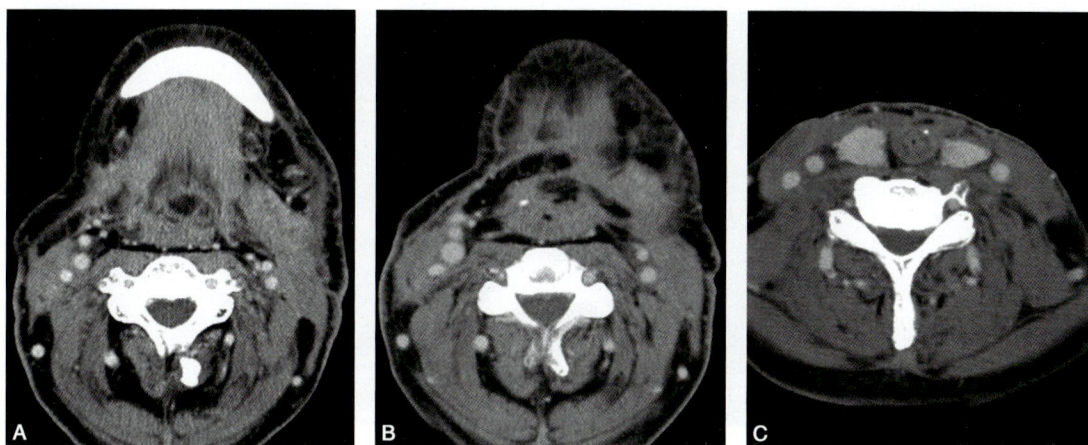

图 2-9-12　全喉切除术后改变

CT 增强示正常喉结构消失,喉软骨及舌骨未见显示,下咽直接与舌根相接(图 A~图 C),颈段食管呈圆管状前上移位于皮下,周围见脂肪肌肉皮瓣修复(图 C)。未见肿瘤残留复发征象,颈部未见肿大淋巴结。意见:全喉切除术后改变,未见肿瘤残留复发。

病例 3　女性,65 岁,喉癌行左侧声带部分切除术 2 年,复查。CT 检查如图 2-9-13。

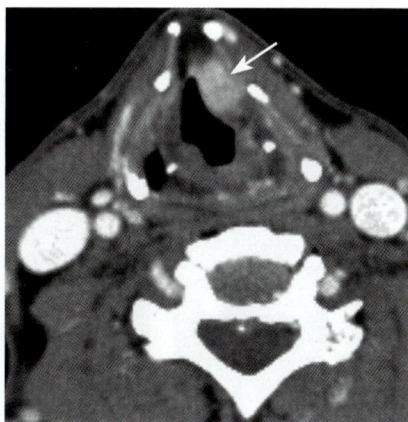

图 2-9-13　左侧声带部分切除术后左侧声带黏膜-黏膜下肿瘤复发

CT 显示,左侧声带黏膜-黏膜下见一结节,增强扫描均匀强化,结节边界清楚。声门旁间隙存在,甲状软骨未见骨质破坏。

病例 4 男性,70 岁,喉癌术后放疗后半年,吞咽疼痛。CT 检查如图 2-9-14。

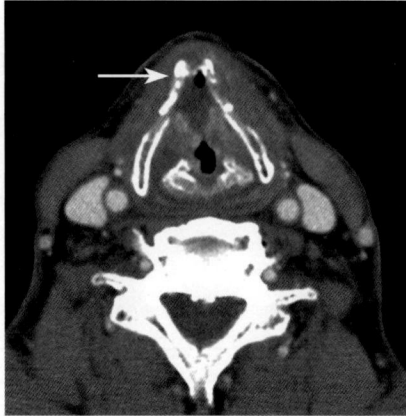

图 2-9-14 喉放疗后甲状软骨角软骨炎
CT 显示甲状软骨角骨质密度增高,边缘不
光滑,周围软组织肿胀,中央见少许气体
影。喉黏膜肿胀,皮肤增厚,皮下脂肪密度
增高。

病例 5 男性,75 岁,全喉切除术后吞咽困难 2 个月。CT 检查如图 2-9-15。

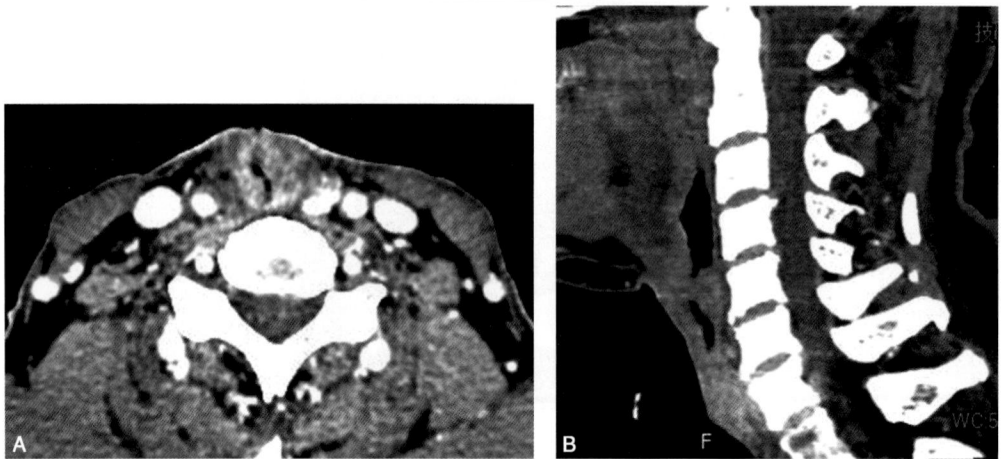

图 2-9-15 全喉切除术后,下咽-食管上段癌
CT 增强扫描显示喉结构缺如,下咽-食管上段黏膜环形结节样增厚,不均匀强化。A. 横断面;
B. 矢状面。

五、诊断思路与诊断要点

喉部手术或放疗后病变诊断思路,根据病史和手术方式观察喉结构的完整性,与术前对照、与对侧对照,仔细观察以下内容:黏膜表面是否光滑;气道是否狭窄;软骨骨质是否破坏;有无结节,如果有结节,注意结节的密度/信号、血供、强化情况,及其侵犯的范围。结合临床、喉镜、病理结果确定是否肿瘤复发。肿瘤术后复发的直接征象是结节渐进性增大,或残留软骨出现新的骨质破坏。

第十节　喉部弥漫性病变诊断思路

喉部弥漫性病变主要病因为炎性病变、肿瘤及肿瘤样病变,按照发病急缓可分为急性发作与慢性发作。急性发作以炎性病变为主,慢性发作以肿瘤及肿瘤样病变为主,年龄因素在急、慢性发作中有鉴别诊断价值。喉部弥漫性病变诊断流程见图 2-10-1。

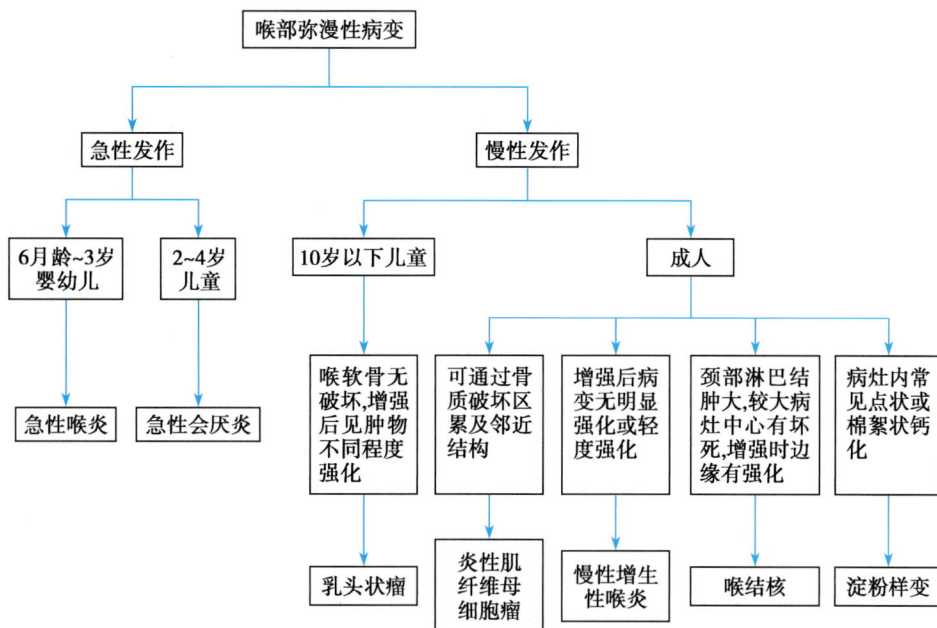

图 2-10-1　喉部弥漫性病变诊断流程图

第十一节　喉部肿瘤及肿瘤样病变诊断思路

喉部肿瘤与肿瘤样病变临床症状缺乏特异性,多通过活检获得定性诊断。影像学检查的主要目的在于了解病变的位置、累及范围及转移情况,为临床制订治疗方案提供重要依据。

【诊断思路】

喉 CT、MRI 检查可以了解病变形态大小位置、浸润深度。喉部病变需要注意以下内容:①定位,病灶具体来源于声带、喉室、室带、杓状会厌襞、会厌还是声门下腔黏膜,仔细观察每一结构的黏膜表面是否光滑,有无结节,及其生长方式。②观察病变侵犯的范围。③观察喉部间隙如喉旁间隙、会厌前间隙、喉周间隙是否受累。④观察喉软骨是否有骨质破坏。⑤定性。良性结节如声带息肉,向外生长,突入气道;而恶性肿瘤,如喉癌多数浸润性生长,沿黏膜表面生长、浸润黏膜下组织及其周围结构。喉部肿瘤及肿瘤样病变影像诊断流程图见图 2-11-1。

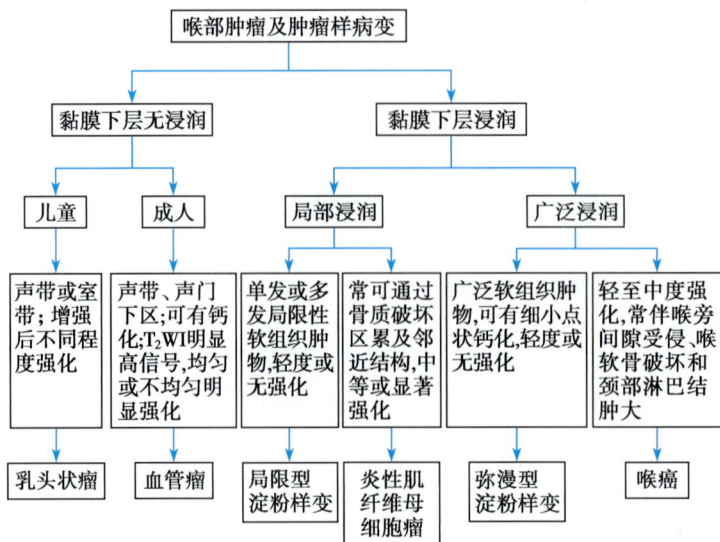

图 2-11-1 喉部肿瘤及肿瘤样病变影像诊断流程图

【鉴别诊断思路】

1. **定位鉴别** 喉病变主要与下咽病变进行鉴别。喉病变多起源于喉黏膜,病变累及声带、喉室、室带、杓状会厌襞内侧面、会厌喉面、声门下腔黏膜。喉黏膜表面不光滑,有结节。而下咽病变来自下咽黏膜,下咽位于喉的两侧及后方,主要累及杓状会厌襞外侧面、会厌舌面、梨状隐窝、咽侧壁、咽后壁。下咽黏膜增厚及结节,病变可以挤压或侵犯喉,喉气道表面仍光滑。

2. **定性鉴别** 根据病变的特点,生长方式及临床病理进行鉴别。

3. **鉴别诊断要点** 定位、病变的生长方式及特点。

【喉癌结构化报告书写规范】

按照 AJCC(第 8 版)进行 TNM 分期:

(1) 描述喉病变的具体的部位、形态、大小、强化情况,与周围组织关系,有无浸润声门旁间隙、会厌前间隙及喉周围间隙。有无贯声门区浸润,有无喉软骨破坏。

(2) 描述颈部淋巴结情况,如有淋巴结转移,需分区,有无融合,测量转移淋巴结最大径。

分期模板如下:

位置:
- □左侧声带 □右侧声带 □双侧声带
- □室带 □会厌 □舌根 □会厌谷 □梨状隐窝
- □杓状会厌襞 □环甲膜
- □声门旁间隙 □会厌前间隙
- □甲状软骨板内侧皮质 □甲状软骨板外侧皮质
- □杓状软骨 □环状软骨

强化情况：

　　□未强化　　　　□轻度强化　　　　□中度强化　　　　□明显强化

喉外侵犯情况：

　　□喉外组织：　　□气管　　　　　　气管软骨第_____环

　　□颈部软组织：□颏舌肌　　　　□舌骨舌肌　　　　□腭舌肌　　　　□茎突舌肌

　　□带状肌群　　　　□甲状腺　　　　□食管

　　□包绕颈动脉或周围血管，未侵犯

　　□侵犯颈动脉或周围血管≤1/2管径

　　□侵犯颈动脉或周围血管>1/2管径

　　□椎前间隙　　　　□纵隔内结构

淋巴结评估：

　　□Ⅰ区　　　□Ⅱ区　　　□Ⅲ区　　　□Ⅳ区　　　□Ⅴ区　　　□Ⅵ区　　　□Ⅶ区

　　□最大者短径：

结外侵犯：

　　□有　　　　　　□无

印象：□声门型　　　　□声门上型　　　　□声门下型　　　　□贯声门型

　　TNM 分期：

===== 练习题 =====

一、选择题

1. 男,50 岁,声音嘶哑半年来诊,喉镜见右侧声带肿物,为进一步检查,首选的影像学检查方法是

　　A. CT　　　　B. MRI　　　　C. PET/CT　　　　D. 超声　　　　E. DSA

2. 患者声带肿物活检为高分化鳞状细胞癌,CT 上见肿瘤局限于声带,影像分期为

　　A. T_1　　　　B. T_2　　　　C. T_3　　　　D. T_4　　　　E. T_0

3. 患者局限性声带癌放疗后 2 年,吞咽困难,CT 显示甲状软骨角处骨质破坏,局部软组织肿,考虑

　　A. 喉癌复发　　　　B. 喉癌软骨转移瘤　　　　C. 甲状软骨软骨肉瘤

　　D. 放射性甲状软骨炎　　E. 甲状软骨骨瘤

4. 下列哪一喉软骨损伤后易引起喉狭窄

　　A. 甲状软骨　　　　B. 环状软骨　　　　C. 会厌软骨

　　D. 杓状软骨　　　　E. 小角软骨

5. 闭合性喉外伤时,了解喉软骨有无骨折移位最好的检查方法是

　　A. 喉触诊　　　　B. 喉 MRI　　　　C. 喉的 X 线正侧位片

　　D. 电子喉镜　　　　E. 喉 CT

6. 喉 CT 上有关真假声带的辨别,下列**错误**的是
   A. 室带位置较高
   B. 室带、声带呈等密度
   C. 两侧室带相连处较圆钝,而声带前连合处较尖锐
   D. 室带位于杓状软骨顶端层面,而声带位于杓状软骨声带突层面
   E. 室带层面看见喉室小囊即代表异常

7. 喉腔最狭窄的部位为
   A. 喉前庭   B. 假声带   C. 声门裂
   D. 喉中间腔   E. 声门下腔

8. 急性喉炎患者哪个年龄组易出现喉梗阻
   A. 小儿   B. 青年   C. 中年
   D. 老年   E. 无差别

9. 小儿急性喉炎中最易发生水肿导致喉梗阻的解剖部位是
   A. 会厌   B. 声门上区   C. 声门下区
   D. 声门区   E. 以上都是

10. 喉部最常见的良性肿瘤是
    A. 喉乳头状瘤   B. 喉血管瘤   C. 喉软骨瘤
    D. 喉多形性腺瘤   E. 喉脂肪瘤

11. 喉部恶性肿瘤中最常见的类型是
    A. 腺癌   B. 肉瘤   C. 鳞状细胞癌
    D. 未分化癌   E. 黑色素瘤

12. 关于喉部肿瘤的特点,下列说法**错误**的是
    A. 恶性居多
    B. 恶性者多为鳞状细胞癌
    C. 声门上喉癌发生率最高
    D. 声门型喉癌多位于真声带前部
    E. CT 对早期喉癌价值有限

13. 男,16 岁,因反复鼻出血行鼻咽 CT 检查,示鼻咽顶后壁较大软组织肿块,向前进入鼻、筛窦,向外侧经扩大的翼上裂进入翼腭窝和颞窝,向上经蝶窦和破裂孔达海绵窦,邻近骨骼可见压迫性改变,增强扫描后可见肿瘤强化明显。应首先考虑诊断为
    A. 鼻咽癌   B. 鼻咽纤维血管瘤   C. 鼻咽增殖体肥大
    D. 鼻咽恶性淋巴瘤   E. 鼻咽结核性脓肿

14. 男,41 岁,咽部不适 2 年余。检查:双侧腭扁桃体Ⅱ度增大,表面慢性充血,局部无红肿及糜烂。左侧咽旁肿物生长,将扁桃体向中线推移。CT 表现:左侧咽旁于颈动脉鞘前方偏内侧一类圆形占位,与周围各组织结构边界较清楚,脂肪间隙部分存在,扁桃体受压向内移位,肿物外侧邻近腮腺深叶。平扫呈等或较低密度,周边似有包膜。未行增强扫描,血供情况无从了解。考虑诊断为
    A. 喉多形性腺瘤   B. 喉神经源性肿瘤   C. 喉乳头状瘤
    D. 喉软骨瘤   E. 喉脂肪瘤

15. 增强 CT 和/或 MRI 是临床上常用的判断肿瘤整体和深部边界、周围结构侵犯以及淋巴转移的检查手段,以下说法正确的是

    A. 增强 CT 快捷便宜,可大致判断肿瘤形态和一般的淋巴转移长方形

    B. 增强 MRI 扫描速度慢,费用高,容易出现伪影,但对于判断周围软组织是否受累以及血管与肿瘤的关系优于增强 CT

    C. 对局限于喉、下咽和周围淋巴结内的病变,通过增强 CT 检查即可评估病变范围

    D. 如果病变累及咽喉周围的结构,或淋巴转移侵出被膜,需要判断肿瘤对周围软组织、血管、肌肉等的侵犯情况时,应该联合应用增强 MRI

    E. 增强 CT 和/或 MRI 单独应用即可提供足够的术前信息

16. 喉癌的好发部位为(　　)

    A. 真声带　　　　　　　B. 杓状软骨　　　　　　　C. 喉室

    D. 声门下区　　　　　　E. 杓状会厌襞

17. 在下列喉癌类型中,依淋巴转移率由高至低排列为

    A. 声门上喉癌＞声门下喉癌＞声门型喉癌

    B. 声门上喉癌＞声门型喉癌＞声门下喉癌

    C. 声门型喉癌＞声门上喉癌＞声门下喉癌

    D. 声门型喉癌＞声门下喉癌＞声门上喉癌

    E. 声门下喉癌＞声门上喉癌＞声门型喉癌

18. 下列有关喉癌的选项中,**错误**的是

    A. 喉癌的发病率男＞女

    B. 喉癌与喉肉瘤的发病率相比,前者占压倒性多数

    C. 各部喉癌的发生率从高到低的顺序是:声门上喉癌、声门型喉癌、声门下喉癌

    D. 喉癌的病理学类型以鳞状细胞癌为主

    E. 喉癌的确诊依靠活检

19. 喉癌的 CT 表现**错误**的是

    A. 声门型喉癌早期表现为局部声带增厚不规则,表面欠光滑,有强化

    B. 向前侵及前连合,并蔓延至对侧声带

    C. 肿瘤向后可侵及后连合、杓状软骨,使杓甲间距增宽

    D. 当环杓关节受累时,表现为杓状软骨增厚、硬化

    E. 肿瘤在中期可垂直蔓延至声门上区或声门下区

20. MRI 对喉癌显示优于 CT,以下说法**错误**的是

    A. 声带前后连合受侵

    B. 声门上区会厌前间隙、喉周围隙、会厌谷和梨状隐窝的蔓延

    C. 声带固定的原因

    D. 喉软骨肿瘤内的沙砾样钙化

    E. 喉外组织例如颈动脉鞘,淋巴结和舌根受侵犯

21. 关于声门上喉癌,**不属于** CT 表现的是
    A. 会厌和会厌皱襞增厚、肿胀、僵硬
    B. 喉前庭腔影不规则狭窄
    C. 假声带区域软组织密度增高
    D. 会厌前间隙增大,密度增高
    E. 声带的喉室面局限性隆起不平整

22. 喉癌软骨侵犯 CT 表现,下列**错误**的是
    A. 肿瘤与软骨分界不清,肿块突入髓腔内,晚期可发生软骨碎裂
    B. 软组织肿块向外侧扩展突破软骨边缘,侵入颈部软组织内
    C. 部分可表现为受累软骨密度增高、髓腔消失
    D. CT 可以显示软骨的微小侵犯
    E. 不规则和不均匀骨化的软骨可与肿瘤相似

23. 关于声门癌的 MRI,以下正确的是
    A. 冠状面有助于显示肿瘤通过前连合的声门上、下侵犯
    B. 矢状面能准确显示肿瘤经喉旁间隙纵向侵犯的范围
    C. 会厌前间隙和咽旁间隙的侵犯表现为高信号的脂肪组织被等信号的肿瘤组织代替
    D. MRI 显示声门癌浸润梨状隐窝前壁的情况比 CT 好
    E. 双侧声带轻度不对称,T_2WI 信号明显低于肌肉,鉴别优于 CT

二、名词解释

1. 咽皮肤瘘 2. 会厌前间隙 3. 声门前间隙 4. 喉软化症 5. 弹性圆锥

三、问答题

1. 简述喉部分区。
2. 喉返神经麻痹的影像学表现有哪些?
3. 喉淀粉样变的影像学表现有哪些?
4. 喉部常见的良性神经源性肿瘤有哪些?
5. 如何根据部位进行喉癌分型?
6. 简述喉癌的淋巴结分期。
7. 简述喉癌术后常见并发症及影像学表现。
8. 喉软骨包括哪些?
9. 喉癌术后影像检查目的是什么?

选择题答案: A A D B E E C A C A C C B A E A A C E
D E D C

第 三 章

头颈咽喉部影像诊断报告书写规范

【概述】

头颈咽喉部的影像学检查方式以 CT 和 MRI 为主。该部位解剖结构复杂,因此报告医师必须首先熟练掌握头颈部解剖结构及其正常影像表现,这样才能够发现和准确判断异常影像征象。书写报告时要求对异常征象进行准确、全面地描述,并作出正确的诊断。

在头颈咽喉部疾病中,对于肿瘤性病变,影像报告的价值不仅仅在于疾病诊断,还能为临床上疾病分期、治疗及预后评价提供重要信息。由于相应的影像报告书写是一大难点,本章节将进行重点介绍。在肿瘤的 TNM 分期中,T 分期取决于肿瘤的侵犯范围,而 N 分期则取决于区域淋巴结转移情况,这些内容需要在影像图像上仔细观察。书写报告时,要对肿瘤侵犯的范围及结构按照一定的逻辑顺序逐一描述,以避免遗漏,并方便临床医师阅读,同时熟悉头颈部淋巴结的分区以及转移淋巴结的影像学征象,包括大小、形态、信号(密度)、有无坏死及包膜外侵犯等,如发现可疑转移的淋巴结,需要加以汇报。

【规范化报告模板】

以下以鼻咽癌、口咽癌和喉癌为例,介绍头颈部病变的影像诊断报告书写规范。

1. 鼻咽癌影像诊断报告书写规范 目前鼻咽癌的诊断与疗效评价大多采用 MRI。与 CT 相比,MRI 优越的软组织分辨力大大提高了判断鼻咽癌侵犯范围的准确性。鼻咽部的解剖结构十分复杂,包括咽颅底筋膜、多个脂肪间隙、肌肉、骨性结构以及颅底孔道,在阅片和书写报告时要求做到全面观察和准确描述。鼻咽癌的区域淋巴结(咽旁间隙和颈部各区淋巴结)转移较为常见,阅片时要仔细观察咽旁间隙和颈部各区淋巴结有无异常。

鼻咽癌影像诊断报告建议按照以下内容和顺序书写:

(1)影像学表现

1)鼻咽部肿物的位置、形态、信号特征、侵犯范围及侵犯周围结构情况。需注意观察以下结构是否受侵犯:咽隐窝、咽旁间隙、椎前间隙、上颌后脂肪间隙、咀嚼肌间隙、颈动脉鞘区血管、肌肉(腭帆张肌、腭帆提肌、头长肌、翼内肌、翼外肌)、鼻旁窦(额窦、筛窦、蝶窦、上颌窦是否有侵犯或炎症)、颅底孔道(翼腭窝、破裂孔、卵圆孔、舌下神经管、颈内静脉管、眶尖、眶下裂等)、海绵窦、蝶鞍及垂体、眼眶内结构、脑膜及脑实质等。

2)颅底骨质有无信号(密度)异常或骨质破坏。需观察以下骨质结构:蝶骨(斜坡、蝶骨基底部及蝶骨大翼、翼突基底部及内外板)、岩尖、枕骨髁、颈椎等。

3)区域淋巴结情况,如淋巴结位置、区域、数目、大小、包膜外侵犯、坏死或囊变及强化特征。

4）头颈部其余结构有无异常,包括乳突、甲状腺、颌下腺、腮腺、口咽(口咽壁、软腭、扁桃体)、喉咽部结构等。

（2）影像学诊断

1）鼻咽部病变的诊断及侵犯范围。

2）颈部有无(可疑)淋巴结转移及区域。

3）头颈部其余结构有无病变。

2. 口咽癌影像诊断报告书写规范　口咽癌的原发部位包括软腭、腭扁桃体、舌根及咽壁等,在书写报告时需要写清肿物的部位、大小及侵犯范围,以及区域淋巴结有无转移征象。对于口咽癌和喉癌,肺是发生远处转移最常见的器官,因此如临床要求同时进行胸部CT检查,阅片时应仔细观察肺部有无转移灶。口咽癌影像诊断报告建议按照以下内容和顺序书写:

（1）影像学表现

1）口咽部肿物的位置、形态、大小、信号特征及侵犯范围。需注意观察以下结构是否受侵犯:软硬腭、扁桃体、舌、悬雍垂、会厌、颌骨、咽肌等,对于侵犯喉咽部的较大病灶,还需观察梨状隐窝、会厌谷、会厌前间隙、杓状会厌襞等结构是否受侵犯。

2）区域淋巴结情况,如淋巴结位置及区域、数目、大小、包膜外侵犯、坏死或囊变及强化特征。

3）颌面部、颈部其余结构有无异常,包括甲状腺、颌下腺、腮腺以及喉咽部结构等。

（2）影像学诊断

1）口咽部病变的诊断及侵犯范围。

2）颈部有无(可疑)淋巴结转移及区域。

3）颌面部、颈部其余结构有无病变。

3. 喉癌影像诊断报告书写规范　根据原发部位不同,在报告中除了描述肿物部位、大小及侵犯范围外,还应在结论中写明具体类型。喉癌的区域淋巴结包括颈部、咽旁间隙和上纵隔(Ⅶ区)淋巴结,阅片时应注意观察区域淋巴结及其余纵隔淋巴结有无转移,避免遗漏。

喉癌影像诊断报告建议按照以下内容和顺序书写:

（1）影像学表现

1）喉咽部肿物的位置、形态、大小、信号特征及侵犯范围。需注意观察以下结构或区域是否受侵犯:声带、室带、前连合、梨状隐窝、会厌、会厌谷、会厌前间隙、杓状会厌襞、环后区、喉旁间隙、颈前肌群、喉内软骨(甲状软骨、杓状软骨、小角软骨)、食管等。

2）区域淋巴结情况,如淋巴结位置、区域、数目、大小、包膜外侵犯、坏死或囊变及强化特征。

3）颌面部、颈部其余结构有无病变,包括甲状腺、颌下腺、腮腺、鼻旁窦等。

（2）影像学诊断

1）喉咽部病变的诊断、分型及侵犯范围。

2）颈部有无(可疑)淋巴结转移及区域。

3）颌面部、颈部其余结构有无病变。

【规范化报告示例】
1. 鼻咽癌 MRI 报告示例 (图 3-0-1)

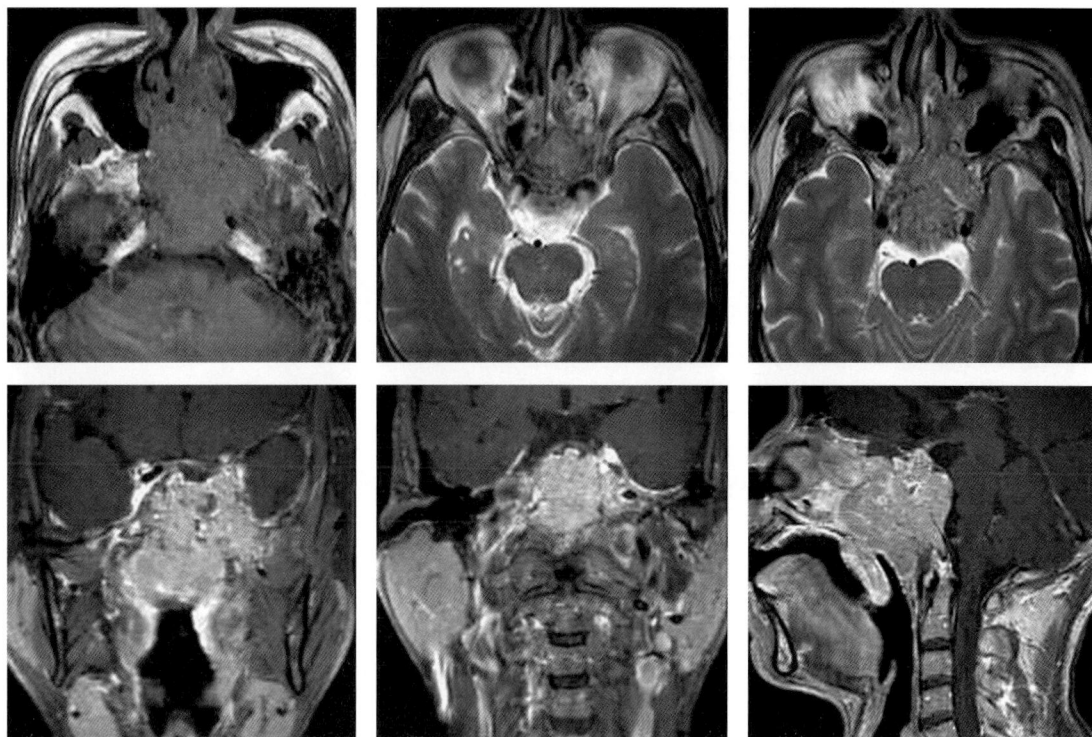

图 3-0-1　鼻咽癌 MRI

（1） 影像学表现:鼻咽腔见一软组织肿块,T$_1$WI 呈等信号,T$_2$WI 呈稍高信号,增强后明显强化。双侧咽隐窝消失,病灶侵犯双侧腭帆提肌及头长肌,向前侵犯双侧后鼻孔、鼻中隔、双侧翼腭窝及左侧上颌窦后壁,向上侵犯蝶窦、双侧后组筛窦,累及垂体。左侧卵圆孔、双侧破裂孔及双侧海绵窦增宽,增强可见明显强化的软组织影;左侧颞极脑膜增厚并明显强化。

蝶骨基底部、双侧翼突基底部、左侧蝶骨大翼、斜坡、双侧枕骨髁、双侧岩尖骨质破坏,增强可见明显强化。

双侧上颌窦、双侧筛窦黏膜增厚,左侧乳突可见长 T$_1$、T$_2$ 异常信号影填充。

双侧颞下窝、咀嚼肌间隙未见异常;口咽双侧壁未见受累增厚。双眼大小、形态、位置均属正常、信号均匀,球后未见占位性病变。

左侧咽后间隙见数个肿大淋巴结,最大短径约 16mm,内可见囊变坏死区,增强扫描明显强化。右侧咽后间隙小淋巴结,大者短径 3mm,信号均匀。颈部双侧 Ⅱ、Ⅲ 区见数个小淋巴结,最大短径约 5mm,信号均匀,增强扫描明显强化。

甲状腺双叶及峡部形态正常,信号均匀,未见占位性病变;喉咽腔形态正常,未见占位性病变;双侧颌下腺、腮腺大小、形态正常,信号均匀,未见占位性病变。

（2） 影像学诊断
鼻咽肿物,考虑鼻咽癌,侵犯范围如上述。
左侧咽后肿大淋巴结,考虑转移。

右侧咽后、颈部双侧小淋巴结。

附见：鼻窦炎，左侧乳突炎。

2. 口咽癌 MRI 报告示例（图 3-0-2）

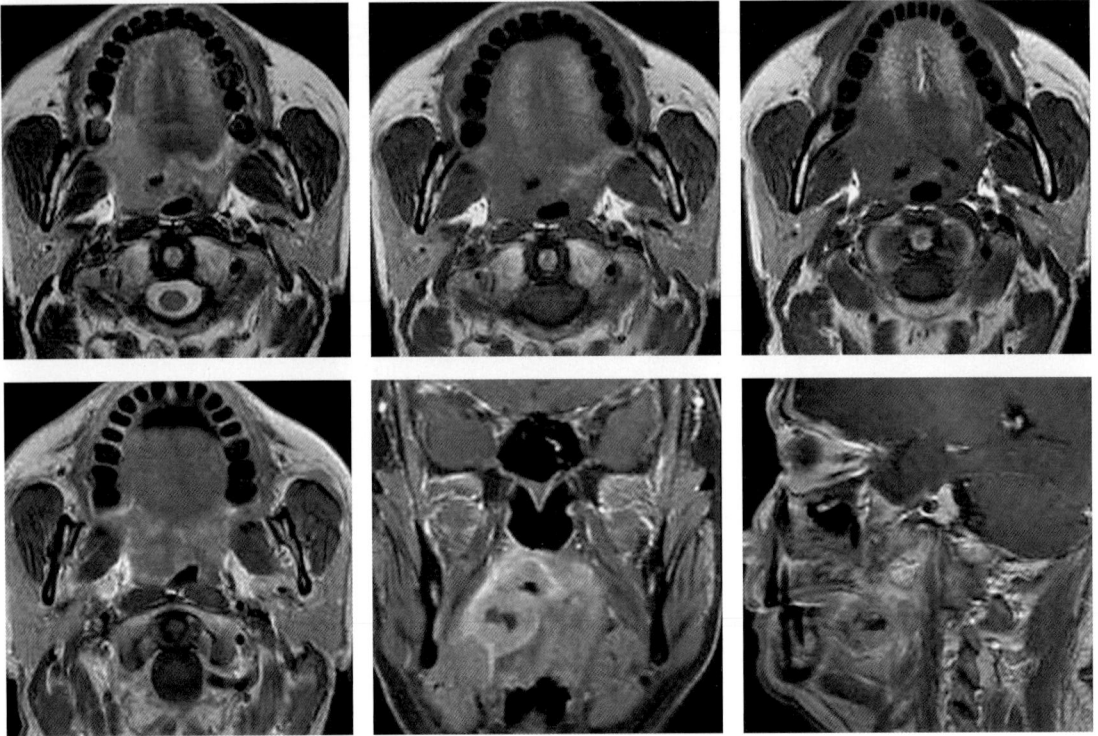

图 3-0-2　口咽癌 MRI

（1）影像学表现：口咽右侧壁见不规则软组织肿块影，边界不清楚，最大层面范围 31mm× 41mm×28mm，呈稍长 T_1 稍长 T_2 信号，信号不均匀，其内见坏死，增强后明显强化。病灶累及软腭后缘、右侧舌根、口咽右前壁、悬雍垂、右侧磨牙后间隙，与邻近咬肌、右侧牙槽骨分界不清。

颈部右侧Ⅱa区见数个淋巴结，大小 8mm×9mm，边界清楚，未见囊变坏死，增强扫描明显强化；颈部左侧Ⅱ区、双侧Ⅲ区见散在小淋巴结，短径 3～4mm。

甲状腺双叶及峡部形态正常，信号均匀，未见占位性病变。喉咽腔形态正常，双侧真假声带未见增厚，前连合未见增厚，梨状隐窝对称。双侧颌下腺、腮腺大小形态正常，信号均匀。双侧上颌窦黏膜增厚。

（2）影像学诊断：口咽右侧壁肿物，考虑口咽癌，侵犯范围如上述。

颈部右侧Ⅱa区淋巴结，性质待定。

颈部左侧Ⅱ区、双侧Ⅲ区小淋巴结。

双侧上颌窦炎。

3. 喉癌 CT 报告示例（图 3-0-3）

（1）影像学表现：左侧梨状隐窝、喉咽左侧壁、环后区、颈段食管黏膜不规则明显增厚，形成不规则软组织肿块，边界不清，范围难以准确测量，增强扫描明显不均匀强化。病灶累及左

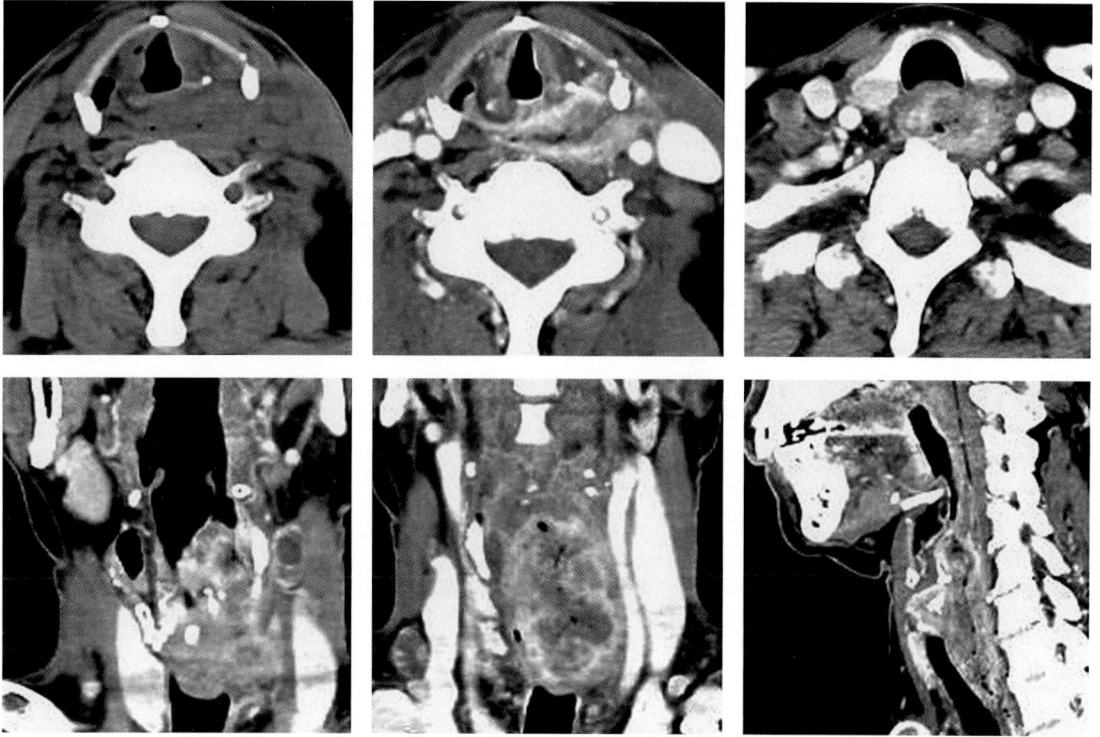

图 3-0-3　喉癌 CT

侧杓状会厌襞、左侧喉旁间隙,向后累及左侧颈长肌,与左侧杓状软骨、左甲状软骨及环状软骨后份分界不清,甲状腺左侧叶后缘受累。

　　右侧梨状隐窝未见变浅。右侧杓状软骨、右侧甲状软骨形态正常,未见明确骨质破坏。双侧真假声带未见增厚,右侧喉旁间隙未见变浅。会厌前间隙未见变浅,右侧杓状会厌襞未见增厚。

　　颈部左侧Ⅲ区、双侧Ⅳ区、右侧气管食管沟见多发肿大淋巴结,边界不清,密度不均,部分内见低密度囊变坏死区,较大者短径约 12mm,增强扫描不均匀明显强化。颈部右侧Ⅲ区、双侧Ⅰ、Ⅱ区见数个小淋巴结,较大者短径约 7mm,明显强化。

　　甲状腺双侧叶密度不均匀,内见稍低密度结节影,较大者直径约 12mm(位于右侧叶),边界欠清,强化程度稍低于甲状腺组织。

　　(2)影像学诊断:左侧梨状隐窝、环后区及颈段食管肿物,考虑喉癌,累及左侧杓状会厌襞、左侧喉旁间隙、左侧颈长肌及甲状腺左侧叶后缘。

　　颈部左侧Ⅲ区、双侧Ⅳ区、右侧气管食管沟多发肿大淋巴结,考虑转移。

　　颈部右侧Ⅲ区、双侧Ⅰ、Ⅱ区小淋巴结,考虑反应性淋巴结可能性大。

　　甲状腺双侧叶多发结节,考虑结节性甲状腺肿可能性大。

　　4. 鼻咽癌治疗后复发 MRI 报告示例(图 3-0-4)

　　(1)影像学表现:鼻咽腔稍变窄,鼻咽右顶壁、顶后壁及后壁见不规则软组织灶,边界欠清,T_1WI 呈等信号,T_2WI 呈稍低信号,信号不均匀,增强扫描明显强化。肿物占据右侧咽隐窝,侵犯右侧咽旁间隙、右侧咀嚼肌间隙及右侧翼腭窝,向后累及椎前间隙,向上侵犯右侧破裂孔、卵圆孔及右侧海绵窦,邻近右侧颞部及斜坡脑膜稍增厚、强化。右侧腭帆张肌和腭帆提肌、翼内外肌、头长肌受侵,增强扫描明显强化。

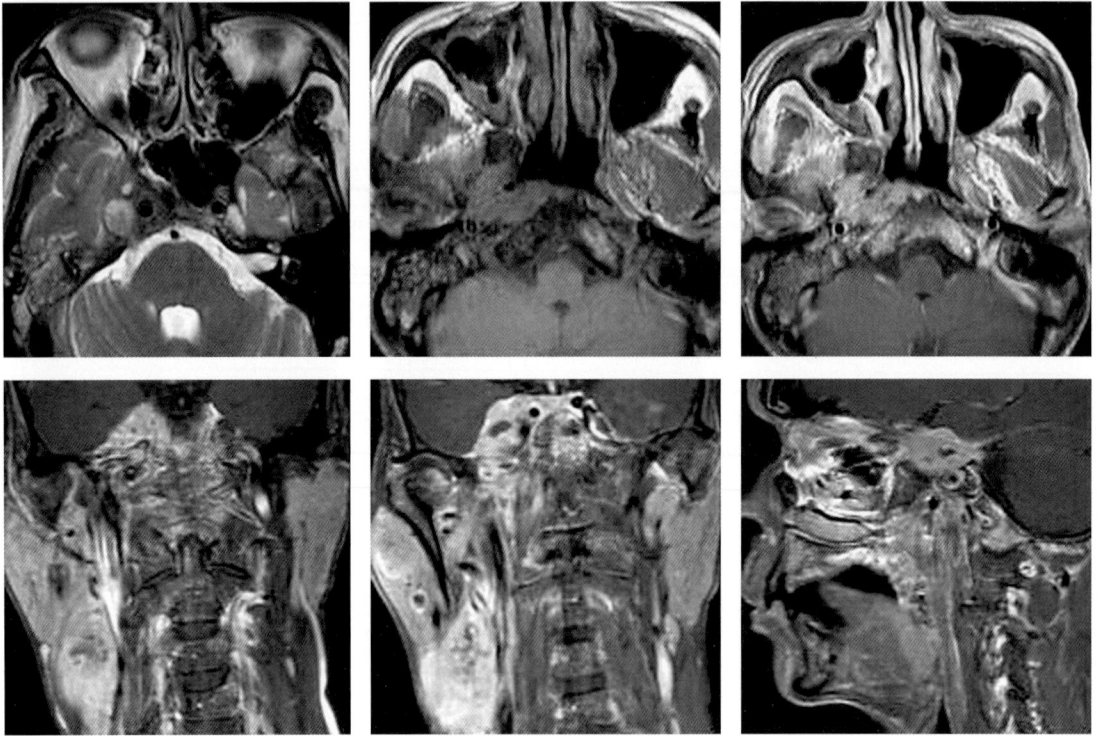

图 3-0-4　鼻咽癌治疗后复发 MRI

斜坡、蝶骨基底部、双侧翼突基底部及右侧翼突内外板、右侧蝶骨大翼、双侧岩尖、双侧枕骨髁骨质信号减低,增强扫描强化明显。

左侧咽隐窝、左侧咽旁间隙、双侧上颌后脂肪间隙及左侧咀嚼肌间隙未见异常。口咽双侧壁、软腭、悬雍垂未见受侵。左侧海绵窦形态正常。双眼大小、形态、位置均属正常、信号均匀,球后未见占位性病变。

右侧上颌窦、双侧筛窦、蝶窦黏膜增厚,右侧乳突见较多分泌物。左乳突充气良好,骨壁完整。

双侧咽后间隙见数个小淋巴结,大者短径 3mm,部分与鼻咽病变分界不清,增强扫描见强化。右侧腮腺区、颈部右侧Ⅱ、Ⅲ区见数个肿大淋巴结,最大者约 41mm×34mm,部分相互融合,部分内可见囊变坏死,增强扫描不均匀明显强化。颈部左侧Ⅱ、Ⅲ区见数个淋巴结,大者短径约 7mm,信号及强化尚均匀。

双侧颌下腺、左侧腮腺大小、形态正常,信号均匀,未见占位性病变。喉咽腔形态正常,未见占位性病变。甲状腺双叶及峡部形态正常,信号均匀,未见占位性病变。

增强扫描冠状面左侧颞叶下极可见结节状强化灶,边界不清,大小约 11mm×8mm,T_1WI、T_2WI 呈等信号;扫描范围内其余脑实质信号未见异常。

(2) 影像学诊断:鼻咽癌治疗后,鼻咽部软组织肿物,考虑肿瘤复发,侵犯范围如上所述。

右侧腮腺区、颈部右侧Ⅱ、Ⅲ区多发肿大淋巴结,考虑转移。

颈部左侧Ⅱ、Ⅲ区淋巴结,考虑反应性淋巴结可能性大。

鼻窦炎、右侧乳突炎。

左侧颞叶结节状强化灶,考虑放射性脑病可能。

中英文名词对照索引